모인의 게임의 법칙

모인의 게임의 법칙

초판 인쇄 2024년 7월 25일
초판 발행 2024년 7월 30일

기획, 편집 더게임스미디어 모인
펴낸곳 선학사
등록번호 제10-1519호
주소 13209 경기도 성남시 중원구 사기막골로 45번길 14
우림라이온스밸리2차 A동 1007호
전화 02-704-7840
팩스 02-704-7848
이메일 ibookorea@naver.com
ISBN 978-89-8072-270-9 (93070)

값 27,000원

모인의 게임의 법칙

모인 지음

K-콘텐츠의 원조 한국의 게임산업
그들의 과거와 미래를 들여다본다

더게임스미디어

데스크 앞에서

글을 쓴다는 건 어려운 일이다. 문학을 하고 싶었지만, 무엇보다 글에 대한 치열함이 부족했다. 대학을 졸업하자마자 언론사에 입사했다. 그런데 이번엔 치열함도 그것이었지만, 글 쓰는 작업이 무섭기까지 했다.

그나마 다행스러운 것은 정치, 사회 분야가 아닌 정보통신 그 가운데 콘텐츠 분야를 주로 맡아 취재하게 됐다는 점이다. 그것도 문화적인 시각이 아닌 산업적 관점에서 접근해야 하는 숙제를 안으면서.

파괴적인 성향이 아니라 건설적인 스타일이었다는 점은 나에 대한 위안이었다. 무엇을 하든지 새로운 것을 발굴하고, 찾아 나서야만 속이 편했다.

영화와 비디오(지금의 OTT) 그리고 음반, 출판을 맡아 취재했는데, 당시 자료라는 건 제작 배경과 비하인드 스토리가 전부였을 뿐이다. 하다못해 한국 영화산업 규모나 음반 시장 규모도 외신 또는 빌보드 등 미국 잡지를 보고 기사를 작성해야만 했다.

그러다가 우연찮게 게임을 접하게 됐다.

그런데 이게 미래 수종산업으로 키우는 데 딱 맞는 아이템이었다. 특히 문맹률이 거의 제로에 가깝고, 고학력의 인재들을 양산하는 우리나라 교육계 현실에 비춰보면 최적의 산업이라고 생각했다.

근 20~30여 년을 그렇게 게임산업과 씨름해왔다. 산업계의 그림을 그리면서, 아마도 아주 작은 소명 의식이라도 없었다면 버텨내지 못했을 것이다. 솔직히 힘겨웠고, 무게감을 느껴야 할 때가 많았다. 그래도 긍정적으로 변화하는 게임계를 지켜보고 있는 건 즐거운 일이었다.

글이 두렵다는 마음은 지금도 유효하다. 돌이켜보면 영화 등 게임과 경쟁 관계에 있는 장르를 제대로 살펴보지 않고 덤벼들었다면 '모인의 게임의 법칙'은 예전에 마감하고 사라졌을 것이라고 생각한다.

그렇다. 대한민국 콘텐츠산업에 자그마한 씨앗을 뿌리고, 그 보잘것없는 씨앗이 K-콘텐츠의 바람을 일으킨 계기가 됐다는 데 작은 보람을 느낀다.

끝으로, 졸고를 마다하지 않고 항시 먼저 읽어준 제1의 독자 집사람과 지금은 대학에서 은퇴한 김기덕 학장님, 그리고 오진수 선생님, 김병억 더게임스데일리 편집이사에게 감사의 마음을 담아 고맙다는 말씀을 전하고 싶다. 특히 이 책 출간에 적극 나서준 송병준 컴투스 홀딩스 의장에게 우정의 소중한 마음을 표한다.

양평동에서

모인

CONTENTS

Part 1
개인지평

Part 2
산업지평

Part 3
문화지평

Part
1

개인지평

송병준과 박지영

모바일 게임계의 대표적인 라이벌을 꼽으라면 컴투스의 박지영 사장과 게임빌의 송병준 사장이다. 송 사장이 대학 시절 게임계에 입문, 척박한 모바일 게임계를 묵묵히 일궈온 인물이라면 박 사장은 '미니게임천국'이란 시리즈물로 일약 스타덤에 오른 입지전적인 여성이다.

두 사람의 경영 스타일을 보면 남녀 성별만큼 대비된다. 박 사장이 여성 특유의 섬세함과 통 큰 경영 스타일을 보이는 반면 송 사장은 개발 등의 업무 외는 경영에 직접 관여하지 않고 현업 실무진에게 맡겨두는 편이다. 예컨대 송 사장이 밑그림만 보면 된다는 입장인 반면 현장·현업을 구분하지 않고 회사의 제반 사항을 꼼꼼히 챙기는 스타일이 다름 아닌 박 사장이다.

두 사람의 대비되는 관계는 작품 속에서도 여실히 드러난다. 송 사장이 남성 성향의 작품, 특정 장르 개발에 주력해 온 반면 박 사장은 고른 장르에다 여성 성향에 바탕을 둔 작품을 만들어 왔다. 컴투스의 '붕어빵 타이쿤', '미니게임천국' 시리즈물 등의 잇단 개발과 성공은 고른 장르 개발에 따라 작품의 라이브러리가 용이했기 때문에 가능했다. 그 때문인지 유저층엔 남녀노소의 구분이 없다. 여성 팬들이 의외로 많다는 것도 컴투스의 장점이다. 게임빌은 '놈' 시리즈를 통해 브랜드 네임을 한껏 들어올린 기업이다. 이 작품은 독특한 게임성으로 인해 마니아층이 생길 정도로 장안의 화제를 일으켰다. 송 사장은 여세를 몰아 이른바 '프로야구' 시리즈를 잇따라 발표, 모바일게임시장에 파란을 일으켰다.

두 사람의 선의의 경쟁은 모바일 게임계의 생명샘과 자양분이 됐다. 사상 최초, 업계 최초란 수식어를 마치 시소게임을 벌이듯 서로 다투며 차지했고 매출경쟁 또한 치열했다.

팽팽했던 양측의 힘의 역학구도가 한쪽으로 쏠리기 시작한 것은 지난 2007년께였다. 박 사장이 게임의 접근성을 높이고 라이브러리화된 작품들을 '종합선물세트'로 꾸며 내놓은 게 그대로 적중했다. '컬트' 쪽보다는 '쉽고 재밌는' 게임을 만들겠다는 그녀의 생각대로 상품도 그렇게 기획해 공전의 히트를 기록한 것이다.

송 사장도 물러서지 않았다. 비현실적인 캐릭터의 상품화와 스포츠의 모바일화란 캐치프레이즈를 내걸고 '게임빌 프로야구 2008'을 개발, 시장에서 기세를 올렸다. 유저들이 말 그대로 인산인해를 이룰 정도로 몰려 들었다. 하지만 범용 작품을 시장에 내세운 박 사장의 컴투스엔 역부족이었다. 양사의 매출 간극은 갈수록 벌어졌고 박 사장은 그해 가을 자신이 세운 컴투스를 모바일 게임계 최초로 코스닥에 상장시키는 기염을 토했다.

모바일 게임계의 하이라이트는 이때가 처음이자 마지막이었다. 그 이후 두 사람의 선의의 경쟁은 슬그머니 자취를 감춰 버렸다, 아니 사라졌다. 두 사람의 샅바 싸움이 한풀 꺾이면서 모바일게임계에 대한 세인들의 관심도 사그라들기 시작했다. 컴투스의 개가로 모바일게임계에 바람이 일 것이라는 기대감은 바람과 같이 사라져 버렸다. 게임빌도 그저 외형만 키웠을 뿐 별반의 이슈를 양산하지 못하고 있다.

박지영, 송병준, 두 사람이 손을 놓은 탓이다. 한쪽에서는 승부가 갈리자 자존심이 상한 듯 경쟁사를 외면하며 오로지 자신만의 길을 가겠다며 외줄타기를 시작했고, 다른 한쪽에서는 라이벌전에서 쾌승했고 목표(코스닥 상장)도 달성, 이보다 더 좋을 수 없다며 샴페인 파티에 취해 있는 것이다. 그러다 보니 세상을 의식할 필요도, 눈여겨볼 일도 없다. 다 된 것이다. 다른 한쪽도 마찬가지, 오히려 홀가분하다는 태도다. 남의 시선을 의식하지 않고 오로지 우리의 길만 가겠다는 식이다. 하지만 천만의 말씀이다.

모바일게임계의 진검 승부는 지금부터다. 두 사람의 새로운 승부도 지금부터다. 대단히 미안하지만 송 사장, 박 사장 두 사람은 더 치열하게 싸움을 해야 한다. 더 혈전을 벌여야 한다. 그게 모바일게임계, 대한민국 게임산업계를 위하는 일이다. 이 같은 생각을 한 이유는 최근 모바일게임계가 왜 이 모양이지 하고 들여다보니까 두 사람의 모습이 보이지 않았기 때문이다. 깊은 잠에 취해 있는가, 아니면 문을 걸어 잠그고 독야청청하는가.

박지영, 송병준, 두 사람의 역할은 아직 끝나지 않았다. 부탁한다면 이젠 자신의 기업뿐만 아니라 산업계를 위해 선의의 경쟁을 벌였으면 하는 바람이다. 이를테면 힘겨운 후배 기업을 위해, 고군분투하는 친구 기업을 위해, 그리고 모바일게임계에 장미꽃이 활짝 필 때, 그때까지 말이다. 그래야 모바일게임계에도 존경받는 기업이 생기지 않겠는가.

2009-03-30

중국 바람 한류 바람 주식 바람

올 들어 우리나라 게임들이 중국 현지에서 거센 돌풍을 일으키고 있다. 일각에서는 아예 제2의 한류 바람이 일 조짐이라며 크게 반기고 있다. 그도 그럴 것이 비관적이지는 않았지만, 그렇다고 희망적이지도 않은 작품들이 마치 보란 듯이 질주하고 있으니 그 같은 예상에 대해 맞다 틀리다라고 단언하기가 쉽지 않다.

중요한 사실은 제2의 한류 바람이 일지의 여부가 아니라 우리나라 게임들이 어려운 현지 여건 속에서 예상외로 선전해 주고 있다는 점이다. 반갑고 고마운 일이다. 주목하고 보면 최근의 국제경제 환경은 보호주의 물결로 술렁이고 있다. 이에 대한 경계의 목소리는 지난달 G20 국가들이 모여 한목소리로 자유 무역의 필요성을 강조한 게 전부일 정도다. 미국, 유럽 등 선진 각국들의 자국 산업 보호를 위한 은밀한 몸부림은 그래서 더 눈물겹게 보인다. 우리나라의 최대 교역국인 중국은 그에 비하면 씩씩할 정도로 노골적이고 전투적이다.

게임의 예를 보면 중국 당국은 외국 게임에 대한 자국 내 서비스 허용을 의미하는 '판호'를 일정 부문 제한하려는 방안을 강구 중에 있다. 말 그대로 수입쿼터제를 시행하겠다는 것이다. 또 자국 업체와 말썽을 피우는 외국 기업, 외국 게임에 대해서는 아예 발을 못 붙이거나 서비스를 못 하도록 막는 조치도 추진 중이다. 자국 기업에 잘 보이라는 뜻으로 보이는데, 무엇을 어떤 방식으로 그렇게 머리를 조아리라는 것인지 알다가도 모를 일이다.

한국 게임업체에 대한 중국 정부의 가시망 정책은 더하다. 현지 소식통에 따르면 외국 게임과는 달리 한국 게임에 대해서만큼은 연간 수입량을 제한하겠다는 것이다. 중국 당국의 정책 추진여부는 좀 더 지켜봐야겠지만 이 정도면 한국 게임에 대한 가시망 정책이 아니라 말살 정책이다. 그렇게 해야 중화사상에 걸맞는 게임을 만들고 중화권의 패권을 쥘 수 있다는 뜻인가.

중국 현지에서 고군분투하고 있는 점을 높이 샀기 때문인지 아니면 고생한 만큼 파이도 매우 클 것이란 기대감 때문인지는 알 수 없으나 국내 증권가는 때아닌 게임주 강세로 즐거운 비명을 지르고 있다. 한 메이저사의 주식은 연초에 비해 무려 30% 이상 올랐고 또 다른 메이저사 주식도 한 달 사이 20~30% 이상 오르는 급등세를 보이고 있다. 한때 퇴출 가능성이 있다는 소문이 나돌 만큼 힘겨운 날을 보내온 A사의 주식은 '과거를 묻지 마세요'라고 할 정도로 하루가 멀게 상한가를 치고 있다. 특히 중국서 신작 서비스를 준비 중인 B사의 주식은 엄청난 로열티 수입에 대한 기대감으로 A사의 주식처럼 묻지 마 투자가 이뤄지고 있다. 이로인해 몸값이 엄청 올라버렸다.

안팎으로 반가운 일만 생겨나고 있다. 종목의 시황은 다름 아닌 산업의 내일을 보여주는 바로미터나 다름없다. 게임주가 널뛰기를 하고 있다는 것은 그만큼 산업이 꿈틀대고 전망이 수직처럼 곧다는 의미의 반증이기도 하다.

그런데도 하늬바람에 엿장수가 골을 내고 있는 듯한 표정을 짓고 있는 까닭은 솔직히 왠지 모를 불안감 때문이다. 3년 전 '바다이야기 사태' 때도 그랬다. 폭풍전야가 더 평온하고 화창하듯이 모든 게 잘되는 듯 싶었다. 하지만 끝내 일을 그르치고 말았다.

중국 당국의 문화 정책은 변화무쌍하다. 시시때때로 변한다. 그리고 상대국을 배려하지 않고 일방적인 때도 많다. 예컨대 변수가 수두룩하다는 뜻이기도 하다. 엄청난 로열티 수입이라는 것도 속을 들여다보면 과장되거나 부풀려져 알려지는 경우가 비일비재하다. 속 빈 강정은 아니지만 소문과 기대만큼은 아니라는 뜻이다.

밖을 살펴보는 일도 중요하지만 집안 살림 돌아가는 형편도 되짚어보는 지혜가 필요하지 않을까 싶다. 그렇다면 그 시기가 바로 지금이라는 생각이다. 자칫 잘못하면 역풍을 맞을 수 있고 시기에 걸맞지 않게 드센 하늬바람을 맞게 되면 대가 거세져 쓸모없게 될 수 있기 때문이다.

2009-04-20

문화 아이콘인 게임과 안티 게이머

일전 게임계와는 거리가 있는 친구를 만나, 때아니게 게임에 대한 얘기를 나눈 적이 있다. 당초 대화 내용은 게임이 아니라 그의 모교인 S대의 낮은 취업률 얘기였다. 그런데 그가 뜬금없이 게임의 역기능 등 게임에 대한 부정적인 얘기를 끄집어 냈다.

그는 그리고선 근본적인 원인은 게임 때문이라는 것이다. 그의 말에 따르면 여학생들은 그럭저럭 해주는데 게임에 죽고 사는 남학생들이 경쟁에서 밀려 학교 평균 취업률을 떨어뜨리고 있다는 논리였다. 특히 남학생들이 각종 고시에서 여학생들에게 밀리는 이유에 대해서도 그는 게임이 그 중심에 서 있다며 업계와 그들의 나팔수인 당신이 책임져야 한다며 시위의 화살을 게임계와 필자에게 돌렸다. 그의 얘기를 듣고는 한마디로 말도 안 되는 궤변이라며 웃고 넘겼지만, 한편으로는 당황스럽고 낮이 화끈거려 왔음을 숨길 수 없었다.

1960~1970년대 삐뚤어진 우리 사회 현상의 중심에는 늘 영화가 자리해 왔다. 큰 사건이 일어나면 영화를 본 모방 범죄라고 했고 기층세대에 눈살을 사는 행동양식의 뒤편에는 항상 영화가 있었다. 1980년대에 들어서면서 비난의 목소리는 TV 쪽으로 쏠린다. 비행 청소년 문제와 그 유형을 이야기하게 되면 원흉으로 TV가 꼽혔고, TV는 시간을 빼앗아 가는 바보상자라며 뭇매를 맞기도 했다. 이런 측면에서 보면 그 시대의 사회상을 반영하고 젊은이들의 행동 양식을 그대로 담아내는 그릇이 다름 아닌 대중문화 코드가 아닌가 싶다.

그렇다면 게임은 분명히 이 시대 젊은이들의 최고의 문화콘텐츠이자 아이콘이다. 게임을 빼놓고는 대화가 안 되고, 말이 이어지지 않는다. 만남과 데이트 장소도 PC방이다. 잘 키운 자신의 아바타 정도는 기본이고, 그 아바타 치장을 위해 가벼운 주머니 속의 용돈을 쓰는 것도 아까워하지 않는다. 2~3개작 게임을 머리에서 굴리며 이틀이 멀다고 그들 게임을 즐기는 것은 기본이다. 더욱이 이 같은 바람이 특정 세대에만 몰려 있는 게 아니다. 초등학생에서 장년에 이르기까지 마니아 폭이 상당히 두껍고 넓다는 사실이다.

문제는 게임의 외연이 확대되고 심화되는 만큼 안티 게임인들도 증가하고 조직화될 조짐을 보이고 있다는 점이다. 지난주 초 만난 한 시민단체의 간부는 게임계에 대해 "한마디로 왕성한 식욕만 드러낼 뿐 책임은 하나도 지는 게 없는 얌체족"이라며 고개를 내저었다. 그의 표현을 빌리면 게임계의 사업모델은 말 그대로 땅 짚고 헤엄치기라고 했다. 이를테면 한 작품만 잘 만들어 내면 그다음엔 주변을 살피고 경계하는 등 책임질 일이 하나도 없다는 것이다.

예컨대 아이들이 PC방에서 성인 등급의 게임을 이용했다면 이를 모른 체 한 PC방 업주의 책임이고, 집에서 했다면 부모들의 주민등록번호 관리 소홀로 면피하면 그만이라는 설명이다. 아이들이 아바타를 사기 위해 부모 카드를 훔쳐 사용했을 때도 처방전과 대응 논리는 마찬가지다. 그 흔한 풍속법에도, 정보통신 관련 법률에도 저촉될 게 하나도 없다. 그저 게임위원회로부터 심의만 잘 받으면 모든 게 오케이라는 게 그의 지적이었다. 그러다 보니 사회나 주변의 동정을 엿보고 눈치를 살필 일도 없다. 기고만장이라는 것이다. 그의 얘기를 다 듣고는 순간 극한 단절감과 함께 두려운 마음이 들어왔다. 안티 게임인들이 알게 모르게 양산되고 있는 것이었다. 일각에서는 조직화 움직임마저 보이고 있다고 했다.

안티 게임인을 불러 모으는 이유는 눈을 안 씻고 봐도 뻔하다. 주변을 살펴보지 않고 일방통행식 자기 주장만 펼치는 까닭이다. 또 왕성한 식욕에 반해 나눔의 사랑은 없고, 잘나간다는 교만함으로 낮은 데를 무시하고 돌 보지 않는 것이다. 더 큰 걱정은 안티 게임인들에게 게임계가 모두 한통속으로 비치고 있다는 점이다.

소돔성의 멸망은 한 사람의 의인조차 발견할 수 없었기 때문이다. 아주 비약한 것이지만 게임계가 계속 집단적이고 이기주의적인 성향만을 드러내 보인다면 앞으로 빚어질 일들을 장담할 수 없다. 특히 졸부와 홍행 승부사들만 양산해서는 내일을 예측하고 기대할 수 없다는 것이다.

문득 가수 김장훈과 장나라, 차인표와 신애라 부부, 션(노승환)과 정혜영 부부 그리고 앳된 모습의 문근영 등 스타들의 모습이 떠올랐다. 이들이 숨 쉬고 존재함으로써 엔터테인먼트계가 더 따뜻하고 풍요롭게 보여지는 게 아닐까 싶다. 그런데 안타깝게도 게임계에는 스타와 스타 기업은 있으되 의로운 상인과 기업인을 찾아보기 힘들다.

2009-05-18

민심 이반과 낙하산 인사

사회 분위기가 어수선하다. 때아닌 노무현 전 대통령의 서거와 그와 맞물린 사회 저변의 갈등과 대립이 마치 후폭풍처럼 우리에게 밀려 들어오고 있다. 여기에다 절묘한 타이밍으로 국민들의 가슴을 쓸어내리게 한 북한의 핵무기 시위는 또 뭔가. 빈부의 격차가 심화되고, 좌우의 대립이 극렬화된다고 하니까 현 시국판에 한번 끼어들어 남남 갈등을 부추겨 보겠다는 속셈인가.

여론을 살펴보면 실용정부가 화를 자초한, 패착의 수가 의외로 많다. 실타래를 하나둘씩 풀어 가야 하는데 자꾸 꼬이는 쪽으로 끌어가고 있다는 것이다. 정국이니 뭐니 하는 정치권의 얘기는 접어두기로 하자. 하지만 청와대 쪽의 움직임은 실망과 안타까움뿐이다. 굳이 그런 일까지 일일이 챙길 필요가 있을까 싶을 정도로 디테일하다.

여당은 특정 정치인에게 발목이 잡혀 있다. 그래서 무기력하기 그지없다. 국회는 여야 대표가 이제 막 억지로 손을 잡았다. 그나마 고군분투하고 있는 곳은 경제부처의 일부 각료들뿐이다. 이런 와중이라면 참모들의 몸가짐은 더 조심스러워야 하고 드러내지 말아야 한다. 그런 측면에서 보면 작금의 꼬인 정국은 정부 여당 탓도 있지만 청와대 쪽 책임도 크다.

청와대 쪽에서 강력히 추천한 아무개 장관의 부처는 지금 개점 휴업 상태다. 특별히 할 일이 없다는 분위기다. 돌려 말하면 낙이 없다는 뜻일 게 분명하다. 이유인즉 직원들을 신명나게 일할 수 있도록 장관이 이끌어 줘야 하는데 반대로 기만 뚝뚝 꺾고 있다는 것이다. 알고 보니 최근 직원들의 정서와는 동떨어진 고위급 인사를 단행한 것이었다. 그런데 그런 인사가 한두 번이 아닐뿐더러, 말도 통하지 않는다고 했다.

청와대의 동선은 그 손이 닿지 않는 곳이 없다고 할 만큼 크고 분주하다. 끝내는 감사원의 징계 지시로 사표를 내던진 김기만 전 게임위 위원장은 임기를 불과 1년여 앞둔 시점이란 점에서 회한이 컸을 것이다. 김 전 위원장은 한 사석에서 다음과 같이 말했다. "국민의 정부 때나 참여정부 때도 그렇게 밀어붙이진 않았습니다. 산하기관장을 교체해야 한다는 원칙이 섰더라도 물이 흐르듯 자연스럽게 했습니다." 그의 말은 힘이 있다 해서 마치 칼을 쓰듯 하지 않았다는 말이었다. 최근 물러난 황지우 한국종합예술학교 원장도 비슷한 말을 했지만 더 이상의 말은 하지 않았다. 그러나 그는 "언젠가 언급할 때가 오지 않겠느냐"며 알 듯 모를 듯한 말을 했다.

거대 공룡으로 출범한 통합콘텐츠진흥원장 선임 때에는 인사 분위기가 썰렁했다. 까닭은 이미 특정인의 내정설이 업계에 파다했기 때문이다. 아니 땐 굴뚝에 연기가 날 수 있다며 자신의 원장 선임을 위해 곳곳에 명함을 뿌리고 다니던 아무개 인사는 뒤늦게 이를 눈치채고 이내 명함을 거둬들이고 말았다. 재미있는 사실은 현 정부 들어 설이 설로 마무리된 적이 별로 없다는 점이다. 신임 통합콘텐츠진흥원장도 내정설이 있던 인물이 그대로 임명됐다.

최근 화제를 모았던 강원랜드 계열사인 하이원엔터테인먼트 사장 공모 역시 업계의 설에서 비켜가지 않았다. 업계는 당초 모양새를 갖추는 작업일 뿐 그 이상도 이하도 아닐 것이라고 했다. 업계의 내정설은 현실 그대로 나타났다. 그 주인공은 다름 아닌 A 씨였다. 그런데 안타깝게도 A 씨가 사장추천위원회 서류심사에서 의외로 탈락했다. 이를테면 본선에 올라 보지 못한 채 예선에서 미끄러진 것이다. 심사위는 이어 A 씨를 포함한 6명의 후보자를 제외하고 두 사람을 사장 후보로 추천했다. 이때 또 업계에 나돈 얘기가 두 사람 모두 발탁하기가 어려울 것이라는 재공모설이었다. 강원랜드 쪽은 경영 마인드가 있어 그렇지 않겠지만 그 윗선에서는 결코 받아들이지 않을 것이라는 것.

청와대 쪽의 보폭이 이 수준에까지 이르렀다면 이쯤에서 멈춰야 한다. 국민 대통합과 민생경제를 위해, 더불어 새로운 비전 제시를 위해서라도 한쪽의 싹쓸이는 이제 던져 버려야 한다. 실용정부의 패착의 수는 의욕보다는 과욕에서 비롯됐다는 지적은 시사하는 바가 크다.

한쪽만 챙기다가는 큰 그림을 그릴 수 없다. 한쪽에서 권력을 잡으면 한풀이, 다른 한쪽에서 집권하면 싹쓸이, 이제 이런 것들은 그만할 때도 되지 않았나 싶다. 실용정부의 넉넉함과 여유로움을 보여줄 순 없을까. 그러기 위해서는 먼저 청와대, 참모진의 의식이 바뀌어야 한다. 시시콜콜 세상 돌아가는 것에 일일이 훈수하려 들지 말고, 대통령이 큰 그림을 그릴 수 있도록 보필하는 게 더 중요하다는 것이다. 민심 이반의 배경을 잘 살펴봤으면 한다.

2009-06-08

창조적 리더십과 파괴적 리더십

구중궁궐이라는 단어의 사전적 의미는 문이 겹겹이 달린 깊은 궁궐이라는 뜻이다. 이를 구중심처라 부르기도 한다. 이 단어는 웅장하고 거대한 왕궁의 규모를 상징하는 긍정적인 의미보다는 운명론적으로 빠져나올 수 없다는, 끝내 갇혀 버렸다는 뜻의 부정적 의미로 많이 쓰인다. 과거엔 힘과 권력이 막강한 황제나 임금에게 자주 빗대어 쓰였지만 요즘엔 세상 물정 모르는 일부 상류층이나 철없는 사회 귀족층을 깎아내리는 추임새로 쓰이기도 한다.

정보가 곧 재물이 되는 시대에 살고 있지만 그 정보의 그늘 또한 짙고 크다. 또 다 아는 것 같지만 형상만 바라보는 경우가 많고, 민심을 제대로 읽고 있다고 하지만 그와는 정반대의 민심을 바라보는 경우가 허다하다. 그래서 성공한 제왕은 구중궁궐에 살더라도 민심을 꿰뚫기 위해 부단한 노력을 기울이고 그렇지 못한 제왕은 주위 사람들에게 갇혀 발품조차 팔기 싫어한다. 그러다 보니 세상 형편이나 인심을 알 턱이 없다.

조선 왕조의 정조는 총명할 뿐 아니라 자신과의 싸움에서 부단한 노력을 경주한 임금이었다. 정조는 자신의 콤플렉스를 이기려고 정쟁의 라이벌인 노론을 끌어안았고 인재 등용에도 계파를 차별하지 않고 썼다. 표현 그대로 이이제이(以夷制以) 전략을 구사한 것이다. 정조는 또 논쟁에도 빠져들지 않았다. 하다못해 부친인 사도세자의 죽음을 둘러싼 논쟁에도 책임을 묻지 않고 이를 논쟁으로 묶어뒀다.

정조는 강력한 리더십으로 군 통수권도 장악했다. 5대 군영이 있는데도 친위부대인 장용영이라는 군조직을 따로 만들었고 이를 기반으로 지방 지배를 강화하려 했다. 이런 시도가 모두 구중궁궐에 갇혀 있지 않고 민심을 읽으려 노력하고 따른 덕이다. 제도권에서 나 몰라라 하고 있던 서얼 차별 타파와 소상공인 우대 조치는 정조의 대표적인 민생정치라고 할 수 있다.

프랑스의 나폴레옹 황제는 정조와는 또 다른 모습의 제왕이다. 군인 출신의 나폴레옹은 젊은 시절 자코뱅파의 지원으로 승승장구했지만 자코뱅파의 무단정치에 환멸을 느낀 국민들의 반발로 실권하자 이내 감옥에 갇히고 만다. 새 정권에 의해 가까스로 복권된 나폴레옹은 영국 함대와의 전투에서 승리를 쟁취, 일약 이탈리아 원정군 사령관에 오르게 된다. 그리고 전투 때마다 승리를 쟁취, 이집트까지 점령하는 쾌거를 이룬다. 역사학자들은 여기까지를 민심을 읽은 나폴레옹의 창조적 리더십의 결과였다고 해석한다.

나폴레옹은 이후 쿠데타로 스스로 황제에 오르고 대륙봉쇄령으로 알려진 베를린칙령을 공포한다. 그리고 군부의 강력한 반대에도 불구, 러시아 원정길에 나선다. 하지만 엄청난 추위에 지친 나폴레옹 군대는 힘도 한번 써보지 못한 채 대패하고 만다.

파리로 돌아온 그에게는 유배령이 내려지고 이내 엘바섬으로 쫓겨나지만 그는 또 재기에 성공한다. 엘바섬을 탈출해 루이 18세를 몰아내고 또 다시 황제에 오른 것이다. 그러나 이 권세도 오래가지 못한다. 자신의 행동에 대한 정당성을 부여하기 위해 일으킨 워털루 전쟁에서 안타깝게도 패퇴하고 만다. 역사학자들은 이를 창조적 리더십과는 반대되는 의미로 파괴적 리더십이라고 부른다. 어느 순간 구중궁궐에 눌러앉아 귀를 닫고 세상물정을 외면한 채 측근들에게만 정보를 의지한 까닭이다.

경기침체 등 세계경제가 심하게 요동치면서 사회 지도층과 CEO들에게 요구되는 덕목은 다름 아닌 창조적 리더십이다. 창조적 리더십은 거창한 게 아니다. 자기 자신과 측근들에게 둘러싸여 있지 말고 보고 느끼고 생각하고 그리고 능동적으로 결정하면 그게 바로 창조적 리더십인 것이다. 적어도 세상물정만 제대로 파악하고 있어도 창조적 리더십의 소양은 갖춘 것이다.

문제는 일부 CEO 및 사회지도층 인사들의 생각 없는 리더십이다. 겉치레는 차치하고 구시대의 흉내 내기에만 열을 올리고 있다. 특히 인의 장막에 싸여 한 발짝도 밖으로 발을 내딛지 못한 인사들이 적지 않다. 일부 인사의 경우 우선순위조차 모른다. 산업계를 기반으로 하고 있으면서 정작 업계는 제쳐두고 대민 관계부처만 돌아다니고 있다. 한심하기 그지없다.

측근들에게 싸여 있다 보니 그런 현상이 나타나는 것이다. 민심을 들여다보고, 그들이 무엇을 요구하고 필요로 하는지, 또 그들이 어떤 것을 원하고 있는지를 먼저 살펴보는 게 순서다. 그것이 창조적 리더십의 첫 관문이다. 그러기 위해서는 그 깊고 깊은 구중궁궐에서부터 벗어나야 한다. 그곳은 파괴적 리더십의 온상이다. 그러한 리더십으로는 갈등과 대립의 관계를 풀 수 없을뿐더러 업그레이드된 비전 제시도 불가능하다.

여러분은 지금 인의 장막에서 벗어나려고 몸부림은 치고 있는가. 창조적 리더십은 그렇게 시작하고 습득하는 것이다.

2009-07-06

웹보드 게임과 주홍글씨

고스톱, 포커 등 웹보드 게임에 대한 사행성 논란이 또다시 불거지고 있다. 지난주에 끝난 문화체육관광방송통신위원회 국감에서 여야 의원들은 사행성 게임 및 폭력성 게임에 대한 대책과 대응 방안을 집중 추궁했다. 이 자리에서 여당의 한 의원은 고스톱 포커 게임의 사행성 문제를 강력히 제기하며 정부 차원의 단속을 촉구하고 나섰다. 다른 한 의원은 아예 이 같은 웹보드류의 온라인게임을 게임위원회가 아닌 사행산업감독위원회에서 관리 지도해야 한다고까지 주장했다. 이렇게 될 경우 웹보드 게임은 정부가 그려놓은 사행 규제의 틀 위에 얹힘으로써 순수 게임으로의 기능을 사실상 상실하게 될 것으로 보인다.

여야 의원들이 한목소리를 내며 사행 게임에 대한 우려를 표명하고 나선 것은 일단 그 사행시장 규모가 엄청나다는 점에서 수긍이 간다. 관계 당국과 업계에 따르면 국내 사행시장 규모는 대략 50~80조 원에 이르는 것으로 알려지고 있다. 이 가운데 합법적인 사행시장 규모는 대략 16조 원에 불과한 것이고 보면 의원들의 특단의 대책 요구 주장은 상당히 설득력이 있다고 본다.

그러나 그 같은 주장에 대해 사행 행위의 근본적인 원인은 제쳐두고 마치 한건주의식으로 바로 눈앞에 보이는 웹보드 게임을 그 희생양으로 삼으려 한 게 아닌가 하는 의구심을 지울 수 없다. 논란을 빚고 있는 웹보드 게임이 사행성에서 완전히 자유롭다고는 말할 수 없다. 그렇지만 그것은 열 사람이 있어도 한 사람의 도둑을 막지 못한다는 속담에서도 알 수 있듯이 본말이 전도된 것이다. 예컨대 웹보드 게임이 사행을 이끌고 이를 통해 이득을 취하기 위해 만들어진 게임이 결코 아니라는 사실이다.

결과적으로 이를 막지 못한 책임은 분명히 게임업체에 있다. 하여, 그러니까 당신들이 책임져야 한다는 것은 논리적으로 맞질 않는다. 따라서 그 문제는 제도 개선을 통해 바로잡을 수 있도록 지도하고 계도해 나가면 될 일이다. 그런데 그런 노력조차 기울여 보지 않고 툭 던져 버리듯 무책임하게 사행 감독위에 맡기자는 주장은 말 그대로 극약처방을 쓰는 것이나 다름없다. 게임업체들에 따르면 이들 웹보드 게임의 매출 규모는 매 분기마다 감소하고 있다고 한다. 이 같은 흐름은 제도 개선을 통해 충분히 사행 문제를 바로잡을 수 있다는 것을 의미한다.

게임계가 이 시점에서 경계하고 우려하는 것은 이러한 일련의 일들이 단지 웹보드 게임에만 해당되는 게 아닐 수도 있다는 점이다. 웹보드 게임과 함께 또 다른 논란거리로 곧잘 등장하고 있는 아이템 거래 행위가 바로 그것이다. 현재 국내 아이템 거래 시장은 약 1조 5천억 원대 규모에 이르는 것으로 추산되며 그 규모 또한 점차 커지는 추세를 보이고 있다. 그로 인해 사행 시비 또한 끊이지 않는 게 현실이다. 한눈을 팔거나 잘못 숨을 몰아쉬었다가는 큰 화를 불러올 수도 있을 것이란 게 게임계의 염려다.

이와 함께 게임계가 웹보드 게임의 사행 감독위 이관에 극도로 예민한 반응을 보이는 것은 사회로부터의 그 무서운 주홍글씨 박음이다. 게임계는 그동안 '바다이야기' 사태 이후 숨을 죽이며 살아왔다. 냉랭한 사회 분위기 속에서도 온라인을 통한 놀이 문화를 대한민국 게임인들이 창출했다는 자긍심 하나로 근근히 버텨왔다.

그러다 보니 수출 효자산업이란 애칭도 듣게 됐고 한류 바람의 선봉장으로서 나름대로 역할을 톡톡히 해왔다는 평도 듣게 됐다. 어느 순간 게임계에 대한 시각도 바뀌기 시작했다. 세계 일류화 상품에 가장 근접해 있는 것이 게임이며, 젊은이들의 아이콘으로 게임이 꼽히게 됐다. 그리고 지식산업의 어젠다에 게임이 꼽힐 것이란 희망찬 미래의 꿈을 펼치고 있다. 그런데 여기서 제동이 걸릴 조짐을 보이고 있다. 또 사행 감독위 이관 검토는 또 무슨 조화인가.

기나긴 터널을 지나 오랜만에 기지개를 켜는 게임계에 찬물을 끼얹는 등 소용돌이를 일으킬 일이 아니다. 어찌 됐든 최근의 웹보드 게임 동향은 개선되고 바뀌고 있다. 그렇다면 적어도 극약 처방전은 거둬들여야 한다는 것이다. 이를테면 게임인들에게 자긍심은 심어주지 못할망정 자괴감 등 멍에를 덮어씌어서는 곤란하지 않겠는가.

2009-10-26

김정호 협회장의 전격사퇴

김정호 게임산업협회장의 전격적인 사퇴를 놓고 업계의 설왕설래가 한창이다. 이들 얘기를 종합하면 한쪽에서는 공인으로써 무책임한 행동을 한 것이 아니냐는 반응과 함께 다른 한쪽에서는 오죽하면 모든 걸 내던졌겠느냐는 동정론이 주류를 이루고 있다. 소식통에 따르면 김 회장이 사퇴하기로 마음을 굳힌 건 지난달 하순 국정감사를 마치고 난 이후였던 것으로 알려졌다. 그러나 일각에서는 국감에서의 질의 강도가 예상했던 것보다 수위가 낮았고 김 회장에 대한 인신공격성 발언도 특별히 발견할 수 없었다는 점에서 그가 이미 그 이전부터 마음을 비운 게 아니냐는 추측도 나오고 있다.

NHN의 한 관계자는 이에 대해 김 회장은 그동안 국감을 앞두고 예상되는 질의 답변 준비에 성실히 임하는 등 국감 예상 시나리오에 상당한 준비를 해왔다는 점을 강조해 왔다. 평소와 다르게 외출도 삼갔고 김 회장의 대외 일정도 크게 축소됐다. 업계는 이를 두고 철저한 그의 성격 탓으로 여겼다.

하지만 그것도 그것이지만 그는 이 기간 동안 자신의 진퇴 문제를 놓고 장고에 들어갔던 셈이다. 측근들의 표현에 의하면 칩거였던 게 맞다. 그의 측근들에 따르면 김 회장은 그동안 자신에게 쏟아지는 안팎의 곱지 않은 시선 때문에 몹시 곤혹스러워했던 것으로 알려졌다. 특히 PC방에 대한 가격 인하와 셧다운제 도입 문제, 그리고 건전 게임문화 캠페인 추진 등을 둘러싼 업계의 불협화음으로 심한 자괴감을 보였던 것으로 전해졌다. 실제로 김 회장은 두 달 전 모처에서 만난 필자와의 대화에서도 구체적인 협회

일을 언급하지는 않았으나 이래저래 심신이 피곤하다며 한숨을 내쉬어, 협회 살림 꾸리기가 생각 밖으로 녹록지 않음을 시사하기도 했다.

이런 정황을 참작하더라도 전격적인 사퇴에 대해 의문이 가시지 않는 건 공인으로서의 책임론이다. 명색이 산업협회장인데 어떻게 그리 쉽게 나 몰라라 하며 관둘 수 있느냐는 지적인 것이다. 하지만 그를 좀 자세히 들여다보면 이해의 폭이 생겨난다.

자연인 김정호는 말 그대로 모진 소리를 제대로 하지 못하는 인물이다. 선배들이 같이 일하면 어떻겠느냐고 제안해 오자 미련 없이 대기업을 버리고 NHN에 합류했다. 그리고 일만 했다. 대외적인 활동 직함을 가진 적이 거의 없다. 필자와 만난 자리에서도 자신은 온라인보다는 오프라인이 정서에 맞는 것 같다고 했다. 뒤집어 얘기하면 셈에 밝지 않고 정에 약하다는 뜻이다.

협회장 제안도 처음엔 마다했다. 경륜도 연륜도 아니라는 이유에서다. 결국 협회장직을 수락한 것은 절친한 권준모 전 협회장의 강권과 나름의 산업적 의무 때문이었다. CEO라면 한번은 짊어져야 할 무게이고, 협회 살림의 공백기를 둬서는 곤란하다는 주변의 권유도 한몫했다. 그리고 강력한 의지를 표명하며 협회를 챙겨 왔다.

이 자리에서 김 회장을 위한 변명을 하자면 1년 가까이 회장 재임기간 동안 혼자 '외줄타기'를 해온 것이 사실이다. 그는 한 모임에서 하루하루가 아슬아슬하다고 했다. 한 측근은 그런 그의 뒷모습이 감당하지 못할 만큼 무겁고 버거워 보였다고 했다.

그가 결정적으로 마음이 상한 건 업체들과의 조율 끝에 시행한 건전 게임문화 캠페인이었다. 그는 이 일을 추진하면서 심한 자괴감을 나타냈다고 한다. 여기에다 셧다운제 시행과 PC방 가격 인하 문제를 놓고 가까운 경쟁사 메이저 사장과 격론을 벌임으로써 인생무상과 함께 자신의 일에 대한 크나큰 상실감을 느낀 것으로 알려졌다.

하지만 김 회장의 결정과 판단은 잘못됐다고 본다. 아무리 올려놓고 흔들어대도 버텼어야 옳았다. 정치권의 생각 밖의 높은 관심과 정부 부처의 채찍 같은 까탈스러운 주문에도 그 길이 올곧은 곳이라고 믿었으면 가야 했다. 안타깝게도 그는 그 찰나를 넘기지 못하고 손을 들어버린 것이다. 한 소식통에 따르면 김 회장은 이미 국감 이전부터 협회장직을 사퇴키로 마음을 굳힌 것으로 알려졌다. 결국 김 회장은 자신의 마지막 소임을 국감을 마무리하는 것으로 본 것이다. 그리고 훌훌 털어버리고 나갔다.

그의 사퇴 결정과 공인으로서의 행보에 대해 게임계는 역사를 어떻게 기록해 놓을 것인지는 좀 더 지켜봐야 할 것 같다. 솔직히 자연인 김정호에 대해서는 깊은 연민을 느끼는 게 사실이지만 공인 김정호 회장에 대해서는 경솔한 판단을 내린 게 아니냐는 안타까움을 지울 수 없다. 너무 외로웠던 것인가. 아니면 우리가 알지 못하는 또 다른 변수가 작용한 것일까. 그렇다면 그것은 더 큰 문제일 수 있다.

2009-11-09

칼럼 속의 또 다른 이야기: 김정호 회장

김정호는 게임계에선 상당히 점잖은 인물로 불려왔다. 고대 무역학과를 나와 삼성에서 근무할 때 김범수 카카오 의장과 의기투합하여 함께 길을 걷기 시작했다. 아주 강직했고, 아닌 것을 맞다 하는 스타일이 못됐다. 그가 전격적으로 회장직에서 물러난 것을 두고 여러 얘기들이 나왔다. 일각에선 국회 국감에서의 수모를 언급하기도 했다.

그러나 그를 아는 이들은 다른 얘기를 했다. 그보다는 웹보드 게임 매출 비중을 줄이기로 한 본인의 뜻과 당시 NHN 대주주 간 의견이 갈리면서 갈등을 빚은 때문이란 것이다. 어쨌든 그는 자리에서 물러나자 평소 자신이 하고 싶은 일이라고 해왔던 사회봉사 활동에 주력했다. 이후 뒤늦게 카카오에 참여, CA협의체 경영지원총괄 역을 맡아왔다.

주인이 없다는 것

솔직하게 말하면 이제 알았다. 이전까지만 해도 당당하다 못해 도도했다. 잘나가는 업계 덕에 신명이 났다. 하지만 이제 비로소 알았다. 게임계가 말로만 산업을 외쳐댔지 결코 그렇지 않음을 이제야 알게 됐다. 머리가 비상하고 퍼포먼스가 뛰어난 CEO들은 많은데, 산업계를 이끌고 이들의 목소리를 조율하는 리더가 보이지 않을 땐 그저 이들의 겸손과 겸양, 아니면 이들의 개성이 유별난 까닭이라고 여겼다. 그런데 그것도 아니었다.

신문 기사는 현장의 기록이자 역사의 한 페이지를 장식하는 사실적 기록이다. 특히 산업계의 기사는 더욱 그렇다. 그래서 매출이 기지개를 켠다든지 수출이 호조를 보이고 있다는 등 좋은 기사들이 실리게 되면 내 일처럼 반겨지지만 사업부진이나 기업도산 등의 얘기가 나오면 눈살을 찌뿌리게 된다. 그렇지만 좋으나 싫으나 이 모든 것들은 산업계의 소중한 자산이다.

좋은 일들은 좋은 일대로, 나쁜 일들은 또 그 나름대로의 의미를 가져다준다. 그게 기록이자 역사인 것이다. 소명의식과 책임감이 투철한 CEO일수록 활자로 나열된 기사를 주목한다. 아니 정확히 말하면 경계하고 두려워한다. 그것은 다름 아닌 자신의 기록이자 업력을 나타내는 산 증거가 되기 때문이다. 하여 행동도 신중하며 결정도 장고를 거듭해 한다.

회사의 구성원들은 CEO를 빼닮는다고 했던가. 진중한 CEO엔 그에 걸맞은 구성원들이 따라붙는다. 요상하게 그렇다 한다. 직원들이 부지런하다고 생각하고 그 회사의 CEO를 만나보면 그가 그렇다. 부부가 닮아가는 이치와 비슷하다. 가치와 사고, 인식과 행동에 있어 구성원들이 서로 달리 공유하고 움직인다면 그것은 더 이상 함께할 수 있는 구성원이 아니다. 기업이 또 다른 공동체의 의미를 지니는 것은 바로 이 때문이라고 생각한다.

게임계에 주인의식이 없다는 것을 이제야 알았다. 게임계의 수장이 유고 된 상황인데도 그 누구도 나서지 않는다. 산업계의 대표가 없으면 어떠냐는 극단적인 말을 하는 이들마저 있다. 말 그대로 없어도 그만이다. 하지만 그다음부터는 개별 기업 각자가 정부와 사회로부터 세밀한 관찰 대상이 돼야 함을 각오해야 할 것임엔 두말할 나위 없다.

뛰어난 인재들이 많은데 뭘 그렇게 걱정하느냐고 되묻기도 한다. 그런데 그게 아니다. 안타깝게도 구슬이 서 말이면 무엇하겠는가. 보석은 없고 구슬만 나뒹굴고 있는데 말이다. 한심하다 못해 한숨만 절로 나온다. 까딱하면 태생적인 한계를 얘기하는데, 그것보다도 한 줌의 역사 의식이라도 가져 보기라도 한 것인가. 게임계가 산업을 위한 쥐꼬리만한 역사의식이 있다면 지금처럼 그럴 수 없다.

지금 소수의, 아주 일부의 몸부림으로 게임계의 역사가, 산업계의 기록이 이어지고 있다. 아마도 이들의 절규에 가까운 외침이 없었다면, 그리고 이들의 사회에 대한 무한한 책임감에서 비롯된 작은 몸짓이 없었다면 게임계는 벌써 스러졌다. 그러나 안타깝게도 뒷짐을 지고 있는 이들이 생각 밖으로 너무나 많다. 솔직히 듣기도 싫은, 도박과 엔터테인먼트의 경계선상에서 외줄타기를 하고 있는 업체들이 적지 않다.

최근 공정위의 약관 시정조치 결정은 게임계에 또다른 시사점을 안겨 준다. 문제의 약관은 게임계로부터 발화된 것으로 알려졌다. 그리고 그 약관의 문제점과 파괴 논리가 게임계에서 나왔다는 사실은 매우 충격적이다.

물론 시정하고 개선해야 할 과제가 있다면 굳이 절차상의 문제를 따질 일은 아니다. 그러나 조직 내부의 일들이 통제되지 않고 제멋대로 밖으로 흘러나가 경쟁사 또는 세상 사람들의 입을 탄다면 얘기는 달라진다. 그런데 이러한 일들이 빙산의 일각으로 드러나고 있을 뿐이다.

투잡은 기본이고 전 직장의 기획안을 그대로 들고 나가 새 직장에서 펼쳐 보이는 이들이 적지 않다는 것은 이미 다 아는 사실이다. 주인이 없기 때문에, 주인의식이 없기 때문에 빚어지는 일이다.

게임계는 지금 주인이 없다. 안타깝게도 주인의식조차 없다. 아니면 이 지경에까지 이를 수 없다. 그렇지 않고서야 어떻게 이처럼 무력할 수 있는가. 작금의 상황을 그 누구도 진정성을 가지고 쳐다보려 하지 않는다.

그저 일확천금을 노리는 한탕주의자들과 나만 좋으면 그만이라는 이기적 사고의 개인주의자들만 득실대는 곳이라면 문을 닫아야 한다. 하지만 너무나 억울한 일이 아닌가. 1세대 게임인들, 특히 온라인게임 산업의 태동을 위해 몸부림쳐 온 선배들의 피와 땀은 어찌할 것인가. 생각하면 할수록 분이 차오른다. 도대체 뭣들 하는가.

2009-11-23

스크루지 영감과 게임계 풍토

미국발 금융 파탄으로 빚어진 세계경제의 위기 조짐은 2009년 한 해의 마감을 앞두고 출구 시점을 저울질할 만큼 점차 안정을 되찾고 있는 모습이다. 주지하다시피 미국의 금융위기는 전문가가 아닌 일반인들이 들여다봐도 한눈에 알아볼 정도의 부실한 모기지론에서 비롯됐다. 엎친 데 덮친 격으로 거품 논란을 불러온 다우지수가 동반 폭락하자 일순간에 자금이 쏠려 세계경제가 때아니게 몸살을 앓게 된 것이다.

세계경제의 몸살은 지구촌이 결국 하나라는 사실을 새삼 일깨워 줬다. 선진 유럽 및 아시아 제국들이 호흡을 맞춰 공동 처방전을 내놓지 않았다면 아마도 이처럼 빨리 위기탈출의 성공은 기대할 수 없었다고 봐야 할 것이다. 산업적인 측면에서도 긍정적인 효과가 나왔다. 각 기업들이 체질개선에 안간힘을 썼고 경쟁력을 높이기 위해서는 남들보다 잘하는 것 외에 하나가 더 추가돼야 한다는 사실을 새삼 일깨워준 것이다. 삭풍 같은 칼바람에도 불구, 상대적으로 견고함을 보여준 반도체와 정보기술(IT)·자동차·조선 등이 여기에 해당된다.

하지만 이러한 경제위기 극복의 후유증은 부익부 빈익빈 현상 등 시장 재편의 편린을 안겨준다. 제도권에 진입한 기업은 그나마 다행이지만 그렇지 못한 기업들은 고전을 면치 못하고 있다. 정부 또는 대기업들의 정책적 지원을 받거나 자신이 직접 나서 말 그대로 블록버스터급 일을 연달아 날리지 않는 한 제도권 기업에 종속되거나 그들을 바라보고 따라갈 수밖에 없는, 딱한 처지가 됐다. 콘텐츠 업계의 부익부 빈익빈 현상은 이미 진행되고 있을 뿐만 아니라 더 심화되고 확대되고 있다. 이젠 빅브라더스 혹은 명실공한 메이저 탄생은 시간문제가 됐다고 보면 맞다.

게임계의 상황도 엇비슷하다. 엔씨소프트, NHN, 넥슨, 네오위즈, CJ 인터넷, 엠게임, 한빛소프트 등 주요 메이저의 시장 매출 비중은 갈수록 확대되고 있다. 이들에 의한 시장 과점 현상은 특별한 정책적 변화가 없는 한 지금 이 상태로 굳어질 가능성이 높다. 잠재적 가치를 인정받고 있는 조이맥스와 제이씨엔터테인먼트 그리고 위메이드와 와이디온라인, FPS의 산실 게임하이와 드래곤플라이 등이 나름의 관심을 끄는 것은 그나마 이들이 사전에 제도권 진입에 성공했기 때문이다. 따라서 이들의 경쟁은 더욱 치열해지고 그 파이 싸움은 숨을 고를 틈 없이 박빙으로 전개될 게 거의 확실하다.

여기서의 관전 포인트는 누가 끝까지 고지를 지킬 수 있을 것인가에 대한 궁금증이다. 현재 업계 상위기업들이 5년 또는 10년 후에도 그 자리를 그대로 지킬 수 있을 것이라는 기대는 매우 낙관적이고 너무 앞서간 전망이다. 인기게임의 라이프 사이클이 짧아지고 있는 데다 유저 성향마저도 하루가 다르게 들쭉날쭉하고 있기 때문에 시장판도는 언제든 뒤집어질 수 있다. 더군다나 게임계는 아직 미완성인 단계로, 춘추전국시대를 방불케 하고 있다.

여기에다 동종업체 간 호흡도 잘 맞지 않는다. 서로 자신들이 능력 있다며 퍼포먼스를 자랑하지만 도토리 키 재기 수준이다. 냉철하게 업계를 들여다보면 하나에 하나를 더하는 복합 경쟁력은 없다. 맏형 또는 막내란 업계의 위계질서 또한 희미하다. 어찌 보면 시장의 지각변동 요소가 늘 상존하고 내재돼 있다고 전제한다면, 그 한복판에 서 있는 게 다름 아닌 게임계가 아닌가 싶다.

그래서 그 야단인지는 알 수 없으나 경제위기 극복의 성공사례는 게임계에는 해당되지 않는다. 공동 처방전이라는 게 없고 동종 사람이라는 동반자 인식이 없다. 좀 더 덧붙이면 기업 체질개선의 노력은 고사하고 경쟁사를 배려하는 마음조차 없다. 그러다 보니 자신의 진영으로 끌어오려는 움직임도 삼고초려의 마음이 아니라 돈다발뿐이다. 그 외는 주변도 거들떠보지 않는다.

성탄절을 보내는 한 주라는 마음에서일까. 때마침 찰스 디킨스의 소설《크리스마스 캐럴》이 생각났다. 구두쇠 영감 스쿠루지가 왜 갑자기 긴 수염을 깎고 개과천선을 했을까. 꿈을 통해 자신의 모습을 들여다보지 않았다면 과연 스쿠루지 영감이 불우한 이웃과 친구들에게 다가갈 수 있었을까.

게임계의 출구 시점이 절실한 때다. 물질적인 것이 아니라 정신적인, 동반자적인 출구 시점을 찾아야 한다는 뜻이다. 그렇지 않으면 금융위기 때 처럼 위기의 비상벨은 울리지 않고, 그로 인한 후유증은 장기간 지속될 가능성이 높다. 왜냐하면 그것은 동종업체란 공동체 의식이 거의 없고, 이웃과 동료와의 나눔이란 미담이 거의 없는, 말 그대로 건조한 영토에 목매고 있는 그 업종이기 때문이다.

2009-12-21

우리를 슬프게 하는 사람들

게임계는 속 빈 강정이란 말을 들어온 게 비단 어제오늘의 얘기는 아니지만 요즘 들어 그 소리를 더 듣고 있는 듯하다. 겉만 화려할 뿐, 속을 들여다보면 아무것도 없다는 본뜻 외에도 세상 사람들에게 보여지는 만큼 그렇게 뿌듯함을 갖지 못한다는 의미로도 해석할 수 있다. 한쪽은 정신적 공허함이고 또 다른 한쪽은 물질적 토대를 변변히 갖추지 못한 것이니까 그게 그것이랄 수 있겠다. 하지만 물질적 토대의 부족함은 견뎌낼 만한데, 정신적 공허함 등을 포함한 자긍심 상실은 큰 문제가 아닐 수 없다.

중소 게임업체들은 물질의 부족함을 호소하며 외화내빈을 얘기한다. 이를테면 아무리 몸부림쳐도 한 단계 점프는커녕 현상유지도 어렵다는 것이다. 그래서 자구책의 일환으로 이쪽저쪽의 문을 두드려 보고는 있지만 생각 밖으로 열리지 않는다고 했다. 그나마 다행스러운 것은 하고 싶은 일을 할 수 있다는 위안과 자부심이다. 휘황찬란한 네온사인과 그 불빛만을 보고 노크한 게임계이지만 이곳에는 내일이 있고 미래가 도사려 있다는 것이다.

한 중소 게임업체 사장은 “착각하고 게임계에 입문했지만 지금까지 후회해 본 적은 없다”고 했다. 그러면서 그는 “현재는 가난하지만 내일까지 빈곤하리라고는 생각하지 않는다”고 했다. 그리고는 이런 얘기를 했다. “솔직히 잘못 들여다본 산업계에 대한 원망보다는 생각 없이 돈질하는 일부 게임업체들의 행태에 더 큰 박탈감과 좌절감을 느낀다”고 했다.

그의 표현을 빌려보면 코스닥 상장기업 중 제일 먼저 퇴출됐으면 하는 게임업체를 꼽으라면 단연코 A사라고 했다. A사는 한 작품으로 일약 스타덤에 오른 그 게임업체였다. 소문에 따르면 그의 행동은 거의 비행에 가깝다. 말들을 많이 만들어 게임계를 '설설설업계'라고 부를 정도라서 그 많은 말들을 다 믿고 싶지 않지만 그에 대한 얘기는 꼬리에 꼬리를 물고 나돌아 다녔다.

그중 하이라이트는 술만 먹었다 하면 난폭해지고 직원들을 상대로 욕지거리를 해댄다는 것이었다. 작품 소싱을 위한 중소 게임업체와의 미팅 자리는 군신관계를 연상케 하고, 회의 시간에 자신의 발언에 토를 달 경우 수탈에 가까운 수모를 감수해야 한다는 것이었다. 이런 게임업체가 잘될 리가 없다. 소싱한 작품마다 참패했고 그나마 잘나가던 A사 대표작마저 휘청거리고 있다.

구상유치한 게임인도 적지 않다. B사의 CEO는 와신상담 끝에 대박을 건진 인물이다. 하지만 변변히 내세울 게 없는 사람이었다. 표현대로 게임하나 잘 만들어 명성을 얻었을 뿐이다. 문제는 입신 이후였다.

자신을 포장하기 시작하더니 급기야 기록에도 없는 경력까지 줄지어 만들어 냈다. 과대 포장은 여기서 그치지 않고 자신의 외모로 전이되기 시작했다. 그리곤 게임계와는 일정한 거리를 뒀다. 그 이유는 자신의 역량을 제대로 안 알아 준다는 것이었다. 그는 게임계에서 벌어들인 돈으로 증권·부동산에 집중 투자했지만 번번히 실패, 최근 벼랑에 몰려 있다고 한다.

실천하지 못하는 말잔치로 설화사건을 겪은 이도 꽤 된다. C 사장은 기회가 주어질 때마다 기업의 사회적 역할을 강조해 온 대표적인 인물이다. 가난한 기업 살림을 오랜 기간 꾸려 왔고, 그래서 산업계 밑바닥 생활을 누구보다 잘 안다고 정평이 나 있는 사람 가운데 한 사람이다. 마케팅을 발품으로 한다고 할 정도였고 달변이어서 수려한 말들을 엄청 쏟아냈다.

그중 하나가 다름 아닌 기업의 사회적 역할이었다. 그런 그의 말에 많은 이들이 감동했고 고무됐다. 지난 2008년 초 그가 오랜 고생 끝에 비로소

별을 쏴 올렸다. 대박을 터뜨린 것이다. 그런 그가 게임계에서 자취를 감춘 건 대박을 터뜨리고 얼마되지 않았을 때다. 최근 그와의 통화를 시도했지만 여전히 전화벨만 울릴 뿐이었다.

이런 것들이 산업계를 속 빈 강정으로 만들었구나 하고 느꼈다. 앞으로 벌고 뒤로 까진, 그 사연 때문이 아니라 자긍심 상실에서 비롯된 정신적 공허함의 아픔이었다.

줌인 렌즈를 통해 바라보면 산업계를 부양하고 견인하려 몸부림치는 사람들도 적잖다. 안타까운 점은 살을 찌우려는 이들보다는 갉아먹고 흔들어 대는 사람들이 주류를 감싸고 있다는 사실이다. 그런데도 이들을 끝까지 계속 두고 볼 것인가. 속 빈 강정, 그것은 물질의 부족함에서 얻은 닉네임이 아니라 무책임한 '먹튀'들 때문에 붙여진 이름이 아니던가 묻고 싶다.

2010-01-22

게임협회와 김기영 회장

게임계 대표 언론인 더게임스와 게임인들의 모임인 게임산업협회의 표면적 관계는 말 그대로 불가근 불가원의 언론사와 취재원의 사이지만, 태생적 배경으로 보자면 마치 형제와 같은 관계다. 때아니게 그게 무슨 말인가 하고 물을 수 있겠지만 양측의 뿌리와 태생적 배경 등을 살펴보면 단박에 이를 수긍할 수 있을 것 같다는 생각이 든다.

지금은 새 사업에 매진 중인 김범수 전 NHN 대표와 협회 설립과 더게임스의 창간 문제를 놓고 만난 건 2003년 늦가을께의 일이었다. 당시 게임계는 폭발적인 성장세를 거듭하는 유망업계로 불렸다. 내수 규모는 하루가 다르게 신장했고 신규 업체 진출은 병목현상이 빚어질 만큼 문전성시를 이뤘다.

그러나 이 같은 움직임은 떠다니는 환영처럼 비춰졌을 뿐이다. 누구 한 사람, 업계를 반듯하게 세워 구획을 정리하고 시너지화하겠다는 이가 없었다. 업계는 갑작스러운 세상 사람들의 관심에 도취돼 춘추전국시대, 백가쟁명 시대에 녹아 버리고 말았다.

목소리는 컸지만 그 목소리는 정제되지 않은 채 세상 밖으로 흘러들었고 퍼포먼스가 뛰어난 인재들과 그 틈바구니 속에서 한몫 챙겨 보려는 기회주의자들, 그리고 격에 맞지 않는 시정잡배들이 몰려들면서, 산업계와 게임시장은 혼미 상태, 바로 그것으로 변질됐다. 그나마 다행스러운 것은 그 혼탁함 속에서도 태양의 잔영은 여전했고 내일의 희망을 내다볼 수 있는 가능성이 늘 무지개처럼 피어오르고 있었다는 점이었다.

필자와 김범수 대표는 이러한 업계의 현실을 정면 돌파하기로 했다. 그리고 산업계의 중심체 역할을 할 수 있는 전문 신문의 창간과 업계의 이익을 대변할 수 있는 협회 설립을 구체화하기로 했다. 두 사람의 도원결의와 같은 의기투합은 일사천리로 진행됐다. 이듬해 3월 더게임스를 창간했고 4월 말에는 협회가 출범한 것이다.

협회가 천신만고 끝에 본 궤도에 진입하게 됐다. 시대가 영웅을 낳는 건지, 아니면 영웅이 시대를 낳는 건지는 알 수 없으나 그 시대에 걸맞은 인물은 늘 나타나기 마련이다. 협회장의 면면을 보면 그런 사실을 알 수 있다.

초대 협회장이 된 김범수 대표의 공적은 무엇보다 게임계의 어려운 난관을 딛고 협회의 태동을 이끈 것이라 할 수 있다. 과중한 업무 탓에 그가 임기를 채우지 못한 채 물러나긴 했지만 그의 애정과 열정이 없었다면 협회 창립은 어려웠을 것이라는 게 업계의 중론이다. 김 대표는 또 힘겨울 때마다 필자를 찾았는데, 그때의 화두는 늘 게임산업에 대한 무궁무진한 성장 전망과 후진들에 대한 격려와 당부였다.

그는 이런 얘기를 했다. "아직 서툴고 미숙하지만 언젠가는 게임이 지식산업, 콘텐츠 산업의 핵이 될 것"이라며 게임 예찬론을 펼쳤다. 그의 예상과 전망은 맞아떨어지고 있다. 아쉬운 점이라면 그가 좀 더 강력한 리더십을 발휘했더라면 협회가 더 빨리 안착하지 않았을까 하는 것이다. 결코 미워할 수 없는 스타일이 바로 그가 아니던가.

김 대표의 뒤를 이어 취임한 김영만 회장(전 한빛소프트 회장)은 스타 경영인답게 유명세를 한껏 발휘한 단체장이었다. 마치 자신의 일처럼 협회 일을 챙겼다. 정부 요로에 게임산업의 정체성과 산업 육성의 필요성을 강조하고 다녔다. 짧은 성상에 있을 법한 바람도 일으키지 않은 것은 그의 깔끔한 성격과 무관하지 않다는 게 업계 관계자들의 한목소리다.

김영만 회장은 2008년 회사를 넘기면서도 기업 소유에 대한 명쾌한 입장을 내놔 화제를 뿌리기도 했다. 협회의 주춧돌을 놓은 인물이라는 평이 지배적이다.

3대 회장의 권준모 전 넥슨 대표는 전문 경영인 성격에 걸맞은 협회장이었다. 쉽게 표현하면 맞춤형 단체장이었다고 정의하는 게 맞다. 교수 출신다운 그의 유연한 사고와 해박한 논리는 게임산업계 위상 제고에 큰 도움을 줬다. 그 때문인지 일각에서는 너무 흠결이 없는 게 흠이라는 지적도 나왔다. 하지만 정부와 게임산업진흥원과의 호흡은 피스톤 박자처럼 잘 맞았다는 게임 업계의 중론이다.

안타깝게 도중 하차한 김정호 전 한게임 대표는 'NHN 출신은 회장 임기를 못 채운다'는 설을 뒷받침한 장본인이 되고 말았다. 그러나 전후 사정을 살펴보면 그의 돌연 사퇴 파동은 사전 예고된 것이나 다름없었다. 치열한 일솜씨에 반해 천성이 너무 착한 그였기 때문이다.

이제 관건은 한빛소프트의 김기영 신임 회장이다. 그가 어떤 포석을 두고, 솜씨를 발휘할 것인지에 벌써부터 업계의 시선이 모아지고 있다. 한 가지 당부하고 싶은 것은 세상 밖으로 나가기 전에 먼저 협회 내실부터 다지고 챙기라고 권하고 싶다. 현 협회는 말 그대로 고립무원의 모습, 바로 그것이다.

외풍에 견딜 수 있는 병풍 마련에 힘쓰고, 정관 성격에 안 맞는 운영위원회는 서둘러 정비해야 맞다. 사무국도 실무형으로 개혁해 중소업체 지원에 힘쓰도록 해야 한다. 특히 이번 기회에 퍼블리셔들만을 위한 협회란 딱지는 반드시 떼야 할 것이다. 협회는 4만여 게임인 모두의 것인 까닭이다. 김 회장은 결코 이 점을 잊어선 안 된다.

2010-01-29

자신들만의 배만 채우면 그만인가?

K 형에게.

이미 춘분이 훌쩍 지났는데도 겨울 기운을 떨쳐 버리지 못하는 기온이 생경스럽기까지 한 봄날입니다. K 형이 늘 신경을 곤두세우는 경제 쪽에서는 출구 시점을 저울질하고 있지만 서민 경제는 여전히 냉랭한 모습입니다. 아직도 국민들은 체감하지 못하겠다는 것입니다. 일각에서는 그 때문인지 우리 경제가 더블딥 현상에 빠져드는 게 아니냐는 우려의 목소리가 나오고 있습니다.

세계 금융위기 속에서도 잘 대응해 온 국가가 다름 아닌 대한민국 아닙니까. 출구 시점은 신중하게 결정할 게 분명합니다. 정부가 올해 제시한 4~5%의 경제성장률 달성도 그렇게 비관적이지 않다는 분석이 지배적입니다. 수출도 점차 자리를 잡아가고 있는 듯합니다. 그렇다면 한번 해볼 만하지 않습니까. 단언컨대 분명 할 수 있을 것입니다.

사회적으로는 최근 큰스님인 법정 스님께서 입적하셨습니다. 아무것도 소유하지 않겠다는 스님의 유언의 글과 함께 자신의 모든 족적을 거둬들였습니다. 명예와 이름뿐 아니라 스님이 남긴 말씀과 글마저도 모두 가져가셨습니다. 김수환 추기경님에 이어 또 한 분의 큰어른께서 이 생을 마감한 것입니다. 종교적으로는 달랐어도 두 분의 공통점은 아무것도 소유하지 않고 우리 사회에 교훈과 사랑만 남겨두고 떠나셨다는 점입니다.

K 형. 인생은 다름 아닌 공수래 공수거라는 말이 실감납니다. 명예와

재물 등의 부귀영화를 누린들 무슨 소용 있겠습니까. 그 끝은 분명 한 길로 돌아가는 것이 아닐런지요.

밀레니엄 경제의 화두는 아이로니컬하게 기업의 사회 의무입니다. 무조건 수익을 극대화해야 한다는 생존의 문제가 미덕이던 시대는 가고, 기업의 생존과 함께 기업의 사회 동행이 어젠다가 되고 있는 것입니다. 특히 세계무역기구(WTO)에서는 기업의 사회 의무를 단순히 권장 사항이 아니라 WTO 규범으로써 강제하는 방안을 검토 중인 것으로 알려져 관심을 모으고 있습니다.

제가 몸 담고 있는 게임계의 현실을 들여다보면 부끄럽기 그지없습니다. K 형도 알다시피 게임계는 지금 사행성 등 게임중독 문제로 아수라장입니다. 황금알을 낳는 산업이라고 일컬어 왔지만 내막을 알고 보면 그렇지도 못한 게 게임계의 현주소입니다. 그나마 몇몇 메이저들은 재미를 보고 있지만 그렇다고 금궤를 캐낼 정도는 아닙니다. 하지만 경쟁업종에 비하면 분명히 알곡을 거둬들이고 있음을 부인키 어렵습니다.

그럼에도 불구하고 K 형의 지적처럼 게임계가 인색할 정도로 사회환원 문제를 다루고 있는 데 대해 저도 의아스럽게 생각합니다. 형도 알다시피 게임 역기능에 대한 문제가 사회적 이슈 거리로 등장하고 있는데도 게임계의 대응은 짜증 날 만큼 무기력하지 않습니까.

그 흔하디 흔한 대책도 없고 정작 당사자들의 자성의 움직임조차 없습니다. 이런 게임계의 태도를 놓고 정부 일각에서는 마치 해볼 테면 해보라는 식이 아니냐며 분통을 터뜨리기도 합니다. 산업계의 연륜이 부족하고 타 업종 사람들에 비해 숙기가 없다는 점을 감안하더라도 이건 아니다란 생각이 더 깊습니다. 그것은 게임계의 사회 기여 및 역할을 주장하는 국민정서와 눈높이와는 상당한 거리가 있기 때문입니다.

여기서 사회 환원은 고사하고 자신의 배만 채우면 그만이라는 식의 돈벌이에만 혈안이 돼 몸부림치는 게임업체들이 적지 않다는 사실입니다.

이들은 사행성 등 게임중독 얘기가 나오기가 무섭게 이를 은폐하기 위해 더 교묘한 수법을 동원하고 있습니다. 일부는 자신들과 우호적인 관계를 갖고 있는 채널들을 동원해 여론의 흐름을 틀어쥐고 있습니다. 이런 이들이 과연 게임 산업과 우리 사회에 필요한 자양분으로 녹아들 수 있을지 의구심까지 갖게 됩니다.

K 형도 알다시피 오늘날 할리우드 스타들이 사회로부터 대우를 받는 까닭은 노블리스 오블리주의 정신을 가지고 끊임없이 세상 사람들과 소통한 결과가 아닙니까. 그들도 영화 초창기 때는 사회로부터 업신여김의 대상이지 않았습니까. 해서 영화 노조가 나서고 제작자들이 직접 나서 사회와 어깨를 나란히 하지 않았습니까. 그들이 내세우는 아카데미상 제도마저도 이 같은 분위기를 상쇄하고 세상 밖으로 다가서려는 영화인들의 처절한 몸부림이 아니었습니까.

K 형, 바깥공기가 유난히 찬 까닭은 계절적 변화도 그것이지만 게임계 일각의 나밖에 모르는 이기적 경영 행태 때문은 아닌가 싶습니다. 게임계도 이젠 달라져야 할 것 같습니다. 쓸 줄은 모르고 그저 돈만 잘 쓸어 담으면 그만이라는 수전노 방식의 경영으로는 결코 산업을 기름지게 할 수 없다는 사실입니다. 진정 사회로부터 규모에 걸맞는 대우를 받으려면 자신을 버리고 기업을 세상 사람들에게 돌리는 것이 첩경 아니겠습니까.

K 형, 환절기에 건강 유념하시기 바랍니다.

2010-03-22

게임 과몰입에 대한 처방전의 수위

게임 과몰입에 대한 정도를 놓고 정부 내 부처 간, 게임업체와 사회 단체 간 시각차가 적지 않은 실정이다. 한쪽에서는 범정부 차원에서 이 문제를 다뤄야 한다며 게임 중독의 문제점을 지적하고 있고 다른 한쪽에서는 심각한 수준은 아니고 굳이 표현하자면 방치해선 안 될 정도가 맞다며 게임 과몰입 현상에 대한 마녀사냥식 처방법에 경계심을 보이고 있다. 어찌됐든 관계 부처에서는 예전처럼 그대로 방목하지는 않겠다는 방침인 걸로 보면 이에 대한 처방전이 곧 나오게 될 것으로 보인다.

하지만 우려되는 것은 처방전의 수위다. 일련의 사회 분위기를 보면 게임에 대한 일반인들의 시선과 인식이 그다지 좋아 보이지 않는다는 것이다. 특히 충격적인 사건·사고의 중심 인물들과 대상이 청소년 또는 아동이 되고 있다는 점에서 여론 흐름의 향배조차 게임계에 그다지 호의적이지 않다. 이런 분위기라면 열 사람의 마녀도 쉽게 잡아 가둘 것 같다. 안타까운 것은 정작 게임이 사회 현상의 종속 함수에 있음에도, 핵심적 사안으로 떠올라 뭇매를 맞고 있다는 사실이다.

1960~1970년대 뒷골목에서 어린이들이 즐겨 하던 게임은 술래잡기와 삼팔선 넘기, 땅따먹기, 비석 맞추기 등이 기억난다. 이 중 머리 큰 사람들이 한다는 놀이는 비석 맞추기와 삼팔선 넘기 놀이였다. 삼팔선 넘기는 일정 공간에 사선을 그려 놓고 공격자와 수비자가 갈려서 한편은 사선을 넘어가려 하고 다른 한편은 사선을 못 넘어가게 막는 경기다. 공격자는 사선을 넘어서 사선을 지키는 수비자를 공간 밖으로 밀어내 죽게 할 수도 있

고 다음 사선을 선택해 넘어갈 수 있다.

비석 맞추기 놀이는 일정 거리에 세워둔 상대편의 돌을 맞춰 쓰러뜨리면 승리하는 것으로, 공격 지점에서 돌을 던져 상대편의 돌을 쓰러뜨리거나 공격자 자신이 일정 거리를 두고 던진 돌을 단번에 밟고 난 다음 외다리로 상대편 돌을 맞춰 쓰러 뜨리는 방식이다.

아마도 이 놀이를 하면서 장독대의 항아리를 한두 번 깨 먹지 않았다면 거짓말이다. 말 그대로 시대의 놀이 문화였고 세태를 반영한 그 당시의 체력 운동이었던 셈이다. 재미있는 것은 군사정권 시절, 아무개 장군이 시위 현장에 나와 시위대의 돌팔매질을 보면서 어린 시절 단련된 비석 맞추기 솜씨가 모두들 제법이라며 웃음을 지어 보이더란 것이었다. 이후 대한민국 뒷골목에서 비석 맞추기 놀이가 사라졌던가?

게임뿐만 아니라 사회 문화 현상엔 역기능이란 게 존재한다. 하다못해 사람을 살린다는 의약품에도 역기능(부작용)이 따라다닌다. 따라서 현상에 대한 역기능을 최소화하고 피해자의 수를 최대한 줄이는 일이 사회안전망에서 해야 할 일이다. 비석 맞추기 놀이로 항아리가 깨진다며 골목길의 돌을 죄다 치운다면 난센스이자 과잉반응이며, 삼팔선 넘기 게임에다 이념을 덧칠해 사선 긋기조차 허용치 않는다면 국제적 망신감이다.

게임이 문화현상을 주도하고 상대적으로 과몰입 정도가 세다 하더라도 법률 제·개정을 통해 강제하기보다는 커다란 문화의 줄기를 통해 자연스럽게 걸러지도록 하는 게 맞다. 그래야만 문화가 풍요로워지고 번성한다.

게임 과몰입 처방전 수위를 두고 문화체육관광부와 여성가족부의 힘겨루기가 점입가경이다. 외견상 다윗과 골리앗의 형국이다. 그래서 경기는 일방적으로 끝날 것처럼 보였다. 헌데 문화부가 쩔쩔매고 있다. 여가부가 쉬지 않고 공격 소재를 개발해 맹공을 퍼붓고 있는 것이다. 국무총리실도 예전처럼 쉽사리 한쪽 편을 못 들어 주고 있다. 논리상 보면 문화부의 주장이 맞는데, 여가부는 학부모 등 시민단체를 등에 업고 기세등등한 모습인 것이다. 이렇게 되자 승패 전망조차 어렵게 됐다.

게임계의 자업자득, 스스로 화를 자초한 것이다. 이런 일이 생길 것이라고 예상하고 사전에 철저히 준비를 해왔더라면 게임 과몰입 문제는 이슈거리가 되지 못하는 사안이다. 이를테면 있을 수 있는 현상일뿐더러 킬러 콘텐츠로서 필연적으로 겪어야 할 현상이기 때문이다.

따라서 어찌 보면 학부모 등 시민단체를 먼저 찾고 교류해야 할 곳이 여가부가 아니라 문화부이며 게임계가 아니던가 하는 생각이 문뜩 들었다. 그런데도 이를 차일피일 미루고 인색한 태도로 버티다가 결국엔 게임 과몰입이 아니라 게임의 역기능이란 단어가 불쑥 튀어나오게 만들었다. 더 한심스러운 것은 안 되겠다 싶으니까 부랴부랴 문화재단을 만들겠다며 큰돈을 갹출키로 한 것이다. 호미로도 될 일을 가래로 막은 셈이 됐다.

뒤숭숭한 사회 분위기로 인해 마녀사냥식 손보기 대상에 오른 게 다름 아닌 게임이 됐구나 싶다. 하지만 그것은 분명 바른 길이 아니며 정도가 아니다. 예컨대 문화는 손을 봐야 할 대상이 아니며, 수용자들에 의해 평가되고, 그들에 의해 걸러지는 것이 옳다. 그런 측면에서 정부의 게임 과몰입 대책은 미흡한 본인확인 제도 등 업계 시스템 보완 및 개선에 그쳐야 한다. 왜냐하면 그것은 문화 사랑과 육성을 위한 보편적 가치일 뿐 아니라 세상의 조롱거리가 되지 않는 지름길이기 때문이다.

2010-06-28

정체성의 힘

소낙비가 쏟아질 때면 일단 피하는 게 상책이라고 하지만, 이번 게임계에 몰아닥친 장대비와 같은 세상 사람들의 눈총은 쉽게 걷히지 않을 것 같다. 그래서 시제(詩題)는 먼저 던지는 게 상대를 제압하는 데 유리하다 하지 않았을까.

셧다운제와 같이 핫이슈가 될 만한 의제라면 차라리 게임계가 전향적으로 그 과제의 공을 세상 사람들에게 먼저 넘겼으면 어땠을까 싶다. 그렇게 했다면 현안에 대한 문제 풀이를 더 쉽게 해나가지 않았을까. 어찌 됐든 그것은 결과가 나쁜 까닭에 나온 가정론일 뿐이다.

중요한 사실은 앞으로 게임계에 대한 대못질과 같은 현안들이 봇물처럼 밀려올 것이라는 점인데, 이를 어떻게 대처하고 풀어 나갈 것인가에 대한 고민과 뾰족한 해결책이 보이지 않는다는 것이다.

앞뒤를 살펴봐도 우군이 보이지 않고 변변한 우산 하나조차 거둘 수 없다면 그 방법은 단 하나, 게임계가 정면 돌파하는 일이다. 이를테면 현안에 대해 피하지 말고 드러내놓고 같이 고민하자고 달려드는 식이다.

그러기 위해서는 싸움판도 마련해야 한다. 씨름도 하고, 머리를 맞대고 고민도 하고, 또 서로 피하지 말고 드러내놓고 그러다 보면 실타래와 같은 문제의 솔루션은 자연스럽게 만들어지고 풀리게 돼 있다.

그동안 게임계의 악수이자 패착이라면 너무 피해 의식에 젖어 드러내기보다는 덮으려고 안간힘을 써왔다는 점이다. 그렇다면 지금이라도 싸움 마당을 만들어야 한다. 그리고 하나씩 화두를 던져 문제의 솔루션을 마련해 가는 것이다. 그게 다름 아닌 세상 사람들과의 대화이자 소통이 아닌가 싶다.

문제는 그런 싸움판에 나설 선수 선발 건인데, 이 또한 쉽지 않다. 서로 미루기에 익숙한 게임계를 들여다보면 각자 처해 있는 입장이 제각각이다.

예컨대 과몰입 논란에 민감한 기업과 사행성 제기에 알레르기 반응을 일으키는 기업들이 서로 다르다. 한솥밥을 먹고 산다는 생각을 해야 하는데, 입장이 그렇지가 않은 것이다. 비가 오면 우산 장수는 좋지만 짚신 장수는 울상인 격이다.

특히 수년간 기업 대표들이 서로 얼굴을 한 번도 마주친 적이 없다고 할 만큼 기업 간 교류가 제대로 이뤄지지 않는 것도 걸림돌이다. 막말로 불거진 돌이 정 맞는다며 나섰다가 괜시리 밉보이게 될 것이라며 CEO들이 서로 안 나서도록 할 게 분명하다.

최근 논란을 빚고 있는 정부의 셧다운제 도입은 게임계가 정체성 혼란 등 산업에 대한 인식 부족에서 허우적거리는 틈을 타 잉태됐다고 해도 과언이 아니다. 솔직히 올 들어 극심한 양극화 현상으로 몸살을 앓고 있는 것도, 그리고 중견·중소업체들이 경영난에 봉착해 큰 어려움을 겪고 있는 것도, 이러한 정체성의 결여로 비롯된, 나만 잘되면 그만이라는, 나홀로 아리랑식의 경영 방식이 게임계의 판을 주도했기 때문이다.

정체성에 대한 부정은 산업에 대한 책임 의식 결여와 역사의식의 실종, 주변을 살피지 않고 오로지 자신만 들여다보는 극단적 이기주의로 나타난다. 이런 기업과 인물들은 도태되거나 쫓겨나야 마땅하지만 대체로 참 얼굴의 진면목을 가리기가 쉽지 않다. 그런데 이런 이들이 많으면 많을수록 산업 자본의 수위는 낮아지고 시장 규모는 갈수록 헐거워진다. 선순환 구조가 와해되고 깨져 버림은 물론이다.

실례로 게임계에서 대박을 터트리고 떠난 인물들의 행동과 면면들을 보면 부끄럽다 못해 참담하다. 산업에 대한 투철한 정체성과 애정을 갖고 있었다면 그처럼 철저하게 보따리를 챙겨 나가지 못한다. 싸더라도 까치밥 정도는 남겨 놓는 게 도리다. 하지만 산업계에 남아있는 흔적이라곤 그들이 팔고 나간 게임뿐이다. 이들의 이구동성은 벤처 기업이란 게 다 그런 게 아니냐며 자신의 기업을 슬그머니 벤처기업으로 돌려 세우는 것.

그래서 다 챙겨 나가도 상관없다는 식이다. 정말 낯 뜨겁고 뻔뻔스러운 논리다. 지난해 이런 식으로 빠져나간 게임계의 돈이 약 1조 원에 달할 것으로 추산된다. 산업계에서 굴러다녀야 할 돈이 엉뚱하게 딴 데로 새 나간 셈이다.

이를 놓고 볼 때 중소 게임업체들의 자금난은 외부 환경 요인뿐 아니라 게임계 내부의 원인도 큰 몫을 한 셈이다. 정체성에 대한 중요성을 간과한 나머지 그동안 그저 스쳐 지나가는 산업계의 나그네, 주변인만 키워 온 결과다.

세상 사람들과의 씨름도 좋고, 대응 논리 개발도 긴요하지만 게임계의 정체성 확립을 위한 프로그램을 마련해 시도해 보는 것이 시급한 과제가 아닐까 싶다. 그래야 전선에서도 전열을 흩트러뜨리지 않고 싸움을 하고, 산업에 대한 역사와 게임인들의 시선을 두려워할 것이란 생각이 들기 때문이다.

1970년 한 평범한 가정주부가 뉴욕 할렘가에 갱생 보호소를 설립했다. 그녀의 이름은 클라라 맥브라이드 헤일. 그녀는 이곳에서 갈 곳 없는 마약 중독 산모와 결손가정 아동들을 거두고 가르쳤다. 그녀가 가장 강조해 훈육한 것은 정체성에 대한 극복 노력과 힘이었다. "흑인이라서 달라질 게 없다. 그저 가만히 앉아서 '그래, 백인들이 하지 못하게 하니까 어쩔 수 없지' 하고 체념해서는 안 된다.

결심을 굳히고 노력한다면 어느 것이든 다 할 수 있다." 그녀는 1985년 로널드 레이건 대통령으로부터 '미국의 영웅'으로 불렸고 그녀가 세운 '헤일 하우스'는 그녀의 딸 로레인 헤일 박사에 의해 지금도 운영되고 있다.

정체성은 다름 아닌 힘이다.

2011-05-16

11월 20일은 국치일 같은 게임계 수치일

게임계에 '바다이야기' 사태에 이은 또 하나의 치욕스러운 일이 생겼다. 하나는 아케이드 게임업계에서 비롯된 것이라면 또 다른 하나는 온라인 게임업계가 불러들인 셧다운제라는 괴물이다.

업계 관계자들은 셧다운제가 시행된 2011년 11월 20일을 국치일과 같은 업계 수모의 날로 기록해야 할 것이라고 입을 모으고 있다. 업계의 한 관계자는 "바다이야기 사태를 반면교사의 교훈으로 삼았어야 했는데, 어느 날 슬그머니 그 같은 일을 까마득히 잊어버리거나 슬그머니 닮아 버린 게 아닌가 하는 자책이 든다"고 했다.

'바다이야기' 사태를 한마디로 요약하면 게임이 문제가 됐다기보다는 상품권이 도화선이 된 '돈 사태'였다. 또 운영 미숙에서 빚어진 정책 실수가 더해져 사태로 번진 것이다. 아케이드 게임 바다이야기는 아주 단순한 놀이다. 어린이들도 쉽게 할 수 있는 말 그대로 그저 그런 게임이다. 확률형 게임이란 점 때문에 성인용으로 분류됐지만 게임 자체로는 별로 문제 될 게 없는 평범한 게임이다.

문제는 상품권에 있었고 거기서 사단이 생겼다. 상품권 사업자들이 난무했고 이를 통해 마진을 챙긴 사람들이 너도나도 매장을 개설했다. 도로길가 한복판에 오락실이 아닌 게임장이 당당히 들어섰지만 거기에는 성인 게임을 즐기는 사람들이 모인 게 아니라 도박하는 사람들이 들락거렸다. 시장이 성장하는 듯했지만 그건 핍박과 사양길에 들어설 산업이란 걸 미리 알려 주는 서곡과 같았다.

끝내는 현실로 다가왔다. 베팅 금액을 엄격히 제한하고 업계 스스로 자율에 의해 매장 시간을 단속했더라면 그 같은 화가 벌어지지 않았을 게 분명했다. 그럼에도 안타깝게 이를 간과하고 말았다.

정부도 입이 열 개라 하더라도 할 말이 없게 됐다. 성인용 게임장이라고 하지만 베팅이 이루어지는 업소를 한길가에 영업 허가를 내주고, 엄청난 돈을 들인 네온사인 간판이 버젓이 걸리도록 그대로 방치했다. 또 허용해 주지 말아야 할 광고 영업 행위도 할 수 있게 했다. 결국 온 나라가 도박공화국이 됐다는 비아냥을 사고 말았다.

불과 5~6년이 흐른 지금, 그 수치스러운 화살이 부메랑이 되어 어린 청소년들에게 날아왔다. 이번엔 온라인 게임이었는데, 눈치 빠른 정부가 먼저 선수를 치고 나왔다. 16세 이하 어린이들에겐 심야 시간대에 게임을 못 하도록 한 것이다. 그만큼 청소년들의 게임 과몰입이 심각하다고 판단한 것이다.

그런데 묘하게도 돈벌이에 혈안이 된 극소수 온라인 게임업체들은 바다이야기 사태의 그때처럼 타오르면 죽는다는 교훈을 까마득히 잊고 있었다. 문제가 되고 있는 게임들은 '바다이야기'와 같이 내용상 전혀 걸릴 게 없었다. 일부 게임은 아예 자극적이거나 폭력적인 내용조차 없다. 그럼에도 끝내는 시대에도 걸맞지 않는 해괴망측한 제도를 불러왔다. 한마디로 성인용 게임업자들의 그것을 그대로 답습했기 때문이다.

성인용 게임 업자들이 대로 한복판에 매장을 개설한 것처럼 연일 게임 문을 열어 놨고, 불야성을 이루도록 한 간판 대신 매일같이 이벤트를 쏟아 부었다. 그도 모자라면 그들이 광고지를 뿌리듯 서슴지 않고 업데이트와 업그레이드의 소식을 뿌려대며 청소년들을 끌어모았다.

언필칭 이 같은 사태가 벌어지기 이전에 업계가 자발적으로 억지력을 발휘했어야 옳았다. 정부의 셧다운제 시행이 과연 바람직한지의 여부를 떠나 업계가 자율의 힘으로 사회 분위기를 맞춰 가는 모양새를 취하는 게 맞았다. 그럼에도 불과 몇 년 전 벌어진, 그 끔찍하고 충격적인 교훈의 끈을 놔 버렸다. 결과적으로 또다시 수모를 겪고 말았는데, 그것도 성인용 게임이 아니라 청소년 게임에 발목이 잡혔다.

닮은 것은 또 있다. 돈 사태다. 극소수였지만 청소년을 상대로 한 무차별적인 '현질' 요구는 충격적이었다. A사의 경우 밤낮없이 아이템을 가지고 청소년들을 볶아댔다고 한다. 어린 청소년들이 컴퓨터를 떠나지 못하고 옴짝달싹 못 했음은 눈을 감고 봐도 훤하다.

그런 그들이 헌법재판소에 셧다운제에 대한 위헌 여부를 묻겠다는 것인데, 그 또한 낯 뜨거운 짓이다. 그것을 가리더라도 책임 소재 여부를 먼저 알아본 이후가 맞고, 그 헌재 소송의 주체도 당사자가 아닌 진정 게임을 사랑하는, 뜻있고 의로운 게임업체들이 하는 게 맞다고 본다.

게임계에 커다란 주홍글씨의 못을 박은 일부 게임업체들은 이 기회에 자성하는 자세를 보여야 함은 물론이고, 그에 합당한 행동과 책임 있는 조치가 있어야 한다고 생각한다. 그렇게 하지 않으면 제3, 제4의 바다이야기 사태가 불거지지 않을 것이라고 아무도 장담할 수 없다.

한 마리의 미꾸라지가 온통 어항을 뒤집어 놓았다는 업계의 탄식은 바다이야기 사태의 그 모습과 교묘히 오버랩되면서 사회에 대한 책임의식과 산업에 대한 역사의식이 없는 주체들의 종말과 그 허망함을 다시 한 번 발견하게 된다.

사단은 늘 돈이다.

2011-11-30

게임은 게임일 뿐인데

최근 화제를 모으고 있는 '리그오브레전드'란 게임은 AOS(Aeon of Strife)란 특이한 장르의 외산 작품이다. 국내에서 인기 있는 다중 접속 온라인 롤플레잉 게임(MMORPG)과 다르고 단순 RPG 게임과는 또 다른 맛을 준다는 평이다.

이 게임이 오픈 첫날 가입자 수 30만을 돌파했다. 주요 포털에선 이 작품으로 인해 북새통이 벌어졌다고 하니 기록적이고 놀라운 일이라며 호들갑을 떤 일부 언론의 보도 내용은 사실인 것 같다.

작품 줄거리를 들여다보면 그렇게 새로운 내용이랄 수도 없다. 영웅이 되기 위한 치열한 싸움을 벌여 나간다는 게 전부다. 그런데도 유저들이 밀물처럼 몰려들고 있다. 한국에서 직접 서비스하기 이전, 미국 서버를 통해 이 작품을 즐긴 유저 수가 무려 2만에 달했다고 한다. 성수 철인데 수요가 없는 요즘과 같으면 대박 정도가 아니라 블록버스터급 히트작이라고 해야 할 것이다. 그럼에도 불구하고 여기에 그치지 않고 30만을 끌어모았다.

이 게임을 개발한 라이엇게임즈의 CEO 브랜던 백(Brandon Beck)과 사장 마크 메릴(Mark Merrill)은 아주 절친한 친구 사이였다. 미국 로스엔젤레스 소재 USC 대학에서 경영학을 전공한 두 사람은 게임을 공부만큼 좋아했다. 그래서 때가 되면 같이 게임회사를 차려 게임만큼은 지겹게 해보자고 다짐했다.

대학 졸업 후 두 사람은 약속대로 게임회사를 만들었다. 그리고 각고의 노력 끝에 한 작품을 완성했다. 바로 '리그오브레전드'란 게임이다. 이 작품은 론칭 하자마자 시장에서 센세이션을 일으켰다. 그 바람은 북미 지역에 머물지 않고 유럽, 아시아 지역으로 확대됐고 끝내는 흥행사의 정점인 블리자드의 'WOW'로 향하기 시작했다.

현재 '리그오브…'의 유저수는 전 세계적으로 약 3,200만, 한 달 방문 유저는 약 1,100만에 달하는 것으로 알려지고 있다. 'WOW'의 3,000만 유저를 이미 추월했다는 것이다. 불과 3년여 만의 일이다. 그런데 재미있는 일은 두 사람이 많은 사람들에게 이 게임을 즐길 수 있도록 하기 위해 블리자드측에 IP 공유 제안을 했으나 받아들여지지 않은 것. 결국 우군이 될 수 있는 인연이 적이 되고 마는 악연(?)이 됐다.

어찌 됐든 시장에서 엄청난 바람을 일으켰으니 상당한 부와 명예를 취했을 게 분명했다. 'WOW'를 제치고 랭킹 톱에 오르고 유저수가 3,000만에 달한다고 한다면 당연했다. 하지만 두 사람은 부를 제쳐두고 명예를 택했고 게임의 재미를 배가시키는 데 주력했다. 결과는 뻔했다. 알려지지는 않고 있지만 'WOW' 매출의 30% 수준인 것으로 전해지고 있을 뿐이다.

라이엇게임즈의 캐치프레이즈는 '게이머 중심의 회사'다. 즉, 아이템 개발에 매달리지 않고 환전에 신경을 쓰지도 않는다. 그렇다고 경영을 외면하는 것도 아니지만 전제는 게임을 해치지 않는 범위 내에서의 최소한의 수익이란 원칙을 지키고 있다. 최근에는 아예 수익이 예상보다 더 발생하면 그만큼 사회에 환원하겠다고 선언했고 올 여름에는 e스포츠 산업 육성을 위해 500만 달러를 출연하겠다고 발표하기도 했다. 지난 6월 한국에 현지법인을 설립한 두 사람은 내한해 이 같은 사회환원 원칙을 재천명하기도 했다.

이 얘기를 듣고 두 사람에게 낯이 뜨거워 얼굴을 들 수 없었다. 한국 게임계의 현주소를 바라보면서 부끄럽기 그지없었기 때문이다. 순간 게임이 좀 된다 싶으면 업그레이드를 통해 아이템을 걸어두고 장치를 만들어 힘을 확장시키는 등 매출에만 혈안이 돼 있는 한국 온라인게임계의 게임이 과연 진정한 게임이던가 하는 물음표가 따라왔다.

얼마나 어린 청소년들을 데리고 몸부림쳤기에 셧다운제란 황당한 제도까지 만들었을까란 생각은 눈곱만큼조차 하지 않는 일부 게임업체들에겐 가당치도 않은 일인 게 분명했다. 어떻게 하다 대한민국 게임계가 물질주의, 성장주의에 빠져 이 지경에 이르렀을까 하는 때아닌 자책과 자괴감이 들었다.

이 두 사람의 얘기를 들으면서 그나마 어렵사리 고개를 든 것은 그래도 대한민국 게임계에 의로운 몇몇 게임업체들이 있어서이다. 경영이 힘들고 자금난에 시달려도 게임은 게임일 뿐이라며 게임계의 자존심을 지키며 몸부림치는 이들이 바로 그들이고, 아이들 호주머니를 결코 후리지 않아도 된다며 의연하게 게임을 만들고 산업을 일구는 이들이 바로 그들이다. 죽어도 결코 풀은 뜯지 않겠다며 게임의 품위를 지키려는 이들이 또한 바로 그들이며, 이웃이 어렵다고 하면 같이 고통을 나누려는 이들이 바로 그들이다.

그래서 브랜던 백과 마크 메릴이 있는 미국 게임계가 부럽지 않았고, 라이엇게임즈란 회사가 있는 LA, 미국이 부럽지 않았다.

대한민국 게임계에 의로운 그들이 있기에, 그리고 게임은 게임일 뿐이라며 오늘도 어두운 등불 밑에서 게임 만들기에 몸부림치는 그들이 대한민국 하늘 아래 있기에 말이다. 게임은 게임일 뿐이었으면 좋겠다.

2011-12-19

제2의 '바다이야기' 사태라고

게임계 운명의 주기가 5년마다 바뀌는 것 같다는 업계의 한 관계자의 얘기에 귀를 바짝 세운 까닭은 최근 게임계의 현실과 결코 무관하지 않기 때문이었다. 마치 폭풍전야의 분위기이고, 뭔가 숨겨 놓았던 일이 일거에 폭로될 듯 초조하고 불안하기만 한 게 솔직한 심정이다.

그의 말에 의하면 게임계에는 5년마다 큰일이 벌어졌다는 것이다. 1995~1996년 '바람의 나라'에 이어 '리니지'를 시장에 선보이면서 산업을 일구기 시작한 게임계는 2000~2001년 새로운 전기를 마련하게 되는데, 벤처붐을 업고 너도나도 게임계에 입문하는, 벤처 열풍의 근원지로 떠오르게 된 것이다. 게임계의 성장세는 후끈했다. 엔씨소프트, 한빛소프트, 위자드소프트, 소프트맥스 등이 잇따라 상장되는 등 크고 넓게 비상했다.

그러나 2006년 게임계는 갑자기 브레이크가 걸려 버린다. 이른바 '바다이야기' 사태가 불거져 나오면서 게임계는 사실상 초토화됐다. '바다이야기'란 게임기는 온라인게임과는 거리가 먼 아케이드 플랫폼의 오락기였다. 하지만 초록은 동색이라는 여론에 밀려 뭇매를 맞고 말았다.

하지만 게임계는 오뚝이처럼 다시 일어났다. 중국 등 해외시장을 기반으로 수출을 주도했고 때마침 세계경기 위축으로 한국경제가 휘청거릴 즈음, 달러 벌이 역할을 톡톡히 해냈다. 기지개를 폈고 오랜만에 햇볕을 쬈다. 수출의 탑을 수상하게 됐고, 이곳저곳에서 지식산업의 꽃, 아이돌 문화의 아이콘이라 부르기 시작했다. 경쟁적으로 대학의 게임학과가 개설된 것도 이때쯤의 일이다.

2011년 겨울, 선달을 불과 며칠 앞두고 국내 최대 게임기업인 넥슨이 해킹을 당하는 사태가 벌어졌다.

'메이플스토리'의 1,300만 유저의 정보가 고스란히 노출됐다. 게임계에선 최초로 터져나온 불미스러운 사태였다. 이를 시작으로 넥슨의 부도덕한 상술이 하나둘씩 벗겨졌고, 이 과정에서 한 중학생이 목숨을 끊는, 대구 중학생 자살 사건이 터져 나왔다. 사건의 핵심은 학교폭력 사건으로 비롯된 것이었으나, 피해자 주변엔 넥슨의 인기게임 '메이플스토리'가 도사리고 있었다.

이 게임은 전체이용가란 등급과 달리 과몰입의 온상이었다. 하루라도 출석 도장을 찍지 않으면 신분 또는 아이템을 얻지 못했다. 그 틈바구니엔 매출 지상주의란 천민자본주의가 꿈틀대며 숨 쉬고 있었다는 게 시민단체의 주장이다. 이 사건과 유저 정보유출 사태를 불러온 해킹 사건은 지금도 미결인 상태로 진행 중이다.

이런 일들이 잇따라 벌어지면서 마치 봇물 터지듯 게임 과몰입에 대한 문제점이 드러나 버렸다. 일부 매체에서는 게임을 마약에 비유하며 비판하고 나섰고, 경쟁매체에서는 게임 유해론을 들먹이며 강한 논조로 게임계를 질타했다. 마치 바다이야기 사태의 그 모습과 같이 강한 소용돌이에 휘말려 빨려 들어가고 있는 것이다.

바다이야기 사태 때와 다른 점은 게임으로 인한 피해자가 한쪽은 성인인 반면, 다른 한쪽은 초·중등 학생들이라는 점이다. 이런 차이점 때문인지는 몰라도 책임소재를 따지는 무게의 강도가 다르게 나타나고 있다. 말 그대로 정권의 도덕성 문제로 비화될 조짐을 보이는 등 상당히 복잡해지는 양상이다. 바다이야기 사태 때도 정권의 누가 봐줘 그렇게 됐다며 설이 난무하더니 이번에도 그와 비슷한 얘기가 나돌고 있다.

게임계가 또다시 위기국면을 맞고 있다. 이번에는 청소년들의 미래가 걸려 있기 때문인지 내각에서조차 입체적으로 압박을 가해오고 있고, 우호적인 시민단체들까지도 표정을 바꿔 좌시하지 않겠다며 목소리를 높이고 있다.

그러나 사태의 흐름을 정확히 들여다볼 필요가 있다. 과연 청소년들의 비행과 학교폭력 사태가 게임으로 비롯됐느냐는 것이다. 연관성이 없다 할 수 없지만 원인이 게임이라는 데 대해서는 승복할 수 없다. 더욱이 일부 극소수 게임업체들의 얄팍한 상술을 전체 게임계로 몰아붙이는 것은 인격침해이며, 게임계를 무시한 무책임한 발언이라 아니할 수 없다.

게임계도 브레이크 없이 마구 달려온 점은 자성해야 함은 두말할 나위 없다. 유저들이, 수요 인프라가 대부분 청소년인 점을 감안했다면 호흡조절을 하는 것이 맞았지만, 이를 간과해 왔다. 일본의 파칭코 업체들처럼 불이 붙는다 싶으면 자율적으로 영업시간을 단축하는 등 자제토록 분위기를 가라앉히는 노력을 기울여야 했지만 그렇게 하지 않았다. 결과적으로 게임계의 자업자득이라고 할 수 있다. 그렇지만 게임 문화를 그냥 저버릴 수 있느냐는 점이다. 그 해답은 한마디로 아니다란 것이다.

5년 주기로 찾아오는 게임계의 길흉사라면 2012년은 새로운 시대를 준비하고 맞이할 수 있는 좋은 기회라 할 수 있지 않을까. 지금부터라도 다시 새롭게 시작하자. 그렇다면 먼저 초·중등 학생 중심의 수요층부터 바꿔보면 어떨까 싶다.

2012-02-07

올드보이

게임계가 내수 부진으로 큰 어려움을 겪고 있다. 블록버스터급 작품들이 쏟아져 나오고 있는데 무슨 뜬금없는 소리냐고 되물어볼 수 있겠지만, 정확한 표현은 소수의 블록버스터급 작품들이 시장을 독식하면서 경쟁 작품들이 맥을 못 추고 있다고 봐야 할 것이다. 소수의 작품들이 엄청난 식탐을 보이더라도 게임시장이 팽창하고 있다면 별 문제가 없겠으나, 규모가 정체 내지는 축소되고 있다면 얘기는 달라진다.

국내 온라인 게임시장은 2010년 이후 정곡점을 맞았다고 전문가들은 말하고 있다. 반면 모바일 게임 수요는 급속도로 팽창하고 있다. 게임빌, 컴투스 등 주요 모바일 게임업체들의 몸값은 상종가다.

그렇다고 온라인 게임업체들이 벼랑 끝으로 밀려나고 있느냐고 묻는다면 그렇다고 답할 수 없다. 상대적 어려움, 이른바 착시 효과에 의한 곤경일 뿐이기 때문이다. 예전에 100의 수익을 거뒀다면 여전히 100 이상의 수익을 올리고 있다. 상당수 업체들이 아니라고 하지만 그 정도의 실적은 거두고 있다. 예컨대 내수를 대신하고 있는 수출시장이 아직은 버텨주고 있는 것이다.

여기에는 올드보이라고 일컫는 작품들이 유저들의 꾸준한 사랑으로, 나름 성과를 거두고 있는 것도 요인이 되고 있다. 그런데 굳이 올드보이 작품이라고 할 수도 없다. 온라인 게임의 역사가 일천하고, 워낙 작품 흐름과 추이가 빠르다 보니 올드보이 작품이라고 불릴 뿐이다.

실제로 '리니지' 시리즈, '메이플스토리', '카트라이더', '던전앤파이터'

'스페셜포스', '서든어택', '스타크래프트' 등 인기 게임 순위에 드는 작품 상당수는 발표된 지 4~5년 이상 된 올드보이들이다. 일부 작품은 시리즈로 만들어지기도 했는데, 이 가운데 '리니지', '스타크래프트' 등은 지금도 후속작을 능가하는 인기를 누리고 있다.

이 같은 현상을 긍정적으로 본다면 작품성과 함께 열혈 마니아층이 두껍기 때문이라고 볼 수 있지만 이를 부정적으로 분석하면 이를 능가하는 작품을 못 만들고 있거나, 아예 내놓지 못하고 있는 것이 아니냐는 지적도 가능하다. 즉 적정한 시기에 세대교체가 이뤄져야 했는데, 타이밍을 제대로 맞추지 못했다는 것이다.

그렇다면 새로운 뉴 페이스들이 등장해 시장을 주도하면 산업의 수명이 지연되거나 늘어난다고 할 수 있을까. 재미있는 사실은 그 또한 아니라고 할 수 없지만 장담할 수 없다.

게임의 역사를 언급하는 사람들은 대략 50여 년의 기록사를 언급한다. 비디오 게임과 아케이드 게임, PC 온라인 게임을 망라한 것이다. 지금은 모바일 게임 시대라 불리고 있다. 그러나 플랫폼의 종지부라는 게 없었다는 것이다. 지금도 비디오게임이 세계시장을 주도하고 있고 아케이드 게임이 톱니바퀴처럼 같이 물려 나가고 있다.

진짜 올드보이라고 불리는 PC게임도 마니아층을 중심으로 살아 숨쉬고 있고, 온라인게임과 모바일 게임은 지금 혼전 중이다. 새삼스러운 얘기는 아니지만 결국 플랫폼의 문제가 아니라 콘텐츠라는 것이다.

그럼에도 불구하고 작품이 만들어지지 않고 있다는 점은 매우 우려되는 상황이 아닐 수 없다.

올드보이 작품들이 제 몫을 하기 때문이라고 한다면, 그것은 유저 사랑에 대한 도리라고 할 수 없다. 좋은 작품을 만들어 시장에 내놓는 것이야말로, 유저들에게 표현하는 가장 큰 애정의 표시이자 성실한 봉사이다. 그런데도 작품이 나오지 않는다면 뭔가 또 다른 이유가 있다 해야 할 것이다.

올드보이 작품들이 선전하는 동안 또 다른 작품 개발을 위해 자금을 모아두지 않고, 곶감 빼먹듯 써버렸다면 그것은 직무유기이자 배임 행위이다. 그로 인해 결국 시장을 위축시키고 게임산업의 수명을 단축시키는 요인이 됐다면, 당사자는 그에 따른 역사적 책임을 면키 어렵다 할 것이다.

올드보이, 그의 경륜과 능숙함에 빠져 손을 놓고 있어선 곤란하다. 그가 버텨 줄 때 세대교체를 시도해야 하고, 그가 이끌어 줄 때 다음을 준비해야 한다. 그렇지 않으면 보장된 산업의 수명까지도 담보할 수 없다.

지금 겪고 있는 내수 부진의 요인을 올드보이 작품 유저들이 펼치는 무언의 반란으로 해석한다면 너무 앞선, 아니면 생뚱맞은 분석일까.

뉴 페이스 작품들이 너무 가뭄에 콩 나듯 해서 하는 말이 아니겠는가.

2012-08-15

윌리엄 하긴보섬

윌리엄 하긴보섬(William Higinbotham), 그의 이름이 낯선 사람들도 있겠지만 게임계에서는 잘 알려져 있는 인물이다. 인류 최초의 전자 게임인 테니스 게임(Tennis Or Two)을 만들어 게임의 아버지란 소리를 듣고 있다. 그가 만든 테니스 게임은 이후 상용 게임의 시초라 불리는 아타리(Atari)사의 '퐁(Pong)' 게임에 모티브를 제공한 것으로 알려지면서 큰 관심을 불러 모으기도 했다.

윌리엄 하긴보섬은 전문 엔지니어 출신이 아니다. 그는 미국 코넬대학 출신으로, 미 국방성에서 추진한 원자폭탄 개발 프로젝트인 '맨해튼' 관련 사업에 참여한 물리학자였다. 일본에 투하된 원자폭탄 제어 부문의 회로 설계를 맡았던 그는 이 프로젝트가 성공리에 마무리되자 곧바로 뉴욕주에 있는 부룩 헤이븐 연구소로 자리를 옮긴다.

부룩 헤이븐 연구소는 자기부상열차의 기본 개념을 세계 최초로 정립한 미 국립기관으로, 초전도체 등 사회 간접자본 프로젝트를 전문으로 수행하는 연구소로 잘 알려져 있는 곳이다. 그는 여기서 최초의 전자 게임을 만들어 냈다.

그가 전자 게임을 만들 생각을 한 것은 연구소에 견학자들이 많이 찾아오는 데서 출발했다. 지루한 시간을 대기해야 하는 견학자들에게 좀 더 흥미롭고 재미있는 그 무엇, 그 어떤 놀거리를 제공해 줄 수 없을까 고민하던 그는 오실로스코프를 이용한 테니스게임을 구상하고 만들어 낸 것이다.

그의 이런 엉뚱한 제품 개발과 발상은 그가 단순히 견학자들에게 재미를 안겨주기 위한 것만으로 시작한 것은 아니었다. 훌륭한 학문과 기술은 인류 발전을 위해 쓰여야 한다는 자신의 소신과는 달리 과거 전력이 지워지지 않았고 그 회한과 아픔이 가슴속 깊숙이 새겨져 있었던 것이다. 이를테면 원하든 원하지 않든, 인류를 파멸시킬 수 있는 원자폭탄 개발 프로젝트에 참여했다는 것 그 자체만으로, 그는 고통스러워했던 것이다.

그는 게임을 개발하고 선보인 이후 게임시장의 무한한 가능성과 게임이 인류에 미칠 엄청난 영향력을 전망하기도 했는데, 주목을 끄는 것은 그런 부가가치와 시장 가능성에도 자신의 신념 때문이었는지 특허를 신청하지 않은 것이다. 요즘 눈살 맞게 특허 전쟁을 벌이고 있는 스티브 잡스의 애플과는 사뭇 다른 생각과 판단을 했던 것이다.

때아니게 그의 이름을 불러내고 그를 언급한 것은 게임이 처음 만들어져 나오던 때와 너무나 다른 평가를 받고 있는 오늘날의 게임판 때문이다. 아마도 애플과 같이 특허 전쟁을 벌였으면 그는 이 시대 최고의 갑부 반열에 섰을 게 분명했다. 그런데 그는 그러한 족쇄를 달지 않았고 손발조차 묶지 않았다. 그는 오로지 인류의 보편적 가치를 게임을 통해 실현해 주기를 바랐다.

그런데 지금의 게임판은 어떠한가. 부끄럽다 못해 수치스러울 때가 많다는 게 뜻있는 업계 관계자들의 공통된 목소리다. 이를테면 보편적 가치 실현은 둘째 치고 게임의 역기능으로 사회로부터 손가락질을 당하고 있는 것이다.

안타까운 점 한 가지는 그러함에도 부끄러워하거나 반성하는 듯한 모습을 보이기는커녕, 그럴 수 있는 게 아닌가 하는, 적반하장식 태도를 보이고 있다는 점이다. 사회의 질타가 쏟아지면 겨우 그냥 하는 정도의 시늉일 뿐이다. 자발적인 분위기와 시스템으로 진행되지 않고, 즉흥적이고 일시적인 것으로 이뤄지고 있으니 게임판을 곱다고 볼 수는 없었을 터이다.

윌리엄 하긴보섬, 그의 얼굴이 새삼 떠오르는 것은 자신의 전력에 대한 반성을 놓치지 않고 인류에 보탬이 되는 문명의 이기 개발에 고민했던 그의 사상을 게임계가 반추해 보았으면 하는 바람 때문이다.

원하든 원하지 않든, 결과적으로 보면 게임으로 인해 우리 주변 청소년과 아이들이 과몰입으로 고통을 받고 있다. 그것을 결코 바라지 않았지만 그런 현상으로 인해 어려움을 겪고 있는 가정과 청소년과 학생들이 존재하고 있다는 것이다.

그렇다면 적어도 구도자처럼은 아니어도, 게임계가 높은 도덕성은 보여줘야 하고, 그런 사회적 책임을 통렬히 느껴야 한다. 도서관을 찾아 책을 기증하고 결식아동들에게 나눔의 사랑을 베풀고, 소외된 이웃에게 도움의 손길을 건네는 것도 그 한 방법이다.

그러나 그 무엇보다 게임계가 잘할 수 있는 것은 다름 아닌 게임이다. 예컨대 본전을 다 뺀 게임을 무료로 제공할 수는 없는지, 또 그렇게 줄기차게 업데이트를 하면서까지 어린아이들을 게임에 묶어둬야 하는지에 대해 묻지 않을 수 없다. 또한 그처럼 오락용 게임만 만들어야 하는지에 대해서도 이해되지 않는다. 마음만 먹으면 기능성 게임, 교육용 게임을 충분히 만들 수 있고 보급할 수 있다. 하지만 결단코 안 한다. 그저 몇몇 업체서만 관심을 보일 뿐이다.

게임이 사회로부터 격리당해야 할 이유가 하나도 없다. 말 그대로 게임은 게임일 뿐이다. 여가를 제공하고 재미를 안겨주는 영화 등 경쟁 미디어와 다를 게 하나도 없다. 그럼에도 세상 사람들이 게임에 대해 사시적인 시각으로 바라보며 긴장을 늦추지 않는다면 게임계에 뭔가 문제가 있는 게 아닌지 자문해 보지 않을 수 없다.

게임계여, 과연 당당한가. 인류의 보편적 가치에 기여했으면 하는 윌리엄 하긴보섬의 뜻과 바람을 게임계가 결코 잊지 말았으면 한다.

2012-09-19

과몰입 현상이 화를 불렀다

올해 게임계는 급격한 시장 변동을 겪었다. 예상치 못했던 시장위축 조짐이 나타났고, 이로 인한 부익부 빈익빈 현상은 극에 달했다. 일각에서는 이에 따라 게임산업이 마침내 정점에 도달한 게 아니냐며 의구심을 보이기도 했다. 이를 뒷받침하듯 엔젤 투자자의 움직임은 꽁꽁 얼어붙은 혹한기의 들녘처럼 싸늘하기까지 했다.

이 같은 일련의 시장 흐름은 정부의 규제책에 따른 일시적 현상인지, 아니면 말 그대로 게임산업(온라인)이 수명을 다한 것인지에 대해서는 속단키 어렵다. 하지만 올해 게임시장이 안겨다 준 교훈은 게임산업계만으로는 절대 시장의 파이를 키울 수 없다는 것과 게임산업계가 더 이상 게임에만 매달려서는 죽도 밥도 안 될 것이라는 사실이다.

게임계는 그동안 너무 게임에만 함몰된 채 한쪽 눈만을 키워 왔다. 역설적인 얘기지만 게임 과몰입 현상을 보인 게 청소년뿐 아니라 다름 아닌 게임계도 그런 조짐을 나타냈던 것이다. 오직 게임뿐이었다. 그것만이 눈에 들어왔던 것이다.

경쟁산업 및 타 산업의 경우 양쪽 눈으로 바라보는 힘을 키워 왔다. 그래서인지 균형 감각도 뛰어나다. 덧붙이면 그들은 정치 감각까지 잘 갖춰왔다. 자신들이 잘해야 하는 것 외에도 지녀야 할 사회적 덕목까지 고루 갖춘 것이다.

그 때문인지 문제가 발생하면 위기대응 능력이 뛰어날 수밖에 없다. 호미로 막을 일을 가래로 막는 일은 거의 없다. 현안을 더 키우는 게 아니라 축소하고 그것을 해결하는 수완이 민첩하기 이를 데 없다.

피해를 아주 최소화할 수 있는 역량을 갖추고 있는 것이다. 그런 까닭에 사회적 여파를 산업에까지 끌어들이는 일은 없다시피 하다. 만의 하나, 있다손 쳐도 정중히 양해를 구하면 받아들일 정도로 사회와의 관계가 성숙돼 있다. 그만큼 사회와 공존의 길을 잘 터득하고 있는 것이다.

게임계는 까딱하면 산업의 역사가 짧기 때문이란 이유를 가져다 댄다. 하지만, 그것보다는 게임계의 게임 과몰입 현상이 주된 원인이 되고 있다고 보는 게 타당하다. 게임만 쳐다보고 있는 것이다.

그 같은 분석이 가능한 첫 번째 이유는 먼저 게임계에서 핵심이 되는 게임 개발자를 쉽사리 찾아볼 수 없다는 점이다. 몇몇 대작 게임 외는 그 게임의 개발자가 누구인지 가늠해 볼 수조차 없다. 뭐가 부끄러운지 얼굴을 드러내지 않은 채 뒤에 꼭꼭 숨어 있다.

그뿐 아니다. 회사 대표들도 사정은 마찬가지다. 그들의 이름은 있지만 움직임은 찾아볼 수 없다. 타 산업과 달리 그들의 동선조차 알려주지 않는다. 자신의 모습이 사회에 노출되는 것을 극도로 싫어하는 것이다. 흥행과 사행의 줄다리기에서 걸리는 게 있는지 아니면 자신감을 잃은 때문인지 그들의 행실이 그렇다.

게임산업협회장 등 일부 단체장들의 행보도 특별히 다를 바 없다. 그들의 움직임은 거의 비밀경찰 수준이다. 마당발이 돼 업종의 이익을 대변하고 뛰어다녀도 시원찮을 판에 그들과의 만남과 대화는 거의 연중행사 수준이다. 그래서 그들의 얼굴과 동선은 이벤트용이냐는 업계의 비아냥 소리가 많다. 그들의 선한 그늘을 찾아볼 수 없는 결정적인 이유다.

이 같은 모습은 기업 문화는 실종된 채 산업만 돌아가고 있기 때문에 드러나는 현상들이다. 거룩한 포장을 거둬내 표현하면 비즈니스, 즉 돈만 넘실대고 기업의 순기능과 사람의 향기가 사라진 때문이 아닐까 그렇게 묻고 싶다.

이런 마당, 이런 풍토 속에서 시장의 파이가 더 커질 것이라고 기대하는 것은 마치 산에서 물고기를 찾는 것이나 다름없다. 애꾸의 눈으로 세상을 바라보는데, 사물이 올곧게 보일 리 만무하고 저 멀리 자리한 큰 산을 쉽게 내다볼 리 없다. 게임만 생각하고 그 세상만 갈망하는 것은 멀쩡한 두 눈과 두 팔을 두고 한쪽 눈만을 쓰는 것이며 또한 한쪽 팔만 쓰는 것과 같다.

그렇게 해서 시장이 팽창한 것이라면 그 거품을 거둬 내서라도 새롭게 시작해야 한다. 지금부터라도 두 눈을 바로 떠야 한다. 그래야 균형 감각을 갖추고 사물을 측정하며 바라볼 수 있는 힘을 키울 수 있다. 예컨대 한쪽 눈만으로 10조 원에 이르는 시장을 키워 온 게임인들인데, 두 눈을 부릅뜨게 되면 그보다 더 큰 시장으로 키워 내지 않을까 하는 기대감인 것이다.

게임문화를 안착시키지 않고서는 돈질만 하는 게임계의 한쪽 눈 한계를 벗어날 수 없다. 그런 풍토 속에서는 더 이상의 시장 파이를 키울 수 없다. 이미 시장에서의 거품은 진행되고 있다. 마냥 손을 놓고 있다가는 산업 성장 동력마저 상하게 할 수 있다.

게임계가 오로지 돈 노래만 부르는 게임 과몰입에서 훌훌 털고 빠져나와야 한다. 게임문화의 꽃을 피우고 기업문화를 알리는 데 힘을 기울여야 할 것이다. 그래야만 게임계가 골방에서 나와 당당히 사회와 손을 잡을 수 있다.

지금은 마치 한쪽의 눈과 한쪽의 손으로만 싸우는 장수와 같다. 그것은 백전백패로 가는 지름길이다. 그런 불행을 불러들이지 않기 위해서는 오로지 돈 향기에 취해 몸부림치는 개발자와 생각 없는 CEO, 그리고 트래픽만을 맹신하는 한심한 마케터들과 앵무새처럼 기계적으로 지저귀는 홍보맨들은 지금부터라도 정신을 바짝 차려야 할 것이다.

언필칭 게임계는 사회와 같이 가야 하며 그 길은 두 눈을 바로 뜨고 균형 감각을 찾는 것이다. 게임산업계의 문화를 키우는 노력이다.

2012-12-26

남궁훈 대표의 발언

남궁훈 위메이드엔터테인먼트 대표의 지스타 불참 발언은 가히 충격적이다. 요즘 유행하는 표현을 빌려 오면 '돌직구' 발언을 한 셈이 됐다. 그의 이 같은 언급에 대해 업계에서는 설왕설래가 한창이다.

주지하다시피 지스타는 업계의 행사다. 세계 3대 게임강국을 실현한다는 취지 아래 마련된 국제 규모의 게임 전시회다. 2011년까지만 해도 관 주도로 개최됐지만, 지난해부터는 민간에 의해 첫 전시회가 열렸다.

따라서 엄밀히 얘기하면 지스타는 업계의 자산이자 보고이다. 온라인이란 특정한 공간에서 벗어나 현실 세계를 통해 게임 유저를 접한다는 점에서 보면 대고객 서비스 측면도 있다. 또 수출 전진기지로서 게임 마켓의 역할까지 수행하고 있다.

실제로 지스타를 통해 수출 상담이 이뤄지는 건수는 해마다 증가, 지난해에는 4,000여 건에 10억 달러의 실적을 올리기도 했다. 이뿐만 아니다. 전시 컨벤션산업의 중추가 되고 있다는 점을 간과할 수 없다. 이미 게임전시회는 이벤트산업으로 부가가치가 뛰어나다는 평을 받고 있다. 단순히 보여주는 것에서 머물지 않고 함께 즐기는 문화를 창출하기 때문이다. 이로 말미암아 지역 경제에도 큰 보탬이 되고 있다. 이에 따라 정부와 지자체에서도 매년 수십억 원의 예산을 편성, 지스타를 지원해 주고 있는데, 지원사업 규모에 비해 성과가 매우 크다는 평가를 받고 있는 게 다름 아닌 지스타 전시회다.

그런데, 그런 전시회에 업계 중심 인물인 남궁 대표가 참가하지 않겠다고 폭탄선언을 해버린 것이다.

그의 이 같은 언급에 대한 행간을 살펴보면 게임산업을 계속 홀대하지 말라는 간곡한 메시지가 담겨 있지만 그의 이런 진의는 가려진 채 불참이란 자극적인 단어만 언론에 회자되고 키워졌다.

남궁 대표의 발언에 따라 일각에서는 정치권으로부터 괘씸죄에 걸려드는 게 아니냐는 소리가 나왔고, 새 정부의 발걸음이 우경화로 기울고 있는 시점에서 나온 발언이란 점에서 이로 인한 파장으로 게임계가 더 어렵게 되는 게 아니냐는 반응도 나왔다.

필자가 게임 산업을 지켜 오면서 늘 안타깝게 생각해 온 것은 악화가 양화를 구축하는 게 아니라 항상 양화가 악화를 구축해 왔다는 점이다. 게임계에는 상식이 통하는 진영과 그렇지 않은 진영이 뚜렷히 존재한다. 그런데 파란만장한 산업이 될 것임을 예고라도 해주듯 줄곧 게임 산업은 상식이 통하지 않는 진영이 시장을 장악해 왔다.

큰형이 낯가림이 심해 나서기 싫어하면 둘째라도 나서야 하는데 아예 근처에도 보이지 않는다. 아니, 거들떠보지 않는다. 자신들은 정보통신 기업이지 게임기업이 아니라는 말도 서슴지 않는다. 모임에도 나오지 않고, 산업을 위한 어떤 역할도 거부한다. 꼭꼭 숨어 있을 뿐이다. 그런데 사업은 잘된다.

반면 산업을 위해 앞장서 매를 맞는 기업군은 하나같이 형편이 어렵다. 서로 돕는 데 팔을 걷어붙이지만 삶의 무게가 무겁기만 하다. 그럼에도 집안을 지켜야 한다며 몸부림치고 있다. 산업계에서 자그마한 일이 터져도 솥뚜껑 보고 놀라듯 가슴을 졸이는 게 그들이다. 이들은 대부분 상식이 통하는 기업군에 속한다.

그러다 보니 세상의 눈에는 상식이 통하는 기업보다 그렇지 않은 기업들의 모습이 투영되고, 그들의 정서가 마치 게임계의 모든 것인 양 왜곡, 포장돼 버렸다. 그래서 제도권에서는 게임계를 한마디로 상식이 통하지 않는 집단으로 규정하고, 이성보다는 감정을 앞세운다. 그래서 상식보다는 법을, 대화보다는 강압적인 분위기를 먼저 연출한다. 이를테면 상식이 통하지 않는 집단이 아니냐는 식이다. 결국 게임계에 대한 왜곡된 시각은 상식이 통하지 않는 몇몇 몰상식한 기업들 때문인데, 이들로 인해 모든 기업들이 그들의 덤터기를 쓰고 있고, 자업자득이란 이름의 고통을 감내하고 있는 것이다.

남궁 대표가 있는 위메이드엔터테인먼트는 업계에선 상식이 통하는 기업군에 속해 있다. 그렇다면 그의 발언의 전후좌우를 살펴봐야 한다고 본다. 그가 어디 자신의 일은 제쳐두고 콩 놔라 팥 놔라 할 사람이던가.

그의 발언 수위가 그 정도라면 정치권이 뭔가 잘못된 것이 아닌가 하고 되돌아서 살펴볼 일이다. 아무리 상식적이지 않은 집단이라도 정치권이 너무 감정만 앞세운 채 비이성적으로 접근하고 있는 게 아닌지를 자문해 볼 필요가 있다 할 것이다.

그런데 이 같은 1인 시위도 막말로 시장을 주도하는, 이른바 잘나가는 기업이 해야 하고, 문제 제기도 그쪽에서 먼저 해야 하는 게 아닐까. 그럼에도 이번 역시 그들은 약속이나 하듯 입을 꾹 다물고 대신 상식이 통하는 기업 쪽에서 했다.

게임계가 상식이 통하는 기업들의 집단이었으면 한다. 또 그런 기업이 잘되는 풍토가 만들어졌음 한다. 그래야 게임계에 비춰진 이기적이며 몰상식하고 편협한 집단이라는 왜곡된 사회의 시각을 바로잡을 수 있다. 남궁 대표의 이번 발언이 산업계에 여러 시사점을 안겨주고 있는 것도 바로 이 같은 문제의 전단을 깔고 있기 때문이다.

2013-01-25

'게임'이란 단어엔 죄가 없다

업계 유일의 게임 공급자 단체인 게임산업협회가 최근 이름을 바꾸기로 결정했다. 명칭 변경에 따른 배경에 대해서는 정확히 알려지지 않고 있다. 하지만 게임에 대한 부정적인 이미지를 떨쳐 버리고 싶은 심정에서 협회 명칭을 바꾸기로 한 것이 아닌가 하고 미루어 짐작할 뿐이다.

협회 명칭 변경의 총대는 신임 남경필 회장이 메기로 한 것으로 보인다. 게임계 바깥쪽 분위기가 예상보다 부정적으로 흐르는 데다 게임계에 입문하고 보니 게임계의 현안이 그렇게 녹록지 않다는 판단이 작용했을 것으로 풀이된다. 좋게 보면 심기일전의 의미로 해석할 수 있지만 나쁘게 보면 굴러온 돌이 박힌 돌을 쳐낸 꼴이다.

명칭 변경이 어떻게 되든 그건 솔직히 중요하지 않다. 하지만 여기서 놓치지 말아야 할 것은 절차와 업계의 컨센서스 그리고 역사성이다. 남 회장이 취임 이후 첫 사업의 일환으로 협회 명칭 변경을 제기했다면 남 회장이 게임계의 현안을 잘못 인식하고 있지 않나 하는 의구심을 지울 수 없다.

게임계는 지금 최대의 위기를 맞고 있다. 이명박 정부 이후 박근혜 새 정부가 들어선 이 순간까지 게임계는 외톨박이 신세를 면치 못하고 있다. 정책의 우선순위는 말할 것도 없고, 실물 경제에서도 게임은 제외되고 있다. 금융 쪽 게임펀드는 이미 오래전 실종됐고 유통시장 상황은 악화일로에 있다. 게임계의 선순환 구조가 사실상 와해된 게 아니냐며 산업에 대한 미래 예측을 부정적으로 보는 전문가들이 늘고 있다.

박근혜 정부에 대한 게임계의 기대 심리 또한 흔들리고 있으며 또 사그라들고 있다는 점도 시장 부양의 악재가 되고 있다. 게임계에 투자해 봤자 손해를 볼 것이란 시장 안팎의 우려가 팽배해지고 있는 것이다.

그 배경의 하나는 이명박 정부 때부터 추진해 온 웹보드 게임 규제가 연속적으로 펼쳐지고 있는 데다, 창조적 경제의 한 축을 맡을 것이란 콘텐츠 업계, 특히 게임계의 기대와는 달리 예전과 크게 달라질 게 없을 것이란 소문이 쏟아지면서 투자자들이 더욱 움츠리고 있는 것이다. 속단키 어렵지만 상당히 그렇게 흐를 개연성까지 부인할 수 없는 게 현실이자 고민거리다.

남 회장의 협회 명칭 변경에 대한 우려는 또 있다. 과연 이 같은 시도가 업계 전체의 의견을 받아들여 추진되고 있느냐는 점이다. 협회는 그간 메이저들의 목소리만 대변해 왔다는 지적을 받아 왔다. 또 외부에서 회장을 영입해 놓고도 상근직 임원 하나 없는 허술한 단체다. 그 때문인지 기형적으로 업계 의견을 수렴하는 운영 위원회란 유령 기관이 협회를 좌지우지하고 있다. 상당수 회원사는 현안을 잘 알지도, 제대로 파악하지도 못하는 경우가 허다하다. 협회가 제 몫을 못하는 등 파행 운영돼 온 것이다.

협회는 임원사만의 단체가 아니다. 회원사가 있으며, 업계의 종사자가 있으며, 업계를 지금까지 이끌어 온 공로자들이 있다. 그런데 그 업종을 대표하는 단체의 이름을 바꾸면서 업계의 여론 수렴 절차 하나 밟지 않은 채 슬그머니 명칭을 변경하겠다고 방망이를 내려치는 것은 말 그대로 독단이자 횡포다.

게임계의 치명적인 약점이자 문제점으로 지적돼 온 것은 역사성이 부족하다는 것이다. 작품이 망가져도 오로지 돈만 벌면 그만이라는 천민적 자본이 춤추는 곳이란 소리도 나온다. 오로지 촉각을 흥행에 쏟고 있는 데 따른 것이다. 흥행이란 표현으로 포장해 놓았지 실은 돈이다.

그렇게 게임계가 왜곡된 것은 얼마 되지 않았다. 금융 쪽 논리가 게임계에 적용되면서부터다. 일천한 역사를 갖고 있는 게임계의 일거수일투족은 소중할 수밖에 없다. 엔씨소프트의 '리니지'가 15주년의 성상을 쌓고, 넥슨의 '메이플스토리'가 매년 승승장구 하며 팬을 이끄는 이야기는 게임계의 소중한 자산이다. 위메이드엔터테인먼트의 '미르의 전설'이 중국 현지에서 10여 년의 롱런을 기록하고 티쓰리엔터테인먼트의 '오디션'이 큰 바람을 일으키며 한류 바람에 일조한 것, 그리고 스마일게이트의 '크로스파이어'가 무려 450만의 동접을 주도한 것 등은 통쾌한 드라마이자 한 장의 역사 스토리다.

게임이란 단어를 쏙 빼고 새롭게 이름을 포장해 출발한다 해도 당사자인 게임계가 먼저 달라지지 않으면 아무런 의미가 없다. '갑돌이 갑순이'를 '잭 앤 질'이라고 이름을 바꾼다 해도 그 정체성이 달라지지 않는다면 아무 소용없다.

또 새 협회의 이름을 들어 보면 언뜻 무슨 단체인지 분간할 수 없다. 메이저들이 잘하는 행태 가운데 하나인 익명성은 상당히 그럭저럭 보장된 듯해 보이지만 초록이 동색임을 부인키는 어렵다. 이에 대해 협회 측은 미국 게임산업협회도 유사한 단어를 쓰고 있다며 협회 명칭 변경에 대한 부연 설명을 하고 있지만 명쾌하지 않다. 더군다나 대한민국 협회 단체는 업종별 이름을 드러내 놓고 쓰고 있는데 상징성이 뛰어나고 역사성을 지니고 있는 게임을 굳이 단체 이름에서 지워 버리려는 협회의 속셈을 알다가도 모르겠다.

버리면 그냥 버리는 것인가. 모든 사안을 그렇게 쉽게 판단하고 결정하니까 게임계가 가볍다는 소리를 듣거나 역사의식이 없다는 지적을 받는 게 아닌가. 협회 이름 바꾸기가 신임 협회장의 첫 사업이라면 정치인 단체장이 출현하면서 지적됐던 전시행정의 우려가 그대로 현실화되고 있다는 점에서 결코 가볍게 넘길 일이 아니다.

언필칭, 게임이란 단어엔 아무 죄가 없다는 것이다.

2013-04-25

불확실성의 시대

지난 2006년 6월 '바다이야기' 사태가 터지면서 게임계는 큰 위기에 봉착했다. 연평균 30% 이상의 고성장을 거듭해 온 게임계가 '바다이야기'라는 오락실용 게임으로 말미암아 발목이 잡혔다. 이후, 게임은 사행이며 도박이라는 인식이 사회 전반에 확산됐다. 게임계가 재기 불가능에 빠질지 모른다는 위기감이 감돌기 시작한 것은 이때가 처음이었다.

하지만 돌파구는 있었다. 중국 등 수출시장이었다. 게임계가 내수에서 수출로 눈을 돌리면서 비약적인 성장을 기록했다. 수출을 통한 시장 타개책이 그대로 적중한 것이었다. 정부와 사회에서도 게임계를 바라보는 시각이 조금씩 달라졌다. 당시 정부는 수출 부진과 함께 경기 침체로 큰 어려움을 겪고 있었는데, 게임이 수출 효자 노릇을 해주자 태도가 급변해, 부양책을 마련하는 등 진흥 정책으로 방향을 급선회했다.

게임계의 두 번째 위기는 2011년 학교폭력 문제가 사회적으로 극에 달할 무렵 다가왔다. 이 문제가 사회적 관심사로 떠오르면서 비난의 화살은 엉뚱하게 게임계로 쏟아졌다. 시민단체뿐 아니라 정부의 태도 역시 게임계에 대해 부정적이었다. 특히 사회 부처인 교육부와 여성가족부는 학교폭력의 주범으로 게임을 지목하며 단죄에 나섰고, 게임을 제어하지 않고선 학교폭력 사태를 잠재울 수 없다며 모든 책임을 게임과 게임계에 뒤집어씌웠다.

그 속박은 나이에 따라 게임하는 시간을 제어하는 이른바 '셧다운제' 도입으로 그 절정에 달하게 된다. 제도 도입에 앞서 게임계는 실효성을 제기하며 강력히 반발했으나 시민단체에선 수용하지 않았다. 그리고 그해 11월에 '셧다운제'가 시행됐다. 업계는 몸부림쳤지만 메아리는 울려 퍼지지 않았다. 끝내, 업계에는 씻을 수 없는 치욕의 주홍글씨가 새겨졌다.

혼돈의 시대는 이때부터 시작됐다고 봐야 한다. '바다이야기' 사태 때만 해도 업계는 암흑과 같은 위기 상황을 이겨낼 자신감이 있었다. 좀 더 솔직하게 표현하면 국내에선 사양길에 들어선 아케이드 플랫폼 시장에서 빚어진 일이었기에 강 건너 불 보듯 한 경향이 없지 않았다. 즉, 게임에 대한 사회의 이미지는 흉해졌지만 게임계의 신주류인 온라인게임계에 대한 힐난과 책임 추궁은 아니라는 위안이 크게 작용했다.

그러나 '셧다운제' 시행과 뒤이은 '게임시간 선택제'의 도입은 달랐다. 온라인게임계에 대한 각성과 성찰을 요구하는 것이었고, 필요에 따라서는 정부와 사회가 또 다른 강제적 수단을 도입하거나 검토할 수 있음을 시사한 것이기 때문이다. 이 같은 시장 변화는 게임 외적인 것으로도 언제든지 게임계가 직격탄을 맞을 수 있다는 우려와 불안감을 안겼고, 이로 인한 투자 환경은 극도로 악화됐다. 더욱이 투자처의 발길이 끊김에 따라 게임계의 부익부 빈익빈의 현상은 더 심화됐다.

되는 게임은 아주 제한됐고 안 되는 게임이 훨씬 더 많은 상황이 됐다. 이 같은 현상에 대해 당연한 게 아니냐며 반문할지 모르겠지만 이전만 해도 그렇지가 않았다. 스테디셀러가 존재했고 올드보이 게임들이 제 몫을 해줬으며 신생 게임에 대한 게이머들의 관심 또한 높았다. 그런데 앞이 안 보이게 된 것이다.

혼돈의 시대가 절정에 다다른 것은 스티브 잡스에 의해 태동한 스마트폰의 출연이라 할 수 있다. 온라인 게임시장이 흔들리고, 기존의 모바일 게임시장마저 수요를 예측할 수 없도록 만들었기 때문이다. 특히 스마트폰으로 인한 게임시장과 산업에 대한 불확실성은 갈수록 증폭되고 있다. 내일에 대한 지속 가능 여부를 쉽게 측정할 수 없게 됐을 뿐 아니라 트렌드조차 읽어 볼 새도 없이 판이 바뀌면서 시계가 완전히 가려진 것이다.

문제는 이 같은 흐름이 언제까지 지속될 것이냐는 점이다. 이에 대해 산업계의 의견은 분분하다. 하지만 대체적인 관측은 기대했던 것과는 달리 상황이 빨리 안정되지는 않을 것이란 게 전문가들의 일치된 견해인 것 같다.

흥미로운 점은 게임계와 같이 인터넷 쪽도 혼란스럽기는 마찬가지라는 사실이다. 데이터의 소비 행태가 달라지고 있고, 소구점마저 인터넷이냐, 스마트폰이냐고 할 정도로 인터넷 기업들이 위기를 맞고 있다. 그렇다고 스마트폰 업체들이 쾌재를 부르는 것도 아니다. 가능성만 인정받고 있을 뿐 그 이상도 이하도 아닌, 그 수준에 머물고 있다. 폭발적인 성장을 거듭해 온 인터넷 시장과 스마트폰 시장이 혼조를 거듭하고 있는 것도 바로 이 때문이다. 벤더(광고주)들이 관망 자세를 취하면서 돈이 풀리지 않고 있는 것이다.

게임계가 산업 원년 이래 최대 위기를 맞고 있다. 지금까지 게임계의 위기는 내부적 원인과 외부의 개혁요구 등 복합적 요인에 의해 빚어졌다면 이번 스마트폰에 의한 게임계의 위기는 불확실성이 내재된 강력한 외부의 힘에 의해 발생했다는 점에서 임팩트가 더 크게 작용하고 있다.

지혜와 결단의 용기가 요구되는 시점이다. 예컨대 시류에 영합해 흉내만 내며 따라갈 것인가. 아니면 주체적으로 내부 변화를 이끌어 위기를 정면 돌파할 것인가에 대한 선택의 문제가 바로 그것이다. 죽을 각오로 덤벼 지금까지 산업을 이끌어 온 게임계에 또다시 무거운 과제가 던져지고 있다.

2013-08-08

주홍글씨부터 지워야

정부가 게임산업을 살려 보겠다고 한다. 그것도 중장기 계획을 세워서 입체적으로 추진하겠다는 것이다. 때늦은 감은 있지만 그나마 다행이다. 그러나 노파심인지 아니면 의심병이 많아선지 알 수 없지만 시장 반응은 일단 시큰둥한 편이다.

이는 그동안 정부 측과 게임계의 관계가 너무 서운했던 탓이 크다 할 것이다. 정부 측 발표에 따르면 이번이 3차 중장기 계획이라고 하는데, 이를 위한 1~2차 계획이 언제 어떻게 추진됐는지 솔직히 기억이 가물가물하다. 그만큼 정부와 게임산업계 사이엔 보이지 않는 강이 존재하는 것이다.

정부의 이번 중장기 계획을 요약하면 대략 이렇다. 첫 번째로 자금의 흐름을 원활하게 하고, 두 번째로는 게임 산업에 대한 인식을 바꾸는 데 역량을 강화하겠다는 것이다. 특히 게임업종을 창조산업의 근간으로 하는 정책비전을 제시해 게임을 명실공히 명품 콘텐츠로 자리매김할 수 있도록 하겠다는 것이다.

이를 종합하면 게임계에 대한 정부의 재인식이라고 할 수 있다. 그동안 게임계는 미운 오리 새끼였다. 수출시장에서는 효자 노릇을 하는 업종이었지만, 안으로는 늘 말썽꾸러기로 불려 왔기 때문이다.

그러나 신경을 쓰지 않아도 스스로 잘하는 모범생이기도 했다. 정책자금을 굳이 마련해 주지 않아도 스스로 잘 해결했고, 수요도 제 스스로 만들고 창출해 갔다. 문제는 게임이라는, 그 태생적 한계의 그릇을 떨쳐 버리지 못한 것이었다.

정부와 제도권에서는 안타깝게도 이 점만 문제 삼아 흔들어 댔다. 논란이 일면 시퍼런 보도의 칼만 내세워 휘둘렀고 말썽나면 그 책임을 모두 게임계로만 돌려버렸다. 이 와중에 산업의 패러다임이 바뀌기 시작해 온라인 시장은 위축되고 모바일 시장은 뜨는 양극단의 현상이 빚어졌다. 한국 시장만 바라보고 따라올 줄 알았던 중국 게임업계는 어느새 부쩍 커버렸고, 일부 장르에서는 한국 게임업체를 추월해 버렸다. 규제의 족쇄를 마구 만들고 생태계의 젖줄을 조이는 사이, 그 잘나간다는 게임업계는 벼랑 끝으로 몰려 버렸다.

그렇다. 정부의 화려한 정책 발표에도 불구, 시장에서 크게 반응을 보이지 않는 건 또 언제 태도를 바꿔 정책의 기저를 뒤집어 버릴지 모른다는 시장의 불안감 때문이다. 따라서 장밋빛 정책만을 남발하기보다는 근본적으로 정책의 근간이 바뀌어야 한다는 목소리에 힘이 실리는 건 바로 이 때문이다.

규제 정책을 포지티브 방식에서 네거티브 방식으로 전환하는 것도 한 방안이다. 예컨대 하지 말라는 것을 백화점식으로 나열하지 말고, 그것을 제외한 나머지는 모두 푸는 방식이다. 이 같은 규제책은 미국, 일본 등 대부분의 선진국에서는 다 채택해 쓰는 방식이다.

코에 걸면 코걸이, 귀에 걸면 귀걸이식의 잣대로 휘둘리는 규제가 존치하는 한 창조적 콘텐츠의 양산을 기대할 수 없다. 유통은 시장의 몫이다. 한마디로 시장 원리에 맡기는 것이다. 그러나 흥행했다고 해서 그 작품이 다 좋은 작품이 아니듯이, 시장엔 늘 이 같은 틈바구니 속을 헤집고 나오는 작품이 있기 마련이다.

네거티브 정책엔 그래서 유통 관련 기준안이 뒤따른다. 미국에선 포르노 극장을 쉽게 발견할 수 없다. 그렇다고 정부가 포르노 극장 운영을 허용해 주지 않는 게 아니다. 하고 싶으면 언제든 마음대로 할 수 있다. 하지만 그러려면 이에 대한 제반 법규를 명시한 규칙을 따라야 한다.

예컨대 4차선을 끼고 있는 도로 주변에선 영업을 할 수 없다. 포르노 극장을 선전하기 위한 옥외 간판도 세울 수 없고, 신문 광고나 TV 광고도 할 수 없다. 상영작을 소개하는 홍보 전단도 만들어 뿌릴 수 없다. 만의 하나, 이를 위반하게 되면 가차 없이 영업정지 또는 폐쇄 처분이 내려지고, 페널티를 내야 하는 불이익을 감수해야 한다. 결국 정책의 핵심은 하지 말라가 아니라 할 수 없도록 하는 것이다.

정부의 게임 규제책은 그동안 여론의 도마 위에서 재단돼 왔다. 유통을 위한 기준안도 없었고 지금도 없다. 오로지 게임은 전체이용가, 12세이용가, 15세이용가, 청소년이용불가 등 4가지로만 분류돼 유통되고 있을 뿐이다. 예컨대 이용대상만 있을 뿐 어떻게 판매되고 이용해야 하는지에 대한 관련 매뉴얼이 없는 것이다.

그런 측면에서 웹보드 게임에 대한 이용 기준을 명시한 정부의 관계 법령은 역설적으로 대단히 진일보한 규제 법안이다. 그런데 여기엔 하루 얼마 이상을 쓸 수 없다는 이용자에 대한 명시 조항만을 나열해 놓고 있다.

하지만 웹보드 게임은 전체이용가가 아닌 성인용이다. 성인들에게 하루 얼마를 쓰면 되고 그렇지 않으면 안 된다며 법으로 명시해 놓는 것은 한마디로 넌센스다. 오히려 이용자 조항보다는 사이트 운용 기준안을 마련했으면 더 낫지 않았겠느냐는 점이다. 이를테면 성인용 게임을 포함한 웹보드 게임에 대해 배너 광고나 TV 광고 등을 할 수 없도록 하고 인증 제도를 강화해 이를 위반할 경우 영업정지 또는 사이트 폐쇄를 명령하는 강력한 행정 조치를 명시하는 게 맞다는 것이다.

게임계가 상당히 어려운 처지에 놓여 있다. 그러나 속을 들여다보면 자금 경색과 시장침체의 원인이 다름 아닌 규제의 상흔 때문이란 사실을 모르고 있다. 규제 칼날의 흔적이 게임업계를 도무지 숨 쉴 수 없도록 만들어 버렸다.

게임산업 육성을 위한 정부의 3차 중장기 계획이 예정대로 잘 추진돼야 한다. 하지만 지금 게임계에 필요한 것은 나열식 장밋빛 육성안보다 업계에 덧칠된 규제책을 벗겨내는 일이다. 그것이 3차 중장기 계획의 출발점이 돼야 한다는 것이다. 정부가 먼저 나서 게임계에 씌인 주홍글씨를 지워주기 바란다.

2014-12-19

김택진과 김정주

김택진 사장과 김정주 회장이 큰 꿈을 이뤄 보겠다며 '도원결의'를 한 것은 지난 2012년 2월의 일이었다. 그리고 조금 지난 후 김택진 엔씨소프트 사장의 지분 14.7%가 넥슨에 매각됐다. 금액으로만 보면 약 8,000억 원대에 이르는 규모다.

업계는 충격의 도가니에 빠졌다. 게임계의 양대 축이라고 할 수 있는 엔씨소프트와 넥슨이 한 배를 타기로 했기 때문이다. 이렇게 되자 업계에는 갖은 소문이 떠돌기 시작했다. 주로 김택진 사장과 관련된 루머였다. 그 중 하나는 김 사장이 끊임없이 히트작을 생각하고 만들어내야 한다는 강박증에 시달리다 끝내 캐시아웃 하려 한 게 아니냐는 소문이 가장 많았다.

두 사람은 나중에 글로벌 경영 등 새로운 모험을 시작하기 위해 이 같은 빅딜을 성사시켰다며 언론을 통해 발표함으로써 소문의 진원을 틀어막으려고 했지만 한번 타오른 갖가지 설들은 이후로도 멈추지 않았다.

뒤늦게 알려진 건 두 사람은 미국 유명 게임개발사이자 유통사인 밸브의 인수를 위해 이 같은 모험을 시도했다는 것이었다. 일각에서는 두 사람이 미국 게임 유통사인 EA 인수를 추진했다는 설도 있지만 이들이 정말 EA에 제안서를 냈는지의 여부는 분명치 않다. 하지만 확실한 것은 두 사람이 목표한 M&A 대상은 EA가 아니라 밸브였다는 사실이다.

김택진 사장과 관련된 설 가운데 김정주 회장과 맞손을 잡은 배경에 대한 얘기도 자주 등장했다. 또 두 사람이 글로벌 경영을 얘기할 정도로 정말 가까웠느냐는 의구심을 제기하는 이들 또한 적지 않았다.

솔직히 두 사람의 공통점은 같은 업종에 있고 같은 대학 동문이라는 점 외는 특별히 공통 분모로 묶을 게 별로 없다. 취미와 성향도 다르고 게임을 바라보는 시각 또한 크게 다르다. 특히 한쪽은 명예를 더 생각한다면 다른 한쪽은 비즈니스에 집중하는 스타일이다. 또 한쪽은 비즈니스에서 밑지는 장사도 할 수 있다고 생각하는 반면, 다른 한쪽은 한솥밥 식구를 적으로 만드는 사례가 종종 있었다.

이야기의 결론은 개발자 출신의 김 사장이 게임 사업가인 김 회장에게 못해 볼 것이라는 것, 해서 김 사장이 끝내는 토사구팽이란 수모를 당하고 말 것이라는 것이었다. 그 이후로도 두 사람에 대한 이야기는 끊이지 않았다. 수면 위로만 드러나지 않았을 뿐 수면 아래서는 끊임없이 회자되고 사라지곤 했다.

엔씨소프트와 넥슨이 협업을 추진하겠다고 선언할 때도 업계는 성과물에 대한 기대감을 나타내지 않았다. 정확히 말하면 불가능할 것이란 전망이 더 우세했다. 그같은 전망의 배경에는 엔씨소프트와 넥슨의 태생적 한계를 지적하는 이들이 많았다. 한쪽은 장편을 쓰는 데 익숙해 있는 반면 다른 한쪽은 단편을 즐겨 쓰는 이들인 것이다. 특히 자존감에 있어서는 엔씨소프트의 그들을 넘볼 기업이 없을 정도다.

이 과정에서 여러 이야기가 쏟아져 나왔다. 한쪽에서는 최선을 다하고 있는데 갑질을 하고 있다며 시큰둥했고, 다른 한편에서는 점령군처럼 거들먹댄 적도 없는데 자격지심 때문인지 협조를 제대로 안 해준다며 손사래를 쳤다. 이로써 엔씨소프트와 넥슨의 거대한 협업 프로젝트는 상대의 자존심만 건드린 채 수포로 돌아가고 말았다.

결론적으로 두 사람은 대망의 꿈이 좌절됐을 때 더 이상의 관계를 미루지 말고 그때 청산 절차를 밟는 게 옳았다. 굴지의 세계적인 게임개발사를 갖겠다는 게 잘못된 게 아니다. 하지만 그 계획 자체가 틀어졌다면 두 사람은 그 지위를 다시 원위치로 돌려놓으려는 노력을 기울였어야 했다.

혹자들은 김택진 사장이 넥슨 측에서 담보한 단순 투자란 지분보유 목적을 너무 신뢰했던 게 아니냐는 안타까움을 나타내기도 한다. 그렇다면 적어도 김 사장과 김 회장 간 묵시적 동의보다는 두 사람에게 양해각서라는 증서가 따로 존재하는 게 아닌가 하는 추측을 해볼 수 있지만 이마저도 확실치 않다. 두 사람은 지금까지 이렇다 할 말 한마디가 없는 상황이다. 일각에서는 봉합이라는 말을 언급하며 극적 합의 가능성에 대한 얘기도 하고 있으나 그것은 임시방편의 처방일 뿐 근본적인 대책이 될 수 없다.

두 사람의 '도원결의' 다짐은 그 성패의 여부를 떠나 이미 끝났다. 또 두 사람은 한 지붕 아래 같이 살면서 같이 있어서는 안 되는 이유 또한 그 동안의 과정을 통해 확인하고 또 확인했다. 한쪽에선 산을 가리키는 데 다른 한편에선 손가락만을 쳐다보고 있다면 함께 있어야 할 이유가 하나도 없다. 같이 기숙하다가는 서로에게 상처만 더 깊게 안길 뿐이다.

지금이라도 늦지 않았다. 갈라서야 한다. 애초부터 실현 불가능한 일이었다. 그것이 두 사람에게 남아 있는 우정과 쥐꼬리만 한 신의를 지키는 일이며 두 사람이 필생의 사업이라고 일컫는 게임 산업을 키우는 길이란 생각 때문이다.

2015-02-06

강신철 카드에 대해

난항을 거듭해 온 차기 게임산업협회(K-iDEA) 회장으로 강신철 네오플 고문이 거론되고 있다. 고육지책에서 나온 안인지 아니면 가장 적합한 인사를 찾다 뒤늦게 나온 처방전인지에 대해서는 알 수 없지만 뚜렷한 묘책이 보이지 않는 상황에서 새롭게 등장한 카드라는 점에서 관심이 모아지고 있다.

강 고문은 지난 1998년 게임계에 입문한 네트워크 전문가로, 기회가 주어질 때마다 게임과 관련한 사회적 발언을 해온 친넥슨계 인사 중 한 사람이다. 넥슨의 주요 계열사 대표를 두루 역임했고 인품과 역량 면에서 나무랄 데 없다는 평을 듣고 있다. 또 말하기보다는 듣는 편에 속하고, 한번 맡은 일에는 자신이 끝까지 책임을 지는 전형적인 외유내강형으로 알려져 있다. 넥슨 측은 이런 장점을 높이 사 강 고문을 회장 후보로 천거하게 됐다는 것이다.

솔직히 강 고문이든 그가 아닌 다른 이가 하든 무슨 상관이 있겠느냐는 우문 같은 질문이 나올 법하다. 그렇다. 회원사 패밀리면 누가 하든 상관없는 노릇이다. 하지만 게임계의 처지를 들여다보면 그렇게 한가롭지 못하다는 데 문제의 심각성이 있다 할 것이다.

포스트 남경필 카드로 다름 아닌 게임계 인사가 강력 추천되고 거론되는 것은 그나마 다행스러운 일이다. 일각에서는 남 전 회장에 이어 또다시 정치권의 인사를 끌어들인다는 소문도 있었고, 실제로 그런 움직임이 없지 않았다. 여기서 굳이 정치권 인사를 배타적인 시각으로 보자는 게 아니다. 단지 시기적으로 적절치 않고, 협회란 단체의 정체성을 잃지 않으려면 이 정도쯤에서 정치색을 지우는 게 낫겠다는 생각에서다.

첫 정치권 출신의 회장으로 기록된 남 전 회장의 공과에 대해서는 이 자리를 통해 논하고 싶지 않다. 그에 대한 평가는 현재 진행 중이고, 후에 게임계의 역사를 통해 심판되고 기록될 것이기 때문이다.

그러나 분명한 사실은 그의 재임기간 동안 게임계는 협회 이름만 바꿔 달았을 뿐 제대로 된 목소리 한번 내지 못했으며, 그 우산 아래 있는 회원사들은 안타깝게도 뿔뿔이 흩어지고 말았다는 점이다. 그런 측면에서 협회의 역할은 긴요하지 않은 것 같지만 중요하고, 아무나 해도 될 것 같지만 그렇지 않다는 매우 역설적인 현상과 기류를 안고 있다고 할 수 있다.

협회가 존재감을 잃고 있다는 것은 매우 슬픈 일이다. 산업적 특성이 예사롭지 않고, 미래 수종사업으로서 그 무엇과 바꿀 수 없다는 측면에서 게임은 그 중요성을 아무리 강조해도 지나침이 없다. 그럼에도 불구하고 그 구심점 역할을 해야 할 협회가 비바람에 흔들리며 자존감을 지켜내지 못한다면 큰 문제가 아닐 수 없다. 그 자존감은 협회장의 위상과 얼굴에서 시작한다고 해도 과언이 아니다.

협회가 옹립하려는 강 회장 후보가 못마땅해서 하는 말이 절대 아니다. 자질과 능력, 성품 등 회장직을 수행하는 데 부족함이 없는 인사다. 문제는 옹립 절차와 과정이 어떻게 진행됐느냐 하는 점이 모두 베일에 가려져 있다는 점이다. 실제로 어떻게 해서 강 회장 후보가 추천됐는지에 대한 투명한 설명이 전혀 없다. 말 그대로 넥슨 측에서 회장직을 맡아야 하는 순서에 따라 돌려막기식으로 하는 옹립이라면 그 카드는 정말 봉건주의적 담합의 결과라 아니할 수 없다.

그렇게 해서 옹립된 회장이 협회 살림을 제대로 꾸려간 예를 본 적이 없다. 과거 김범수 회장과 김영만 회장 등을 제외하고는 거의 무력하다시피 재임 기간만 채우고 나갔고 김정호 회장(4대)은 중도에 사퇴하고 말았다. 어쩔 수 없이 맡은 자리에서 협회의 자존감을 지키기란 결코 쉬운 일이 아니다.

일각에선 협회 운영위원회가 이번 강 회장 옹립 카드를 만들었다고 하는데 그것은 하극상이자 월권행위다. 특히 강조하고 싶은 사실은 운영위원장이란 사람이 협회를 좌지우지할 처지에도 있지 않다는 것이다. 그런 자리에서 꺼내 든 카드가 지금 업계에 유효하게 먹히고 있다는 것은 한마디로 블랙코미디라 할 수 있다.

협회장은 회원사를 대표해 정부와 국회 그리고 사회를 향한 업계의 창구 역을 담당하게 된다. 또 인격과 덕망뿐 아니라 높은 도덕성과 자존감을 필요로 한다. 그런 자질을 요구하는 이유는 딱 한 가지, 그가 다름 아닌 산업계의 얼굴이기 때문이다. 그런 협회장을 지금 돌려막기 또는 서로 네가 먼저식으로 선출하게 된다면 게임계의 미래는 어제와 달라질 게 하나도 없다 할 것이다.

지금이라도 늦지 않았다. 공론화 과정을 거치거나, 적법한 절차를 통해 걸맞은 인물을 옹립하거나 추대해야 한다. 그래야 힘 있는 협회를, 회원사를 주도할 수 있다. 또 그런 절차를 통해 옹립돼야 강 회장 후보도 협회 살림을 맡을 명분에 고민하고 책임감도 더 생겨날 것이기 때문이다.

2015-03-27

텐센트의 마화텅은 누구인가

최근 모처에 근무하는 외국인 친구가 재미있는 말을 건넸다. 그의 말은 그렇게 시류에 벗어나는 얘기는 아니었지만 그 외국인 친구의 말이 한국과 중국의 경제 핵심이 어디인가를 새삼스럽게 일깨워 줬다는 점에서 시선을 끌었다. 그에 따르면 한국 경제는 삼성그룹이라는 단일그룹이 좌지우지하고, 중국의 경제는 알리바바의 마윈(馬雲)과 텐센트의 마화텅(馬化騰)이라고 하는, 이른바 마씨 일가의 양두마차에 의해 주도된다는 것이었다.

재미있는 사실은 한국은 인물이 아닌 기업이 경제를 주도하는 데 반해 사회주의 국가인 중국에선 인물이 경제를 이끈다는 것이었고 선뜻 이해되지 않았다. 하지만 그가 사회주의 체제 아래에서는 영웅이 시대를 이끄는 것이라는 마오쩌둥(毛澤東)의 말을 인용하며 언급하자 이내 수긍이 갔다. 그러고 보면 삼성도 조직 문화도 그렇지만 특출한 인물이 기업을 먹여 살리고 있는 게 아닌가 생각이 들었다.

중국 경제의 핵심 인물인 마윈은 많이 알려져 있지만 마화텅이란 인물에 대해서는 그다지 알려진 게 없다. 마윈의 경우 알리바바의 뉴욕 상장을 앞두고 워낙 언론에서 다뤘기 때문이라고도 했지만 기업 성격상 앞으로 세계경제의 요주의 인물이 될 수도 있다는 판단도 작용한 것으로 보인다.

하지만 마화텅은 마윈에 비해 상대적으로 베일에 가려져 왔다. 이유는 그의 내성적인 성격 탓도 있지만 텐센트라는 기업이 온라인 메신저 기업이라는 점, 그리고 배타적인 재계 성향으로 보면 그다지 좋은 평을 하지 않는 게임 기업의 대표라는 점에서 푸대접 또는 무대접을 받아왔다고 봐야 맞다.

그는 광둥성 선전(深圳)의 한 공산당 간부의 아들로 태어났다. 올해 나이는 44세, 국립대학이지만 그냥 평범하다고 하는 선전대학에서 컴퓨터공학을 전공했다. 그는 졸업하자마자 어머니에게 자금을 빌려 창업했다. 그리고는 아주 친한 친구와 함께 텐센트를 설립했다. 알려진 바에 의하면 어머니에게 빌려온 자금으로 주식에 투자, 몇 배수로 늘린 자금이 텐센트 설립 자금이 됐다고 하는데 그래서인지 그의 어머니가 텐센트의 대주주로 올라 있다.

마화텅도 그와 비유되는 마윈과 같이 처음엔 그다지 경영에 재미를 보지 못했다. 인터넷 메신저인 QQ가 예상대로 뜨거운 반응을 얻으며 순조로운 모습을 보였지만 그로 인한 유지보수 비용 증대로 수익 구조는 악화됐다. 하지만 유저 반응은 식지 않고 더 후끈 달아올랐다. 이 같은 반향을 읽은 그가 생각해 낸 것이 게임사업이었다.

그에게는 샨다의 리더 천톈차오(陳天橋)가 롤모델이자 라이벌이었다. 그래서 그가 눈을 돌린 건 한국의 게임 수입이었다. 그러나 한국의 게임 기업들은 그를 쳐다보지도 않았다. 무명에 가까운 텐센트라는 기업에 잘나가는 한국 기업들이 게임 서비스를 맡길 리 만무했다. 말 그대로 문전박대란 수모를 당했다.

네오플의 '던전앤파이터'와 스마일게이트의 '크로스파이어'를 서비스하기 시작한 건 그가 와신상담한 이후 한참 뒤의 일이었다. 당시, 네오플과 스마일게이트는 한국에서 그다지 알려져 있는 게임업체는 아니었다. 네오플의 허민 대표는 서울대 출신으로 아웃사이더 이미지가 강한 인물이었고, 게임도 국내에서는 그렇게 썩 먹히는 장르도 아니었다.

스마일게이트의 권혁빈 대표도 서강대를 나와 오래도록 게임을 개발해 왔지만 참패를 거듭했다. 그가 마지막이라며 보따리를 싸맨 채 만리장성으로 달려간 것이 '크로스파이어'였고 텐센트는 이를 보기 좋게 인터셉

트했다.

두 작품은 중국 게임시장 사상 유례없는 대박을 기록했고 특히 '크로스파이어'는 동접 420만이라는 사상 최대의 수치를 달성, 파란을 일으켰다. 업계에서는 이를 두고 스마일게이트의 '크로스파이어'보다 현지에 이미 더 알려져 있는 '카운터 스트라이크'를 교묘히 벤치마킹한 텐센트의 시장 전략이 먹혀든 것이라고 할 만큼 마화텅은 이 작품 론칭에 심혈을 기울였다.

마화텅의 텐센트는 이제 누가 넘볼 수 없는 세계 최대 게임기업이 됐다. 지난해 매출은 789억 위안(13조 9,000억 원). 새로운 콘셉트에 의한 '플레이스테이션 4'를 발표해 승승장구하고 있는 소니의 매출을 크게 앞질렀다. 그 뿐만 아니다. 한국 게임 기업에 대한 투자를 강화, 상당수 한국 게임기업들이 그의 우산 아래 놓여 있다. 소문에 의하면 그의 현금 자금동원 능력은 하루 수천억 원에 이르는 것으로 알려지고 있으며 기업 현금 시제는 약 4조 원에 달한다는 게 현지 소식통들의 전언이다.

그런 그가 한국 게임기업에 대해 저주의 부메랑을 던지고 있다는 얘기가 적잖게 들리고 있다. 이를테면 한국 게임기업에 대한 투자도 그 연장 선상에서 이뤄지고 있다는 것이다. 실제로 마화텅의 텐센트에 의해 불이익을 당한 한국 게임기업들이 잇따라 드러나고 있다. 최근 빚어진 한빛소프트 게임에 대한 일방적인 서비스 중단 조치는 대표적인 사례가 아니라 빙산의 일각이 이번에 드러난 것일 뿐이라는 게 업계의 전언이다.

악연을 악연으로 만드는 건 소인배가 하는 짓이고 악연을 인연으로 만드는 건 대인배가 하는 일이라고 했는데 그렇다면 그는 소인배인가 대인배인가. 업계는 텐센트가 은혜를 원수로 갚으려는 게 아닌가 하는 의구심의 눈초리를 거두지 않고 있다.

대한민국 게임계의 앞날이 걱정이다. 주력시장은 마화텅의 텐센트를 비롯한 중국 기업들이 틀어쥐고 있는데 우리는 답보 상태가 아니라 더 퇴보하고 있으니 큰일이 아닐 수 없다. 특히 올챙이 시절을 잊어버리고 황소 개구리가 활개를 치고 다니면 연못은 맑아질 수 없게 된다.

그들 말대로 몸을 낮추고 상대방의 경계심을 늦춘 뒤 몰래 힘을 기른다는 도광양회(韜光養晦) 또한 열려 있는 시대로 인해 이마저도 녹록치 못한 형편이니 어찌할 것인가. 이쯤에 이르렀다면 무릎을 꿇거나 죽기 살기로 한번 과감히 덤벼봐야 하지 않겠나. 정말 연못이 걱정이다.

2015-07-20

대한민국 게임인 대상

어디에다 무엇을 심고 열매를 기다리고 거두는 일은 생각보다 쉬운 작업이 아니다. 힘겨워서 중도에 그만두는 이들이 허다하고, 우연찮게 맞아떨어져 용으로 비상하는 이들이 있긴 하지만 그런 사례는 말 그대로 가뭄에 콩 나기 정도일 뿐이다. 어쨌든 한 우물을 파고 그곳에서 물을 얻는다는 것은 자신은 물론 우리 사회에 큰 보탬이 되는 일이다.

한길을 걸으며 성공한 게임계 인사들의 면면을 보면 더 그렇다. 스마일게이트의 권혁빈 회장은 와신상담 끝에 열매를 맺은 대표적인 인물로 꼽힌다. 마지못해 중국 진출을 꾀한 그는 마지막이란 심정으로 달려들었다. 이미 여러 차례 쓴잔을 마신 그로서는 절벽 끝에 서 있는 심정이었을 게 분명했다.

그런데, 역전극이 벌어졌다. '크로스파이어'가 그처럼 대성공을 거둘지는 아무도 몰랐던 것이다. 권 회장 자신도 몰랐고 국내 게임계도 예상치 못했다. 하지만 본지는 그 당시 권 회장의 장도를 지켜보며 그의 새로운 도전에 박수를 보냈다. 하지만 권 회장이 힘겹다며 중도에 이를 포기했다면 어찌 됐을까. 아마도 오늘날의 권혁빈은 존재하지 않았을 터이다.

이 같은 역전의 용사는 또 있다. '오디션'을 선보인 한빛소프트의 김기영 회장이다. 김 회장도 7전 8기의 역사를 갈아 치운 게임계의 맹장이다. 한때 게임산업협회장이란 직함으로 게임계의 일을 맡기도 했지만 그의 놀이 마당은 역시 개발 현장이 아니지 않느냐는 평이 많다.

판을 뒤집어 성공한 인물이 있다면 묵묵히 자신의 자리를 지켜가며 이름을 올린 이들도 있다. 박관호 위메이드 이사회 의장, 권준모 4:33 이사회 의장, 손승철 엠게임 회장, 송병준 게임빌 사장, 강삼석 마상소프트 대표, 박철우 드래곤플라이 대표 등이 바로 그들이다. 이들은 지금도 여전히 개발 현장에서 또는 산업계에서 자신의 몫을 톡톡히 하고 있다.

반면, 안타깝게도 유성의 별처럼 사라져간 이들도 있다. 한 고비를 넘기면 될 듯한 순간을 견디지 못한 채 손을 놔버린 케이스다. 아주 가능성이 높은 장르의 개발에 손을 댄 A 씨는 고지를 눈앞에 둔 채 게임개발 현장을 떠났다. A 씨가 진행하던 게임을 인수한 B 씨가 뒤늦게 이를 완성해 선보였으나 작품 출시 시기가 맞지 않아 흥행시장에서 참패하고 말았다. 이런 사례들은 무수히 많다.

게임계의 발전을 위해 정신적, 물질적으로 헌신해 온 이들을 잊을 수 없다. 대표적인 인물이 김영만 전 한빛소프트 회장과 김택진 엔씨소프트 대표이다. 김택진 대표는 드러내는 걸 매우 싫어하는 편이다. 하지만 그로부터 수혜를 입은 이들이 상당하다. 김영만 회장은 게임계의 산증인이다. 그는 특히 거룩한 소비를 강조한 인물이기도 했다. 돈이 되지 않는 곳이지만 게임 산업과 우리 사회에 빛과 소금이 되는 곳이라면 아낌없이 자신의 재물을 헌신하는 '낭비벽'을 보여줬다.

국내 유일의 게임 산업 전문지 더게임스가 대한민국 게임인 대상을 제정한 것은 지난 2007년이다. 당시 게임계는 '바다이야기' 사태의 여파로 온몸이 갈라지고 찢긴 상처투성이의 모습이었다. 제도권, 특히 시민단체에서는 가히 게임계를 탄압한다 할 정도로 시시콜콜 참견했고, 정치권도 마치 한 건 올리듯 가혹한 채찍질을 해댔다. 게임계가 배겨낼 구석이 없었던 것이다. 업체가 망가지고 게임인들의 모습을 볼 수가 없다고 할 만큼 주변에서 자취를 감췄다.

대한민국 게임인 대상 제정은 이 같은 게임계의 현실을 극복하고, 게임계를 위해 보이지 않게 헌신해 온 이들의 이름을 보듬어 보자는 취지에서 출발했다. 우물에서 우물 물을 본 사람이든, 그렇지 않은 사람이든 그것이 중요하지 않았다. 오로지 게임 산업을 부양하고 게임 문화를 지키기 위한 자구수단이 절실했고, 무엇보다 자존감과 자긍심을 심어 주는 노력이 필요하다고 판단했다. 다행스럽게도 얼마 가지 않아 게임시장은 기지개를 켰고 부활했다.

더게임스가 회사 재정난으로 인해 몇 년간 중단해 온 대한민국 게임인 대상 시상식을 올해 다시 재개키로 결정한 것은 당시 '바다이야기' 사태 이후의 게임산업계와 지금이 매우 닮아 있다는 위기감에서 비롯된 것이다. 내수가 절벽이고 이웃 살던 게임인들의 그림자가 조금씩 사라지고 있다는 점도 빼닮아 있다. 그렇다. 게임산업이 또다시 망망대해에서 목적지를 잃은 채 넋 놓고 서 있는 것이다.

그래서 이렇게 생각했다. 지금은 질책보다는 격려가 필요한 시점이라고. 겸양보다는 드러내 보이며, 게임인들의 일거수일투족에 의미를 살펴보는 등 의무를 해야 할 때라고 판단했다. 그런 작은 불꽃들이 모여 큰 불을 일으켜 게임 산업을 바로 세우리라고 그리 생각했다. 대한민국 게임인 대상 시상식 재개 방침이 게임산업계는 물론 게임시장의 부활을 알리는 기폭제가 됐으면 한다. 지난 2007년 그때처럼 말이다.

2016-10-24

게임인들의 정치 행위

지난해 10월, 미국 대선을 앞두고 유명 연예인들이 잇따라 민주당 힐러리 클린턴 지지를 선언하고 나섰다. 그들의 면면을 보면 메릴 스트립과 팝계 여왕 마돈나, 레이디 가가, 비욘세, 엘튼 존, 아델, 퍼렐 윌리엄스 등 유명 연예인들이 거의 망라돼 있었다. 공화당의 지지세가 상대적으로 떨어지는 연예계의 풍토를 감안하더라도 도널드 트럼프 후보를 지지하는 연예인들은 많지 않았다. 우리들에게 익숙한 배우 존 보이트, 팀 알렌 등만이 그의 지지를 표명했을 뿐이다.

중요한 것은 미국 연예인들은 지지 후보가 있으면 주변을 의식하지 않고 이를 당당히 표현하고 알린다는 점이다. 이렇게 해서 특정 집단으로부터 불이익을 당하거나 수모를 당하는 일은 거의 없다. 미국의 한 방송 시트콤에 출연 중인 팀 알렌은 선거를 앞두고 트럼트와 공화당을 지지한다고 해서 배역에 불이익을 당한 적이 있다고 밝혀 논란을 빚기도 했지만, 특정 정당, 특정 후보를 지지한다고 해서 역차별을 당하거나, 정권의 블랙리스트에 오르는 일은 거의 없다.

미국과 달리 한국의 정치 풍토는 그렇지가 못한 것이 현실이다. 바로 직전 정권에서도 대중문화계의 블랙리스트가 존재했다는 사실이 특검을 통해 드러나기도 했다. 안타깝게도 그런 일은 그 이전 정권에서도 있어 오지 않았을까 하는 개연성을 떨쳐 버릴 수 없다. 단지 리스트업을 해서 관리했느냐 그렇게 하지 않았느냐의 차이 정도만 있었지 않았을까 미뤄 짐작할 뿐이다.

정권 차원에서 보면 '미운 오리 새끼'가 있기 마련이다. 정치권 일각에서 표현하듯 그때그때 터져 나오는 미운 오리 새끼의 말이 주먹보다 더 아플 수 있다. 또 아킬레스건을 건들거나, 정권의 약점을 들춰내며 험담을 하고 다니면, 어떤 식으로든 손을 보고 싶다는 유혹을 받게 된다. 하지만 거기까지라는 것이다. 블랙리스트의 작성은 괘씸죄를 권력의 힘을 통해 손을 보겠다는 것과 다름 아니다. 블랙리스트가 존재한다는 것은 한국적 정치 풍토가 지금 어느 수준에 있는지를 가늠케 하는, 시대의 잣대라 할 수 있다.

게임계 인사들이 최근 잇따라 대선 후보 지지를 선언, 주목을 끌고 있다. 더군다나 게임계를 대표하는 단체장들이 모여 특정 후보를 지지하는 선언문을 발표했다. 이 같은 일은 게임계에서는 지금까지 유례를 찾아볼 수 없는, 가히 파격적인 집단 행동이다.

이에 대해 게임계는 여러 반응을 보이고 있다. 먼저 어디서 저 같은 용기가 났을까 하는 점이다. 지난 18대 대선에서도 침묵을 지키는 등 여간해서는 정치 성향을 드러내지 않던 곳이 게임계였기 때문이다. 일각에선 대선의 향배를 쉽게 예측할 수 있게 일찌감치 우열이 가려졌기 때문이 아니냐는, 다소 지지 성명의 의미를 깎아 내리는 견해도 있다. 예컨대 대선 판도가 접전의 양상으로 전개됐다면 과연 저 같은 지지성명을 내놓았겠느냐는 것이다.

또 진정한 결단이었고 시류에 편승한 것이 아니라고 하더라도, 정치적 뒷감당이나 이에 맞설 게임업계 역량을 감안하고 취한 행동이냐는 데 대해서는 대체로 부정적인 견해가 우세하다. 선진 정치를 구현하는 나라들처럼 개인이나 단체에서 특정정당 후보를 지지하는 일이 그르치는 일은 아니다. 개인별, 업종별 특정 후보의 공개 지지 선언은 어찌 보면 당연하다고 할 것이다. 그렇지만 한국적 정치 풍토를 고려한다면 이 같은 정치적 행위는 보다 많은 고민을 하면서 전략적으로 움직여야 했다는 지적은 나름 큰 설득력을 얻고 있다.

무엇보다 게임계는 대표적인 정치 집단으로 불리는 노동계와는 투쟁 역량 자체부터 다르다. 한마디로 비교조차 할 수 없다. 흩날리는 모래알과 같고, 유관업종인 영화계, 음악계의 그것보다 훨씬 못하다. 특히 리더십을 보여야 할 대기업들의 입장도 첨예하게 갈리는 상황이다. 이런 처지에서 정치 성향을 드러내는 건 매우 위험한 행동이라고 아니할 수 없다. 그 때문인지 뜻있는 게임계 인사들은 뭣 때문에 그 같은 일을 사전 여론 수렴 과정 없이 결행했는지 매우 의아해하고 있다.

돌이켜보면, 게임계의 지난 10년은 암흑기라 할 정도의 피폐의 역사로 점철돼 왔다. 성장 속도를 견인해도 시원찮을 판에 급제동이 걸렸고, 제도권으로부터는 사실상 유폐되듯 외면을 받아 왔다. 피해 의식이 이루 말할 수 없다 할 것이다. 그래서 찾아 나선 곳이 이번에 게임계 인사들이 지지를 선언한 그 당과 그 후보가 아니었을까 미뤄 짐작해 본다.

하지만 아무리 그렇다 하더라도 여론을 수렴하는 과정이 더 필요했다 할 것이다. 그것이 민주적 절차다. 더구나 상대는 정치권이다. 언제든 등을 돌려 적으로 내몰 수 있는 데가 바로 그곳이다. 여기엔 여야, 요즘 흔한 말로 하는 진보, 보수가 따로 없다. 자신들의 이해관계가 엇갈리면 언제든 취하거나 버릴 수 있다는 것이다.

혹시 게임계를 정치권으로 끌어들인 이가 게임계 출신의 그 정치인이라면 한마디로 실망스럽다 아니할 수 없다. 그렇게 믿고 싶지 않지만, 자신의 정치 역량을 과시하기 위해 정치권과 일정한 거리를 둬 왔던 게임계를 끌어들인 것이라면 큰 실수를 한 것이다. 그건 답이 아니다.

재미 소설가 김은국의 대표작 《순교자》는 12명의 순교자들의 허상을 가감 없이 보여준다. 목숨을 부지하기 위해 예수를 버린 목사들이 순교자로 불리고, 오히려 자신의 신앙을 지킨 신 목사는 배신자로 낙인찍혀 돌을 맞는 역설적 구조를 통해 진정한 구도자가 누구인지를 보여주는 소설이다.

그렇다. 우리 게임인들은 과연 지금 어디에 서 있는가. 게임계를 구도

하고 서광을 비춰줄 이가 따로 있다고 믿는가. 어림없는 소리다. 게임인의 땅을 지키고 게임인의 미래를 가꿀 수 있는 이는 정치인도, 제도권의 유력 인사들도 아니다. 오로지 한 밭을 내다보고 일궈 온 우리 게임인들뿐이라는 사실을 결코 잊지 말았으면 한다.

2017-05-08

문화장관이 된 시인 도종환

1970~1980년대의 문단은 순수문학과 참여문학으로 갈려 치열한 노선 경쟁을 펼쳤다. 매일 아침 깃드는 햇살은 눈이 부시도록 창을 두드렸지만, 정치, 문화, 사회적으로는 암울하기 그지없던 시절이었다.

그 목마름의 갈증을 촉촉이 적셔준 것은 다름 아닌 시였다. 당시엔, 탐미적인 작품보다는 리얼리즘을 바탕으로 한 시가 더 눈에 들어왔다. 특히 정호승, 김명수로 대표되는 반시 동인들의 시는 마치 어두운 골방에서 발견한 생명의 빛과 같았다. '서울의 예수', '하급반 교과서'는 그 때문인지 자주 읊조렸다.

도종환의 시를 처음 접한 것은 그 무렵이었다. '고두미 마을에서'라는 작품을 통해서였다. 하지만 당시 한쪽으로 쏠려 있는 눈과 찢어진 가슴만 가지고 있던 필자의 감성에는 그다지 크게 다가오지 않았다. 단지 서정성이 돋보이는 작가 정도로만 기억됐을 뿐이다. 그리곤 이내 잊혔다.

그런 그가 화려하게 스포트라이트를 받으며 다시 등장한 것은 1987년께의 일이었다. 《접시꽃 당신》이란 시집이 서점가를 강타하면서 도종환은 일약 스타 시인이 됐다. 신문과 방송에선 연일 그의 시가 소개됐다. 그런 그를 지켜보면서 예전 그의 시를 더듬어 보며 사랑 타령의 글이나 쓸 것이란 나의 앞선 생각이 하나도 어긋남이 없었다는 듯, 그를 평가절하 하며 깎아내렸다.

그 이후 그를 까마득히 잊어버리고 있었다. 데스크로 눌러앉으면서 도종환이 전교조 간부로 활동한다는 소식을 간간히 듣게 됐다. 일각에서는 한발 더 나아가 정치를 한다는 말도 들려왔다. 그리고 조금 지나니 비례대표 의원에 이어 지역구 의원까지 꿰찼다는 소식이 전해져 왔다.

그런 그가 이번엔 민주정부의 첫 문화부 장관이 됐다. 시인이 정치를 한다는 건 결코 쉬운 일이 아니다. 사회 참여 작가로 알려진 '레 미제라블'의 빅토르 위고는 현실을 바탕으로 스토리를 꾸려가는 소설가이자 정치가란 점에서 도종환과 차이가 있다. 더군다나 상하원에서만 정치 활동을 한 위고와는 달리 그는 정부에 입각한 각료가 된 것이다. 도 장관의 이런 이력 때문인지, 그의 정치력보다는 정책 수행능력에 대해 의구심을 제기하는 이들이 적지 않다.

그동안 새 정부가 들어서면 약방의 감초처럼 연예인 등 예술인들의 문화장관 발탁이 있어 왔다. 국민의 정부 시절엔 소설가 김한길 씨가 그랬고, 참여정부 때는 연극배우 김명곤 씨와 이창동 감독이 문화부의 컨트롤 타워 역을 맡기도 했다. 또 이명박 정부에 들어서서는 탤런트 유인촌 씨가 장수 장관직을 수행해 주목을 끌기도 했다. 유일하게 박근혜 정부 시절엔 연예인 출신 장관이 없었지만 안팎의 구설은 끊이지 않았다.

여기서 중요한 포인트는 안타깝게도 이들 예술인 출신 장관들이 해당 부처에서 제대로 역량을 발휘하지 못하는 데 있다. 특히 A 장관의 경우는 너무 권위적이어서 직원들이 아주 힘들었다고 할 만큼 평판이 좋지 않았다.

대한민국 문화산업계가 상당한 위기국면에 처해 있다. 순수 문화 쪽도 그렇지만 문화산업계의 침체 현상은 심각하다 할 지경이다. 더욱이 콘텐츠의 핵심코어 역할을 하는 게임은 시장 침체와 샌드위치 처지의 산업 위상으로 최악의 상황으로 치닫고 있다. 게임은 태생적으로 문제점을 안고 있다. 그러나 그 같은 구조적인 문제점은 제도 개선을 통해 충분히 극복할 수 있는 과제들이다. 그럼에도 제도권의 부정적인 시선만 투영되고, 그들의 입장만 정책에 반영되고 있는 것은 매우 편파적인 정책이라고 아니할 수 없다.

게임은 지식산업의 보고이기도 하다. 고학력의 청년 실업 대책엔 제격이라 할 수 있다. 또 공해가 없는 청정 산업이며, 고부가가치가 뛰어난 산업이다. 무엇보다 문화 할인율이 높아 세계 수출시장에서도 경쟁력을 발휘할 수 있다. 지금 이 같은 산업이 동맥경화 때문도 아닌 정부의 잘못된 규제의 대못질로 인해 헉헉대며 비틀거리고 있는 것이다.

산업의 컨트롤 타워는 해당 부처의 수장이다. 세세한 정책은 내놓을 순 없지만 거시적인 관점에서 산업을 주도하는 건 그 누구도 아닌 해당 부처를 맡고 있는 장관이다. 하지만 애석하게도 정무 장관 출신들이 제 역할을 못한 사례가 적지 않다. 문화부 조직 내부에서 평가한 전직 장관들의 역량 평가를 보면 더 그렇다. 관료 출신 다음 정치인, 그다음이 연예인을 비롯한 기타 출신 장관들이다.

도 장관 발탁에 대한 문화 산업계의 반응은 무덤덤한 편이다. 박근혜 정부의 패착으로 화급을 다퉈 처리해야 할 일이 산적해 있고, 새롭게 밑그림을 그리고 완성해야 할 일 또한 수두룩한데 너무 평이한 인사를 한 게 아니냐는 것이다. 일각에서의 평가는 더 냉정하다. 하필이면 이때, 왜 또 정무 출신 장관을 내려보내느냐는 지적이다.

도종환은 그러나 《접시꽃 당신》 발표 이후 《지금 비록 너희 곁을 떠나지만》, 《당신은 누구십니까》, 《슬픔의 뿌리》 등 현실에 기댄 리얼리즘 문제작들을 잇따라 발표, 그가 사랑 노래만 부르는 악사가 아님을 보여줬다. 필자를 비롯한 독자 입장에선 매우 극적 반전인 셈이다. 한때, 그의 시라고 하면 외면하고 덮어뒀던 이유가 솔직히 그즈음에서 눈이 녹듯 사라졌다.

도 장관이 역대 문화장관 중 최고의 인물로 박지원(국민의당 의원)과 유진룡, 이창동 등 이 세 사람을 꼽았다 한다. 이창동은 도 장관의 접대용 발언인 듯하고, 유진룡과 박지원은 그의 말대로 최고의 장수라 칭할 수 있다. 이들의 공통점을 살펴보면 파괴보다는 길 만들기에 더 신경을 썼고, 규제보다는 자율의 길을 모색했으며, 무엇보다 부지런해서 업계의 민원이면 머뭇거리지 않고 어디든지 달려갔다는 사실이다.

도 장관에 대한 문화 산업계의 시선은《접시꽃 당신》을 발표했던 그 시절 그에게 머물러 있다. 그런 측면에서 그에 대한 극적 반전을 기대하는 건 어찌 보면 당연한 바람이다. 문화산업계는 지금 스타 시인의 노래보다 현실에 바탕을 둔 치열한 그의 웅변을 기대하고 있다. 현실을 직시한 그의 후반기 시의 시어들처럼 말이다. 그래야만 시인으로서, 그리고 정치인으로서 자신만의 입지를 구축할 수 있을 것이라고 믿는다.

2017-06-19

전병헌과 여명숙

한국 e스포츠협회가 세간 사람들의 입방아에 오르내리고 있다. 별로 알려지지 않았던 이 단체가 존재감을 보이기 시작한 건 그리 오래되지 않았다. 1999년 한국 프로게임협회를 모태로 시작했으니까, 대략 18년 정도의 성상을 쌓았다 볼 수 있다. 하지만 협회로서 제 모습을 갖춘 것은 2013년께다. 최근 논란을 빚고 있는 전병헌 청와대 정무수석이 협회장으로 부임하면서부터다.

이후 e스포츠협회는 괄목상대했다. 협회 행정이 자리를 잡았고, 각종 대회는 순탄했다. 그런 측면에서 전 정무수석은 e스포츠 발전의 최대 공신이다. 일각에선 그에 대해 '겜 대통령'으로 치켜세웠지만, 이는 품격에 맞지 않는 표현을 자주 쓰는 일부 게임인들의 구상유취한 수식이 그대로 드러난 것일 뿐이다.

전 정무수석이 거기에 취했을까. 그는 18년 된 협회의 장 자리를 그 누구에게 넘겨주려 하지 않았다. 이를 두고 게임계 인사들은 그가 때를 놓치고 있다고 했지만, 그는 스스로 내려오려 하지 않았다. 권력의 달콤한 맛을 알게 되면 결단코 아래로 내려오기 싫다 하는데, 그가 그런 모습을 보여줬다.

18년의 박정희 정권은 그와 그의 주변 사람들에 의해 무너져 내렸다. 참담한 변란이 없었다면 과연 유신 정권이 종말을 고했을까. 18년의 역사를 가진 e스포츠협회가 전 정무수석의 뜻하지 않은 집착과 그 주변 사람에 의해 결국 만신창이가 된 꼴이 됐다.

자신은 비서진의 농단에 대해 아는 바 없다고 하지만 그가 과연 그 책임에서 자유로울 수 있을까. 이제 와서 하는 얘기지만 솔직히 그는 일찍이 e스포츠와 결별했어야 옳았다. 그랬으면 그는 e스포츠계에서 영원히 살았다.

여명숙 게임물관리위원장은 전임 위원장의 중도하차로, 때아니게 위원회를 맡게 된 학계 출신의 인물이다. 소신이 너무 강해 구설에 오르기도 했지만, 때 묻지 않은 그의 언행은 그 순수함으로 업계에 자주 회자되며 주목을 끌었다. 그런 그가 중앙 무대에서 주목을 받기 시작한 건 최순실 국정농단 사건이 터져 나오기 시작한 때부터다. 최순실과 그 주변 인물들이 문화계에서 농단을 부리는 등 무소불위의 권력을 휘두르자, 그는 자신이 아는 바를 가감 없이 세상에 들춰내 버렸다.

이번 국감장 현장에서 게임계의 농단 세력이 있다며 세상을 깜짝 놀라게 한 인물도 다름 아닌 여 위원장이다. 이 같은 사실을 모르는 사람들은 매우 충격적인 것으로 들렸겠지만, 이미 이를 알고 있는 업계 사람들에겐 더 이상 새로운 내용은 아니었다.

일개 국회의원 비서관에 의해 게임계가 농락당했다는 게 부끄럽지만, 그 비서관의 비위에 대해 아는 사람은 다 알고 있었다. 이 문제가 언제 터져 세상을 시끄럽게 할 것인가는 단지 시기상의 문제였을 뿐이다. 여 위원장이 이번에도 그 흉한 게임계의 속살을 그대로 보여줬다.

양측의 대립은 이미 예견된 것이었다. 한쪽은 권력을 배경으로 풀려했고, 다른 한쪽은 이를 저지하기 위해 몸부림친 것이다. 여 위원장이 누구처럼 총을 겨누고 나선 것은 더 이상 살아 있는 권력에 부릴 재간이 없다는 판단에 따른 것으로 이해할 수 있다. 그 정곡점의 이면에는 마치 게임계의 계륵과 같은 사행 게임이란 게 도사리고 있었던 것이다.

지난 2006년 세상을 떠들썩하게 한 '바다이야기 사태'는 게임의 사행성보다는 서민들의 주머니를 울렸다는 죄가 더 컸다. '바다이야기'란 게임은 흔히들 얘기하는 아케이드 게임이다. 이런 게임에 사행성이란 것이 가미된 것은 그 게임의 특질로 인한 게 아니라 앞뒤 가리지 않고 마구잡이식으로 찍어낸 상품권 남발이 결정적으로 작용했다. 이들 상품권 업자들의 상혼으로 인해 아케이드 게임업계가 난도질을 당한 사건이 '바다이야기 사태'의 핵심이자 본질이다.

여 위원장은 게임 운용에 주변인들이 개입하면 사단이 난다는 걸 누구보다 잘 알고 있었을까. 아니면 보이지 않는 손에 의해 움직이는 게임계의 흐름을 보고 보호 본능이 발동한 것일까. 사행게임에 대해 누구보다 당위성을 인정하고, 규제 완화의 필요성을 강조해 온 그가 왜 서슬 퍼런 국감장에서 그것도 청와대 고위층을 향한 폭탄 발언을 했을까.

혹시 여 위원장은 이 같은 자신의 발언을 통해 사행 게임이란 것을 업계의 화두로 끄집어내려는 의도는 없었을까. 자꾸 손바닥으로 하늘을 감춘 채 사행 얘기를 하니까, 농단 세력이 생기고, 뒷배경을 지니고 있는 세력들이 더 기웃거리는 게 아닌가 하는 계산을 여 위원장은 하고 있었던 것은 아닐까.

그럼에도 불구하고 자신이 아니면 절대 할 수 없다는 생각을 버렸어야 했다는 것이다. 전 정무수석 역시 자신이 아니면 안 된다는 생각에 e스포츠협회에 그처럼 미련을 버리지 못했던 건 아닐까. 또 여 위원장의 폭로가 심정적으로 공감을 얻지 못한 것은 사안의 중대성이 가벼웠다기보다는 자신의 직위와 신분을 잃은 채 제3자적 입장에서 돌출적 발언을 한 때문은 아니었을까. 고위 공직자라면 좀 더 진퇴 문제와 처신에 고민했어야 옳았다는 것이다.

그러나 여기서 결코 놓쳐서는 안될 것은 이번 사태를 부른 핵심 현안이다. 그렇다. 성인 게임으로 불리는 사행게임을 더 이상 세상 테이블 밑으로 감추려 해선 곤란하다는 것이다. 이젠 이를 드러내 놓고 논의하고, 이를 통해 사회적 합의를 이끌 때가 됐다고 본다. 자꾸 감추고 쉬쉬하니까 농단 세력이 생기고 말썽을 빚는 게 아닌가. 필요하다면 이 문제를 놓고 끝장 토론이라도 벌여야 한다. 그나저나 부끄러운 게임계의 역사의 장이 또다시 기록되게 됐다. 게임계는 이를 또 어찌 감당하고 극복할 것인가.

2017-11-13

모바일 게임 1~2기 세대

국내 게임시장 규모가 지난해 10조 원을 넘어섰다. 2006년 '바다이야기' 사태가 터진 이후 10조 원 돌파는 처음이다. 그 첨병의 역할을 한 장르는 다름 아닌 모바일게임이다. 주력 장르인 온라인 게임을 이선으로 끌어내린 모바일 게임은 하루가 다르게 변화하는 등 한국 게임산업의 중심축으로 자리 잡아 가고 있다.

온라인 게임을 통해 김택진, 김정주, 방준혁, 나성균, 김범수, 김영만 등 기라성 같은 스타를 배출했다면, 모바일 게임의 스타는 단연 송병준, 박지영이다. 이들은 척박한 모바일 게임시장에서 악전 고투하며 터전을 일궈 냈다. 이 중 박지영은 작품 개발과 그에 따른 흥행 압박으로 끝내 현업에서 떠나고 말았지만, 송병준은 지금도 후배 개발자들과 진검승부를 벌이고 있다.

카카오 시대가 열리면서 모바일 게임시장은 크게 출렁였다. 얼굴도, 이름도 모르는 이들이 전면에 나서는 등 춘추전국시대를 방불케 했다. 이들은 기존 모바일 게임의 형식과 장르를 타파하며 승승장구했다.

선데이토즈의 이정웅, 파티게임즈의 이대형, 데브시스터즈의 이지훈 · 김종흔, 씨드나인(현 넷마블몬스터)의 김 건, 액션스퀘어의 김재영 등이 바로 그들이다. 이들은 말 그대로 업계의 샤이닝 스타가 됐다. 주요 매체에서는 이들의 활약상을 대서특필하며 칭찬을 아끼지 않았고, 그 얻어진 힘을 바탕으로 기업을 상장, 부와 명예를 동시에 거머쥐는 쾌거를 이룩했다.

모바일 게임업계에서 피처폰 세대를 1기로, 카카오 모바일 게임세대를 2기로, 그리고 본격적인 모바일 게임 시황이 조성된 2016~2017년 기점의 게임세대를 3기로 구분한다면, 이제 남아 있는 모바일 게임계의 주요 인물은 송병준(1기)과 드래곤 플라이트의 김민규, 넷마블몬스터의 김 건, 데브시스터즈의 이지훈·김종흔(2기) 등 4~5인 정도만 남아 있는 셈이다.

문제는 3기에 진입한 모바일 게임시장에 새 인물이 보이지 않는다는 사실이다. 모바일 게임시장은 최근 2~3년 사이 급성장했다. 카카오 게임 시대 이후 시장 진입장벽은 거의 사라졌다 할 만큼 수급 채널이 다양해졌다. 그 때문인지 벤처기업, 이름 모를 스타트업들이 대거 진입했다.

하지만 그 같은 움직임만 있었을 뿐이다. 내놓을 만한 작품도, 주목을 끄는 기업도, 스포트라이트를 받는 스타 개발자들도 나타나지 않고 있는 것이다. 오히려 올드보이들의 활약상만 더 두드러졌다. 그 같은 바람에 힘입어 방준혁은 모바일게임계의 대지주가 됐고, 김택진은 양수겸장의 빼어난 장수가 됐다. 구관의 명장 김정주는 와신상담하며 무술년, 올해를 겨냥하고 있다.

부익부 빈익빈 현상이 심화되면서 빚어진 결과다. 지금 모바일 게임판은 기형적이라고 불러도 뭐라 하지 못할 만큼 파행의 형국이다. 전체 시장 규모의 80%를 주요 메이저가 점유하고 있다고 봐야 한다. 그렇다손 쳐도 신성은 아닐지라도, 적어도 뉴 페이스 정도는 잉태되거나 만들어졌어야 했다. 하지만 그런 조짐이 전혀 없다. 한마디로 제2의 선데이토즈, 파티게임즈, 데브시스터즈 등과 같은 기업이 탄생하지 못하고 있는 것이다.

여기서 중요한 사실 한 가지는, 이렇게 척박한 토양 아래에선 아무리 좋은 품종의 씨앗이라도 움트지 못할 것이라는 점이다. 되레 가분수의 시장구조로 인해 산업이 주저앉아 버릴 수 있다. 밑가지가 없으면 나무는 성장할 수 없다. 그러나 안타깝게도 그 어느 누구도 밑가지의 역할을 맡겠다고 나서는 사람이 없다. 이정웅도, 이대형도, 김재영도 다 제 짐만 챙겨 나간 셈이다. 뭐라고 할 순 없겠지만 도덕적이라곤 할 수 없다.

시장구조를 획기적으로 돌려놓을 수 있는 특단의 대책을 세우지 않는다면, 모바일 게임시장의 미래는 암담하다 할 것이다. 새 물이 유입되지 않는데, 그 속에서 물고기가 살 수 있을 것이라고 믿는 것은 가히 무지라고밖에 말할 수 없다. 언젠가는 큰 나무도 거칠어진 토양으로 인해 버텨내기 힘들게 될 건 명약관화한 일이다.

인물이 시장을 이끌 것인가, 아님 시장이 인물을 만들어 낼 것인가. 때아니게 떠오른 이 같은 명제는 지난 연말, 한 해 마감을 앞두고 터진 미디어업계의 기업 인수합병(M&A) 소식 때문이었다.

내용은 월트 디즈니가 경쟁사인 폭스의 주요 미디어 부문을 인수한다는 것이었는데, 그 규모가 무려 524억 달러(57조 원)에 달하는 천문학적인 수치의 빅딜이었다. 더 놀라운 사실은 한때 국제 매물 시장에 헐값에 나온 월트 디즈니가 어떻게 이 같은 빅딜을 성사시켰느냐는 점이다.

여기엔 로버트 아이거(Robert Iger)란 걸출한 인물이 자리하고 있었다. 1951년 뉴욕 유대인 가정에서 태어난 아이거는 대학을 졸업하자마자 ABC 방송에 입사, 1990년 데이비드 린치 감독의 '트윈픽스'를 기획하면서 능력을 평가받았다.

1993년 ABC 네트워크 텔레비전 그룹 사장을 맡으면서 아이거는 자신의 진가를 발휘하기 시작해 2005년 월트 디즈니가 걸어온 길과 전혀 다른, 디지털 영상업체인 픽사를 무려 74억 달러에 인수하는 모험을 단행한다. 그는 여기서도 멈추지 않았다.

2009년엔 주요 경영진이 모두 마다하는데도 '엑스맨', '어벤져스'를 제작해 이름을 알리기 시작한 마블엔터테인먼트를 약 42억 4,000만달러를 주고 인수하는 M&A를 선언했다. 그의 경영 발자취는 혁신과 새로운 도전의 길이라면 변신을 마다하지 않고 덤벼든 것이다.

모바일 게임시장은 지금 몸짓만 키운 채 덩그러니 벼랑에 서 있다고 해도 과언이 아니다. 자칫 잘못하면 나락으로 떨어질 수 있다. 그럼에도 이

대로 지켜만 보고 있을 것인가. 파이도 중요하지만 지금은 혁신과 도전을 꾀할 때다. 무모하더라도 덤벼들어야 한다. 1~2기 모바일 게임세대들 처럼, 그렇게 말이다.

2018-01-22

게임계의 외지인들

국내 게임산업의 역사는 한마디로 일천하다. 조립 게임기의 역사를 포함하더라도 30여 년의 성상을 쌓았다고 볼 수 없다. 그러나 영화와 음반산업은 1백여 년의 역사를 지니고 있고, 출판의 경우에는 가히 그 역사를 언급하기조차 무안하다 할 만큼 유구한 역사를 자랑한다.

그러나 국내 게임산업은 해마다 놀라울 속도로 성장해 왔다. 한때 잠시 주춤하기도 했지만, 고속 성장한 산업 가운데 게임을 압도하는 업종은 그 유례를 찾아볼 수 없을 만큼 큰 폭의 상승세를 이끌어 왔다.

그에 반해 산업의 자족 능력은 상대적으로 떨어지는 편이다. 개발 인력에 대한 고용 방식뿐 아니라 경영 매니지먼트에 대한 노하우 또한 크게 부족한 편이다.

또 그것뿐인가. 경쟁 업종 간 협업 경험도 일천하다. 이를 다시 말하면 게임만 바라보고, 그것에만 매달려 왔기 때문이란 역설로 대변할 수 있겠지만, 게임 산업을 단순히 일회성 내지는 미시적 관점에서만 내다본 결과가 아닌가 하는 생각도 지울 수 없다. 이 같은 현상을 극복하기 위한 방안 가운데 하나로 쓰인 게 '외지인' 영입이었다. 개발과 경영을 분리하겠다는 기업에선 전문 경영인을 불러들였고, 개발인력 부족으로 허덕이는 기업에선 정보통신 분야 인력을 스카우트해 숫자를 맞췄다. 그렇게 숨을 돌리며 생존해 왔다.

하지만 자족 능력이 부족한 부문은 기업 못지않게 산업 인프라 부문도 처지는 마찬가지였다. 이에 따라 유입해 들어온 이들이 법조계와 학계,

재계 출신의 인물들이었다. 문제는 이들이 산업에 급하게 투입됨으로써 시장의 안목을 견줄 수 없었거나, 또는 일회성에 그치는 프로젝트에만 쓰임으로써 산업과 동떨어진 얘기를 나열하는 등 되레 산업계에 혼선을 불러오는 요인이 됐다는 것이다.

그럼에도 손님과 같은 외지인들의 유입 수가 줄지 않고 계속 증가한 것은 산업이 그만큼 급성장했다는 뜻이다.

우성인자끼리의 결합은 열성의 성질을 지니게 된다는 게 일반적인 정설이다. 산업도, 사회도 대동소이하다. 그 때문인지 미국의 유명 대학에선 해당 학교 출신의 교수들을 절대 채용하지 않는다. 채용하더라도 그의 명성을 절대 평가하고, 학계에 이바지한 부문을 냉정하게 점검한 이후 채용 여부를 결정짓는다.

한때, 국내 영화산업은 침체의 늪에서 벗어나지 못한 채 허덕였다. 1950~1960년대, 아시아 시장을 주름잡던 한국의 영화가 1970~1980년대 들어서면서 꼬리를 내리고 말았다. 아시아의 종이 호랑이 꼴이 된 셈이다. 그러던 국내 영화산업이 기지개를 켜기 시작한 것은 1990년대 후반부터 들이닥친 외지인들의 유입 때문이었다.

한국 영화는 그 이전까지는 이른바 충무로 사람들이라고 일컬어지는 영화인들과 지방 홍행사들에 의해 만들어졌다.

그러나 이 같은 영화 제작구조가 외지인들이 들어오면서 한순간에 허물어졌다. 이들 외지인들은 주로 외국에서 공부하고 돌아온, 재벌기업 소속의 젊은이들이거나, 전문 캐피탈 소속의 매니저들이었다. 한국 영화는 이들의 열정에 의해 이내 곧 다시 꽃을 피우기 시작했다.

여기서 놓칠 수 없는 부문은 현재 국내 영화산업을 이끌고 있는 상당수의 주요 인물들이 이때 충무로에 입문한 외지인들이란 점이다. 그들은 원래의 기업으로 돌아가지 않고 혼탁한 영화판이라고 불리는 충무로가에 그대로 남아 있었던 것이다. 그들은 더 이상 외지인이란 경계 지역에 머물지 않고, 토착화된 충무로가의 사람으로 거듭났다.

국내 게임산업이 30여 성상을 쌓았음에도 계속 성장통을 겪고 있는 이유 가운데 하나가 마치 손님처럼 처신해 온 일부 외지인들 때문이라는 지적은 영화산업의 성공 사례에 비춰보면 아쉽다 못해 뼈아프게 다가온다. 주요 게임기업 가운데 외지인으로서 토착화된 인물을 찾는다는 건 가히 모래밭에서 보석을 발견하는 격이다. 거의 손가락으로 꼽을 정도다. 게임 인프라 쪽으로 눈을 돌리면 더 심각하다. 영화계에 들어온 외지인들이 보석이었다면, 게임계에 들어온 외지인들은 한마디로 객간에 머문 '손님들'이었던 셈이다.

그럼에도 인프라 쪽 정부의 인재풀은 여전히 외지인들로 채워지고 있고, 지금도 그 인재풀은 금과옥조처럼 받들어지고 있다. 고루하다 할지 모르겠으나, 이젠 게임인의, 게임인에 의한, 게임인을 위한 판을 만들 시점에 서 있다 할 것이다.

영화계에 유입된 외지인들의 토착화가 하해와 같은 충무로가의 정서 때문에 흡수된 결과 때문이었을까. 아니면 미래를 담보할 수 있는 산업의 정체성에 끌린 것 때문이었을까. 두 가지 이유, 모두 다일 수 있겠지만, 굳이 후자라고 믿고 싶은 까닭은 영화계만큼 자신들의 독보적인 영역을 외부세력에 의해 빼앗기지 않고 당당히 지켜온 업종은 거의 없기 때문이다.

게임계가 제도권에 보여준 것이 혹, 인류의 내일의 꿈과 희망이 아니라 겜블과 그것을 통해 쥘 수 있는 돈뿐이었던 것은 아니었을까. 그래서 외지인들도 대충 돈벌이식으로 머물다 그렇게 떠난 것은 아닐까. 생각이 거기까지 머물다 보니 게임계에 유입된 외지인들에 대한 기억이 씁쓸하기만 하다.

게임인들도 이젠 당당히 지킬 것은 지키고, 정부에 요구할 것은 요구하는 등 전면에 나설 때가 됐다. 그러기 위해선 산업의 풍토를 바꾸고 분위기 또한 일신해야 한다. 이는 기득권을 지키기 위한 배타적 발상에서 나온 게 아니라 산업의 정체성과 우위를 확보하기 위해서라도 그리해야 한다고 본다.

그래야 산업이 바로 서고 바람에 흔들리지 않는다. 이를테면 그것이 다름 아닌 외지인이 게임계 사람으로 체화될 수 있는 풍토를 만드는 길이며, 게임계의 다양성을 보여주는 지름길이 될 것이란 사실이다.

그렇지만, 안타깝게도 이 시점의 게임계에는 게임을 모르는 무지한 외지인들이 너무 많고, 그들이 게임계를 좌지우지하며 흔들고 있다. 성장통이라고 하기엔 멋쩍은 현상이다.

2018-05-14

게임이란 괴물

게임이 괴물이 됐다. 산업 생태계에서는 아무 말도 하지 않는데, 의학계에서는 그리 부르기로 한 모양이다. 목소리가 큰 그들이기에 그렇게 굳어질 가능성이 크다. 이 같은 경우, 자기들 맘대로 밀어붙였다고 제도권에서 나무라야 하겠지만, 상대가 상대인지라, 정부 역시 이러지도 저러지도 못한 채 눈치만 보고 있다.

게임 역사 60여 년 만에 치욕적인 일이 벌어진 것이다. 인류의 문화가 게임으로 발전해 왔다는 고전적 이론을 내밀지 않더라도 게임은 인류의 근원적인 법칙이다. 게임으로 시작해서 게임으로 돌아가게 돼 있다. 그 모습을 게임기에 혹은 온라인을 통해서, 아니면 모바일을 통해서 재현해 놓은 것이 흔히 얘기하는 게임 소프트이다. 그런데, 그런 모습들이 중독 요소이고 중독된다는 것이 세계보건기구(WHO)의 해석이다. 그런 식의 논리대로 한다면 모든 삶 자체가 중독이라고 해야 옳다.

어쨌든 이 문제는 두고두고 논란의 대상이 될 전망이다. 외신에 따르면 재론의 여지가 아주 없어 보이지는 않는다. 다만 이런 일들로 인해 게임계가 앞으로 얼마나 많은 희생의 대가를 치러야 하는지 생각만 해도 아찔하다.

영화가 빛을 발하면서 그 역시 핍박에서 벗어나지 못했다. 영화를 두고 마귀가 유혹하는 환영이라며 교황청에서 영화를 보지 못하도록 성도들에게 금지령을 내린 것이다. 그러나 영화계는 여기서 멈추지 않았다. 아주 다양한 장르의 영화들을 만들어 선보이는 등 교황청 칙령에 대응했다.

음악이란 장르가 대중에게 본격적으로 다가간 것은 19세기 후반이었다. 이전엔 귀족 문화의 일부분이었을 뿐이다. 그들은 음악회를 통해 의회 정치를 논하고, 사회를 들여다보며 놀이를 즐긴 것이다. 평민들에겐 그저 그림의 떡이었던 셈이다. 그러나 그것을 내려놓을 수밖에 없었던 것은 축음기가 발명되는 등 문명의 거대한 족적들이 잇따라 이뤄졌기 때문이다. 대중음악의 시발점이 된 것이다.

게임은 사실 무풍지대를 걸어왔다. 제도권에서는 한갓 아이들이 갖고 노는 장난감 정도로 여겼을 뿐이다. 그런데 가만히 보니까 그게 아니었다. 그들이 게임을 통해 대중 문화와 미래 경제의 한 모서리를 흔들고 있었던 것이다.

그중 가장 두드러진 곳이 다름 아닌 한국과 중국 게임계였다. 게임기를 뛰어넘어 인터넷을 통해 온라인 게임을 선보이면서 세계 게임계의 흐름을 바꿔놓기 시작했다. 또 휴대전화가 보편화되자 이번에는 모바일 게임을 만들어 시장을 주도했다.

이 같은 흐름은 세계 게임계가 이번 WHO의 게임 중독 결정 배경에 한국과 중국 게임계를 주목하고 있는 이유 중 하나가 되고 있다. 그다지 길다 할 수 없는 게임 역사를 갖고 있는 한국과 중국 게임계가 병리적 현상을 야기함으로써 제도권에 빌미를 제공한 게 아니냐는 것이다. 그러나 아무리 그렇다 하더라도, 아닌 걸 그렇다고 할 수는 없는 노릇이다. 재미를 봤든, 판을 흔들어 댔든 게임은 오로지 게임이기 때문이다.

게임의 태생적인 문제점을 간과했다는 지적을 피해 갈 순 없다. 수출효자 노릇 한다는 칭찬에 이를 눈감아 왔다. 제도 정비에도 뒷짐을 져왔으며 엔터테인먼트 산업의 또 다른 특질인 이웃과 사회에 대한 관심도 소홀히 해왔다.

그렇다. 그 한 가지, 게임만 내다보며 달려온 것이다.

그렇다고 게임이 괴물이 될 수는 없는 노릇이다. 원인이 아닌 결과물에 책임을 지라는 것은 어불성설이다. 그간 사회적 물의를 일으킨 큰 사건 가운데 게임 중독으로 빚어진 사건은 단 한 차례도 없다. 게임과 직접적인 인과관계가 있는 사건은 없다 할 정도다. 결국 이를 입증할 과학적, 의학적인 근거도 없이 게임을 괴물이라고 주장하는 것이다. 게임계에 대한 제도권의 이 같은 시선은 한마디로 게임계를 하대하는 것으로밖에 이해할 수 없다. 제도권에 족보도 없으니까 그렇게 말할 수 있겠다 싶다. 하지만 그것을 오로지 게임계의 책임이라고 돌리기엔 제도권의 박대와 철저한 외면을 지적하지 않을 수 없다.

정부가 게임계의 한 인사에게 문화 훈포상을 시상하려 했다. 그러나 법적인 근거가 전혀 없었던 것이다. 게임 개발 및 유통에 관한 법률 등 진흥법은 있으나, 게임에 대한 문화 정의를 명시한 법률은 한 줄도 없어 정부 관계자조차 깜짝 놀랐다는 것이다. 끝내 그 인사는 훈포상을 받질 못했다. 안타깝게도 그 관계 법령(문화예술진흥법)은 지금까지 국회에서 잠을 자고 있다.

게임계에 대한 사시적인 시각이 이 정도이니까 그렇게 마음대로 불러도 된다고 생각하고 있는 것일까. 제도권은 지금 모든 화살을 게임계로 돌리고 있다. 그러나 도도한 문명의 역사의 강은 멈추지 않고 흘러간다. 영화가 그랬듯이, 그리고 음악이 그랬듯이. 그리고 대중 문화예술이 모두 그랬듯이. 게임은 게임일 뿐이니까.

2019-06-10

방준혁 의장의 사업 행간 읽기

행간을 통해 글의 의미를 전달하는 것은 쉬운 일이 아니다. 글을 쓰는 이들이 이런저런 소재를 가져다 쓰는 까닭도 그것이지만, 여러 장치와 포석을 깔고 글을 쓰기 때문에 이 같은 유형의 글을 자주 대하지 않은 사람들의 경우 간혹 주제어를 놓치기도 한다. 하지만 팩트를 가지고 이야기를 풀어가는 글의 경우 그런 위험 부담은 크게 줄어든다. 그러나 글 쓰는 이의 정확한 의도를 전달하는 작업이란 게 말처럼 그리 쉬운 일은 아니다.

지난주 본지에 게재된 '사라져 버린 e스포츠산업 10년사'란 칼럼에 대한 논란도 어찌 보면 이 같은 행간의 무독에서 나온 결과가 아니었는지도 모를 일이다. e스포츠협회 등 관계자들은 최근 'e스포츠 20년사'를 발간하면서, 지난 2008년 선보인 'e스포츠 10년사'의 후속작업으로 이 책을 만들게 됐다고 밝혔다. 이미 e스포츠 10년을 지난 작업을 통해 소개했으므로 이번에 선보인 'e스포츠 20년사'는 그 이후의 10년의 발자취를 담은 것이라는 설명이다. 책의 내용을 보면 그같은 주장이 틀렸다 할 수 없다. 표지에 언급된 여러 숫자들의 의미가 성큼 눈에 다가오지 않아 독자들에게 다소 혼란을 줄 순 있겠으나, 이를 좀 무시하고 책을 접한다면 그렇게 문제 삼을 일은 아니다. 하지만 '사라져 버린 e스포츠 산업 10년사'에서 얘기하고자 하는 것은 시간 개념의 그것을 잃어버렸거나 공중분해 됐다고 한 것이 아니다.

지난 2008년 발간된 'e스포츠산업 10년사'의 내용도 마찬가지였다. 오로지 대회 경기 기록과 선수들만 집대성해 놓았다. e스포츠 산업을 위해 밑거름이 된 단체 및 산학연 사람들, 그리고 스텝들의 역사는 눈을 씻고 봐도 찾아볼 수가 없었다. 한마디로 산업이라고 해놓고, 대회와 선수들의 전적 얘기만 연도 순으로 나열해 놓은 것이다. 그러나 e스포츠산업은 선수들만으로 이뤄지는 선택지가 아니라는 것을 간과해 버렸다. 결국 한쪽, 절반만을 가지고 역사를 기술한 것이다.

행간을 바라보는 어려움은 각종 정보와 함께 쏟아지는 기사들 속에서도 자주 접하게 된다. 특히 해설 기사를 들여다보면 독자들이 과연 어느 관점에서 이를 접하고 이해해야 할지 고민스러운 경우가 적지 않다. 그나마 경제 면 기사는 조금 나은 편이지만, 정치 면 기사는 복잡하고 짜증스럽기까지 하다.

넷마블이 최근 가정용 렌털업계 1위 기업인 웅진 코웨이를 인수하는 작업을 추진하자 이에 대한 여러 이야기들이 쏟아져 나오고 있다. 특히 자금 규모가 큰 웅진을 인수하기로 하면서 넷마블의 실질적인 대표인 방준혁 의장이 모습을 드러내지 않자 일부 언론에서는 다양한 분석 기사를 출고하고 있다. 이 가운데 가장 많이 언급되고 있는 것은 넷마블이 왜 하필 정수기 기업을 인수해 신규 사업을 추진하려는 것이냐이고, 또다른 하나는 과연 기업 인수합병(M&A)의 시너지가 생기겠느냐는 것이다.

방 의장은 본인 의사와는 관계없이 M&A의 귀재로 알려져 있다. 실제로 그는 기업규모를 키우는 데 이 같은 툴을 자주 사용해 온 것이 사실이다. 기업 인수도 해봤고 피인수되는 경험도 해봤다. 그러나 이것을 통해 반드시 무엇을 실현해 보겠다는 M&A는 몇 되지 않는다는 게 그를 아는 사람들의 대체적인 견해이다.

지난 2003년 넷마블이 플레너스엔터테인먼트에 피인수될 당시에도 그는 자신의 입지를 생각하지 않았다. 뒤늦게 모회사를 인수했을 때도 마찬가지였다. CJ에 회사를 매각하고 다시 돌아올 때에도 자신의 계산법을 내세우지 않았다. 키워 주었으면 한다 하니까 기꺼이 뛰어든 것이다. 엔씨소프트에 대한 지분 참여 때도 앞선 계산법이라곤 따로 있지 않았다. 결국엔 이를 통해 모바일게임 판권을 가져와 시장에서 대박을 쳤지만 그가 셈법을 따져 묻고 들여다보는 조밀한 스타일은 아니다.

일각에선 넷마블이 엔터테인먼트 사업에 주력하지 않고 아주 생경한 분야인 정수기 사업에 뛰어들어 신규 사업을 벌이려는 의도가 뭐냐는 질문도 적지 않다. 그렇다. 의외의 결정인 것은 확실하다.

외국 엔터테인먼트 기업들은 사업 다각화를 추진하면서 주력 아이템에서 크게 벗어나지 않는 범위 내에서 신규 사업을 추진한다. 월트 디즈니도 케이블 방송, TV, 신문 등 다양한 분야로 사업을 확장했지만 큰 범주에서 보면 그 연장선상에 있다고 볼 수 있는 아이템들이다. 요즘 잘나가는 넷플릭스는 월트 디즈니와 같은 길을 걸어가고 있지만 워낙 경합인 탓에 월트 디즈니가 걸어온 길을 되짚어 보는 듯 역방향으로 사업 목표를 세워 달려가고 있다.

정수기, 비데 등 생활용품 렌털사업은 떠오르고 있는 스마트홈 시장의 핵심 부문으로 꼽히고 있다. 이 사업은 캐시카우가 뛰어나 현금 흐름에 매우 안정적이라는 평을 듣고 있다. 넷마블은 이를 통해 향후 여러 유형의 클라우드 사업을 전개하겠다는 것이다.

그러나 넷마블은 무엇보다 이를 계기로 그룹 주력 아이템인 게임사업이 크게 안정될 것으로 기대하는 눈치다. 게임은 한번 흥행에 실패하면 치명타를 입게 된다. 모바일 게임 플랫폼 시대에 진입하면서 개발비가 다소 줄 것이라고 기대했지만, 대작 게임이 주류를 이루면서 도리어 폭증하고 있다. 과거엔 먹혔던 구전(바이럴) 마케팅이 지금은 먹혀들지 않아 TV 방송을 통한 마케팅이 필수가 되고 있으며, 여기에다 개발자들에 대한 임금 및 운용 관리비는 천정부지로 치솟고 있다. 리스크 부담이 적지 않다는 것이다.

그렇다면 방 의장이 웅진 코웨이 인수 작업을 추진하면서 그의 팬과 주주들에게 말하고 싶었던 행간의 의미는 무엇이었을까. 그냥 보여진 대로 해석하라 했을까. 아니면 좀 더 깊은 속내를 들여다보며 헤아려 달라 했을까. 분명한 것은 그의 그간의 행적 또는 목소리를 놓치지 않고 살펴봤다면 그가 말하고자 하는 행간의 깊은 뜻 정도는 찾아볼 수 있지 않을까.

2019-10-21

칼럼 속의 인물: 방준혁

2000년 넷마블을 설립한 게임계 1세대에 속한다. 부드러우면서도 카리스마가 있는 리더십으로 불과 1억 원의 자본금으로 세운 넷마블을 대한민국 게임계를 대표하는 기업으로 일궈냈다. 잠시 건강이 안 좋아져 현업에서 은퇴하기도 했으나 재기했다. CJ E&M에 넷마블을 넘겼다가 이를 다시 되찾기도 했다. 온라인게임시장이 어렵게 되자 전격적으로 모바일 게임사업에 뛰어드는 등 결단력과 감각을 보여줬다.

송재경, 또다른 시작인가, 아님 마침표인가

송재경의 엑스엘게임즈가 카카오게임즈에 피인수됐다. 2003년 설립된 이 회사는 송재경에 의한 송재경을 위한 송재경의 회사였다. 요즘 말로 다시 정리하면 송재경의 프랜차이즈이자 그의 장르를 소개하고 만든 그의 회사였던 것이다.

그에 대해 다시 언급할 필요가 없을 만큼 게임계의 큰 족적을 남긴 송재경은 공부에는 큰 재미를 못 느꼈다고 한다. 박사 과정을 밟으면서도 늘 주변을 기웃거렸다. 그러다 우연히 한 회사 대표와의 만남을 통해 운명적으로 게임계에 발을 디디게 된다.

'LP 머드'를 고쳐 '쥬라기 공원'으로 만드는 일에 뛰어든 그는, 그 게임에 스토리까지 덧붙이는 일을 맡게 됐고, 그 일이 계기가 돼 1996년 그래픽 RPG 기반의 게임 '바람의 나라'를 선보이게 된다. 이후, 그는 엔씨소프트 김택진 대표와의 만남을 통해 국내 최초의 온라인게임 '리니지'를 완성, 대파란을 일으킨다. 그때가 국제통화기금(IMF) 사태로 인해 온 나라가 추위에 움츠렸던 1998년 2월의 일이다. 김 대표와 송재경은 난생처음 쾌재를 불렀지만, 이내 두 사람은 갈라서게 된다.

집요하게 게임적인 부분을 강조하는 그가 자신만의 게임을 만들어 보겠다며 만든 엑스엘게임즈에서조차도 흥행 측면에선 큰 재미를 보지 못했다. '아키에이지', 'XL1' 등 일련의 문제작들을 발표했지만, 게이머들의 반응은 냉담했다. 그렇게 잊히는 듯했던 그가 세인들의 이목을 끌기 시작한 것은 화제작 '달빛 조각사' 론칭을 앞둔 지난 11월쯤의 일이다. 이 작품은 스토리도, 소재도 꽤 괜찮다는 평을 받았다. 그러나 이 게임도 경쟁작인 '리니지 2'와 'V4'에 밀려 흥행 반열에서 다소 멀어졌다. 작품 완성도에 반해 상품성이 크게 떨어진 것이다.

엑스엘게임즈의 지분이 카카오게임즈로 넘어가게 되자, 업계에서 제일 먼저 관심을 보인 건 송재경, 그의 퇴진 문제였다. 이에 대해 긍정적인 반응을 보이고 있는 이들은 무엇보다 이순을 앞둔 그에게 더 이상 개발자의 키를 맡기는 건 무리가 아니겠느냐는 것이었다. 그러나 다른 한편에선 그가 자신의 역할을 충분히 수행할 능력이 있다며 이선 퇴진에 대한 부정적 견해를 나타내고 있다. 즉, 그의 게임에 대한 안목은 여전히 유효하다는 것이다.

전 세계를 들썩이게 만든 올해의 아카데미상 시상식은 봉준호 감독이란 걸출한 인물을 배출하며 막을 내렸다. 특히 봉 감독이 연출한 '기생충'이란 작품은 국내 영화 사상 최초로 아카데미상 본상에 올랐을 뿐 아니라, 작품상, 각본상, 감독상, 국제 작품영화상 등 4개 부문을 휩쓰는 쾌거를 이룩했다.

더욱이 비영어권 영화가 작품상과 감독상을 수상하는 일은 극히 이례적인데, 봉 감독은 이 같은 준령을 거뜬히 극복해 냈다. 지명지년이란 나이에 그가 마치 그 깊은 뜻을 잘 알고 있다는 듯, 큰일을 저질렀다.

그의 엄청난 스포트라이트 속에서도 존재감을 잃지 않고 자리를 지킨 인물은 다름 아닌 마틴 스코세이지(마티) 감독이다. 1942년생이니까 올해 나이 78세다.

마티는 이날 예우상 아카데미 시상식 자리에 불려 온 것이 아니라 자신의 작품(아이리시맨을 말하다)이 감독상 부문에 노미네이트 되면서 봉 감독과 당당히 경연을 벌이기 위해 나와 있었던 것이다. 그는 잘 알려져 있듯, '성난 황소', '카지노', '디파티드' 등 화제작들을 잇따라 발표하면서 할리우드가에서는 명장으로 꼽히는 감독이다.

이탈리아 출신의 이민 2세로, 뉴욕서 출생했고, 뉴욕대에서 영문학과 미술사를 공부했다. 그의 태생적 배경이 그런 때문인지, 그의 작품은 주로 뉴욕을 배경으로 한 갱스터 무비가 대부분이었다. 그 때문인지, 일부 평단에선 그의 작품에 대해 오락만을 추구한다며 예술적 가치를 깎아내리기도 했지만, 그의 영화 속에는 갱스터 사회의 어두운 단면을 드러내는 등 작가적 요소를 많이 담고 있다는 평을 받아왔다. 즉, 그의 작품에는 비열의 파토스가 적지 않게 드러난다는 것이다.

그의 이 같은 의도로 인해 영화의 무게감이 적지 않고, 그럼으로 인해 러닝타임도 늘 2~3시간을 훌쩍 넘기기가 일쑤다. 이는 흥행 지표에 매우 부정적인 요소일 뿐 아니라 걸림돌이다. 그래서 그의 영화 제작에는 투자자들이 달려들지 않고, 돈을 주겠다는 이들 역시 많지 않다. 거의 동지적 관계를 맺고 있는 이들이 그를 믿고 투자하고 밀어주는 식이다.

봉준호는 마티에 대해 현존하는 감독 가운데 가장 존경하는 사람 가운데 한 사람이라고 그의 연출 능력을 높게 평가하고 있다. 그의 감독에 대한 평가는 흥행 여부와는 아주 별개라는 것이다. 그러면서 마티가 언급한 말을 소개하기도 했다. "가장 개인적인 것이 가장 창의적이다."

게임계의 맏형 송재경은 게임계의 무형자산이자 산증인이다. 그는 지금도 게임에서 손을 놓고 싶지 않다며 게임 개발의 의욕을 보인다. 그런 그에게 흥행 가능성이 안 보인다며 개발자의 키를 압수하는 건 게임계 입장에선 큰 손실이다. 영화계와 같이 게임계에도 노장의 투혼을 지켜볼 수는 없는 노릇일까. 이순을 넘기고 칠순을 넘긴 한 노익장이 게임을 완성하기 위해 혼신의 힘을 다하고 있는 모습을 기대하는 건 무리일까.

젊은 친구들과 당당히 경연을 치르며 어깨를 나란히 하는 노장의 모습을 보고 싶다. 그런 형상들이 쌓이고 쌓여 연륜이 되고, 게임의 역사가 쓰이는 것이다. 그래야 그 토양이 튼실해진다. 그런 측면에서 송재경은 지금도 진행형이라고 믿고 싶다.

2020-02-17

김택진 대선 후보론

한국과학기술원(카이스트)이 내년부터 게임 석·박사 과정 신입생을 모집, 강의를 시작하겠다는 소식이다. 아직까지 구체적인 커리큘럼이 나오지 않아 확실치는 않지만, 전공 책임 교수의 말을 빌려보면 세계적인 게임 연구 인력을 배출하겠다는 것이다. 대학원에서 게임 석·박사 과정을 개설하는 일은 그리 새삼스러운 일은 아니다.

그러나 그 주체가 국립대학인 한국과학기술원이라는 곳이란 점에서 그 의미를 또 다르게 해석할 수 있을 것 같다. 이를테면 이젠 국립대에서도 게임산업을 재평가하기 시작한 것으로 볼 수도 있고, 다른 한편으론 지금까지 무엇을 하다가 이제 겨우 관심을 피력하느냐며 고루한 국립대학의 학문 탐구의 시선을 일갈할 수도 있을 것이다.

어쨌든 게임이란 장르가 대중문화의 한 줄기로 굳게 자리 잡지 못하고 있는 마당에, 국립대학이란 곳에서, 그것도 대학원 과정에 게임학이란 이름으로 버젓이 강좌가 개설되게 되었으니, 그나마 다행스러운 일이라고 생각해야 하나, 아니면 감사하다고 해야 하나. 이도 저도 아니면 더 빈정대야 하나. 솔직히 이를 접하는 감정선은 아주 복잡하기만 하다. 더욱이 이 대학원에서조차 게임 개발이나 잘하고, 게임만을 잘 내다 파는, 이른바 '선수'들만 양성하려 드는 것은 아닌지 하는 노파심을 지울 수 없다는 것이다.

게임산업을 학문적 관점에서 체계화, 과학화한다 하면서도 대한민국 게임의 역사와 게임 문화사를 마치 헌신짝 내팽개치듯 커리큘럼에서 제외하고 있는 대학과 대학원들이 적지 않기 때문이다. 겨우 건국대학교에서,

그것도 문화콘텐츠학과에서 그 과목을 개설해 놓고 강의하고 있을 뿐이다. 이는 한마디로 게임이란 학문에서 핵심과 골자를 빼놓은 것이나 다름없다. 족보도 모르면서, 게임 역사조차도 꿰뚫지 못하면서 게임의 세계화, 융합화를 부르짖는 것은 마치 상산구어(上山求魚)나 같다 할 것이다.

다소 역설적인 얘기인지는 모르겠으나, 게임산업이 이처럼 순풍의 돛대를 올릴 수 있었던 것은 제도권의 무관심이 절대적이었다는 점이다. 그렇지 않았다면 아마도 규제란 이름의 대못을 산업으로 가는 길목에 잔뜩 뿌려 놓아 봉오리도 맺지 못한 채 졌을 게 뻔하다. 또 그런 측면에서 보면 국내 유명 대학들이 게임을 철저히 외면해 준 덕도 크게 봤다 할 것이다. 이를 그나마 좋게 보면 게임산업에 대해 제대로 알지 못했기 때문이라고 할 수 있겠지만, 다른 시각으로 들여다보면 게임은 그저 '아이돌 문화'라는 인식 아래 내려다본 때문이 아닐까.

우스갯소리로 들릴 수 있는 얘기지만, 지금 이 디지털 문화 시대는 서울대에 없는 학과들이 이끌고 있다고 해도 과언이 아니다. 굳이 서울대에는 왜 연극영화과가 없는가 하는 물음까지 던지고 싶지 않다. 한 해 우리나라 전체 문화콘텐츠 수출의 60%를 점유하고 있는 게임 관련 학과도 없다. 그러나 만의 하나, 그 해당 학과가 있었다면 약보다는 되레 독이 되었을 것이라는 게 지배적인 시각이다. 대중 문화예술은 엘리트교육만으로는 쌓아 올릴 수 없는 또다른 영역이기 때문이다.

게임산업이 전반적으로 쾌속 질주하고 있는 것은 분명한 것 같다. 겉과 속이 조금 차이가 있고, 일부 기업에 대해 속 빈 강정이라는 지적이 흘러나오고는 하지만, 비대면 시장이 확대되고, 포켓머니 산업의 특질인 경제 기저가 나쁘면 반대로 뜬다는 통설을 그대로 입증하면서 승승장구하고 있다.

오죽하면 정치권마저 김택진 엔씨소프트 사장의 대권 후보론까지 초치했겠는가. 재미있는 사실은 김 사장이 여야를 불문하고 정치권 인사들과 접촉한 사실이 전혀 없었음에도 이 같은 말들이 나왔다는 점이다. 그러고 보면, 원하지도 않았는데 권좌에 오른 사람이 있는가 하면, 죽도록 매달려도 정권을 잡지 못한 인물도 있다.

미국의 26대 대통령직에 오른 시어도어 루스벨트(Theodore Roosevelt)는 권력에 큰 매력을 느끼지 못했던 인물이었다. 그가 원했던 건 전쟁영웅이란 칭호 정도였다. 하지만 그를 불러들인 건 윌리엄 맥킨리 대통령이었다. 대단한 정치가였던 맥킨리는 러닝메이트인 부통령감으로 루스벨트를 지명했다. 그리고 대선에 성공했다. 통화개혁에 혁혁한 성과를 거둔 맥킨리는 그러나 자신의 임기를 채우지 못했다. 한 무정부주의자가 쏜 총탄에 맞아 숨을 거두고 말았던 것이다. 루스벨트는 졸지에 대통령직을 승계하게 됐다.

하지만 그는 무임승차하지 않았다. 대기업과 대형 노조 사이의 갈등을 전격적으로 해결한 데 이어 그즈음에 일어난 러일 전쟁의 종전을 예상외로 빠르게 이끌어 노벨평화상을 수상하기도 했다. 루스벨트는 또 수천 에이커에 해당하는 땅을 보호구역으로 묶었는데, 그 땅들이 오늘날의 국립공원과 삼림으로 남게 됐다.

반면 진나라의 항우는 이와 다른 사례다. 병법에도 뛰어나고 힘이 장사였던 그에 대해 백성들은 새로운 나라가 만들어지면 당연히 항우가 왕의 자리에 오를 것으로 예상했다. 항우 자신도 그렇게 믿고 스스로 서초 패왕이라고 칭하기도 했다. 5만의 군사를 가지고 50만에 이르는 유방의 군사를 물리친 팽성(彭城) 전투는 압권이었다. 하지만 그는 거기까지였다. 부하들을 제대로 다스리지 못하면서 유방에게 투항하는 사례가 늘어났고, 끝내는 해하(垓下) 전투에서 한신(韓信)을 앞세운 유방에게 대패하면서 뜻을 접고 만다.

일각에선 김택진 사장이 정치권에 발을 들여놓는 게 아니냐는 조심스러운 반응도 있다. 안철수 전 국민의당 대표의 사례에서도 볼 수 있듯이 대권의 대세가 과거와 크게 다르게 성공한 기업인들에게도 우호적이기 때문이다. 또 그의 능력과 자질을 보면 못할 것도 없다. 따라서 그 선택과 결정은 순전히 김택진, 그 자신에게 달려 있다 할 것이다.

다만, 그가 현실 정치에 관심이 있었으면 지금까지 그 자리를 고수하고 있었을까 하는 것이다. 일찌감치 대표 자리에서 내려와 이사회 의장 자리나 차지하고 앉아 정계를 기웃거리지 않았을까.

김택진 사장에 대한 김종인 미래통합당 비대위원장의 대선 후보 발언은 그답게 넘겨잡은 해프닝성 발언이라고 생각한다. 하지만, 김 비대위원장에게 이 한 가지 팁은 주고 싶다. 김 사장이 웅변가는 아니지만 달변가인 건 분명하다고.

게임산업이 뜨니까 이쪽저쪽에서 기웃거리며 야단들이다. 이 정도이면 게임계가 수위 조절을 위해 직접 나서는 게 맞지 않을까. 제도권에서 제대로 게임계를 들여다보고 했으면 한다.

2020-07-13

아무리 인사는 만사라 하지만…

2008년 초, 이명박 정부가 출범하면서 이전 정부와의 불협화음으로 잔뜩 움츠려온 재계의 움직임은 한층 더 빨라졌다. 중도 실용주의를 표방하긴 했지만, 대기업 프렌들리 성향을 갖고 있는 이명박 정부의 신경제주의에 부푼 꿈을 안고 그에게 성큼 달려간 것이다. 결국 4대강 정비 사업이란 건국 이래 최대 규모의 토목 프로젝트를 거머쥐게 되지만, 정권이 바뀐 후 그 금궤라고 믿어왔던 국토 정비 사업이 자신들의 목을 옥죄는 올가미가 돼 돌아올 줄은 아무도 상상하지 못했다.

반면 공기업 및 정부 산하기관은 대기업들과 달리 정권 이양이 되기 무섭게 된서리를 맞았다. 정부의 강력한 구조조정 작업으로 대규모의 통폐합이 이뤄졌고, 산하기관들은 여지없이 그 대상에서 벗어나질 못했다. 특히 문화단체 기관의 통폐합에 대해서는 부정적인 여론이 비등했으나 이 명박 정부는 아랑곳하지 않고 강력히 밀어붙였다. 한국콘텐츠진흥원(이하 한콘진)이란 거대한 공룡이 탄생한 것은 이 같은 이 명박 정부의 뚜렷한 이유도 없는, 말 그대로 불도저식 밀어 붙이기로 인해 잉태된 것이나 다름 아니었다.

2009년 5월 게임산업진흥원, 문화콘텐츠진흥원, 방송영상산업진흥원, 소프트웨어진흥원 일부 사업부문, 문화콘텐츠지원센터 등 5개 기관은 한 울타리에서 살림을 꾸리기 시작했다. 그러나 물리적 통합은 가능했을지 몰라도 화학적 결합은 쉽지 않았다. 잦은 삐걱거림의 소리가 이어졌고, 균열 조짐은 이쪽저쪽에서 일어났다.

이재웅 초대 원장은 정치권의 몫으로 분류돼 내려진 인사 결과였지만, 교육계에서 줄곧 몸을 담아 온 인물이었다. 그는 기관 통폐합 결정에 대해 문화의 융복합화 시대에 대응하기 위해 취해진 결정이라며 기관의 통폐합의 불가피성을 설명했지만, 문화산업계 안팎의 반응은 아주 싸늘했다.

뒤이어 청와대 홍보수석을 역임한 언론인 출신 홍상표 원장이 부임한 이후에도 한콘진은 자리를 잡지 못했다. 분위기가 한마디로 어수선함 그 자체였다. 그러나 그의 리더십은 의외로 뛰어났다. 부임하자마자 그는 부지런히 산업계를 찾아다녔고, 정부와의 관계도 무난했다. 그는 문화산업 육성을 위한 인프라 구축에 역점을 뒀다. 그리고 의외의 실적도 나타냈다. 연임 얘기가 나온 것은 그즈음이었다. 연임에 성공한 그이지만 임기를 끝내 다 채우질 못했다. 박근혜 정부가 출범하자마자 물러난 것이다.

이때까지만 해도 한콘진은 내부적으로는 화학적 결합을 이루진 못했지만, 컨트롤 타워에 대한 불신은 빚어지지 않았다. 초대 이재웅 원장이 낙하산 인사이긴 했지만 합리적인 업무 스타일에, 상징성과 무게감이 있었다. 홍상표 원장 역시 정치부 기자를 역임한 언론인 출신임에도 문화산업에 대한 인식과 지식이 해박했다. 부서별 성과를 요구했지만, 결과만 가지고 따져 묻질 않았다. 합리적인 감각의 소유자였다.

균열의 파열음이 본격적으로 들려온 것은 송성각 원장이 부임한 이후였다. 그는 광고계에서 잔뼈가 굵은 인사였다. 그쪽에선 상당히 알려져 있었고, 평판도 그렇게 나쁘지 않았다. 그런 그가 국정 농단의 주범인 최순실, 차은택과 연결돼 있다는 소문이 돌기 시작한 것은 그가 원장으로 취임한 이후 얼마되지 않은 때였다. 그렇잖아도 문화산업계를 대표하는 기관장으로서 함량이 떨어진다며 산업계의 원성이 자자할 무렵이었다. 그는 얼마 지나지 않아 불미스러운 일로 연루돼 낙마했다.

이후 한콘진은 사실상 무주공산이 됐다. 아무도 눈길을 주지 않았다. 한참을 부원장 체제로 살림을 꾸려 나갔다. 그리고 새 원장으로 부임한 이가 김영준 이란 아주 낯선 인물이었다. 들리는 소문에 의하면 공연기획 분야에서는 아주 탁월한 실력자로 꼽혔다. 그리고 정권과 맞닿은 인물이라고 소개되기도 했다.

한콘진 내부에서는 좋은 평가를 받고 있는 것으로 알려지고 있으나, 대외적으로는 그런 그에 대해 잘 알지 못한다. 내년도 한콘진 예산이 큰 폭으로 증가한 것도 그의 기획 솜씨에서 나온 것이라는 평도 나오지만 거기까지다. 그에 대해 잘 모른다는 것이다. 그런데, 최근 그가 원장 연임을 꾀하고 있다는 소식이 전해지고 있다.

한콘진은 문화산업계를 대표하는 기관이다. 하지만 그 덩치의 비대함으로 인해 여러 문제점을 지적받고 있다. 일각에선 한콘진을 지난 2009년 이전으로 다시 돌려놓는 것이 합리적인 발전 방안이라며 세포분열안을 제시하고 있다.

한콘진의 한 축을 담당하고 있는 게임계도 다르지 않다. 게임계는 문화산업계와는 거리가 있는 게임을 떼서 독립적인 기관으로 출범할 수 있도록 문재인 정부가 힘을 써줘야 한다고 요구하고 있다. 국회에서도 이 문제를 진지하게 고민하고 있다. 한국 게임산업의 제2의 도약을 위해서는 이 같은 방안을 구체화할 필요가 있다는 의견이 적지 않다.

그렇다면 이 같은 현안들을 슬기롭게 헤쳐 나갈 수 있는 중량감 있는 인물이 한콘진의 새 원장으로 발탁되는 것이 맞다고 본다. 일각에선 김영준 현 원장의 연임을 추진하고 있다고 한다. 능력이 있고, 객관적인 실적이 그러하다면 그럴 수도 있을 것이다. 그렇다면 그 절차 역시 투명하고도 합리적인 방식으로 이뤄져야 한다. 말 그대로 공명정대하게 처리하면 될 일이다. 그런데, 들려오는 얘기는 그렇지가 않다.

굳이 이 자리에서 이 정부의 핵심가치인 정의와 공정을 언급하고 싶지 않다. 따라서 정부가 말을 맞추고 시기를 저울질하며 슬그머니 이 문제를 처리할 것이라고는 믿고 싶지 않다.

한콘진은 산업계에서 보면 친정과 같은 곳이다. 따라서 컨트롤 타워 역시 그 급에 맞아야 하지 않을까 싶은 것이다. 현안들이 실타래처럼 얽히고설켜 있을 땐 빼어난 기량의 신진 인사보다는 조율하고 앞을 내다보는 포용력 있는 인물이 더 낫다. 그것이 고루한 선택이라고 할지라도 경험은 비껴가지 않기 때문이다.

2020-12-28

카카오 김범수의 선택

세계적인 부호들의 기부클럽인 '더 기빙 플레지'는 지난 2010년 출범했다. 빌 게이츠 마이크로소프트 회장과 재무 투자자 워런 버핏 등이 참여해 만든 이 기부클럽은 출범 초기부터 메스콤의 비상한 관심을 모아 왔다. 무엇보다 회원들의 면면도 그랬지만, 회원이 되기 위해서는 재산이 적어도 10억 달러 이상은 돼야 함은 물론 이 가운데 상당 부분의 재산을 사회에 기부해야 하는 조건이 따라붙기 때문이다.

그럼에도 불구하고 현재 이곳에 가입한 회원 수는 약 220여 명에 이르는 것으로 알려지고 있으며, 최근 김범수 카카오 의장과 우아한형제들의 김봉진 창업자가 이름을 올려 화제가 되고 있다. 특히 김범수 의장은 기부서약서를 통해 "창립 20주년을 맞이한 마이크로소프트의 특집 기사를 보며 창업의 꿈을 키워왔다"며 빌 게이츠와 멀린다 게이츠 부부에 대한 존경과 감사의 인사를 전하기도 했다.

김범수, 그는 IT산업계의 풍운아다. 이름조차 생소한 '한게임'이란 웹 보드 게임 플랫폼을 처음 들고 나왔을 때만 해도 시장의 반응은 고만고만한 게임이 또 나온 것이라며 의미를 부여하지 않았다. 한마디로 유저들의 피드백이 신통치 않았던 것이다.

잘나간다는 회사를 때려치우고 나온 그였기에 실망도 컸다. 하지만 이도 잠시뿐, 그는 다시 게임 개발에 매달렸다. 그의 옆에는 문태식(카카오 VX 대표)이란 후배가 있었고, 또다른 후배인 남궁훈(카카오게임즈 대표)은 자금 및 PC방 관리 프로그램 개발에 주력했다. 한양대 정문 앞, 허름한 지하 사무실은 그렇게 굴러갔다. 그럼에도 김범수는 그 초라한 공간에서도 꿈을 지우지 않았다.

그런 처지는 김범수와 NHN을 만들기 이전, 포털 순위에서 밑바닥을 기며 와신상담해 온 검색포털 네이버 창업자인 이해진의 심정도 비슷했다. 그 역시 이러지도 저러지도 못하는 절체절명의 위기 상황이었다. 그 판을 뒤집는 절묘의 수를 제시한 건 김범수였다. 돈은 되지 않지만 회원 수가 적지 않은 그의 '한게임'과 이해진의 '네이버'의 합병을 전격 제안한 것이다.

두 사람이 손을 잡으면서 탄생한 NHN은 단숨에 포털 판세를 뒤집었다. 후순위에서도 한참 뒤에 머물던 NHN의 네이버가 포털 순위 1위에 올라선 것이다. 이후 포털시장은 네이버에 의해 요동쳤다.

이렇게 되자 김범수는 여기에 머물지 않고 눈을 해외로 돌렸다. 이번엔 가늠해 볼 수 없는 대륙, 중국 시장이었다. 당시만 하더라도 중국 포털과 게임시장은 높은 벽이 아니었다. 그는 그래서 해볼 만하다고 생각했다.

거의 동시에 진행된 미국 시장 진출도 초기엔 순조로운 듯했다. 중견기업 치곤 엄청난 규모의 투자를 단행했다. 하지만 현지 정서를 제대로 읽지 못한 것이 큰 화근이 됐다. 해외시장 진출 사업이 총체적인 난국을 맞이한 것이다. 주변에선 경영진에 대한 인책론이 불거지기 시작했고, 누군가는 그 몫을 담당해야 했다.

김범수가 사내의 분란을 없애겠다며 회사를 나왔다. 그리고는 때아닌 유랑생활을 시작했다. 한동안 그의 소식은 잠잠하다 못해 업계에서는 잊힌 인물이 되다시피 했다. 그를 만나려야 만날 수가 없었다. 한참 이후 그가 돌아왔다는 소문이 업계에 돌았다. 그가 있는 곳을 알아보니 자그마한 구멍가게였다. 그리고는 SNS 사업을 준비 중이라며 카카오란 회사를 소개했다.

김범수의 성장 배경을 보면 마이크로소프트의 빌 게이츠보다는 그가 평생 라이벌로 생각한 스티브 잡스에 더 가깝다. 빌 게이츠의 가문을 보면 요즘 말로 표현하면 금수저에 가깝다. 반면 스티브 잡스는 다소 복잡하다. 대학을 중퇴한 채 가까스로 게임업체에 들어간 게 고작 행운이었고, 그게 애플 창업의 동인이 됐다. 그리고 한동안 낭인 생활도 했다.

김범수는 평범한 가정에서 2남 3녀 중 셋째로 태어났다. 명문대를 나왔지만, 스스로 시험 운이 좋았다고 했다. 이해진과의 만남에 대해서도 좋은 친구를 그 시기에 만났다고 했다. 그는 그러면서 어려운 시기에 가정의 소중함을 더 알게 됐고, 그런 측면에서 빌과 멀린다 게이츠 부부를 존경하게 됐다고 했다.

김범수의 재산 규모는 10조 원대에 이르는 것으로 알려지고 있다. 우리나라 갑부 3위 안에 드는 수준이다. 그런 그가 자기 재산의 반 이상을 사회에 환원하겠다고 선언했다. 이미 자녀들과는 이 문제에 대해 얘기를 마친 상태라고 했다.

게임계에는 금궤를 꿰찬 인물들이 적지 않다. 그러나 상당수가 '먹튀'라는 좋지 못한 소리를 듣고 있다. 아이템을 일궈서 그것을 시장에 내다팔아 이익을 챙기는 벤처기업의 속성을 고려하면 '먹튀'라는 이름의 굴레는 천박하다 못해 맞지 않다. 하지만 챙겨 나간 보따리가 보편적인 상식을 뛰어넘는 규모라고 할 경우엔 얘기가 다르다. 아무리 정당하게 거머쥐었다 하더라도 그건 자신의 것이 아닌 것이다.

더욱이 세상 사람들의 돌팔매질로 성한 곳이 없는 게임 산업은 그 어떤 아이템보다 가꾸고 포장하고 재단장해야 한다. 시장은 있으나 문화는 없고, 사람은 있으나 게임인이 없는, 마치 신기루와 같은 곳이다. 다른 업종에서는 아주 흔한 기업문화라는 것도 이곳엔 없다. 어느 누구 한 사람 거들떠보는 사람이 없다. 이 정도의 산업규모라면 격에 맞는 일간지도 있을 법하지만 이곳엔 없다. 동토와도 같은 이곳을 어느 누가 기웃거리겠나.

게임은 생태계적으로 보면 기부 문화로 비롯됐다. 게임이란 장르를 처음 만들어낸 미국의 핵물리학자 윌리엄 하긴보섬은 미래 인류에게 새로운 놀이 문화를 안겨주기 위해 기꺼이 자신의 저작 권리를 포기함으로써 게임의 대중화를 실현했다.

김범수는 최근 이런 얘기를 했다. "목표했던 부를 얻고 난 뒤, 인생의 방향을 잃고 한동안 방황해야 했다." 그렇다. 부(富)는 한여름 밤의 꿈 정도여야 행복한 것이다. '먹튀'라는 흉한 괴물로 산업사에 자신의 이름을 남기지 말아야 한다.

2021-03-22

Part 2

산업지평

또 밀어붙이기인가

콘텐츠 관련 기관의 통폐합 논의가 급물살을 타고 있다. 정부 측 분위기를 보면 기관 통폐합의 방향은 거의 확정됐으며 그 절차만 남겨 놓은 듯한 느낌을 주고 있다. 청와대 측 한 고위 관계자도 "콘텐츠 기관 통폐합 문제는 재고할 수 없는 당면 과제이고, 이미 이 문제는 실무자의 손에서 떠난 상태"라면서 이 같은 사실을 뒷받침했다. 이런 움직임을 고려하면 적어도 내년 초께면 사상 초유의 메머드급 콘텐츠 기관이 출범할 것으로 보인다.

정부가 구상하고 있는 통폐합의 큰 그림은 한마디로 콘텐츠 관련 기관을 한군데로 모아 시너지를 극대화하겠다는 것이다. 이런 배경에는 굳이 한줄기인 문화콘텐츠, 방송영상 프로그램, 그리고 게임물 등을 따로따로 세분해 육성책을 마련할 필요성이 있느냐는 당위성에 의문이 제기된 탓이다. 이를테면 가지치기에 신경 쓰기보다는 큰 나무 키우기에 더 주력하겠다는 논리다. 여기에는 인력 · 예산절감 등 경제원리도 포함돼 있다.

콘텐츠의 윈도 흐름을 보면 정부 측의 논리가 결코 맞지 않은 게 아니다. 또 한 나무에서 파생되는 게 관련 콘텐츠이고, 이 가지는 한줄기로 뻗는 게 아니라 이른바 콘텐츠끼리 융합화하는 게 세계적 추세이기도 하다. 그런 측면에서 보면 서로 아옹다옹 부딛치며 몸부림칠 일이 아니다. 힘을 분산하지 않고 역량을 극대화하는게 더 현실적이고 경제성이 뛰어나다고 할 수 있다.

하지만 콘텐츠 기관 통폐합의 필요성이 이러한 제 환경조건에서 나왔다기보다는 하드웨어적인 성격이 짙은 타 기관의 몸집 줄이기에서 비롯됐다. 주지하다시피 정부 산하기관 수는 헤아릴 수 없을 정도다. 오죽했으면 그런 기관도 있느냐는 말이 나올 정도였다. 정부 측의 심정도 이해할 만하다. 실용정부의 기관 통폐합 의지와 방침은 맞고 그렇게 가야한다. 그것은 다름 아닌 혈세를 낭비하고 그런 기관을 통해 필요 없는 규제들이 양산된다는 점에서 어떤 식으로든 손을 보고 가야 할 일이다.

그렇지만 그 잣대를 형평성이라는 이름으로 모든 기관에 갖다 댄다면 그건 아니라는 생각이다. 그것은 새 정부의 실용 정책에도 어긋난다. 통폐합의 목적은 군살 빼기뿐 아니라 선택과 집중이란 깊은 뜻이 담겨 있다고 본다. 그런 측면에서 콘텐츠 기관 통폐합 결정은 유감스러운 일이라고 할 수 있다. 특히 게임산업진흥원을 포함시킨 건 매우 잘못된 결정이다.

그 첫 번째 이유는 게임은 문화·방송 콘텐츠의 그것과는 색깔이 완연히 다르다는 것이다. 엄격히 얘기하면 게임은 정보기술(IT)을 극대화한 꽃이라 할 수 있다. 문화·방송콘텐츠가 오프라인에 기반을 두고 있다면 게임은 온라인이 삶의 터전이다. 태생적으로나 현실적으로 노는 물이 다르다는 것이다.

두 번째 이유로는 가지치기가 아니라 묘목 키우는 것이라는 점이다. 전 세계 게임시장 규모는 약 922억 달러에 달한다. 그리고 이 시장은 갈수록 팽창하고 있다. 대한민국이 게임강국이라고 하지만 우린 겨우 온라인 게임시장이라는 특정한 곳에 머물러 있을 뿐이다. 다름 아닌 묘목이며 새로운 시장인 셈이다.

마지막으로는 정부의 경제 살리기 의지와도 맞지 않다. 지식산업의 보고는 콘텐츠이고 그 핵심은 게임이다. 더욱이 고급인력이 남아도는 상황에서 그 돌파구로 더없는 곳이 게임분야다. 그런 시장, 그런 산업의 로드맵을 그리고 육성책을 내놓는 기관을 축소·통합하겠다는 것은 한마디로 어불성설이다.

통폐합 후의 일을 내다보면 더 끔찍하다. 게임이 이선으로 밀려나고 찬밥 신세가 될 것은 불을 보듯 뻔하다. 대중에게 호소할 줄도 모르고 로비는커녕 나서기조차 꺼려하는 게임인들의 성향을 비춰보면 그 앞날은 눈을 감고 봐도 훤하다.

언필칭 무조건 밀어붙일 게 아니다. 지금이라도 머리를 맞대고 재론해야 한다. 없애기는 쉬워도 만들기는 그보다 훨씬 더 어렵다. 대승적 결단이 필요할 때라고 본다. 수입 쇠고기 파동의 교훈에서도 봤듯이 좀 더 세밀한 조율과 대화가 필요하다. 무조건 밀어붙였다간 또다른 화를 불러 모을 수 있다. 밀어붙여선 곤란하다.

2008-09-16

닌텐도의 공과 실

최근 TV를 보면서 자주 접한 광고는 놀랍게도 게임기 광고였다. 노출 빈도도 그렇고 유명 배우를 내세운 CF도 기대 이상이다. 시청자들이 CF를 통해 그 제품을 인식할 정도로 노출 빈도를 높이려면 줄잡아 수십억 원의 광고 비용이 든다는 게 정설이다. 물론 유명 배우의 이름값은 별개다. 그런데, 그런 엄청난 비용을 마다하지 않고 거침없이 광고를 쏟아내는 광고주가 다름 아닌 국내에 진출한 한국 닌텐도였다는 게 또 놀랍다.

국내 비디오 게임기 시장 규모를 들여다보면 미미하기 그지없다. 그 때문인지 경쟁사인 소니도 제품 공급에 안간힘을 기울였으나 고전을 면치 못했다. 그래서 한국은 비디오 게임기의 블랙홀이라는 별칭마저 생겼다. 아무리 두드리고, 퍼부어도 끝이 보이지 않는다는 뜻에서 붙여진 별칭이었다.

그런 열악한 시장 풍토를 두고, 거기에다 온라인게임이 주도하는 수요 환경에 맞서 판도를 뒤집어보겠다며 달려드는 닌텐도의 도전정신은 높이 살 만하다.

닌텐도는 일단 비디오 게임기에 대한 인식을 새롭게 각인시켰다는 점에서 성공적이다. 닌텐도는 게임기 하면 킬링 타임용으로, 그저 어린이들이 가지고 노는 장난감이라고만 생각하는 부모들에게 좋은 게임을 받쳐주면 학습도 가능한 게 비디오 게임기란 인식을 심어줬다. 그것은 닌텐도의 제품 콘셉트와 전략이 맞아떨어진 결과였다. 게임만 즐기는 게 아니라 IQ도 높여준다며 대대적인 광고 공세를 펼친 게 주효한 것이다.

또 한 가지는 저변 확대를 꾀했다는 점이다. 척박한 국내 비디오 게임기 시장에서 소니와 앞서거니 뒷서거니 하면서 수요를 이끌고 창출해 나갔다는 점에서 닌텐도의 행보는 고무적인 일로 평가할 수 있다. 이에 따라 PSP, 닌텐도 DS 등 양사의 국내 비디오 게임기 공급 대수를 합하면 약 3백만여 대에 이를 것으로 추정된다. 이렇게 볼 때 국내 1천만 가구를 기준으로 하면 10가구당 세 가구에서 비디오 게임기를 보유하고 있는 셈이며, 그런 셈법으로 보면 그들의 잠재력 또한 무시할 수 없다고 할 수 있다. 하드웨어 보급대수가 전체 가구의 15%를 넘으면 소프트웨어의 수지를 맞춰 나갈 수 있다는 엔터테인먼트 관련 셈법 때문이다.

그러나 안타깝게도 닌텐도가 간과한 게 있다. 이를테면 하드웨어 보급에만 열을 올리고 불법 SW에 대한 대책은 나 몰라라 하고 있다는 것이다. 닌텐도 측은 그 문제에 대해 별개의 사안이라고 말하고 싶겠지만 근본적인 문제가 자사 기기 결함에서 비롯되고 있다는 점에서 그 책임에서 자유로울 수 없다. 더 안타까운 것은 제품 광고비를 그렇게 쏟아부으면서 불법물에 대한 문제점과 경각심을 알리는 데에는 한 푼도 쓰지 않고 있다는 사실이다.

더욱이 닌텐도는 국내 게임 산업계와는 일정 거리를 둔 채 '유아독존'식 경영 행태를 보이고 있다. 예컨대 시장터에서 장사하면서도 뒷처리는 시장 사람들에게만 맡기고 뒷짐만 지고 있다는 것이다. 그것은 대단히 우려스럽고 뻔뻔스러운 일이다. 기업의 사회책임은 차치하더라도 예법에도 어긋나는 불경스러운 자세다.

기업은 이익을 추구하는 집단이다. 수익과 생존이 최우선 과제이기도 하다. 하지만 한쪽 눈으로만 시장을 바라보고 소기의 목적을 달성하려 든다면 그것은 기업 상도에도, 글로벌 기업의 경영 트렌드에도 어긋나는 짓이다.

닌텐도가 말 그대로 구멍가게가 아니라면 다른 한 손도 펼쳐 맞잡는 노력을 기울여야 한다. 그 맞손의 상대는 세상 사람들이 아니라 산업계 사람들이다. 그리고 응분의 책무도 수행해야 한다. 그렇게 하지 않으면 세인들로부터 '타짜' 시장에서 출발했기 때문에 자신들만 생각하는 게 아니냐며 비아냥을 살 게 뻔하다는 생각이다. 덧붙이면 닌텐도에 이런 말도 전하고 싶다. 장터에서 판을 벌였으면 청소비도 내고, 시장 경비를 위해 청지기 역할도 수행하라고 당부하고 싶다. 그게 바로 현지화 기업이 더불어 할 일이 아니겠는가.

2008-09-30

산업계의 구인난(求人難)

경기침체가 장기화될 조짐을 보이면서 젊은이들의 취업난이 갈수록 심화되고 있다. 통계청 자료에 따르면 젊은 층의 고용률은 50%를 밑돈다. 여기에다 잠재적 실업률을 더하면 실제 고용률은 이보다 훨씬 더 낮을 것으로 보인다. 고령사회에 이미 도달해 있는 우리 사회의 제반 환경을 고려하면 큰 문제가 아닐 수 없다.

이러한 구직난에 몸서리칠 만큼의 구인난으로 몸살을 앓고 있는 산업이 있다. 다름 아닌 콘텐츠의 총아라고 불리는 게임계다. 3D 업종도 아닌데 구인난을 겪고 있다고 하면 많은 사람들이 고개를 갸우뚱하겠지만 현실이 그렇다. 게임계를 들여다보면 이직률 또한 심각하다. 정확한 통계자료는 없지만 업계는 게임업종이 타 업종에 비해 이직률이 가장 높을 것으로 보고 있다. 노동의 유연성이 뛰어나다고 하면 할 말이 없겠지만, 이러한 현상들이 게임 업종에 대한 사시적인 시각에서 비롯되고 있다고 하면 얘기는 달라진다.

최근 모처에서 만난 업계의 한 임원은 "좋은 재목을 뽑아 키워서, 이젠 일을 맡길 만하다 하면 회사를 떠난다"고 푸념 아닌 한숨을 내쉬었다. 그 사연을 더 들어보니 부모가 게임회사에 다니는 걸 싫어한다는 것이었다. 다른 한 회사의 CEO도 이와 유사한 말을 한 적이 있다. 게임계에 머무는 까닭은 자신의 경력을 쌓기 위한 포트폴리오의 일환일 뿐 그 이상도 이하도 아니라는 식이라는 것이다.

게임을 비롯한 콘텐츠 업종은 지식산업의 핵심 축이자 최고봉이다. 그러한 곳에 인재가 모이지 않고 겉돌고 있다면 그 업종의 미래는 암울할 뿐이다. 세계 3대 게임강국이란 기치를 내걸고 세계 곳곳을 파고든다 해도 그것은 허무한 메아리에 그칠 뿐이다. 그렇다고 이 문제를 그냥 덮어 버리고 말 것인가.

할리우드 영화계도 초창기 미국 사회에서는 아웃사이더였다. 은막의 스타라고는 했지만 사회의 냉대는 심각했고 제대로 된 예우도 없었다. 오스카상이라고 불리는 아카데미상의 제정도 미 영화계의 어워드라는 의미 외에 영화인들에 대한 사회인식을 바꿔보겠다는 취지가 컸다. 그리고 대스타들은 번질나게 대중에게 다가갔다. 연말 자선 바자회는 기본으로 참석했고, 이른바 소외계층에 대해서는 멘토 역할을 자임했다. 정치·경제·사회 분야에 큰 관심을 표명하면서 그 자리를 파고들었다. 레이건 전 대통령이 영화계를 기반으로 정치수업을 쌓았다는 건 다 아는 사실이다.

게임계가 산업 규모에 걸맞은 예우를 받지 못하고 있는 것은 업계 스스로 한계를 그어 놓고, 그 속에 함몰돼 있기 때문이다. 10여 년의 성상을 쌓았으면 낯가림도 가실 법한데, 여전히 그 행보는 문을 꽁꽁 닫아놓은 모습이다. 게임계를 들여다보면 굴뚝산업 CEO 못지않은 스타 CEO들이 즐비하다. 엔씨소프트의 김택진, 넥슨의 김정주, NHN 대표를 역임한 김범수, 네오위즈의 나성균 등이 바로 그들이다. 또 혜성 같은 스타 한빛소프트의 김기영, 드래곤플라이의 박철우, 여성 CEO 김양신, 박지영 등도 스타 반열에 올라 있는 인물들이다. 그들이 산업 예찬론을 펴며 전도사로 나선다면 게임계에 대한 사회의 인식은 어떻게 변화할까.

확언컨대 크게 바뀔 것이란 생각이다. 그들은 많은 젊은이들에게 꿈과 희망을 안겨왔고, 한 우물을 향해 땀과 노력을 기울이면 성공할 수 있다는 벤처 신화의 주인공들이기 때문이다. 그들은 특히 남들이 걷기 싫어하는 길, 쳐다보지도 않은 오지를 선택해 뜻을 이뤘다는 공통점을 갖고 있다. 그런 그들이 TV 프로그램에 나서고 방송 토크쇼에 자주 등장해, 시청자들의 심금을 울려준다면 게임계에 대한 사회인식은 크게 달라질 것이란 생각이다. 예컨대 그들이 먼저 사회 속으로 파고 들어가는 노력을 기울여야 한다는 식이다. 그렇게 하면 사회로부터의 체감온도는 서서히 달아오를 게 분명하다.

지금도 늦지 않았다. 하나하나씩 풀어 나갈 일이다. 하루아침에 바뀌지는 않겠지만 가랑비에 옷 젖듯이, 두드리다 보면 분명히 열릴 것이라고 확신한다. 그리고 이 문제는 구인난이란 현실적 과제를 떠나 업계의 숙명이자 풀어 나가야 할 주요 사안이라는 점에서 게임계의 지혜가 요구된다고 하겠다.

2008-10-24

칼럼 속의 인물: 김택진 엔씨소프트 사장

서울대 전자공학과를 나와 현대전자에서 인터넷 온라인서비스 사업을 잠시 맡아 했다. 1997년 엔씨소프트를 설립해 온라인 게임의 상업화를 실현한 '리니지'를 발표해 센세이션을 일으켰다. 이어 '리니지2', '길드워' 등을 잇따라 발표, 엔씨소프트를 세계적인 콘텐츠 기업으로 끌어올렸다. 프로야구 구단 NC다이노스의 구단주이기도 지금도 현장에서 일을 하는 몇 안되는 1세대 게임 개발자다.

경기(景氣)침체와 게임 수요(需要)

미국의 금융 파탄으로 비롯된 세계경제의 침체가 향후 1~2년간 계속될 전망이 잇따르면서 우려의 목소리가 높아지고 있다. 어찌하다 이 지경에 이르렀을까 싶지만 현실은 이렇게 우리의 코앞으로 다가오고 있다.

실제로 내년 한국 경제의 성장률이 3% 수준에 이를 것이라는 관측이 있지만 이 수치에도 못 미칠 수 있다는 비관적인 전망도 이어지고 있다. 미국 경제가 기침을 하면 한국경제는 감기에 걸린다는 우스갯소리가 있지만 대한민국의 경제구조와 산업 체질 등을 감안하면 결코 틀린 말이 아니다.

정부가 이에 따라 세수 절감 등을 통한 민간 부양책을 검토하고 정부 차원의 대규모 프로젝트를 조기에 착수키로 하는 등 안간힘을 쓰고 있다. 하지만 정부 발표 내용을 액면 그대로 받아들이고 수요 견인을 위한 투자를 확대하겠다는 기업들은 손가락에 꼽을 정도다. 그만큼 시장 정서가 경색돼 있다는 방증이다. 일례로 지난 국제통화기금(IMF) 사태 때와는 상황이 다르다는 인식이 팽배해 있다.

게임계도 전전긍긍하고 있다. 수출도 그것이지만 내수의 향배가 예측을 불허하기 때문이다. 이에 따라 일부 업체에서는 긴축경영 방침을 세우고 내핍 생활을 준비 중이고 아예 내년도 사업계획에서 개발 프로젝트 부문을 제외하는 기업도 늘고 있다.

경기 흐름과 엔터테인먼트 산업의 상관관계를 살펴보면 참 재밌는 현상을 발견하게 된다. 예컨대 순조로운 경기 때보다 침체기 때 엔터테인먼트 산업이 더 빛을 발휘했다는 점이다. 미국 영화산업을 보면 1930년대 불어닥친 대공황을 계기로 한 단계 점프하는 기회를 잡았다. 오히려 재정 적자에서 벗어나 호조를 보일 때 영화산업은 위축됐다. 콜럼비아 MGM 등 주요 영화 메이저사들이 외국기업에 매각된 시기도 이때 즈음의 일이다.

우리나라도 예외는 아니다. 영화산업이 외국영화의 우산에서 벗어난 시기가 1990년대 중후반 쯤이었고, IMF 사태를 맞아서는 되레 승승장구 했다.

게임산업도 비슷하다. 1990년대 중반 발표된 '바람의 나라', '리니지' 등이 비로소 토대를 닦은 시기가 다름 아닌 IMF 때였다. 아이로니컬하게도 경기가 숨통이 트인다고 할 때 게임 수요는 오히려 줄어들었다.

엔터테인먼트 산업은 포켓머니 사업에 자주 비유된다. 말 그대로 부모들로부터 얻어낸 젊은이들의 용돈에 의해 움직이는 산업이라는 뜻에서 나온 말이다. 따라서 수요의 향배는 젊은이들의 선호도와 선택에 달려 있다고 볼 수 있는데, 그 때문에 그 흐름이 어느 쪽으로 쏠릴 것인가에 대한 궁금증 또한 커지고 있다.

이에 대해 업계의 한 관계자는 용돈의 규모가 줄어들고 이곳저곳 쓸 때가 많아진 젊은이들의 이탈이 두드러져 게임의 수요가 크게 감소할 것이란 전망을 내놓고 있다. 특히 IMF 때와는 달리 통신비 지출이라는 새로운 변수가 생겨, 이를 계상할 경우 게임계에 적지 않은 타격을 줄 것이라는 게 이 관계자의 분석이다.

반면 A사의 한 관계자는 게임 수요에 대한 긍정론을 얘기했다. 이 관계자는 구조적인 문제점을 보이고 있는 영화산업과는 달리 게임계는 새로운 전환기를 맞이할 수도 있을 것이라는 낙관론을 폈다. 그의 말을 빌리면 경기침체로 인해 포켓머니 규모 자체는 감소하겠지만 실직으로 인한 30~40대 주변인들의 수요가 늘어나 활황을 꾀할 수 있을 것이란 것이다. 그는 불황기나 공황 때 늘 주변인들의 유입이 증가했고 그로 인해 엔터테인먼트 산업이 도약했음을 그 근거로 꼽았다. 더욱이 게임은 상대적으로 유저들의 충성도가 높고 커뮤니케이션 등 집단적 성격을 지니고 있기 때문에 경기침체가 게임계에 결코 악재가 아니라는 게 그의 설명이다.

이를 종합해 보면 게임의 수요와 신규 수요 창출은 주변 여건보다는 게임계의 의지와 노력 여하에 달려 있다고 해도 과언이 아니다. 괜시리 경기가 어렵다고 하니까 지레 겁을 먹고 위축되거나 목청을 낮출 이유가 없다는 생각이다. 오히려 더 공격적인 경영이 필요하고 그같은 전략이 더 절실히 요구되는 시점이 아닌가 싶다. 특히 내수부양의 책임이 정부에만 있고 그들의 몫이라고 생각한다면 넌센스다. 전 산업계가 함께 동참하고 노력해야 수요를 일으킬 수 있다.

게임계가 최근의 경기 흐름에 너무 민감하게 반응하며 몸을 움츠리고 있는 게 아닌가 싶다. 그렇지만 지금은 그럴 때가 아니다. 투자를 늘리고 힘을 한데 모을 시기라고 생각한다. 쏟아지는 장대비가 두려워 논둑을 돌보지 않으면 이내 곧 더 큰 화를 불러올 수 있기 때문에 하는 말이다.

2008-11-07

75억 원의 밑거름의 자금

경기침체 조짐이 장기화할 움직임을 보이자 정부가 재정지출 확대 등 잇단 경기 부양책을 발표하고 있다. 소비를 늘려 일단 민생경제부터 살려 보겠다는 계산인 것 같다. 어찌 됐든 수요가 발생해야 생산 활동이 증대된다는 측면에서 민생경제를 바로 이끄는 것이 무엇보다 급한 일이라고 생각한다. 제조업종의 입장에서 보면 그마나 다행스러운 처방전이 아닌가 싶다.

문제는 산업 역사가 일천하고 호흡이 그다지 길지 않은 콘텐츠 업체다. 호흡이 길지 않은 업종의 경우 선순환 구조가 한번 어긋나면 그 상태로 다시 돌아가기가 쉽지 않다. 특히 콘텐츠 업종은 트렌드를 바라봐야 하고 선도를 유지해야 한다는 측면에서 선순환 구조가 깨지면 그대로 뇌사 상태에 빠지게 된다. 더욱이 중간 허리가 없다시피 한 채 부익부 빈익빈의 현상이 심화되고 있는 게임산업은 어떤 방식으로든 새로운 물을 받아들여야 숨을 쉴 수 있는 낙후된 구조를 띠고 있다.

개발사 못지않게 작품을 소싱·공급하는 메이저 퍼블리셔의 역할이 강조되는 것도 바로 이 때문이다. 정부가 게임산업에 대해 거의 손을 놓고 있다는 점이 이 같은 구조를 심화하는 요인으로 작용하고 있다. 따라서 업계 스스로 자족 기능을 상실할 땐, 영세 게임업체들은 숨을 쉴 수 없을 만큼 심각한 타격을 받게 된다. 우려스러운 것은 이런 업계의 자족 기능이 너무 일찍 마비될 조짐을 보이고 있다는 사실이다.

몸집 늘리기가 아니라 생사를 목전에 두고 있는데 어쩔 수 없는 일 아니냐고 반문할 수 있겠다. 일부 메이저들은 우리도 스스로 길을 닦고 왔는데, 그들도 스스로 사는 방법을 터득해야 하는 게 아니냐고 개발사들을 질책할 수도 있겠다. 틀린 말은 아닌 것 같다.

하지만 지금 기업 브랜드를 앞세우고 있는 상당수 온라인 게임업체들이 자족 기능에 의한 혜택은 받지 않았으나 정부로부터 자그마한 혜택까지 받은 적이 없다고 한다면 그건 낯 뜨거운 일이다. 정부의 통신 인프라의 최대 수혜자란 얘기는 식상하니까 그런 말은 접어 두기로 한다.

며칠 전 업계의 한 관계자를 만났다. 그와 나눈 얘기는 게임 메이저사들이 너무 곳간 문을 닫아두고 있거나 닫으려 하고 있다는 것이었다. 그러면서 그가 들려준 얘기가 정부의 공업 기반 기술개발 과제 선정 과정과 그 후일담이었다.

공업 기반 사업과제로 게임 아이템이 처음 선정된 것은 지난 1995년 당시 통상산업부(현 산업통상자원부) 관계자들의 용단에 의해 결정됐다. 아이러니하게도 그 사업 제안은 지금 사지를 헤매는 아케이드 게임업계로부터 나왔다. 일부 정부 측 관계자들의 난색 표명에도 공업 기반 사업자금은 그렇게 1999년까지 게임계에 계속 지원됐다.

그때 공업 기반 사업자금의 수혜자를 보면 엔씨소프트 등 일부를 제외한 주요 온라인 게임업체들이 거의 망라됐으며 그 수혜 규모는 그 당시 금액으로 무려 75억 원에 달했다. 이 자금이 오늘날의 온라인 게임업계를 있게 한 종잣돈이 된 것이다. 흥미로운 사실은 공업 기반 사업 자금 수혜자 중 정작 사업을 제안한 아케이드 게임업체는 한 개사도 없었고 모두 온라인 게임업체였다는 점이었다.

이 관계자는 "아케이드 게임업체들은 그럭저럭 먹고살 만하니까 젊은 친구들이 주로 하는 온라인 게임업체들을 집중 지원 · 육성하는 것이 바람직하다는 게 아케이드 업계 사람들의 의견이었다"고 당시를 회고했다. 그는 그러면서 "개발사가 없으면 메이저는 더 힘들어지고 시장 파이는 더 작아질 것"이라며 "메이저들은 그 당시의 혜택을 잊지 말고 되돌려 주려는 노력을 보여야 한다"고 업계의 상생을 강조했다. 어려울수록 나누는 것이라는 게 그가 지적한 업계의 상생구조이며 산업계의 자정기능이었다.

작금의 경제 환경은 분명히 좋지 않다. 그렇지만 경제 위기라며 숨을 죽이는 데 대해서는 동의할 수 없다. 그것보다 더 우려스러운 점은 나만 살겠다며 이웃과 산업을 등지고 외면하는 일이 아닐까 싶다.

나름대로의 혜택을 받았으면 일정 부문 돌려주는 게 나눔의 이치다. 그게 업계의 자족 기능이며 부양책이다. 그렇다면 지금이라도 75억 원의 수혜자금을 산업계에 풀어야 한다. 그 까닭은 업계, 특히 영세업체들이 목마름에 지쳐 탈진의 고통을 감내해야 하는 심한 돈 가뭄에 허덕이고 있기 때문이다.

2008-11-20

칼럼 속의 소사: 아케이드 게임업체

동전이나 지폐를 넣고 게임을 하는 기기를 공급하는 업체를 일컫는 명칭이다. 추억 속의 두더지 게임이나 공 던지기, 파이널 파이트 등 오락실용 스포츠 게임이 대부분 여기에 속한다. 건전 오락실용 게임을 통칭한 아케이드 게임 장르가 2006년 빚어진 '바다이야기' 사태로 인해 사행 게임으로 불리기 시작했다. 이후 아케이드 게임시장은 사양길에 들어섰다. 하지만 북미와 남미, 중국에서는 지금도 가족과 함께 즐기는 게임 장르 가운데 하나로 사랑받고 있다.

기능성 게임의 허와 실

게임 수요가 정점에 도달했다는 소리가 잇따르고 있다. 곧 하향 곡선으로 이어질 개연성이 크다는 얘기다. 그러나 게임시장은 꾸준히 성장하고 있고 규모도 영화, 음반, 애니메이션 등 경쟁 엔터테인먼트에 비해 엄청나게 증가하고 있다. 상대적인 체감온도가 컸을 뿐이다.

게임에 대한 수요가 정점에 이르려면 아직도 멀었다. 적어도 5~10년 정도는 더 지켜봐야 알 것 같다는 전문가들의 견해이고, 보면 그 수요는 여전히 매력적이라는 뜻이기도 하다. 정점이라기보다는 성장기에서 잠시 쉬어가는 휴지기(休止期)에 진입한 게 아닌가 하는 생각이 든다.

그런데 기묘하게도 엔터테인먼트 쪽에서 보면 호재로 작용할 수 있는 경제 불황이 지구촌 안팎을 뒤흔들고 있다. 1930년대 미국의 경제공황 사례뿐 아니다. 우리 영화계도 IMF 때 규모만 놓고 볼 때 가장 화려했다. 달포 전에 만났던 미국 친구도 게임의 수요가 예상 밖으로 증가하고 있다며 현지 사정을 전해 주기도 했다.

산업 정체기 내지는 휴지기 시기에 주로 나타나는 상품은 복합제품 또는 특화제품이다. 이를테면 한 제품에 또 다른 제품의 기능을 추가하는 것이다. 반대로 제품 가격을 낮춰 판매수요를 늘리기 위해 핵심 기능만 두고 주변 다른 기능은 모두 지워 버리는 제품들도 등장한다. 이들 제품을 좀 '거룩하게' 포장하면 블루오션의 상품군이라고 말할 수 있겠다.

콘텐츠 분야도 별반 다르지 않다. 정체기 때 나타나는 게 다름 아닌 '하나 더' 상품군이다. 1990년대 중후반 음반시장이 수요 정체의 어려움으로 심한 불황을 겪게 되자 업계가 경쟁적으로 선보인 음반이 이른바 편집음반이었다. 유명 가수들의 히트곡만을 모아놓은 편집앨범은 한때 음반사들의 효자 노릇을 톡톡히 했다. 큰 재미를 본 음반사도 있었다.

하지만 그 짭짤한 재미는 오래 못 간 채 부메랑처럼 업계에 독이 돼 돌아왔다. 가수들의 개별음반이 거의 팔리지 않게 된 것이다. 어려운 시기만 잘 넘겨 보자고 했지만 낭패를 보게 된 것이다.

게임계에도 비슷한 조짐이 나타나고 있다. 예컨대 에듀 게임 등 기능성 게임의 잇단 출현이다. 솔직히 나쁜 현상은 아니다. 긍정적인 측면에서 보면 신규 수요의 창출 등 수요 저변을 넓힐 수 있다는 이점이 있다. 또 뛰어난 몰입성 등 게임의 독자적 특성을 고려하면 기능성 게임이 시장에서 의외로 먹혀들 가능성도 크다. 게임의 원죄를 상쇄하기에 그만인 것도 끌리는 대목이다.

그렇지만 게임은 게임으로만 승부해야 한다는 것이다. 틈새 상품이 주력상품군으로 자리매김할 수 없듯이 기능성 게임은 그것으로서 족해야 한다는 의미다. 일각에서는 마치 블루오션의 제품군을 발견이나 한 듯이 호들갑이지만, 그 수요는 제한적이고 나무의 가지 수준이다.

닌텐도에서 야단법석을 떨며 기능성 게임 SW를 내다팔았지만, 그 효과를 봤다는 사람은 만나보지 못했다. 여기에다 그 효과가 전혀 없다고 알려지면서 그 수요가 썰물처럼 빠져나가고 있다. 닌텐도의 과장광고에 의한 결과와 그 전형의 신기루에 취해 있었을 뿐이다. 차분하게 한 단계씩 걸어 올라가야 한다. 바람이 인다 해서 쏠렸다가는 뿌리째 뽑히기 십상이다.

게임계가 기능성 게임에 눈을 돌리는 일은 새로운 유통망을 열어보려는 노력으로 이해된다. 그렇다고 해서 다 함께 몸부림칠 건 아니라고 본다. 그런 몫은 기능성 게임에 특화된 업체들이 맡아주면 될 일이다. 주력기업, 주전 선수들이 나서 할 일은 아니라는 것이다. 그런 쪽으로 눈을 돌릴 시간이 있다면 차라리 흥행 대작 개발에 더 힘을 기울이거나 새 작품 구상에 골

몰하는 게 게임계와 산업계를 위해 맞는 일이라고 생각한다.

게임수요가 정점에 도달했다고 했는가. 그건 절대 아니라는 사실이다. 그런데 때아니게 기능성 게임 개발에 신경을 쓰고 있다. 갈 길도 먼데 이면도로에 눈을 돌리고 있다. 고육지책에서 나왔다면 그것은 더더욱 아니다. 적어도 메이저라면 기능성 게임 개발보다는 본업에 충실히 하는 게 맞다.

2009-02-09

게임 산업계의 나이테

아케이드 게임계가 도박 오락기 '바다이야기'로 인해 초토화됐지만, 그래도 인정미를 느끼게 해주는 곳이 다름 아닌 그곳이다. 어려우면 함께 나누는 맛을 알고 동종업체끼리의 의리도 남다르다.

잔정이 많아서 어렵다고 손을 내밀면 외면하는 법이 거의 없다. 유니아나 윤대주 사장, 안다미로 김용환 사장이 그런 사람들이다. 김 사장은 이쪽 업계의 신사로 통한다. 10여 년을 겪어온 그지만 자신에 대한 민원이란 걸 내밀어 본 적이 한 번도 없다. 너무 깔끔해서 탈일 정도다.

윤대주 사장도 그렇다. 만나면 산업 얘기가 전부다. 아케이드 게임 산업을 반드시 살려야 한다며 늘 목청을 세운다. 또한 자신이 던진 말에는 반드시 지키고 책임지려는 사람이 그다. 두 사람은 그런 것들을 업계 선배들로부터 체득했다고 했다.

업계 선배라 해서 어찌 다 좋은 사람들이라고 할 수 있겠나. 그래도 업계의 풍토는 나눔과 품앗이가 통용될 만큼 그렇게 따뜻했다고 했다. 그 연유를 곰곰히 생각해 보니까 업계의 업력이고 연조였다.

예전에 음반계를 취재하던 시절이었다. 음반계 모임에 가보면 늘 상석 주변은 비어 있었다. 상석이 차지 않으니까 관계자들이 좌석을 채우지 않고 주변에서 서성거리며 맴돌고 있었다. 이상하다 싶어 물어봤더니 그 자리는 원로, 선배들의 자리이고, 그들이 당도하지 않아 기다리고 있는 참이라고 했다.

업력을 바탕으로 서열이 매겨져 있었는데 그것을 법도처럼 지키고 있었다. 그래서 잘나가는 기업들도 연륜이 짧으면 말석에 앉아야 했다. 그런데 그게 흉하게 보이지가 않았다. 그들은 그렇게 하나하나씩 버리려 하지 않고 자신들의 것으로 만들고 묻어 나갔다.

웬 호랑이 담배 피던 시절의 얘기를 끄집어 내느냐고 하겠지만, 바로 이런 게 산업계의 전통이고 또다른 풍토가 아닌가 싶기 때문이다. 국내 아케이드 게임 산업은 30여 년의 전통을 갖고 있고 음반산업은 반세기가 넘어 한 세기를 앞두고 있다. 주변에서 뭐라 하든 그들은 장점을 취하면서 자신들만의 독특한 업계 전통과 문화를 계승·창출하고 있는 것이었다.

온라인게임계에 대한 타 산업의 시선은 곱지 않다. 예컨대 벤처정신보다는 한탕주의가 만연하는 곳이라고 한다. 산업은 있는데 주인이 없다고 한다. 영화계는 위기 때면 똘똘 뭉치는데 이곳은 바닷가 모래알처럼 흩날리기만 한다고 한다.

조금 크면 돈 보따리를 잽싸게 챙겨 뜨는 곳이 다름 아닌 온라인게임계라고 했다. 그래서 사회적 책임과 의무는 실종된 지 오래라고 했다. 한마디로 돈과 말만 넘실대는 곳이라는 것이다.

그런 면이 분명히 있다. 태생적인 한계가 세상 밖으로 나가는 데 걸림돌로 작용하기도 했다. 체질로 보면 내성적인 B형에 가깝다. 그런데 자세히 들여다보면 그것보다는 업력과 연조가 부족해서 생긴 낯가림 때문에 빚어진 것임을 알 수 있다.

최근 본사 창립기념으로 엔씨소프트 김택진 사장과 대담을 가진 적이 있었다. 10여 년 지기지만 그가 게임 산업계에 그처럼 애정이 깊은지는 솔직히 그 자리에서 처음 알았다. 드러내놓고 표현을 못 해왔을 뿐이다. 김 사장은 그러면서 더게임스와 함께 하나씩 해나가자고 했다. 전통과 풍토를 만드는 진행형의 산업이 지금의 온라인게임계가 아니냐고도 했다.

그렇다. 산업의 나이테였다. 온라인게임계는 이제 초등학교 졸업을 앞둔 미소년이었을 뿐이다. 사춘기를 앞둔 소년에게 주변에선 너무 많은 걸

요구해 온 셈이었다. 그것은 어찌 보면 그만큼 기대와 관심이 컸기 때문일 수도 있다. 하지만 불과 12~13개의 나이테를 가진 성장나무인 것만큼은 부인키 어렵다. 지금은 자양분을 더 흡수하고 하늘을 향해 더 치솟아야 할 때다.

어찌 보면 불쑥 큰 키만 들여다본 채 성인 덩치만큼의 과제만 안겨왔는지 모를 일이다. 시간을 두고 지켜보면 자연스럽게 풀려가고, 과제도 해마다 줄어들 터인데 말이다. 그러다 보면 업력과 전통이 생기고 산업계의 나이테도 깊어지지 않겠는가.

2009-03-17

이번엔 '시리어스' 게임이라고요?

이명박 대통령의 언급으로 급조된 '명텐도'의 원조 '닌텐도'가 센세이션을 일으킨 것 같긴 하지만 실상은 그렇게 대단한 게 아니다. 경쟁사들이 제 몫을 못함으로써 전과가 상대적으로 돋보였던 거였고, 전 세계적으로 시장 규모가 큰 비디오게임 시장에서 선전함으로써 그나마 이름값을 한 것뿐이다. 그런 것조차도 잘한 게 아니냐고 한다면 할 말이 없겠으나, 서서히 지고 있는 동네에서 도토리 키 재기를 한들 무슨 소용이 있겠나 싶다.

경쟁사인 마이크로소프트와 소니의 게임기 전쟁은 단순히 게임기 판매에 목숨을 걸고 있는 닌텐도와는 차원이 다르다. 그들은 더 큰 그림을 바탕으로 게임기 사업을 전개하고 있다. 간단히 말하면 마이크로소프트와 소니는 게임기로만 먹고살 생각이 없는 기업이라는 것이다. 따라서 이들의 힘 겨루기는 장기전에다 '돈의 전쟁'이 될 가능성이 많고 일회일비로 끝날 성질의 것도 아니다.

닌텐도가 재미를 본 것은 게임기에다 슬그머니 '시리어스' 기능을 첨가하는 등 재주를 부린 덕이다. 하지만 닌텐도 주장에는 과학적인 근거가 전혀 없다. 솔직히 '시리어스 게임'에 대한 효과마저 먼저 내다본, 그리고 그것을 상술로 연결한, 선견지명과 같은 혜안을 현실화했다는 점이 닌텐도의 힘이라면 힘이다. '시리어스'라는 단어를 직역하면 본뜻인 '진지한'이라는 형용사적 의미밖에 없다. 일각에서는 '펑션'이라는 단어를 쓰기도 하는데, 그로 연유해 기능성게임이란 용어가 만들어졌다.

콘텐츠 시장은 성장 변곡점에 이르면 늘 새 장르, 새 상품이 등장한다.

지구촌에서 가장 보급률이 높았던 VCR의 탄생은 영화시장을 사양산업으로 밀어넣었다. 초기 시장 수요 전선을 형성한 건 포르노 테이프였다. 이후 VCR 시장이 상승세로 접어들자 콘텐츠는 영화를 기반으로 한 비디오(프로테이프)로 바뀌기 시작한다. 하지만 권불 십년이라고 했던가.

보급률이 포화상태에 이르고 차세대 미디어군이 쏟아져 나오면서 프로테이프 수요는 급감 조짐을 보인다. 이때 기지개를 켠 프로테이프의 장르가 기능성 작품이라고 불린 요가·다이어트·교육 프로그램 등 기획물 비디오였다. 이들 작품은 대대적인 스타 마케팅과 TV 홍보, 그리고 근거 없는 입소문을 타고 승승장구했다. 그렇지만 시장에서의 수명은 반짝 상품에 불과했다. 곧이어 수요는 지리멸렬했고, 기획물 비디오는 곧이어 얼마 못 가 시장에서 자취를 감추고 말았다.

비디오 게임기와 온라인게임 그리고 프로테이프는 미디어 성격상 기능과 효과적인 측면에 있어 큰 차이를 보인다. 비디오 게임기는 프라이빗한 내질을 지니고 있는 반면 온라인게임은 집중적이고 심층적인 데다 쌍방향의 커뮤니케이션의 기능이 뛰어나다.

프로테이프는 주입식 반복 교육에는 우수하지만 일방통행형이다. 비디오 게임기도 심층성은 있지만 일방통행형에 가까워 한계를 보일 수밖에 없다. 닌텐도가 비디오 게임기에 '시리어스' 기능을 도입해 성공했다면 이런 장점을 교묘히 상술에 연결했다는 것인데, 제품 수명은 그렇게 오래가지 못할 것이란 전망이 지배적이다.

이런 측면을 고려하면 다양한 분야에 걸쳐 미디어 기능의 활용도를 높일 수 있는 장르는 온라인게임밖에는 없다고 할 수 있다. 그래서 일각에서는 벌써부터 '시리어스' 분야를 온라인게임계의 블루오션이라며 아우성들인 게 아닌가. 예컨대 제대로 활용하고 상품화하면 중독성이라는 온라인게임 기능의 부정적 이미지를 심층적·탐미적 순기능으로 개선하고 '아이돌'의 저급성에서 기층 세대에까지 이르는 보편성과 전문성을 확보하는 등 게임산업계에 획기적인 전기를 마련할 수 있을 것이란 주장이다.

다만 전제는 있다. 서두르지 말라는 것과 일회성에 그친 작품 개발에 매달리지 말라는 것이다. 또 한 가지는 기능성 게임이라는 용어다. 시장에서 기능성이란 용어는 속된 말로 먹히는 단어가 아니고 선도마저 떨어진다. 일부 식품업계가 쓰지만 그마저도 부정적인 이미지를 안겨주고 있다. 좋은 단어가 떠오르지 않는다면 차라리 당분간 '기능성' 게임이란 단어를 버리고 '시리어스' 게임으로 쓰는 게 더 낫지 않겠나 판단된다.

그러고 보니 이 대통령의 '닌텐도' 발언도 온라인게임의 용도를 '펀'에 묶어두지 말고 좀 더 확대해 보라는 뜻이 아니었던가 싶다. 그게 '명텐도'가 되는 길이 아닐까.

2009-04-13

일부 메이저의 가당찮은 속셈

미국의 경제 파탄으로 빚어진 세계경제 위기의 소용돌이는 점차 가라앉는 듯하다는 게 경제 전문가들의 일치된 관측이다. 이 같은 전망을 뒷받침이라도 하듯 오바마 미 대통령은 최근 기자회견에서 미국의 내수 경기가 바닥을 쳤다고 선언했다.

어찌 됐든 미국 경제의 위기는 세계경제의 흐름과 판도를 뒤바꾸는 계기가 된 것은 분명해 보인다. 달러화 가치에 대한 의문이 제기되는 등 미국의 무역 통상 장악력이 급격히 약화되고 있는 것도 미국 경제 파탄에 따른 후폭풍의 조각들 가운데 하나라고 판단된다.

지는 해가 있으면 뜨는 해가 있다고 했던가. 미국의 쇠락 속에서 단연코 돋보이는 나라는 중국이다. 세계 최대 무역국이라는 닉네임을 얻은 데 이어 가장 많은 달러화를 보유하고 있다. 위안화는 중국 정부가 촉각을 곤두세울 만큼 강세를 보이고 있다.

일본도 서서히 기지개를 펴는 모습이다. 경기 부양책이 먹혀들고 있다며 일본 정부 관계자들도 즐거운 비명을 지르고 있다. 우리 경제도 점차 회복되는 기미가 뚜렷하다. 내년 하반기께면 성장세로 돌아설 가능성이 크다고 전문가들은 내다보고 있다.

경제 위기 또는 경제 파탄으로 인한 후유증은 기존 질서를 붕괴시킨다. 국가 간의 질서뿐 아니라 기업·가계에까지 큰 영향을 미친다. 이미 세계무역의 중심은 미국·유럽에서 아시아 지역으로 바뀌고 있다. 범위를 중앙아시아 지역으로 확대하면 판도는 완전히 변화됐다고 봐도 무방하다. 이에 따라 세계 기업 서열마저 뒤집어지고 있다. 미국 주요 기업들의 몰락과 중국 기업들의 급성장, 그리고 국내 삼성 · LG · 현대기아차 그룹의 위상 제고는 미국 경제 파탄의 또 다른 기업 질서 재편의 결과로 받아들여진다.

경제 사회적인 현상으로 보면 빈부의 격차가 심각하다는 점이다. 개개인의 가계뿐 아니라 기업의 살림도 부익부 빈익빈 현상이 두드러지고 있다는 점이 그렇다. 지난 1997년 IMF를 한번 겪은 우리로서는 미국 경제파탄이 안겨준 빈부의 충격파는 실로 엄청났다.

가계뿐 아니라 기업들도 중간 허리가 잘려 나갔다. 대기업은 초공룡기업으로, 중소기업은 영세기업으로 전락하는 비운을 맞고 있다. 이런 현상은 중소기업이 못하고 대기업들이 잘했다기보다는 위기 정국의 혜택과 수혜자가 늘 대기업이었다는 데 있다. 정부의 주요정책이 항상 대기업 위주로 집행되고, 정부의 자금마저 대기업 몫이다시피 하다 보니 층간 진입장벽이 더 높고 견고하게 쌓이고 있다.

게임계도 사정이 다르지 않다. 세계경제위기로 치달은 지난해 하반기부터 주요 메이저들은 더 튼실해지고 중소개발사들은 악전고투하는 양상이 더욱 두드러지고 있다. 이런 추세로 간다면 메이저들의 우산에 들어가지 않으면 기업 활동 하기가 사실상 어려워지지 않겠느냐는 것이 게임 전문가들의 견해이다.

여기서 중요한 시사 포인트는 몇몇 주요 메이저들이 집단화, 계층화를 꾀하며 자신들의 입지를 더욱 확대하려는 움직임을 보이고 있다는 것이다. 이른바 경쟁사의 상층부 진입을 교묘히 가로막으려는 시도를 하고 있는 것. 예컨대 자신들의 영역을 침범하거나 넘보는 세력 및 집단에 대해서는 영향력을 축소하거나 힘을 발휘할 수 없도록 비협조적인 모습을 보이는 것이다.

마치 경제위기로 빚어진 사회 굴절 현상과 이를 통해 얻어진 반대 급부의 전과를 철저히 자신들의 것으로 점유하겠다는 속셈이다. 그래서 이들에겐 영향력이 확대되는 집단 또는 도약을 꾀하려는 기업들이 달갑지가 않다.

낭떠러지에 밀어 버리든지 아니면 견제하면서 키워주지 말아야 한다는 강박관념이 이들에겐 강하다. 작금의 게임계에 이런 구상유치한 일부 기업들이 상층부를 형성하고, 점령군처럼 제멋대로 행동하고 있다면 게임계의 미래와 전망은 한마디로 암울할 뿐이다. 그런데 이들이 존재한다는 사실이다.

정부의 위기 해법의 첫 수혜자는 대기업이다. 게임계도 다름 아니다. 정부로부터 받은 게 없다고 주장하지만 그렇지 않다. 지금도 정부의 '맹한' 정책으로 돈을 긁어모으는 게임사들이 적지 않다.

그렇다면 그 수혜로부터 얻어진 자금을 산업계에 되돌려주는 건 당연한 일이다. 그러함에도 로열패밀리층을 형성, 사회환원 얘기만 나오면 알레르기 반응을 보이며 자신들의 이익 추구에만 혈안이 돼 있다면 이들을 그냥 산업계에 놔둬선 곤란하다. 그 방법은 그 자리에서 끌어내리거나 퇴출시키는 것이다.

진나라 공략의 최선봉은 한나라의 장수 유방과 항우였다. 그리고 이들은 진나라를 정복했다. 하지만 진나라를 차지한 장수는 항우가 아니라 유방이었다. 항우는 재물을 탐했고 점령국의 정서를 외면했다. 말 그대로 전과 챙기기 등 자신의 배 불리기에만 열을 올린 것이다.

반면 유방은 재물 자랑도 하지 않았을 뿐 아니라 승전국의 위세도 알리지 않았다. 진나라 호걸들에게는 같이 뜻을 이루자고 화합을 다짐했다. 진나라 백성들이 유방을 왕으로 섬기겠다고 나섬은 당연했다.

2009-08-03

이젠 산업계가 답할 차례다

최근 정부 부처 관계자를 만나 게임산업에 대한 전반적인 의견을 교환한 적이 있다. 특별한 현안이 있어 만났다거나 형식을 요하는 자리도 아니었다. 굳이 표현하자면 오랜 지우가 외청에서 본부로 돌아오면서 사심 없는 대화의 장을 가진 것이다. 산업계와 상당히 거리가 있는 곳에서 근무하다 돌아온 그였기에 업계 현안 등에 대해 잘 모를 것이라는 필자의 생각은 일단 크게 빗나갔다.

산업이 엄청나게 커졌고 수출 규모 또한 놀랍도록 신장한 데 대해 그는 매우 고무된 듯했다. 10여 년 전 과장 시절 게임 업무를 총괄했고 나름대로 산업 기틀을 마련했다는 평을 듣는 인물이었다는 점에서 그럴 수 있다는 생각이 들었다. 그러면서도 한쪽으로 너무 기운 듯한 업계의 모습과 구슬이 서 말인데도 서로들 개성이 강해 이를 꿰지 못하고 있다는 산업계의 탄식 소리도 잘 듣고 있는 듯해 보였다. 그는 한마디로 안타깝다고 했다.

이를테면 게임산업이 대한민국을 대표하는 산업으로, 대표 아이템으로 자리매김할 수 있는데 기업들이 너무 한쪽만 바라보고, 한쪽에만 눈독을 들이면서 한 단계 뛰어오를 수 있는 기회를 놓치고 있다고 그는 말했다. 그러면서 마케팅만 난무하는 산업으로는 대표성을 인정받기가 쉽지 않을 것이라고도 했다.

그렇다. 게임계가 지금 호기를 맞고 있다. MB 정부의 정체성에도 걸맞고 역사적인 시대의 흐름도 그렇다. 콘텐츠, 특히 그 가운데 게임은 킬러 콘텐츠이자 핵심 아이콘이다. 분위기를 보면 브레이크보다는 액셀러레이터에 발길이 더 잦아질 게 분명해 보인다. 문화부의 한 고위관계자가 언급했듯이 정부는 게임산업을 성장동력의 한 축으로 해 전략화할 방안을 세워두고 있다.

주변 정황을 살펴보면 더 밀어붙일 개연성도 있어 보인다. 장안에서는 정권이 보수 성향의 한나라당으로 바뀌었는데 지식산업은 진보 성향의 민주당보다 더 앞서가는 정책을 펴고 있다고들 한마디씩 거든다. 잘하고 있는 것이다.

그렇다면 이젠 산업계가 화답할 차례다. 보름 전 김정호 게임산업협회장을 만났다. 안 좋은 몸을 이끌고 굳이 미팅 장소까지 왔다. 오랜만에 업계 현안을 주고받는 가운데 산업 인프라에 대한 얘기를 꺼내들자 난감한 표정을 지어 보였다. 그리고선 무거운 책임감을 느낀다고 했다.

얘기의 논지는 이랬다. 게임계가 너무 한쪽으로 쏠려 있다는 것, 토양이 열악하다는 것, 여기에다 변변한 기업 문화마저 없다는 것이었다. 그는 하나둘씩 매듭을 풀어가는 심정으로 열심히 해나갈 생각이라고 했다.

게임계가 화답할 구체적인 내용은 좋은 게임 개발의 노력도 그것이지만 산업으로서 모양새를 갖춰 나가겠다는 의지의 다짐이다. 솔직히 게임계의 현재 모습은 산업계라고 할 수 없다. 우회적으로 표현하면 우글거리는 손님과 장터만 서 있을 뿐이다. 기초를 다지고 머릿돌을 새기고 차곡차곡 돌을 쌓아 올려야 하는데 한눈만 팔고 있다. 당연히 역사의식이란 게 있을 수 없다. 저잣거리에서 역사가 존재한다면 그것으로서도 얘깃거리일 것이다. 언필칭 비즈니스만 있고 기업 문화가 없는 산업은 업종이 아니라 업태로서만 존재할 뿐이다.

김 회장에게 게임계의 각종 시상 제도에 대해 질문했다. 그리고 그 행사들이 정작 당사자인 업체들의 외면 속에 주최 측의 조출한 이벤트로 꾸며지고 있는 데 대해 그는 매우 놀랍다는 표정을 보였다. 김 회장은 그런 내막까지 세세히 알지 못해 부끄럽다고도 했다.

결론적으로, 게임계가 정부에 화답할 내용은 이젠 어른스럽게, 책임감 있게 사회에 이바지하겠다는 선언적 의미를 가슴에 새기고 담는 일이다. 그러기 위해서는 메이저를 비롯한 공개 기업들이 앞장서 나서줘야 한다. 앞으로 시장에서의 성패는 게임도 그것이지만 제 몫을 해주지 않을 경우 그 떨어진 기업 함량으로 뭐 한 가지 제대로 평가받지 못할 것이라는 점에서 부정적일 수밖에 없다.

그런데도 일각에서는 여전히 뒷짐만 지고 있다. 하도 기가 막히고 한심스러워서 왜 당신은 나 몰라라 하느냐고 물어보니까 자신들은 아직 아니라고 대답한다. 왜 당신은 아니냐고 다그치니까 아직도 자기 회사는 구멍가게라고 발뺌한다. 이 CEO의 기업은 상장 기업에다 연매출 1,000억 원대를 바라보고 있다. 아직도 한쪽만 바라보며 정부의 포지티브 시책의 열매만 따먹겠다는 속셈이다. 왜들 그러나.

2009-09-07

정부의 정책과 내던져진 여론

정부의 콘텐츠 육성 방침은 확고한 것 같다. 최근 정부가 발표한 일련의 정책 기조 등을 살펴보면 더욱더 그 모습이 확연하다. 일단 드라마를 통해 한류 바람을 계속 일으켜 보겠다는 뜻은 분명해 보인다. 문화체육관광부 산하 콘텐츠진흥원의 잇단 행보는 이를 뒷받침하기 위한 것으로 풀이된다.

좀 더 자세히 들여다보면 한류의 전초기지 방향이 크게 바뀌고 있음도 발견할 수 있다. 예컨대 일본·중국만으로는 한류의 바람을 일으키기에는 역부족이란 판단을 하고 있는 게 아닌가 판단된다. 즉, 잔불이 있는 곳에 불꽃을 피워 파이를 더 키워 보겠다는 것이다. 그 대상 지역은 태국과 베트남, 캄보디아 등으로 연결되는 인도차이나반도와 홍콩, 인도네시아 등의 지역이다.

정부는 드라마만으로는 한계가 있다고 보고 게임과 음악을 양 날개의 축으로 활용할 태세다. 게임과 음악은 이미 이들 지역에 선발대로 나가 있다고 할 만큼 현지 사정이 좋다. 현지 인프라 구축 움직임이 활발해질 경우 예상외의 결과도 가져올 수 있다고 정부는 보고 있다. 이를테면 이들 개별 아이템으로도 현지에서 승부수를 띄워 볼 수 있다는 계산을 하고 있는 것이다. 최종적으로 바통을 이어받을 아이템은 영화다. 정부는 선발대들인 이들을 앞세워 세를 형성한 후 문화콘텐츠의 보루인 영화를 띄워 시장을 지배해 보겠다는 전략이다.

승패의 향배는 이들 콘텐츠의 질적 성장과 퀄리티인데, 현실적으로 보면 그렇지 못하다는 게 정부의 고민거리다. 드라마의 경우 고군분투하는 형국이고, 음악은 예전과 같지 않다. 특히 콘텐츠 산업의 최첨병 역할을 해 온 게임은 말 그대로 내우외환의 모습이다. 올 들어 정부가 앞장서서 게임을 키워 보겠다며 규제완화 등 제도개선의 필요성을 강조하며 역설한 것도 실제로 보면 변변한 역할을 해주는 콘텐츠가 없다는 점도 크게 작용했다.

여기에다 본진 역할에 해당하는 영화는 2~3년 전부터 안팎으로 죽을 쓰고 있다. 그래서, 막말을 곁들이면 그나마 기댈 수 있는 게 드라마와 게임인데, 이들이 규제의 족쇄에 허덕인다면 정말 곤란해질 수 있는 게 아니냐는 정부의 판단은 무리가 아니다. 정부의 정책 방향은 일단 맞다고 본다.

내수를 기반하지 않고는 수출을 할 수 없다. 재미있는 사실은 콘텐츠 산업도 이 같은 제조업 룰이 적용되고 있다는 점이다. 국내에서 흥행에 실패하면 외국으로 진출할 수 없다. 등급심의 문제도 예민하게 받아들여지는 대목이다. 한국에서 18세 이상 등급이면 현지 수입국에서도 비슷한 등급 적용이 추진된다.

이런 문제는 제작사 입장에서 보면 국내뿐 아니라 해외 흥행 여부에 지대한 영향을 미칠 수 있다는 점에서 고민거리가 아닐 수 없다. 국내에서는 논란이 일 수 있으니까 18세 이상으로 하고, 외국에서는 상대적으로 심의가 관대하니 18세 이하 등급을 받도록 하면 될 것이라는 우리네 계산법은 있을 수 없는, 한마디로 천만의 말씀이다. 요즘엔 소소한 작품도 현지 수입국가가 다 안다. 하물며 중급 작 이상은 말할 것도 없다.

따라서 정부가 가이드라인을 새롭게 제시하고, 규제보다는 진흥 쪽으로 힘을 몰아주겠다는 문화부 신재민 차관의 9월 기자회견 발언은 시기적으로 적절했다고 본다. 솔직히 여기까지는 꿈보다는 해몽이라고, 그렇다 할 수 있다. 한데 그런 일들이 왜 정부의 일방적이고도 우월적 지위에서 이뤄지고 있다는 느낌을 주고 있느냐는 것이다. 늘 지적하고 주장해 왔지만 한쪽의 일방적 목소리는 매우 위험하다. 정책의 성패 유무에 대한 책임은 당연히 정부에 있다. 그러니까 정부가 일방적으로 정책을 결정하고 수행해

나가겠다는 것은 독단이며 위험천만한 발상이다. 더욱이 안타까운 점은 정부가 산업계뿐 아니라 학계·언론 등에서 제기되고 있는 이견을 걸러 내려 하고 있지 않는 데 있다.

여론은 힘의 원천이다. 정부가 여론 정치에 함몰되거나 흔들려선 안 되겠지만 그렇다고 여론과 정서를 무시하는 듯한 태도는 바람직한 자세가 아니다. 올 들어 학계와 시민단체에서 정부에 촉구한 내용들이 무엇인지 되돌아볼 필요가 있다. 언론에서 제기된 문제점들도 새겨 들으려는 노력이 필요하다.

정부가 워킹그룹을 만들어 여론을 걸렀다는 것은 모양새 갖추기에 불과하다. 굳이 끼리끼리 모아 그룹을 짠 이유가 뭔가. 일간 신문은 고사하고 업계 신문만이라도 제대로 읽어 봤으면 한다.

아무리 좋은 정책도 국민적 컨센서스를 형성하지 못하면 성공하지 못한다. 그게 여론의 힘이다. 최근 정부의 정책결정 과정은 주는 대로 받으라는 아주 거만한 자세다. 세련된 정책 입안과 군더더기 없는 업무 추진은 선진 정부를 실현하려는 실용정부의 과제이자 시험대라는 점에서 반드시 고쳐 나가야 한다. 그렇게 하는 것이 국민 정서 반영이고 여론을 업는 길이라고 생각한다.

2009-09-14

위태위태한 대한민국 게임계

가격은 수요공급의 법칙에 의해 정해진다. 수요가 많아지면 공급량도 증가해 가격이 상대적으로 낮아지고, 반대로 수요가 줄게 되면 가격은 상승하게 된다. 그래서 시장 가격은 수요와 공급이 만나는 접점에서 이루어지는데, 이를 균형가격이라고 한다. 하지만 균형가격보다 가격이 비싸게 되면 초과 공급이 발생하게 된다. 잉여분이 생기는 것이다.

잉여분의 처분 여부는 새로운 가격 형성의 주요 변수가 된다. 이를 제대로 처리하지 못할 경우 제품가는 폭락하게 된다. 따라서 내수가 한정돼 있다면 수출물량을 늘려서라도 시장 가격을 안정시켜야 한다.

태국은 대표적인 설탕 수출국이자 소비국이다. 태국 정부는 최근 2~3년 사이 아시아 지역을 중심으로 전 세계 설탕의 수요가 급증하자 내수를 조절하는 정책을 쓰고 있다. 이른바 웰빙 분위기를 조성해 내수시장에서의 설탕 수요를 억제하면서 잉여분을 늘려 나가는 것이다. 그리고 이를 수출시장으로 돌리고 있다.

수요공급의 법칙은 제조업뿐 아니라 주식시장·콘텐츠시장에도 적용된다. 적정 공급량을 넘어서게 되면 가격은 폭락할 수밖에 없고, 반대로 적정 공급이 줄게 되면 가격은 오를 수밖에 없다. 수요공급의 법칙 연장선상에 있는 이른바 희소성의 법칙이다.

게임계가 올 들어 아주 심한 몸살을 앓고 있다. 이유는 딱 한 가지다. 엄청난 수의 게임이 시장에 쏟아지고 있지만 되는 게임이 없기 때문이다. 온갖 정성을 다 기울인 작품들이 고배를 마시고 있다.

메이저군에 속하는 A사의 경우 올 들어 선보인 3~4개 작품이 거의 참패한 상황이고, B사는 대작 깃발을 앞세운 작품이 참패함으로써 기업 운신을 고민해야 할 만큼 경영 위기를 맞고 있다. 이 회사의 한 관계자는 "승전보를 얻어 보려고 몸부림을 쳐보았지만 결과는 대패였다"면서 "나름대로의 참패의 원인을 찾고 있지만 뚜렷한 이유를 찾지 못하고 있다"고 했다. 이런 판국이다 보니 게임계의 현장 분위기를 한번 들여다보면 말이 아니다. 썰렁하다 못해 암울할 지경이다.

막연하게 '내놓으면 될 것'이라는 안일함과 판매시장에서 먹힌다 싶으면 물불을 가리지 않고 그쪽으로 달려가면 된다는 작품을 베낀 저급한 냄비 근성이 게임계에 누적된 결과이다. 그래서 진정한 개발자는 찾아볼 수 없고, 말 그대로 아류의 개발자만 넘쳐나는 게 업계의 현실이라는 한 게임계 인사의 목소리는 더 안타깝기만 하다.

3분기까지 게임계의 대대적인 물량 공세에도 판매시장은 미동도 하지 않고 있다. 대안책으로 넘쳐 나는 작품을 잉여분으로 돌려놓으려 해도, 수출시장으로 물량을 옮겨 보려고 해도 먹혀들지 않는다. 이런 현상이 계속되면 게임계의 가격 폭락은 불가피하다. 결과적으로 이런 현상은 부메랑이 되어 개발사의 목을 다시 죌 게 분명하다. 대책 마련이 절실한 실정이다. 고육책으로, 그도 저도 싫으니까 게임계 일부가 선택한 것이 마케터 쥐어짜기던가.

어느 때부터인가 게임계는 개발자는 안 보이고 마케터들만 가득 차 있다는 비아냥의 소리를 듣고 있다. 흥행이 안 되다 보니 개발자의 목소리는 작아지고, 그래도 회사에 돈을 벌어다 주는 쪽이 마케터들이다 보니 그들의 목소리가 커지고 득세하는 것은 어찌 보면 당연하다. 문제는 이들의 움직임이 너무 한쪽에 몰려 있고, 무게중심마저도 한쪽으로 쏠림으로써 우려감을 낳고 있다는 사실이다.

뜻있는 업계의 한 관계자는 "마케터들은 태생적으로 하나를 넣으면 반드시 하나를 더 얻어야 직성이 풀리는 성격인데, 그들에게 시장의 주도권을 안겨주는 것은 시장 질서는 어찌 되든 나만 배 채우면 그만이라는, 매우 이기적인 발상에서 비롯된 위험한 생각"이라고 말했다. 다른 한 관계자도 "우스갯소리로 작품으로 안 되면 빨대를 꼽아서라도 단물을 빨아내야 하지 않겠느냐고 주문하는 곳도 있다고 들었다"고 했다. 한마디로 막가파식 마케팅 전략이다.

게임계가 여기서 결코 잊어선 안 될 숙명적 명제는 업계 스스로 제어할 수 있는 자정 능력이다. 이를 상실할 경우 외부의 보이지 않는 힘이 작용할 게 뻔하고, 종국에 가서는 정부의 네거티브 정책을 불러들일 수밖에 없다. '바다이야기' 사태도 한 풀 벗겨보면 후끈 달아오른 몸을 주체하지 못해 빚어진 참사다. 별 볼일 없는 게임에, 갬블만을 마구 덧칠한 것이었기 때문에 그 작품의 운명은 불을 보듯 뻔했다. 하지만 그땐 몰랐다. 소수의 뜻있는 사람들만 발을 동동 굴렀을 뿐이다.

게임계의 몸살 원인을 정확히 짚어야 한다. 그리고 수술대에 올라야 한다면 지금이라도 미루지 말고 결정해야 한다. 작품은 차치하고 그저 마케터만을 쥐어짜는 일은 마치 생명선을 심장 박동기에 맡겨놓은 채 거리를 활보하는 것과 다름 아니다. 그건 잠시 순간의 고통을 잊게 하는 진통제일 뿐이다. 게임계가 살얼음판을 걷고 있는 형국이다. 정말 이대로 놔둘 것인가.

2009-09-21

안타까운 아케이드 게임 정책

이론적으로 보면 그럴듯한데 현실에 이를 적용하려 하면 그렇지 못한 일이 수두룩하다. 사회 기반 시스템이 구축되지 않았거나 국민적 공감대를 형성하지 못하는 경우가 그것이다. 집단적 대립 또는 정치적 계산도 한몫을 거든다. 여기에다 현실화할 수 있는 주체 세력의 추진력마저 기대하기 어렵다면 이 사회의 전향적 발전과 진일보한 움직임은 말 그대로 그림의 떡에 불과하거나 탁상공론에 그칠 뿐이다.

흔히 정치권에선 정권 인수 후 1~2년이 정권 향배를 좌우한다는 말들을 많이 한다. 예컨대 이때 개혁 또는 혁신의 고삐를 당겨야 하지 그렇지 않으면 현실 정치 논리에 함몰돼 아무것도 하지 못한다는 것이다. 뒤집어 보면 이 시기가 가장 힘과 역량을 극대화할 수 있는 적기라는 의미를 내포하는 것이기도 하다. 그래서 상대적으로 힘이 취약한 정권은 여론을 등에 업는 등 국민을 직접 상대하지 않던가.

정부의 아케이드 게임 정책을 들여다보면 아쉬움이 적지 않다. 결론적으로 말하면 무엇이 그렇게 두려운 것인지, 아니면 무엇이 그처럼 자신감을 잃게 했는지 알 수가 없다. 그렇지 않으면 마음 한구석에 민초들은 가르쳐야 하는 존재라는 관료적 사고를 여전히 속에 담고 있는 게 아닌지 묻고 싶다. 특히 그것을 국민적 공감대라는 이름으로 포장하려 한다면 이젠 그런 노력은 하지 말아야 한다는 사실이다.

미국 주요 도시의 이면 도로에는 삼색 신호등이 없다. 노란 점멸등만이 깜빡거릴 뿐이다. 동시에 '비보호'란 표시가 눈에 띄게 많다. 이것은 교통 당국이 주민을 상대로 이러쿵저러쿵하지 않겠다는 뜻이다. 이를테면 자율적으로 도로 법규를 지키라는 의미다. 그렇지 않으면 본인이 책임지라는 말이기도 하다.

몇 년 전 프랑스 파리에서 일방통행 도로를 달린 적이 있다. 핸들을 잡은 교포 친구가 좁은 골목길을 사정없이 속력을 내 달리는 것이었다. 깜짝 놀라 속도를 줄이라고 했지만 그 친구는 빙그레 웃기만 했다. 파리에서는 일방통행 도로에서 역주행해 사고가 나면 역주행한 차주가 모든 법적 책임을 져야 한다는 게 그의 설명이었다.

국민을 사소한 일로 범법자로 낙인찍는 일은 있을 수 없다. 그러므로 안전판을 만들거나 국민을 법 테두리 안에서 보호하려는 펜스 구축 작업은 정부의 책임이자 의무이기도 하다. 하지만 눈앞에서 벌어지고 있고 현실을 외면할 수 없는 것조차 자라 보고 놀란 가슴 솥뚜껑 보고 놀란다는 식으로, 폐쇄적 정책을 펴는 것은 소담스러운 일이 아니다.

지금 대한민국 아케이드 게임 정책이 그렇다. 언제까지 그렇게 옥죄고만 있을 것인지 도무지 알다가도 모를 일이다. 늘 비교 대상이 되는 '바다이야기' 사태는 일부 세밀하지 못한 정책도 한 원인이긴 하지만 기기 개·변조 등 현장 관리를 제대로 하지 못한 게 더 큰 화를 부른 것이다. 그렇다면 적어도 앞서 추진한 정책들을 세세히 손을 보고 다듬을 일이지 문을 더 꼭꼭 닫아걸고 묶어둘 게 아니라는 것이다.

정책 입안자라면 굳이 잘나가고 있는 온라인게임에 말썽꾸러기인 아케이드 게임을 얹어서 끌고 갈 필요성이 있는가란 의문을 제기할 수 있다. 그러나 그건 아니라고 본다. 세계 비디오게임(콘솔) 시장에 버금가는 아케이드 게임 산업의 수요를 생각하자는 게 아니다. 분명한 사실은 오프라인에서 게임 수요(아케이드 게임)가 존재하고 오프라인의 마니아들이 여전히 활동하고 있다는 점이다. 더 나아가 향후 게임의 플랫폼 흐름과 향배도 예측할 수 없다는 것이다.

현재 온라인게임이 세를 이루고 있지만 오프라인을 베이스로 한 새로운 플랫폼 탄생 가능성은 늘 잠재해 있다. 잘못하다가는 땅을 치고 후회할 일이 생길 수 있는 것이다. 아케이드 게임 산업의 불씨를 꺼뜨려서는 곤란하다는 이유가 바로 여기에 있다. 게임포인트 재사용 여부를 놓고 형평성 주장을 펴고 있는 아케이드 게임계를 보면서 오죽하면 그러겠는가 하는 측은한 마음이 든다. 그게 다름 아닌 대한민국 아케이드 게임계의 현주소다.

언제까지 국민적 공감대란 이름으로 손을 놓고 있을 것인가. 구더기 무서워 장을 못 담근다면 장맛을 보기란 어렵다. 그것이 두려워 정책을 입안하지 않고 소일하고 있다면 산업의 미래는 암담할 수밖에 없다.

안타깝게도 지금 국내 아케이드 게임계가 그 지경이다. 이제 그들에게 자율성이란 옷을 입혀 큰 책임감을 부여하면 안 될까. 아케이드 게임계를 생각하면 이러지도 저러지도 못해 마음만 심란할 뿐이다.

2009-09-28

잔칫상을 그대로 엎을 것인가

게임만 한 수출 효자 상품이 없다. 지난해 10억 달러 수출에 이어 올해는 이보다 30~40% 이상 증가한 13~14억 달러 수출도 가능할 것으로 보이기 때문이다. 무역수지를 놓고 따져 보면 더 고무적이다. 산업계에 녹아들지 않고 늘 변방에서 맴돌고 있는 한국 닌텐도와 블리자드코리아의 본사 로열티 송금을 가상하더라도 큰 폭의 흑자가 예상된다는 게 관계자들의 공통된 전망이다. 승승장구, 쾌속행진을 거듭하고 있는 것이다.

10억 달러 수출이란 콘텐츠 산업계의 신기원을 이룩하면서 금융권의 관심도 커지고 있다. 예전의 파이낸싱 방식에 의한 자금 유입이 아니라 단 한 번에 뭉칫돈이 들어오는 현상이 나타나기 시작했고, 제3 금융권에서만 이루어지던 자금줄도 다양화되는 모습을 보이고 있다. 최근 들어서는 제2 금융권뿐만 아니라 제도권인 시중은행에서조차 높은 관심을 보이기 시작했다.

격세지감을 실감케 해주는 대목이다. 게임의 산업화를 외친 지 불과 4~5년 만에 제도권의 분위기가 냉탕에서 온탕으로 완전히 바뀐 것이다. 이 정도면 가벼운 샴페인 정도는 터뜨려도 무방하지 않을까 싶다.

하지만 상상을 초월하는 높은 관심은 가끔은 짐으로, 더 나가서는 적지 않은 크기의 멍에로 바뀌어 돌아오기도 한다. 올 들어 게임계가 분명히 잔칫상을 받아 쥔 것 같기도 한데, 그것은 찰나라고 해야 옳을 것 같다. 수출효자 상품이란 이미지 못지않게 사행성·폭력성·중독성이 짙은 미디어로 꼽히면서 또 다른 사회문제로 떠오르고 있는 것이다. 특히 사행성과 폭력성은 그 관심도의 높이만큼 커다란 몬스터로 변해 게임계를 덮칠 기세이다.

지난 10월 게임위 국정감사장에서의 일이었다. 이날 여야 의원들은 이구동성으로 게임의 사행성과 폭력성을 지적하고 나섰다. 여당의 A 의원은 게임 폭력성의 심각성을 제기하며 '셧다운제'의 조기 실시를 주장했고 야당의 B 의원은 게임 장르에 대한 보다 세밀한 심의가 필요하지 않겠느냐고 게임위원장을 다그치기도 했다. 여기서 중요한 사실 한 가지는 예전과 달리 사행성 못지않게 폭력성에 대한 우려가 매우 커졌다는 점이다. 특히 이날 여야 의원들은 소속 정당과는 관계없이 전원이 게임의 폭력성을 지적하며 대책을 촉구하고 나서 관심을 끌었다.

지난주 정부 부처의 한 인사와 점심을 겸한 자리를 한 적이 있다. 이 자리에서 그는 게임의 폭력성을 강하게 질타했다. 그러고선 게임위가 도대체 뭐하는 집단이냐며 심의에 대한 불만을 강하게 피력했다.

그는 "사람을 마구 살상하는 게임들이 쏟아져 나오는데, 이는 게임위의 느슨한 심의 태도 때문에 그런 거 아니냐"면서 "그런 게임을 청소년용 등으로 세분해 심의할 게 아니라 모두 성인용으로 돌려놔야 할 것"이라고 지적했다. 아마도 FPS(1인칭 슈팅)게임을 지칭한 것으로 보이는데, 그의 태도는 매우 단호했다. 그는 그런 게임에 대해 제도권 진입이 쉽지 않도록 많은 제약을 둬야 할 것이라고 주장하기도 했다.

폭력성도 그렇지만 사행성도 논란거리로 도마 위에 오르내리고 있다. 일전에 만난 게임위 이수근 위원장도 수인사를 마치자 마자 큰 한숨을 내쉬었다. 까닭을 물어보니까 게임계가 최근 사행 게임에 너무 함몰돼 있다는 것이었다. 좌판으로 보면 한쪽 진영 이외 다른 한쪽의 진영은 거의 보이지 않을 지경이라고 했다. 이 위원장이 심각한 표정으로 물었다.

"게임계가 요즘 그렇게도 곤란합니까. 경기 침체라고 하는데 정말 게임계도 그리 어렵습니까. 그렇지 않고서야 이렇게 한쪽으로 쏠릴 순 없어요. 한번 크게 하고 나갈 게 아니고선 말이죠." 한마디로 답답하다는 표정이었다.

그의 지적은 다름 아닌 게임계의 현재 모습이 분명했다. 게임계가 탐내지 말아야 할 금단의 열매 따기에 열을 올리고 있는 것은 아닌지 묻지 않을 수 없다. 그러다 보니 그건 절대 아니다 하면서 반대편 진영을 지켜온 사람들조차 크게 동요하는 듯한 느낌을 주고 있다.

힘의 균형이 무너지면 한쪽으로 쏠리는 것은 시간문제일 뿐이다. 그때문인지 게임계의 잔칫상이 그대로 뒤집어지는 게 아니냐는 우려의 목소리도 커지고 있다. 어찌 보면 게임계는 지금 풍전등화의 모습이다.

게임계가 무르익고 있는 제도권 분위기에 편승, 재도약을 꾀하려면 지금이라도 국면 전환을 꾀해야 한다. 자발적으로 자정 노력을 기울여야 한다는 뜻이다. 그런데 안타깝게도 그런 조짐과 움직임은 보이지 않는다. 현실적으로 보면 한 조각의 빵이 더 화급한 과제가 되고 있는 까닭인가. 그렇다면 진실로 그 길을 향해 가려는 것인가. 잔칫상을 뒤집어엎을 것인가.

2009-12-14

게임산업협회와 차세대융합콘텐츠협회

올해 게임계의 최대 사건 중 하나는 지난 10월 김정호 전 회장의 전격적인 사퇴 소식이었다. 충격과 놀라움을 함께 안겨다 준 그의 사퇴 배경을 둘러싸고 여러 설과 얘기들이 오갔지만 그래도 심정적으로 이해할 수 있다는 게 게임 업계의 전반적인 분위기였다. 하지만 과연 공인으로서 취할 태도인가에 대해서는 두고두고 말들이 많았다고 해야 맞다.

그의 속내를 굳이 살펴보지 않더라도 대강 짐작은 간다. 피아가 구분되지 않는 정글 속에서의 직분이란 외롭고 고단한 자리일 수밖에 없다. 더욱이 탄탄한 기반 위에 서 있는 업종이 아니라 까딱하면 구설에 오르는, 말 그대로 말썽 많은 집단의 단체장은 약점이자 꼬투리를 잡힐 수 있는 그런 자리다. 그런 위치에 있는 사람을 안팎으로 마구 흔들어대니 해 볼 재간이 있겠는가.

이익단체인 협회는 생리적으로 말들이 많은 곳이다. 잘해봤자 회원들의 반응은 냉소적이거나 당연히 그 정도는 해야 하는 거 아닌가 하는 수준이다. 하지만 예상보다 못하면 그 반응은 한마디로 아니올시다인 것이다. 어제의 우군, 평생 동지가 바로 탄핵 대상이 된다. 이해관계가 엇갈리게 되면 공통분모 찾기란 더 복잡해진다. 단체가 양분되거나 숱한 말들이 쏟아지는 까닭이 바로 이 때문이다.

해서 연륜이 깊고 성상을 많이 쌓은 단체에서는 경륜 있는 상근 부회장 또는 국장을 두기도 한다. 막후 협상을 통해 주요 작업을 마치겠다는 뜻인데, 더 깊게 들어가면 의견이 갈려도 회원사끼리의 앙금은 남기지 않게 하기 위함이 더 크다. 또 연조가 있는 단체에서는 고문단을 운영하기도 한다. 오래된 회원사 또는 인생의 깊이가 있는 회원사 대표 또는 언론사 대표 및 기관 대표들을 여기에 포함시킨다. 의견이 상충될 때 나름의 조언을 듣기 위함이긴 하지만, 이 또한 회원사끼리의 감정이 맞닿을 경우 그대로 노정되지 않도록 하기 위한 조치다.

이 같은 얘기를 종합하면 늘 깨질 수 있는, 위험천만한 곳이 다름 아닌 협회다. 그런데도 정부는 왜 굳이 개별 업종을 일일이 임의단체가 아닌 사업자 단체로 해서 산하에 두려는 것일까. 또 말 많고 탈 많은 단체의 경우 왜 더 곁에 두려고 하는 것일까.

간단히 얘기하면 그래야 편하기 때문이다. 이를테면 각각의 개별 사업자를 대상으로 일일이 민원을 들어줄 수 없는 게 정부다. 또 해당 업종을 육성·발전시키기 위해선 공식적인 연결고리가 있어야 한다. 그렇지 않으면 특정 기업에 혜택을 주었다는 오해를 살 수 있다. 그래서 정부는 사업자 단체를 지정하고 그 단체를 통해 해당 업종을 들여다보는 셈이다.

뒤집어서 보면 정부가 해당 업종을 시스템적으로 인정한다는 의미도 내포하고 있다고 볼 수 있다. 예컨대 함량 미달이거나 제도권의 업종 사업자들로 인정하지 않을 땐 정식 단체로 인가를 내주지 않기 때문이다. 게임산업협회는 문화부 인가단체이다. 그런 단체가 3개월째 파행을 거듭하고 있다. 회장이 유고인데도 이사회가 열린 것은 단 한 차례도 없다. 회원사 모두 강 건너 불 보듯 하고 있다.

하지만 신기하게도 단체가 움직이고 있다. 회원사들의 자발적인 참여에 의해 움직이는 것이라면 그나마 다행이지만, 협회 및 단체라는 곳이 편의에 의해, 혹은 특정인에 의해 그렇게 개별적으로 움직일 수 있는 데가 아니다. 지스타는 개별기업 참여 성격이 짙다고 하니 그렇다손 치더라도 대한민국 게임대상 시상식 주관은 잘못하다가는 절차상 큰 논란을 불러 모을 수 있는 대목이다.

임의단체라고 한다면 어떤 식이든 관계없다. 하지만 게임산업협회는 정식 단체다. 현재 협회를 사실상 이끌고 있는 것으로 알려진 운영위원회는 정관상 이사회 하급기관이다. 따라서 여기서 협회 업무가 추진되고 결정된다면 크나큰 잘못이다.

운영위에서 결정하고 진행한 것이라면 이는 마치 미성년자가 부모의 도장을 임의로 꺼내 사용한 것과 다름 아니다. 안타까운 것은 주무부처인 문화부조차 이 같은 사실을 방치하고 있다는 점이다. 그렇지 않다면 문화부는 일찍이 게임산업협회를 사고단체로 규정하고 이사를 파견하든지 아니면 협회 정비를 강제해야 옳았다.

협회는 회원사들의 관심과 정성으로 성장한다. 그런 측면에서 지난주 차세대융합콘텐츠산업협회 송년회는 시사하는 바가 컸다. 협회 초청으로 참석한 필자는 그날 무려 4시간을 소비해야 했다. 잠시 인사말만 건네고 갈 참이었는데 그대로 눌러앉고 말았다. 이호수 협회장을 비롯한 임원사들이 하나같이 꿋꿋하게 자리를 지키고 있었기 때문이다. 분위기는 바깥 날씨만큼 훈훈하기만 했다.

이 회장은 그리곤 "오늘은 공적인 신분으로 왔다"고 했다. 그 때문인지 달변도 아닌 그가 지루할 수 있는 행사장을 끝까지 지켰다. 그는 4시간 만에 나서는 필자를 출구까지 친절하게 배웅해 주기도 했다.

짧은 시간 융합협회의 송년회를 지켜보면서 많은 것을 생각하게 되었다. 결국엔 연륜상 엇비슷한 양 단체의 느낌이 어쩌면 이렇게 다를 수 있을까란 의문부호가 머리를 떠나지 않았다.

2009-12-28

게임계가 지금 잘하고 있다구?

이명박 대통령이 취임 초 강조한 기업 프렌들리 정신은 그의 입지전적 성장 과정에서도 알 수 있지만 그가 몸으로 체득한 현장 경험에서 비롯됐다. 기업이 아무리 잘하고 싶어도 행정부가, 산하기관이 협조하고 도와주지 않으면 아무것도 할 수 없다는 걸 그 누구보다 잘 알고 있는 사람이 기업 경영인 출신의 이 대통령이다. 그 때문인지 항상 현장 경험을 중시했고, 현장 중심의 경영을 모토로 삼았다.

대통령, 자신에 대한 산업 경계선의 대못도 편협된 사고의 대못도 스스로 빼다시피 했다. 2003년 이른 봄 당시 서울시장 재직 시절, 그는 뜬금없이 게임을 배우겠다고 달려들었다. 주변 참모들은 격에 맞지 않는다며 말렸지만 이 대통령은 그래도 게임을 해봐야겠다며 자신에게 게임을 가르쳐줄 사부의 추천을 고집했다. 그리고 3개월에 걸친 학습에 매달렸다. 그 당시 이 대통령이 맹렬히 공부한 게임은 다름 아닌 '스타크래프트'였다.

대통령이 그렇게 게임에 몰두한 까닭은 그 해 10월 서울에서 월드사이버게임(WCG) 대회가 예정돼 있었고, 그날 행사장에서 배틀 경기를 시연해 보여 주기로 약속한 때문이었다.

형식적인 일정에 꿰맞춘 식순이었지만 대통령은 열정을 쏟아부었다. 그의 배틀 실력은 안타깝게도 불과 5분여 정도만 보여지는 것으로 싱겁게 끝났지만, 그를 아는 사람들에겐 그의 진면목을 또 한번 보여 줬다. 게임을 앎으로써 게임산업과 문화를 들여다볼 수 있게 됐고 그로 인해 필요한 못과 필요치 않은 못을 구분하는 안목을 키운 것이다. 2003년 그 해 가을

WCG 서울대회는 예상외의 관객 동원을 기록하며 대성공을 거뒀다.

대통령의 기업 프랜들리 정신 강조는 그렇게 새롭다 할 수 없다. 역대 정권마다 늘 지적하고 문제 삼아 온 것이 질 떨어진 관료 사회의 대민 서비스였고 기업 뒤에서 버티고 서서 흔들거나 복지부동하는 일이 다반사여서 더 이상 한국에선 사업을 못 하겠다는 기업들이 적지 않았기 때문이다.

정부가, 산하기관들이 먼저 앞장서서 길을 닦으려 들지 않으면 전봇대는 뽑히지 않는다. 그러기 위해서는 현장을 알아야 하고 산업을 꿰뚫어 보는 안목을 키우기 위해 열심히 공부해야 한다. 그도 저도 싫다면 발품을 팔거나 귀동냥이라도 해야 한다.

지난 9월 말 경기도 성남 디자인센터에서 열린 기능성 게임 전시회장에서 오랜만에 김문수 경기지사를 만났다. 그의 지자체장 당선 이후 첫 만남이었다. 김 지사와의 첫 인연은 인천 국제공항 대합실에서였다.

지우(知友)의 소개로 우연찮게 김 지사와 자리를 함께한 그 날, 때아니게 게임산업에 대한 얘기를 주고받게 됐다. 그때 마침 기상악화로 비행 이착륙이 지연되자 얘기는 장황한 강연으로 이어지기 시작했고 마침내 공항 귀빈실로까지 옮겨지게 됐다. 한참의 얘기를 듣고서 그가 던진 첫 일성은 산업의 패러다임이 놀랍고 산업 비전이 뛰어나다는 것이었다.

그런 그를 경기도 주최의 게임전시회장에서 만난 것이었다. 반갑게 게임산업 얘기를 주고받으며 느낀 그에 대한 소회는 게임산업에 대해 참 많이 공부했구나 하는 점이었다. 어느 틈에 게임산업 단지 조성 계획을 수립해 발표하고, 그도 모자라 글로벌 게임 허브센터 유치에 나서 성공했다.

그는 최근 게임산업 육성을 위한 도 특별위원회 구성을 준비 중인 것으로 알려지고 있다. 뒤늦게 그에 대한 얘기를 들을 수 있었는데, 김 지사가 콘텐츠산업 특히 게임산업에 대해 엄청나게 공부했다는 것이다.

뜻이 있는 곳에 길이 있던가. 한쪽은 대못을 뽑으며 육성책 마련에 고민했고, 다른 한쪽은 발품을 팔면서 씨를 뿌려댄 것이다. 공통점은 지식산업의 메카는 콘텐츠산업이며, 이 중 핵심은 게임산업이라는 데 인식을 같이하고 있다는 점이다.

MB 정권이 들어설 무렵 게임계의 시선은 싸늘했다. 육성책보다는 규제책이 쏟아질 것이라는 우려 때문이었다. 엎친 데 덮친 격으로 게임산업진흥원은 끝내 공중분해 됐고, 새로 출범한 콘텐츠진흥원장에는 정치인이 임명됐다.

게임계가 우왕좌왕할 때 믿고 의지한 것은 유인촌 문화부 장관이 대통령 관심사항이라며 밝힌 산업육성의 메시지였다. "대통령께서 게임산업에 대해 큰 관심을 가지고 계십니다. 저에게도 그 산업을 챙기라고 늘 말씀하십니다."

그런데 대못은 안 뽑히고, 씨 뿌림이 보이지 않는다면 뭔가 잘못돼도 한참 잘못됐다. 그러고 보니 정부가 손을 놓고 있는지, 아니면 진흥원이 딴짓을 하고 있는지 그 누가 알겠는가. 정말 알다가도 모를 일이다.

잘된다 하니까 모든 게 잘 풀려 가는 줄 아는 모양인데, 그것은 대단한 착각이다. 이른 시일 내 게임계에 새로운 모멘텀을 제공하지 않으면 머잖아 지구촌의 구멍가게로 전락할 수 있다는 사실을 정부 관계자들이 알았으면 한다. 그리고 마지막 당부이다. 대통령이 나서 내일의 미래를 위해 대못을 뽑자는데 도대체 뭣들 하고 있는가.

2010-01-15

NHN에 나가라고 하면 말을 듣겠는가

게임계가 사행성 게임 및 폭력 게임 척결을 위한 해법을 둘러싸고 양분 조짐을 보이고 있다. 예컨대 개발자 중심의 젊은 층과 중견 개발사들은 강경한 입장의 척결방식을 주장하는 반면 퍼블리셔 및 메이저들은 다소 신중한 반응을 보이고 있는 것이다.

수순을 천천히 밟아가야 한다고 주장하는 신중론자들은 일단 대상 기업들이 동종업계의 오랜 동지인 데다 기업 규모 또한 작지 않다는 데 고심하고 있다. 그래서 일부에서는 게임계의 영향력이 큰 까닭에 지레 겁을 먹고 접근하자는 주장이 아니냐는 비아냥식 이의를 제기하고는 있지만 현실적인 대안을 쉽게 도출해 낼 수 없다는 데 신중론자들의 고민이 있다. 업계의 한 관계자는 "그렇다고 간판 타자급인 NHN을 상대로 당장 게임계를 떠나라고 할 수는 없는 일이 아니겠느냐"고 했다. 그러면서 "일 처리는 순서가 있고 때가 있는 법"이라며 진중한 반응을 나타냈다.

반면 강경론자들은 이번만큼은 과감하게 결단해야 하며 속전속결로 처리하는 게 맞다는 주장이다. 이들은 눈을 감고 봐도 뻔한 웹보드 게임 등 사행성 게임의 경우 이번 기회에 게임계에서 완전히 도태해야 한다는 입장이다. 일부 강경론자들은 아예 신임 게임협회장의 취임을 계기로 본격적인 퇴출 운동을 펼쳐야 한다고까지 주장하고 있다. 이를테면 환부를 빨리 드러내지 않으면 그 고름이 온몸에 퍼져 손을 쓰지 못하게 될 것이라는 얘기다.

정치권과 정부 측의 일련의 움직임도 회자됐다. 한 관계자는 이를 두고 "게임계에 알리는 예고편이며 경고의 메시지"라고 표현했다. 사전에 손을 쓰지 않으면 가래로도 막지 못하게 될 것이라는 것이다. 양측의 얘기를 들어보면 폭력 게임과 사행성 게임의 척결에 대해서는 동의하지만 시기와 처리방식에 대해서는 이견을 보이고 있음을 읽을 수 있다.

여기서 중요한 사실 한 가지는 젊은 층을 중심으로 한 개발사들이 드디어 목소리를 내기 시작했다는 점이다. 산업계는 그동안 업계 현안 및 민감한 사안이 대두될 때마다 이렇다 할 컨센서스를 형성하지도, 그렇다고 제기하지도 않아 왔다는 점에서 놀라운 변화로 받아들이고 있다.

게임계의 한 관계자는 "업계에는 그간 총의의 뜻보다는 흩날리는 목소리가 더 많았던 게 사실이었다"고 실토했다. 이 관계자는 "바다이야기 사태도 결국 이러한 업계의 안이한 태도와 나만 아니면 그만이라는 식의 보신주의 및 적당주의에서 비롯된 비극으로 보면 맞다"고 했다. 그는 더 이상 그럴 수도, 그렇게 방치할 수도 없는 노릇이라고 했다. 다른 한 관계자도 "어린아이의 눈에도 훤히 속 들여다보이는 것을 그대로 방치한다는 것은 마치 범죄 행위를 알면서도 그대로 눈을 감고 방치하는 것과 다름 아니다"라고 까지 말했다.

중견업체의 한 관계자도 "게임계도 이젠 뒤로 감춘 채 쉬쉬할 게 아니라 사안을 드러내 시시비비를 가려야 할 것"이라고 말했다. 이를테면 아닌 걸 아니라고 말하지 못하는 것은 먼저 자신이 구린 탓이라고 했다. 그는 "아닌 걸 아니라고 말하지 못한다면 역사의 진보도 없을뿐더러 더 큰 화를 불러들일 수 있다"고 말했다.

이 같은 양측의 행보에 대해 일각에서는 자칫 게임계의 분열된 모습으로만 비치지 않겠느냐며 조심스러워하는 반응이다. 한 관계자는 "아무리 좋은 일을 추진하더라도 목청이 커지면 결과가 나빠질 수도, 아니면 엉뚱한 방향으로 튀거나 틀어질 수 있다"며 우려했다. 신임 김기영 협회장도 "현실적인 제반 문제를 고민하지 않을 수 없는 게 아니냐"라고 했다.

그는 그러나 "정부와 시민단체에서도 사행성 게임과 게임 과몰입에 대해 크게 우려하고 있기 때문에 마냥 시간만 소일할 수도 없는 문제"라고 했다. 의제를 정식으로 올려놓는 등 업계의 논의의 장을 마련하고 이를 통해 컨센서스를 이끌어 나가겠다는 뜻이 아닌가 싶다.

어찌 됐든 이선에서 묵묵히 게임 개발에만 몰두해 온 중소 개발사와 중견 개발사들이 자기 의견과 의사를 드러내기 시작했다는 것은 의미 있는 일이다. 공교롭게도 그 시점이 협회장 취임 시기와 맞물려 있다는 점이 예사롭지 않다. 게임계의 풍향이 확실히 달라질 게 분명하다. 그게 무슨 대수로운 일이냐고 묻겠지만 게임계의 입장에서 보면 놀라운 일이다. 앞으로 반드시 할 말은 하겠다는 젊은 신예들과 다소 무게중심을 잡으려는 기득권층 업체들간 힘겨루기가 재미있게 됐다.

2010-02-26

사행성 게임과 MMORPG의 힘겨루기

게임 역기능 해법을 둘러싸고 벌어진 MMORPG 게임 진영과 웹보드 게임 진영 간 1차 힘겨루기는 일단 웹보드 게임 진영의 승리로 끝날 것으로 보인다. 양 진영은 그동안 게임 역기능 해법을 놓고 치열하게 신경전을 벌여 왔다는 점에서 웹보드 게임 진영의 대표 기업인 NHN이 또 다시 막후에서 보이지 않는 힘을 발휘한 게 아니냐는 관측을 낳고 있다.

최근 정부의 대책도 이를 뒷받침해 주고 있는 느낌이다. 문화체육관광부는 1분기 들어 게임에 대한 여론이 악화되자 사행성 게임의 대표작으로 꼽히는 웹보드 게임보다는 중독성이 상대적으로 강한 MMORPG 게임에 대한 대책을 우선적으로 마련키로 한 때문이다. 문화부는 실질적인 실행플랜이 담긴 후속 대책을 곧 내놓을 것으로 보이는데, 이 규제책이 시행되면 업계의 파장은 예상보다 훨씬 클 것으로 보인다.

지난해 연말까지만 하더라도 게임 역기능에 대한 해법 수순은 과몰입 게임보다는 사행성 게임과 FPS 게임이 우선순위였다. 그런데 올 들어 분위기가 확 바뀌기 시작했다. 게임 과몰입으로 인한 사건이 잇따르고 청소년들을 비롯한 미성년자들의 주된 이용 게임 장르가 MMORPG란 사실이 알려지면서 그동안 논란을 빚어온 사행성 게임의 대표 장르인 웹보드 게임에 대한 규제안이 후순위로 슬그머니 밀려나 버린 것이다.

세상 사람들의 따가운 시선을 불러 모은 장르는 웹보드 게임인데, 정작 MMORPG가 규제 대상 우선순위로 걸려든 것은 사회적 분위기가 급속도로 청소년 보호 대책에 쏠린 탓도 있지만 MMORPG 진영이 너무 안이하게 현안을 다룬 까닭도 크다. 실제로 웹보드 게임 진영은 나름의 대응 논리를 개발해 발표하는 등 전방위적인 대책을 내놓고 뛴 데 반해 MMORPG 진영은 변변한 과몰입 대책을 발굴도 소개도 하지 못했다. 그나마 선보인 대책이란 것도 과거 발표된 내용을 재탕 삼탕한 것이라는 비난을 샀다.

또 웹보드 게임 진영은 막대한 자금이 동원된 '채널링' 무기를 만들어 우군들을 양성하기 시작했다. 상당수 유력 웹진들이 웹보드 게임 진영의 채널링에 가세했고 그 후로 고스톱 포커 게임의 사행성 문제가 슬그머니 자취를 감춰 버린 것은 시사하는 바가 크다. 반면 MMORPG 진영은 이 같은 움직임을 알면서도 '우리가 남이가'란 식의 안이한 태도를 보였다. 이도 모자라 같이 입을 모아 합창을 하기도 했다. 또 눈치도 없이 그 잘난 마케팅을 한답시고 청소년층을 상대로 대대적인 물량 공세에 나섰다. 미성년자인 청소년들이 게임에 함몰되기 시작했고 그런 자녀들의 모습을 본 학부모들은 기겁했다.

엎친 데 덮친 격으로 지난 졸업 시즌에는 청소년들의 난장 이벤트가 극에 달해 사회적 공분까지 일으켰다. 대통령이 직접 나서 안타까움을 표시하는 지경에 달하고 말았다. 이렇게 되자 급기야 사행성 문제보다는 청소년들의 비행 문제가 더 급한 과제가 돼버린 것이다. 지난해 최대 논란거리인 웹보드 게임의 사행성 문제가 이선으로 돌려지고 게임 과몰입 문제가 전면에 부상한 격이 되고 말았다.

바둑에는 수 읽기라는 게 있다. 상대의 포석을 미리 알고 점을 찍어 두는 것이다. 웹보드 게임 진영이 MMORPG 진영에 비해 상대적으로 국민정서와 흐름의 수를 잘 꿰고 있었던 셈이다.

여기서 재미있는 사실은 이 같은 1차전 결과는 양 진영의 주가에 또한 큰 변화를 안겨다 줬다는 점이다. 예컨대 정부의 게임 규제책 예고에도 불구, 주요 웹보드 게임업체들의 주가는 상승세 내지는 끄떡없는 모습을 보인 반면 MMORPG 진영의 주가는 줄줄이 내림세를 나타냈다. 특히 MMORPG 대표기업들의 주가는 생각보다 크게 주저앉았다. 문제는 여기에 그치지 않을 것이란 점이다. 정부의 구체적인 규제 실행계획이 발표되면 이들의 주가는 또 한번 요동칠 게 분명하다.

이를 통해 보면 양 진영의 갈 길이 확연히 달라 보이는데 계속 함께할 것이냐는 것이다. 한 가지 분명한 것은 신은 재물과 재능 등 영화로운 것들을 결코 한쪽으로 몰아 주지 않는다는 사실이다. 얻어지면 반드시 잃는 게 있다는 뜻이다. 분명 화를 불러올 게 뻔한데 계속 함께할 것인가. 앞으로 벌어질 양 진영의 2차 대전이 어떻게 전개될지 지켜볼 일이다.

2010-03-12

위기국면 땐 주인이 앞장서는 게 옳다

영화·음반·게임 등과 같은 엔터테인먼트 산업이 겜블의 그것과 자주 비교되는 것은 리스크가 상대적으로 엄청나다는 점 때문이다. 단 한 번의 대박으로 판을 바꿀 수 있지만 단 한 번의 실수로 모든 것을 잃어버릴 수도 있다는 것이 그렇다. 그래서 대부분의 엔터테인먼트사들은 경영주들이 전면에 나서 있거나, 아니면 막후에서도 절대 울타리 밖으로 벗어나지 않는다. 이를테면 돌아올 수 없는 강을 건너 버리는, 결정적인 화를 자초할 수 있기 때문이다.

최근 삼성그룹 이건희 회장이 경영 일선에 나선 데 대해 논란이 빚어지고 있다. 거두절미하고 보면 세계경제가 마치 럭비공처럼 튀고 있다는 것을 의미한다. 인터넷기업에 비해 상대적으로 흐름이 느린 굴뚝 산업도 그때그때의 시대 흐름을 좇지 못하면 그대로 무너질 수 있다는 게 이 회장의 경고인 셈이다. 전면에 나서는 것과 이선에 머물고 있는 것과의 차이점이 무엇이냐고 묻는 것은 우문이나 다름 아니다. 그것은 코끼리의 코를 만지고 그리는 것과 그냥 그림만 보고 그리는 것과의 차이일 정도로 간극의 차가 크다.

기업 인수합병(M&A)으로 세계적인 미디어그룹을 완성한 뉴스코퍼레이션(Corp)의 루퍼트 머독은 한 번도 경영 일선에서 자리를 떠난 적이 없다. 그같은 머독에 대해 일각에서는 워커홀릭에 빠진 인물이라고 끌어내리고 있지만 그가 그처럼 실무형 사업가로서, 경영 전면에 나서 진두지휘하지 않았다면 엔터테인먼트 산업 못지않게 경쟁을 치르는 세계 미디어산업에서 결코 살아남을 수 없었을 것이란 게 그에 대한 대체적인 평이다.

삼성이 잘나가고 있지만 뭔가 부족한 느낌을 지울 수 없다는 게 지난 1년여간 총수가 빠진 삼성그룹에 대한 재계의 평가다. 예컨대 반박자가 늦거나 뭔가 양념이 빠진 음식처럼 감칠맛이 없다는 것이었다. 이 회장이 이를 나름의 그룹의 위기의식으로 본 것은 세계경제를 바라보는 그의 안목과 경영 전반에 걸친 노하우가 곁들여져 내려진 결론으로 보인다.

게임계가 제도권 기업과 어깨를 나란히 못 한 때가 많다. 지금은 그나마 나은 편이 됐지만 그것은 다름 아닌 제도권 기업의 언어와 행동을 익히지 못한 탓이 컸다. 기업 경영도 제멋대로인 주먹구구식이었다.

그래서 새 물이 들어와야 새 풍토가 조성될 수 있다며 전문 경영인의 영입 필요성이 강조됐다. 그리고 몇몇 기업들은 오프라인에서 갈고닦은 전문 경영인의 영입으로 재미를 보기도 했다. MMORPG 업체 A사는 전문 경영인 영입 덕택으로 명실공히 기업의 골격을 갖추고 코스닥에도 상장됐다.

하지만 상당수 기업들은 대부분 실패했다. 전문 경영인이 맡고 있거나 아니면 대주주가 이선에 물러나 있는 기업일수록 조직 내 의사소통이 늦고 산업계 현안에 소극적인 경우가 허다했다. 특히 창업주가 경영 일선에 있는 기업과 그렇지 않은 기업을 비교해 보면 게임 중독 등 역기능의 요소가 상대적으로 많은 작품일수록 주인이 이선에 머물고 있는 경우가 많다는 지적을 받기도 했다.

실제로 엔씨소프트의 빅 히트작 '아이온'을 보면 게임 과몰입을 의도적으로 유도하려 든다면 여러 제 요소를 살짝 가미하면 가능한데 이를 엄격히 제한하고 있다는 것이다. 드래곤플라이의 FPS 히트작 '스페셜포스'도 비슷한 사례다. 마음만 먹으면 더 자극적으로 이끌 수 있는데 이를 의도적으로 덮어버리고 있다는 것. 이에 대해 업계 관계자들은 그럴 수밖에 없다고 말한다.

이를테면 한 해의 경영 성적표로 자신의 업적을 평가받아야 하는 전문 경영인과 게임과 자신의 명예를 동일시하는 게임사 주인의 입장은 다를 수밖에 없다는 것이다. 지난해 하반기부터 세인들의 이목을 집중시키고 있는 게임계의 과몰입 현안 문제와 이선으로 물러나 앉아 경영 지표만 보고 받고 있는 대주주와의 상관관계는 과연 있는 것일까, 아니면 없는 것일까.

조선후기의 거상 임상옥은 지금의 엔터테인먼트 산업처럼 등락폭이 큰 인삼무역으로 큰 곤욕을 치렀지만 상인과 백성을 쥐어짜는 일은 결코 하지 않았다. 행수들에게 권한은 주었지만 이선에 머물지 않고 청나라 수출을 위해 직접 현지로 달려가 진두지휘했던 게 그다. 그 까닭은 시세 차익이 큰 사업일수록 정직해야 하고, 책임을 져야 하는 사람은 뒤에 있지 말고 앞에서 이끌어야 한다는 그의 경영 지론 때문이었다.

순간 그가 말한 '재상평여수'라는 말이 떠올랐다. 이를 의역하면 재물을 독점하려는 어리석은 재산가는 반드시 그 재물에 의해 비극을 맞을 것이라는 뜻이다. 게임 역기능과 재물 탐욕의 함수관계가 훤히 들여다 보여 하는 말이다.

2010-04-12

문화산업 컨트롤 타워는 있는가

최근 게임계의 기류를 들여다보면 뭔가 풀리지 않고 계속 실타래처럼 얽히고설킨다는 느낌을 지울 수 없다. 정부 정책 수립 과정을 들여다보면 한숨이 절로 터져 나올 지경이고 관련 산하기관 및 단체의 대응 움직임은 답답하기 그지없다. 왠지 맞아떨어지지 않고 있다는 이질감에다, 이처럼 어리숙하게 대응해도 되는가 싶은 안타까움이 가슴을 죄어온다.

문화체육관광부와 여성가족부의 입법 행태를 보면 그건 다름 아닌 밥그릇 싸움이며 저잣거리의 흉한 싸움질일 뿐이다. 게임 주무부처도 아닌 곳에서 게임 관련법을 추진하는 것도 가당찮고, 뒤늦게 이를 알고 어떻게든 상대방 쪽으로 넘어가는 공은 막아보겠다며 유사한 법률을 내놓은 부처의 대응도 우습기는 마찬가지다.

양쪽의 입법 취지를 들어보면 더욱 가관이다. 한쪽에서는 청소년들의 게임 중독을 막기 위해서는 근원적인 처방이 불가피하다는 주장인데, 그런 식으로 이유를 가져다 대면 청소년들의 생명 보호를 위해 식품 제조·자동차·비행기 표준 제정 등도 그 곳에서 하는 게 맞다. 그런데 그게 말이 되는가. 그런 식으로 한다면 주무 부처를 따로 두지 말고 정부에 대단위 통합 부처 한 개만 달랑 두면 될 일이다.

다른 한쪽의 주장은 더 한심하다. 아무 생각 없이 책상 속 깊숙이 넣어 둔 해묵은 법률안을 부랴부랴 국회에 제출했다. 때가 되면 입법화할 계획이었다는 것인데, 그 입법 추진 시기가 참으로 절묘하다. 의문점은 남는다. 예컨대 하필 왜 이때였는가 하는 점이다.

진정 그런 마음을 먹고 있었다면 진작 했어야지, 지금까지 뭘 한다고 책상 서랍 속 깊숙이 묻어 뒀는가. 왠지 이러다가 선수를 빼앗길 것 같은 느낌을 안긴 것인가. 아니면 소중한 밥그릇 하나를 잃어버릴 것 같은 강박증이라도 들더란 말인가. 아무리 좋게 생각하려 해도 그건 아니다 싶다. 차라리 속이 뒤틀렸다면 몸으로 막는 게 더 나았다.

문화부가 요즘 왜 그러는지 모르겠다. 그냥 허둥대는 듯한 그런 모습이다. 산업계에서 돌아다니는 얘기 한 가지를 소개하면 지금 문화부에 테크노크라트가 거의 없다고 입을 모은다. 일각에서는 내부의 언로가 막혀 있는게 아닌가 하는 시선을 보내고 있다. 아예 컨트롤 타워 기능에 대한 의문까지 제기하는 이들마저 있다. 쉽게 말하면 내부의 손발이 제대로 맞지 않는다는 것이다.

요즘 들어 정부의 e스포츠 육성 발전을 위한 청사진 발표에 회의적인 시각을 드러내는 이가 부쩍 많아진 듯하다. 솔직히 e스포츠라고 하지만 그 실체를 들여다보면 '스타크래프트' 경연장이나 다름 아니기 때문이다. 그래서인지 블리자드 측의 행태를 보면 넘어서지 말아야 할 선까지 간 게 아닌가 하는 의구심이 들 만큼 안하무인 격이다.

게임위원회에 대한 재심 요청도 그렇다. 절차상 문제는 없지만 그 과정을 들여다보면 무례하기 그지없다. 자신들에게 아양을 떠는 매체를 동원해 게임위의 심의 기준을 마구 헐뜯게 만들고, 정부기관마저 한 수 가르치듯 훈계하고 있다. 여기에다 '스타크래프트'의 저작권을 빌미로 e스포츠의 위상과 향배까지 뒤흔들려는 시도마저 서슴지 않고 있다. 그 때문인지 업계에선 이러다 블리자드 측에 모든 걸 헌상하고 마는 게 아니냐는 비아냥의 소리까지 나돌고 있다.

그 저간의 배경은 정부가 블리자드 측에 대해 한마디 바른 소리 하지 못하고 마냥 끌려다니는 듯한 모습을 보인 게 컸다. 지금 한국의 블리자드는 보이는 게 없는 무소불위의 집단이다. 그런데 이를 자세히 들여다보면 남을 탓할 것도 못 된다. 실제로 변변한 국산게임 하나 인기 종목으로 만들지 못한 채 10여 년의 세월을 마냥 '스타크래프트'에 끌려다닌 게 과연 누구던가. 그들을 그렇게 만든 게 다름 아닌 우리 정부이고, 우리 게임인이고, 우리 유저들이 아니었던가.

뒤늦게 일각에서는 블리자드에 대한 응징을 해야 한다는 주장을 펴고 있지만, 주한 미국대사관을 찾아가 블리자드 게임뿐 아니라 더 나아가 미국 제품에 대한 불매 운동을 벌인다 한들, 머뭇거리거나 꿈틀 댈 그들 또한 아니다. 뭔가 대한민국이 그들에게 큰 허점을 드러내 보인 셈이 됐다.

정부가 중심을 잡아줘야 한다. 지금처럼 겉도는 듯한 문화 정책을 남발해선 곤란하다. 특히 더 이상 책이 잡혀선 곤란하다. 그러기 위해서는 정치색을 배제한 강력한 리더십에 의한 정책수립이 절실하다. 지금 문화부는 컨트롤 타워가 제대로 작동하지 않고 있다. 그렇다 보니 한갓 죽었다 살아온 기업에 온 나라가 휘둘리고 있는 게 아닌가. 이럴 때일수록 정신 바짝 차려야 한다.

2010-05-03

손발 안 맞는 정부와 무기력한 게임계

실용정부 출범 이래 정부 여당의 손발이 제대로 맞아떨어진 적이 있는가 하고 물어본다면 쉽게 답하기가 곤란하다. 진중 여부는 차치하더라도 우선순위마저 헷갈리게 한다는 느낌을 줘왔기 때문이다. 민생법안 우선 처리란 원칙을 천명하면서도 정부 여당이 그동안 한목소리를 내며 처리한 적은 거의 없다. 한쪽에서는 부처 간 업무 협의가 끝나지 않은 탓이라고 주장하고, 다른 한쪽은 매일 야당하고 싸움질이나 하느라 법안 처리를 미룬 것이라고 항변하는 식이다.

오픈마켓 시장 혼란도 결과적으로 보면 정부 여당 측에서 화를 자초한 것이다. 조정능력이 없다는 것은 정치력이 없다는 것과 다름 아니다. 정치력이 없다는 것은 다시 말해 상대와 제대로 대화를 이끌지 못한다는 것으로, 소통의 능력이 없다는 뜻이기도 하다. 정부와 여당이 서로 입을 맞추지 못하면서 야당을 상대로 조정능력을 발휘하는 등 정치력을 보이겠다는 것은 어불성설이다. 모바일 게임산업뿐 아니라 정보통신계의 현안이 되고 있는 오픈마켓 관련 법안이 끝내 처리되지 못한 까닭이 바로 여기에 있다.

문화체육관광부와 여성가족부의 최근 대립관계도 그 연장선상에 서 보면 딱 맞다. 한편에서는 산업육성 차원에서 절대 불가하다고 주장하는 반면 다른 한편에서는 이제는 더 이상 좌시하지 않겠다는 것이다. 그러나 내용을 자세히 살펴보면 그렇게 조정 작업이 까다롭거나 난제라는 중압감이 들지 않는다는 것이다.

문제는 한편의 목소리가 너무 거세고 다른 한편에서는 상대를 인정하지 않고 결단코 내 길을 가고야 말겠다는 성과주의에서 비롯되고 있다는 데 있다. 법안과 정책은 툭 내뱉는 당국자의 말과 다르다. 여과되고 조정 협의가 필요한 정부의 대민간 지침이며 방향타이기 때문이다. 그렇기 때문에 긴요한 사항의 경우 공청회 등 여론 수렴 과정을 거치도록 하고 있으며 타 부처와의 법률적·정책적 대립 관계를 고려해 국무총리실의 업무조정 과정을 거치도록 하고 있다. 그런데도 양 부처는 끝내 협의 시한을 넘긴 채 매듭짓지 못했다.

분위기를 살펴보면 게임계 입장에선 상당히 고단위 처방전으로 받아들여질 게 뻔한 셧다운제 등 여가부의 안이 그대로 살아 있는 것으로 보인다. 그 때문인지 게임 주무부처인 문화부도 상당히 곤혹스러워하고 있다. 민도와 민심이 그래서 무서운 것이다. 젊은이들의 문화 아이콘인 게임을 그대로 방치하지 말라는 사회의 메시지가 더 많았다는 뜻과 같다. 청소년 일탈과 성폭력 사건 등 일련의 사회적 현상과 게임을 연결 지어서 보는 눈들이 부쩍 많아진 것이다.

그러나 실제로도 그럴까. 잇따른 사건 사고와 청소년 비행 문제에 있어 게임과 직접적인 상관관계는 전혀 발견되지 않았다는 게 관련 기관들의 일치된 견해다. 가장 논란의 대상이 되고 있는 게임에 빠져 딸을 굶겨 숨지게 한 한 부부의 유기 치사 사건도 게임 중독과 직접적인 연관성이 없는 것으로 드러났다.

그런데도 문화부가 옴짝달싹을 못 하고 있다. 문화부에 힘이 돼주고 뒷 배경이 돼줘야 할 게임계가 너무 부실한 것이다. 주체적으로 나서 정면 돌파해야 하는 게임계가 정작 나서지 않고 늘 수세적 입장에서 엉금엉금 기어가는 모습만 연출하고 있으니 주무부처로서 답답하기 그지없는 노릇이겠다.

더 한심스러운 것은 덩치만 어른만큼 컸지 아무것도 책임질 수 없는 소아적인 발상과 안이한 태도에 할 말을 잃을 때가 많다고 게임계에 대한 안타까움을 토로하는 정부 관계자들이 적지 않다. 반면 여가부에는 목소리 커진 시민사회 단체들이 든든히 버텨주고 있다. 최근 들어선 학부모 단체까지 힘을 보태고 있다. 여가부가 주춤거리면 주무부처를 제쳐두고 강력한 백어택도 단행한다. 문화부가 절절매는 이유도, 힘을 잃어가는 까닭도 다 여기에 있는 것이다.

문화부와 여가부의 힘겨루기가 갈수록 첨예해질 가능성이 높다. 하지만 그렇다고 마냥 대립적 관계로 갈 수는 없는 노릇 아닌가. 한걸음 뒤로 물러나서 보면 높은 벽도 낮아 보이게 마련이다. 협의는 싸움을 위한 게 아니라 조정을 위한 것이다. 당위성은 있으나 시기적으로 이르면 답이 아닌 경우도 많다. 반대로 빈대를 잡으려고 초가삼간을 태울 수는 없는 노릇이 아닌가.

당장 효과가 나타나는 대증요법도 필요하지만 그것은 부작용 등 위험부담을 담보해야 하는 약점이 있다. 중·장기적인 로드맵을 통해 연착륙을 모색하는 것이 문화·산업계를 위해 바람직하다. 어차피 문화란 대중으로부터 걸러지는 것이지 사회로부터 단죄되는 것이 아니기 때문이다. 그런 측면에서 이 기회에 양 부처가 대화 채널을 구축하면 어떨까 싶다.

그래도 실용정부서 손발이 맞았다는 사례가 문화부와 여가부의 게임 관계법 처리 과정에서 나왔으면 한다. 이는 최근 처해 있는 실용정부의 어려움을 반추해 보면 더욱더 절실하다. 그나저나 자꾸 고립되는 듯한 게임계는 어쩔 것인가. 문화부의 또 다른 고민거리가 아닐 수 없겠다.

2010-07-12

게임계가 아직도 구상유취의 집단인가

야마우치 히로시 닌텐도 회장이 장고를 거듭하며 인수한 프로야구단은 미국 워싱턴주 시애틀을 연고로 하는 시애틀 매리너스라는 팀이었다. 역사는 짧지만 흥행성이 뛰어나고 뒷심이 좋아 팬들로부터 나름 사랑받는 팀이었다. 문제는 구단의 재력이 형편없었다는 것. 선수 사고팔고만을 되풀이하다 보니 성적이 좋을 리가 없었다. 구단 매각 결정이 났는데도 불구, 매물 시장에서는 사겠다는 기업이 없었다. 야마우치 회장의 가시권에 들어온 게 이때 즈음의 일이다.

비디오 게임계의 텃밭은 다름 아닌 미국이다. 더욱이 유망시장에다 미국에서 가장 인기 있는 프로야구계에 입문하는 일이라면 마다할 게 없는 것이다. 야마우치 회장은 시애틀 매리너스의 구단 인수를 결정하고 인수작업을 벌이게 된다. 그런데 잇따라 제동이 걸려버렸다. 구단 팬과 야구 팬들이 합세해 자그마한 일본의 한 기업이 미국 프로야구단을 인수하려 한다며 거세게 반발하기 시작한 것이다. 더군다나 인수하려는 업체가 듣지도 보지도 못한 일개 게임 회사라는 사실이 알려지면서 인수 반대 움직임은 더욱 격렬해졌다.

이 같은 팬들의 인수 반대 움직임을 잠재운 것은 프로야구 구단주들과 선수들이었다. 이들은 일본 기업이 미국 프로야구단을 인수한다 해서 연고지를 일본으로 옮기지도 않을뿐더러 선수들을 일본 사람으로 바꿔 경기를 진행하지도 않을 것이란 점을 들어 반대파들의 설득에 나섰다. 지역 신문과 언론도 뒷짐만 지고 있지 않고 한몫을 거들었다. 1992년 시애틀 매리너스는 구단주를 닌텐도로 바꾸게 되고 2002년에는 닌텐도 계열사로 완전 편입되게 된다.

어느 사회든 텃세가 있기 마련이다. 예컨대 프로야구단을 창단하려 해도 맘대로 되지 않고 창단이 받아들여져도 먼저 들어와 고생한(?) 구단과의 형평성을 고려해 가입금을 내야 한다. 영화계, 특히 할리우드가의 텃세는 유명하다. 일본 기업들이 월트 디즈니의 캐릭터를 높게 사 경영난에 허덕이고 있는 이 회사의 인수를 타진했으나 끝내 좌절됐다. 미국의 유력 신문들은 자국인들의 자존심을 건드리며 반대 여론을 이끌어 갔고 시민단체에서조차 부정적인 견해를 보임으로써 결국 외국기업으로의 매각은 철회됐다. 텃세인지 자존심인지는 조금은 헛갈리는 일이긴 하지만 대한민국 국민만큼 명분을 찾을 땐 악착같이 찾는 게 또한 그들이기도 하다.

엔씨소프트의 프로야구계 진출 계획이 프로야구 구단주들에 의해 보류됐다는 소식이다. 알려진 바로는 창단 승인 절차의 투명성을 높이기 위한 것이라고 하지만 이를 액면 그대로 받아들이기에는 석연찮은 구석이 많다. 그 바닥의 텃세가 그렇고 그 정도까지는 이해할 수 있는 게 아니냐고 하면 애교로 봐줄 만하다. 그러나 그 추임새가 텃세 수준이 아니라 내려다보고 고개를 갸우뚱거린 것이라면 얘기는 달라진다.

이를테면 듣지도 보지도 못한 기업이 프로야구를 하겠다며 달려든 것이 아니냐며 하대한 것이라면 눈감아 줄 수 있다. 그렇지만 그 수준이 아니라 아이들이 노니는 게임계가 무슨 프로야구단을 가지려고 하느냐며 시대와 걸맞지 않는 생뚱맞은 소리를 한다면 그건 정말 참을 수 없는 일이다.

이에 대해 일각에서는 프로야구 구단들이 뭔가 크게 착각하고 있는 게 아니냐는 분석도 내놓고 있다. 예컨대 게임계를 강원랜드 수준으로 끌어내리는 등 아주 경시하고 본 데서 비롯된 결정이 아니냐는 것이다. 또 프로야구계가 해마다 관객 동원에 성공하면서 이 정도면 되지 않았겠느냐며 샴페인을 터트리는 등 자만에 빠져 버린 경우다.

잘나가던 미국 프로야구도 2000년대 초 열혈 팬들이 급감하면서 어려움을 겪기 시작한다. 구단 재정이 어려운 몇몇 구단은 퇴출 결정이 내려지기도 했다. 양대 리그 존립마저 고민해야 하는 상황을 맞게 됐다. 이런 현상은 프로야구계가 메이저 리그는 오로지 자신들만의 영토라는 배타적인 사고와 이로 빚어진 시대에 걸맞지 않는 폐쇄적 경영을 펼쳐 팬들과 등을 지게 되면서 드러난 것이다.

한국야구위원회가 게임계에 대한 사시적인 시각을 통해 그런 결정을 내렸다고 믿고 싶지 않다. 벌써 30년에 가까운 연륜을 갖고 있고 새로운 구단 창단은 프로야구계를 다시금 살찌우게 만드는 일이기도 하기 때문이다. 하지만 시장 진입에 있어 업종에 따라 그 당락이 바뀐다면 그건 텃세 수준이 아니라 업종 차별이며 신종 경제 블록이다. 그렇다면 이는 4만여 게임인들과 뜻있는 프로야구 팬들을 경시한 데서 나온 시대착오적 우월주의에서 비롯됐다는 점에서 한국 프로야구사의 큰 오점으로 남을 게 분명하다.

미 프로야구 메이저리그 커미셔너를 역임한 버드 셀릭은 주변의 우려와 비난 속에서도 국가 대항전인 월드 베이스볼 클래식(WBC)의 창설을 주창한 인물이다. 그는 한 언론과의 인터뷰에서 이런 말을 했다. "시대의 흐름이 그것을 요구하고 있고 또 필요하다고 판단된다면, 때론 일부의 비난을 감수하면서도 진행해야 할 때가 있는 것"이라며 WBC 창설 계획을 밀어붙였다.

팬들의 마음과 시대의 흐름을 정확히 읽어야 할 시기가 바로 지금 이 때가 아닌가 한국야구위원회에 묻고 싶다.

2011-01-17

우리 게임계는 무엇을 먹고 사는가

조선시대의 통치 철학은 유교를 기반으로 했다. 숭유억불 정책은 이를 실현하려는 왕도 정치의 대표적인 수단으로 쓰였다. 문무 양반과 평민과 상인이란 계급 신분을 나누고 그도 모자라 적자와 서자라는 서얼의 구분까지 명확히 했다. 이로 말미암아 상공인들은 제대로 된 대우를 받지 못했다.

재물과 돈은 넘쳐 났으나 신분을 뛰어넘을 수가 없었고 양반과의 금혼으로 양반 사위나 자기보다 지체 높은 며느리를 집안으로 들일 수가 없었다. 양반들은 그들 나름대로 재물을 모으는 짓은 천한 것이라며 천자문만 끼고 살았다. 쌀 곳간이 텅텅 비었어도 배고픔보다는 신분에 따른 위엄 지키는 일을 더 높게 봤다. 결코 섞일 수가 없었고 대립하는 가치의 이념을 서로 나눌 공간마저 없었다. 이 같은 조선 왕조의 이데올로기는 안타깝게도 근현대사에까지 이어지는 끈질긴 생명력을 보여 준다.

이념과 가치를 다룰 때는 쏠림 현상을 가장 먼저 경계해야 한다고 한다. 이를테면 한쪽으로 기울거나 몰릴 경우 극단적 현상이 일어나고, 상대에 대한 진정성을 곡해 또는 아예 무시하려는 경향이 나타나기 때문이다. 그래서 꼭짓점에 있는 사람들을 극단주의자 혹은 극렬주의자라고 하는데 이를 사실상 동의어로 받아들이는 까닭도 바로 여기에 있다. 쏠림의 현상. 이것은 이념과 가치뿐 아니라 산업 현장에서도 결코 유익하지 않다.

게임계의 MMORPG(다중 접속 게임)에 대한 일방적이고도 맹목적인 편애현상은 심각할 정도다. 다른 장르의 게임들이 만들어지지 않는다. 말 그대로 따라하기식의 일방적인 구애는 안타까울 정도다. 티쓰리엔터테인먼트의 '오디션'이 센세이션을 일으키자 유사한 작품들이 한때 시장에 러시를 이뤘다. 따라하기가 무조건 나쁘다고는 할 수 없으나 앞뒤 좌우를 살펴보지 않고 남들이 하니까 나도 한다는 식의 따라하기는 위험천만한 발상이다.

게임계의 이데올로기 쏠림 현상은 더욱 심각하다. 경쟁산업에 비해 상대적으로 더 리스키하고 성공 확률이 떨어진다고 해서 그 가치와 그 최고의 선이 오로지 돈과 재물, 그리고 이를 실현하기 위한 비즈니즈 쪽으로만 모인다면 그것은 매우 위험천만한 일이며 부정적인 현상이다. 산업엔 오로지 비즈니스만 있는 게 아니다. 다른 저편엔 그것과 견줄 산업계와 산업인의 명예가 숨 쉬고 있는 것이다.

게임을 비롯한 엔터테인먼트 산업에 대해 사회가 더 큰 명예의 무게를 요구하는 것은 엔터테인먼트 산업의 특질인, 이른바 도박에 가까운 흥행적 요소뿐 아니라 그들 구성원들의 면면이 사회적으로 적지 않은 영향을 미치고 있기 때문이다. 미국 할리우드 패밀리들이 끊임없이 사회에 손짓을 보내고 공인으로서의 높은 자질을 발휘하는 것은 생존적 본능 외에도 그래야만 사회로부터 받은 혜택을 당당히 돌려줄 수 있다고 보는 것이다. 예컨대 돈도 중요하지만 명예가 그보다 더 중요하다고 여기는 까닭이다. 산업으로서 대우를 받고 사회로부터 이질적 집단이 아니라 젊은이들의 우상이 모인 스타들의 집단으로 떠받들어지는 요인이 바로 이것이다. 그럼에도 불구하고 명예 쪽은 제쳐두고 오로지 비즈니스 쪽으로만 달려간다면 뭔가 잘못돼도 한참 잘못됐다.

한쪽으로 쏠렸다간 힘의 불균형으로 인해 아무리 큰 배도 뒤집어질 수밖에 없다. 이는 파산을 의미하고 종말을 뜻한다. 산업은 비즈니스와 명예, 이 두 개의 주춧돌이 떠받치고 있다고 해도 과언이 아니다. 따라서 한쪽만 존재하고 다른 한쪽이 비어 있을 경우 그 산업은 속 빈 강정이라 불리거나 아니면 투전만 즐기는 이들의 집단이라고 몰릴 수 있다. 건전한 산업일

수록 양형의 사법부 저울처럼 산업의 저울도 균형 감각을 보여준다. 비즈니스뿐만 아니라 명예를 먹고 산다는 뜻이기도 하다.

국내 게임산업 규모가 10조 원에 달하고 있다. 하지만 여전히 비즈니스 쪽으로만 함몰돼 있다. 몇몇 뜻있는 메이저와 중견기업을 빼놓고는 그런 것에 대해 아예 안중에도 없다. 명예를 그저 호사가의 수식어쯤으로 생각하거나 애초부터 그에 대한 관심 밖이거나 하는 그런 식이다.

그러나 비즈니스 못지않게 명예를 먹고 살아야 한다. 특히 게임계는 태생적인 운명에 따라 그 부문을 더 눈여겨보고 신경 써야 한다. 우리 게임계는 제도권의 그들과 비교하면 여전히 뒤처져 있고 사회적인 인식 또한 아주 일천하기 때문이다.

그동안 본지는 게임인의 의식을 고취하고 그들의 명예를 드높이기 위해 '대한민국 게임인 대상'을 제정해 매년 연말 수상자를 가려 왔다. 그런데 올해는 안타깝게도 수상자를 낼 수가 없었다. 인물과 공적이 뛰어난 기업이 없었던 것도 아니었다. 그럼에도 공적자를 가려 상을 줄 수가 없었다. 무심한 것인지 아니면 명예만 안겨주는 그런 상은 싫다는 뜻인지는 정확히 알 수 없다. 결과적으로 해마다 성원해 준 게임인들과 해당 관계자들에게 송구한 일을 저지르고 말았다. 지면을 통해 진심으로 사과드린다.

진정, 우리 게임계는 무엇을 먹고 사는가. 때아니게 떠오른 명제가 오늘따라 뇌리를 떠나지 않았다.

2011-02-09

메이플스토리와 같은 넥슨이 좋다

넥슨의 해킹에 의한 개인정보 유출은 한마디로 충격적이다. 내부 소행인지 아니면 해커에 의한 짓인지의 여부는 경찰이 수사 중이므로 좀 더 지켜봐야 알겠지만 국내 최대의 게임기업인 넥슨에 이런 일이 벌어졌다는 게 도무지 믿어지지 않는다. 해커들에 의한 정보 유출은 비단 어제오늘만의 일이 아니며 이번에 때아니게 뚫린 넥슨만의 일 또한 아니다.

그동안 게임계엔 아무개 기업이 한밤중에 당했다는 등 '카더라'식의 해킹 설들이 끊임없이 나돌았다. 그러나 넥슨은 유독 그런 루머에서 벗어나 있었다. 넥슨의 보안 시스템이 경쟁사에 비해 완벽한 데다 인력 풀 또한 막강하다는 평가를 받아 왔기 때문이다. 더욱이 넥슨의 유저는 대부분 청소년층이라는 점에서 해커들의 먹잇감이 되지 않을 것이라고 예상됐다. 결국엔 해커들에 의해 허를 찔리고 만 셈인데, 모기업의 일본 상장을 앞두고 있는 넥슨 입장에서 보면 호사다마라 아니할 수 없겠다.

게임계에서 넥슨만큼 쾌속 질주해 온 기업은 없다. 5천억 원 매출에 이어 1조 원 매출을 달성한 최초의 기업에다 기업인수합병(M&A)에서도 한 번도 패한 적이 없다. 중국에서 가장 잘나간다는 허민의 네오플을 인수한 데 이어 스타급 개발자 김태곤 이사가 도사리고 있는 엔도어즈를 넥슨 패밀리로 끌어들였다. 또 지난해에는 1인칭 슈팅게임(FPS) 시장에서 쌍두마차 역할을 해온 게임하이를 어렵사리 끌어안았다. 지난 1996년 온라인게임시장에 첫 작품으로 내놓은 '바람의 나라' 발표 이후 넥슨은 한 번도 패하지 않고 승승장구해 온 셈이다.

불협화음의 소리도 거의 들려오지 않았다. 대부분 기업들이 쾌속 행진을 거듭하게 되면 브레이크도 밟고, 분란도 일어나기 마련인데, 넥슨에는 그런 조짐과 움직임조차 없었다.

어느 순간 말들이 돌기 시작한 것은 서민 대표체제가 갖춰지면서부터다. 권준모 대표가 물러난 이후 대표를 맡은 서민 사장은 사실 업계에선 베일에 가려져 온 개발자 출신이다. 성품도 점잖고 말수도 많지 않은 미소년 같은 사람이다. 그런데 삐걱대는 소리가 났다. 대내외적으로 나름 위상을 보여온 넥슨이 바깥 활동보다는 집안일에만 매달린다는 혹평을 듣기 시작한 게 이때쯤이다. 그럼에도 불구하고 매출은 급성장했다. 아니 정확한 표현을 빌리면 하늘을 찌를 듯했다.

넥슨 내부에서조차 너무 오버하는 게 아니냐는 자성의 소리가 조금씩 흘러나온 것은 지난해 하반기 때부터다. 일의 강도가 세졌다는 말들이 잇따랐고, 청소년을 대상으로 하는 게임치고는 이벤트가 너무 많은 게 아니냐는 우려의 목소리도 터져 나왔다. 이 때문인지 보따리를 싸는 사람도 하나둘씩 생겨나기 시작했다. 그리고 이선으로 물러났거나 넥슨을 떠난 이들의 친정을 향한 목소리는 예상외로 아주 거칠게 메아리쳐 돌아왔다.

이쯤 되면 원래 그 같은 색이었는데 감춰서 몰랐거나, 세월이 흐르다 보니 색깔이 바뀌었구나 하고 미뤄 판단할 수 있는데, 도무지 종잡을 수 없을 만큼 혼란스러운 게 최근의 넥슨 기업 색깔이다. 넥슨의 실체는 정확히 알 수 없다. 하지만 어슴푸레 짐작한 것은 개인정보 유출로 빚어진 사태와, 이를 처리하는 넥슨의 프로세싱 과정을 바라 보면서부터다.

솔직한 심정은 해킹사건만큼 충격적이었다. 감춰져 온 게 의외로 많았고, 비상식적인 일이 그동안 일상화된 게 아닌가 하는 의구심을 떨쳐 버릴 수가 없었다. 수평적 리더십의 한계였던 것인지, 아니면 겉으로만 그랬던 것인지 모르겠으나 경직과 유연함의 불일치가 극에 달했다는 느낌까지 받았다. 더욱이 비판의 목소리를 마치 독이나 비상처럼 여기는 여론 수렴 태도는 독재자의 그 모습처럼 끔찍했다.

어쩌다 넥슨이 이 지경에 이르게 됐는지 알 수 없지만 성장 일변도의 정책으로 파생된 어둠의 그늘이 너무 짙게 깔린 게 아닌가 하는 안타까움이 다가왔다. 그렇게 흘러가면 그 끝의 종말은 두 눈을 감고 봐도 뻔하다. 그래도 대마 불패라고 했던가. 하지만 그렇지 않다. 눈 깜짝할 새 천지가 개벽하는 세상이 요즘이다.

다시 시작했으면 한다. 넥슨은 누가 뭐라 해도 국내 최대 게임 기업이고, 청소년들에게는 여전히 우상적인 기업이기 때문이다. 그러기 위해서는 전제가 있다. 환골탈태의 자세를 보여줘야 한다는 것이다.

또 덕을 쌓아 올리고 적을 양산하지 않았으면 한다. 그런 우려를 귀담아 듣지 않으니까 평지풍파가 일어나고 일이 꼬이는 게 아닌가. 낮은 곳으로 내려와야 귀가 열린다. 그 높은 곳에 있는 한 주변의 충고의 말도, 측근의 간곡한 진언도 다 잔소리로 들려 올 뿐이다. 예전의 소박했던 넥슨 시절로 돌아갔으면 한다. 오히려 그때가 더 소중했고 메이플스토리와 같은 넥슨이 아니었던가 싶다.

2011-12-05

게임규제법에 대한 해법은

정부의 게임규제 방안이 백화점식으로 쏟아지면서 게임계는 물론 시민단체에서까지 우려의 반응을 보이고 있다. 바른 곳으로 이끌겠다는 것인지, 아니면 말살의 기회로 삼겠다는 것인지는 정확히 알 수 없지만 게임을 누르는 강도 측면에서 보면 가히 군사정권 시절, 민주 인사들을 때려잡던 때와 체감온도가 비슷할 정도다. 결론적으로 말하면 그렇게 해도 시대의 흐름은 바꿀 수 없을 것이란 사실이다.

이미 게임을 몸으로 체득하고 있는 게 청소년들이고 젊은이들이다. 학교폭력 사태는 종합적인 분석과 대책이 필요하다. 학교문제, 가정문제, 사회구조적인 문제 때문에 눈을 돌린 게 게임이었다는 이유만으로 본질적인 문제는 제쳐두고 게임을 잡겠다고 나선다면 아마도 지나가던 사람들조차 웃을 일이다.

또 한 가지는 콘텐츠의 핵심이자 청소년들의 아이콘으로 자리매김한 게임의 고부가가치를 외면한다면 지식산업을 육성하고 미래의 먹거리 산업을 적극 발굴해 내겠다는 정부의 의지를 과연 믿을 수 있겠느냐의 여부다. 게임은 이미 젊은 층의 언어이자 생활의 공간이 됐다. 이 같은 현상은 단지 우리나라뿐 아니다. 정도의 차이는 있을지 몰라도 일본, 중국 등 가까운 이웃나라의 경우도 비슷하다. 플랫폼의 변화만 조금 안겨주고 있을 뿐 게임이란 장르와 산업은 그런 측면에서 보면 매우 유망한 산업이다. 안타깝게 동전의 양면처럼 또 다른 면에 커다란 악화가 그려져 있긴 하지만 그렇다고 던져 버릴 수 없는 동전의 생리처럼, 우리 주변에서 결코 떠나지 않을

몇 안 되는 생활양식 가운데 하나가 게임이랄 수 있다.

한마디로 싫어도 함께 고민하고, 같이 안고 가야 할 과제라는 것인데, 그렇다면 이 같은 백화점식 채찍질은 곤란하다는 것이다. 예컨대 이러한 방식은 매우 고전적일 뿐 아니라 사회적 컨센서스를 구하기조차 어렵다. 이는 묶는다 하니까 다 묶고, 푼다 하니까 다 푸는 식의, 말 그대로 시대를 역행하는 후진형 발상이자 뒤떨어진 정책이다.

실제로 게임계의 정서를 들여다보면 이 같은 분위기는 쉽게 감지할 수 있다. 말썽은 한두 곳에서 일으켰는데 책임은 공동 책임을 지라는 것인데, 그게 말이 되느냐는 것이다. 더군다나 다수의 게임업체들은 선의의 피해자라고 할 만큼, 논란을 불러일으키고 있는 게임업체와는 본질적으로 다르다.

개발자들의 반응도 비슷하다. 돈벌이에 혈안이 된 일부 게임업체, 그 회사의 마케팅이 문제를 일으켰는데 이는 제쳐두고 오로지 게임만 잡겠다는 식이라는 것이다. 이로 인해 게임 개발자로서 자긍심은커녕 얼굴조차 못 들고 다닌다고 했다.

이를 종합해 보면 백화점식 규제책은 결국 앞뒤 가리지 않고 휘두른 게임 말살책이며, 이 같은 방식으론 국민과 업계를 설득할 수 없다는 것인데, 그런 형편이라면 좀 더 다른 합리적인 방법을 모색해 봐야 하지 않겠느냐는 것이다. 백화점식 규제보다는 차라리 개별기업에 대한 매출 총량 규제가 더 효과적일 수 있으며, 전체 이용가 게임에 대한 업그레이드를 제한하는 방식 등도 대안이 될 수 있다. 특히 전체이용가 게임에 대해서는 유저층이 법적 보호 대상인 어린이, 청소년층이라는 점에서 규제를 강화해도 업계의 반발은 그다지 크지 않을 것으로 보인다. 이와 함께 징벌규정을 강화해 전체이용가 게임에 대해서는 초법적인 행정 제재조치가 가능하도록 허용하는 방안도 고민할 필요가 있다. 만의 하나, 단 한 번이라도 규정을 어기게 되면 바로 영업중단 등 강력한 행정제재 조치를 취하는 식이다.

문화부가 주체가 되고 문화부에 의해 방안이 수립되고 문화부가 결단을 내려야 할 시점이다. 각 부처별로 쏟아낸 백화점식 게임 규제책은 역설적으로 문화부가 그동안 자신들의 책임을 방기한 때문이다. 주무부처라고 하니까 육성책만 주무르고 지원책 수립만 고민해 온 것이다. 그렇기 때문에 일각에서 나오는 게임을 지경부나 방통위에서 맡았다면 이 지경에까지 이르지 않았을 것이란 지적은 뼈에 사무친다.

적어도 이참에 게임을 말살시키겠다고 나선 게 아니라면 지금이라도 각종 게임규제책은 한 개 창구로 일원화돼야 하고, 이를 기반으로 정비돼야 한다고 본다. 그 흔한 말로 사공이 많으면 배가 산으로 간다 하지 않던가. 협박과 강제로 다뤄질 수 없는 게 문화라면 말살책보다는 육성책으로 악화를 지워버리는 노력을 기울이는, 두 마리 토끼 사냥법이 훨 나은 방법이라 할 수 있을 것이다.

2012-02-29

PC방의 역할이 결코 끝나지 않았음을…

지난주 초 서울 영등포구 영신로 통합 민주당사 앞에서 벌어진 PC방 업계의 1인 시위 현장의 모습을 접하면서 안타까움과 착잡한 심정이 동시에 밀려왔다. 많은 사람들이 익명의 그와 함께 다발적으로 시위를 벌였더라면 그런 마음까지 들지 않았을 게 분명했다. 그런데 달랑 한 사람이었다.

마치 나 홀로 외롭게 투쟁한다는 모습으로 보여지게 해 주변 사람들의 동정심과 관심을 이끈 것이라면 시위를 기획한 단체나 개인이 의도한 메시지 전달에 성공했다고 볼 수 있다. 그러나 이를 한갓 이벤트나 기획 프로젝트로 깎아내려 평가한다면 그것은 정말 한가한 사람의 험담일 게 틀림없다. 오죽하면 도로로, 길거리로 나왔을까 생각하면 안타깝다 못해 목이 메어온다.

그들이 누구이던가. 게임업계와 함께해온 동지들이 아닌가. 수요자이면서 공급자이며, 서류상 갑, 을의 관계이면서 사업상 동지적 관계를 맺어왔다. 끝내는 동지적 관계는 청산되고 서류상 갑, 을의 관계만 남게 됐지만, 과거의 옛정을 생각하면 지금도 진국과 같은 오랜 친구이다.

솔직히 PC방 업계가 이렇게 딱한 사정에 빠진 건 거스를 수 없는 시대적 흐름 때문이다. 내부적 요인도 간과할 수 없지만 외부적 요인이 더 컸다. 트렌드가 더 이상 이들의 풍요를 용납치 않는 것이다.

여기에는 독특한 PC방 문화마저 수용치 않겠다는 사회적 기류 또한 한몫했다. 그 가운데 PC방에 대한 금연 조치는 치명적이다. 내수 침체의 장기화가 PC방 사양길의 조짐이었다면 정부의 PC방 흡연 철퇴 방침은 결정타가 됐다. 그러나 이도 받아들일 태세다. 또 그래야 한다고 이들은 믿고 있다.

이 같은 틈바구니 속에서도 버틸 수 있었던 것은 게임업계의 보이지 않는 지원과 격려 덕분이었다. 앙숙과 같이 다툼도 벌여 왔으나, 초록은 동색이라고 이내 흡수되고, 서로를 받아들였고, 순간 티격태격, 우격다짐을 벌이기도 했지만, 죽기 살기로 상대를 몰아붙이지 않았다.

그런 그들이 PC방을 버리고 도로에 나선 것이다. 그 안타까운 사연의 정점에는 국내 굴지의 게임업체 넥슨이 도사리고 있다. PC방 업계는 넥슨 때문에 못살겠다는 것이고, 넥슨 측에서는 뭘 그렇게 PC방 업계에 못 했느냐는 것이다.

먼저 PC방 업계에서 지적하고 있는 오과금 문제는 넥슨 측에서 이유 여하를 불문하고 무조건 보상하고 재발 방지를 약속해야 한다. 과금에 대한 상호 원칙은 신뢰가 밑바탕이 돼야 한다. 그렇지 않으면 사단이 생기기 마련이다. 은행권에서 단 1원의 시비 문제로 시스템 개발업체를 바꾸는 것은 그 때문이다.

PC방 업계에 따르면 오과금 신고 건수가 무려 수십 건에 이른다는 지적은 국내 최대 게임업체 넥슨이라면 변명과 보상만을 운운할 게 아니라 먼저 그들에게 고개를 조아리며 사죄하고 부끄러워 해야 할 사안이다. 필요하다면 후속조치를 취해야 하고, 마땅한 보상책이 없다면 PC방에 대한 지원책을 내놓는 것도 나쁘지 않다. 내부 과금 시스템을 재정비해야 함은 물론이다.

통합정량제의 시행도 넥슨 입장에서 보면 합리적이지만, PC방 업계의 시선으로 보면 끼워팔기이며 결국엔 가격 인상을 도모했다는 지적을 면키 어렵다. 넥슨은 이를 두고 개별정량제도 함께 시행하고 있기 때문에 끼워팔기나 가격인상은 아니라고 하지만, 그것은 넥슨 측의 관점에서일 뿐이다. 그렇다고 이 문제를 놓고 정부에 제소하겠다는 PC방 업계의 입장도 수용할 수 없다. 서로 티격태격은 있을 수 있으나 법적 공방을 벌이며 사생결단식으로 밀어붙이는 건 바람직하지 않다.

대화 채널이 열리지 않고 있는 게 가장 큰 문제다. 우월적 지위를 앞세워 고압적인 자세를 보이는 한 열린 대화는 불가능하다. 그 우월적 위치에 있는 쪽이 넥슨 측인지, 아니면 PC방 업계인지는 확실치 않다.

그러나 경험학적으로 보면 공급업자들이 그 위치를 점유하는 경우가 많다는 점에서 넥슨 측에서 먼저 마음의 문을 열고 대화의 장에 나서야 한다고 본다. 막말로, PC방 업계를 저버리고 갈 수도 있는 일이다. 예전처럼 시장 점유율도 높지 않고, 유저들에게 안기는 임팩트 또한 크지 않다는 점에서 그럴 수 있다. 그러나 오랜 친구를 그렇게 쉽게 버리지는 않는 법이다. 더군다나 그들은 어려운 지경에 처해 있다. 그렇다면 그들이 당당히 설 때 당당히 갈라서는 게 어떨까 한다.

또 이 기회에 PC방 업계의 역할이 결코 끝나지 않았음을 PC방 업주들도 한번 보여줄 필요가 있다. 현명한 사람은 역사의 궤도 위에 누워 미래의 열차가 자신을 치고 지나가기를 결코 기다리지는 않기 때문이다(아이젠하워, 미국 34대 대통령).

2012-05-30

엔씨소프트의 순혈주의 포기선언

엔씨소프트 김택진 대표의 지분 매각은 가히 충격적인 일로 받아들여지고 있다. 요즘 말로 표현하면 멘탈 붕괴 수준이다. 이 같은 반응의 배경은 이렇다. 도대체 김 대표 주변에 무슨 변고가 생겼느냐는 것이며, 좀 더 들여다보면 김 대표의 지분 인수를 추진한 넥슨의 김정주 회장과 김 대표 간 무슨 언약이 있었길래 이 같은 전격적인 일이 벌어지고 있느냐는 것이다.

현 시점에서 확실한 건 김 대표가 자신의 지분 14.7%, 금액으로 환산하면 800억 원에 달하는 주식을 넥슨에 넘긴 것 외는 아무것도 없다. 넥슨과 엔씨소프트 측이 동시에 밝혔듯이 전략적인 협업을 위해 양사가 결단한 것이라고 하지만, 이를 액면 그대로 받아들이는 사람은 그다지 많지 않다.

김택진, 김정주, 이 두 사람의 상징성은 대한민국 게임계를 대표하는 인물일 뿐 아니라 온라인 게임산업을 일군 장인이라는 점에서 아주 특별할 수밖에 없다. 한 사람은 '바람의 나라' 라는 게임을 가지고 그래픽 온라인게임의 새 장을 열었고, 다른 한 사람은 '리니지'를 통해 온라인게임이 산업화할 수 있음을 보여준 인물이다. 또 두 사람은 앞서거니 뒤서거니 하면서 선후배이자 동료로서, 때로는 경쟁관계의 기업인으로서 서로 마주해 왔다.

그러나 두 사람의 성향은 비슷해 보였지만 달랐다. 한 사람은 완전히 은둔형의 경영인이라면, 다른 한 사람은 낯가림으로 인해 산업 전면에는 나서진 않았지만, 시의 적절한 화두를 던지면서 현업에 발을 디뎌 왔다. 또 한 사람은 유유자적, 풍류를 즐기는 편이지만, 다른 한 사람은 세속보다는 동료 후배들과 일에 몰두하는 스타일이다.

그 때문인지 주력 분야도 달랐다. 김 회장은 캐주얼게임 분야에 힘을 기울여 온 반면, 김 대표는 캐주얼보다는 RPG 분야에 매달려 왔다. 그림으로 치면 김 대표가 화려한 필봉을 자랑했다면, 김 회장은 순수미술보다는 응용미술 분야에 더 관심을 가져왔다 할 수 있다.

그런 두 사람이 협업과 전략적 제휴란 수사를 내세워 순혈주의의 질서를 파괴해 버렸다. 그리고 함께 협력해 더 큰 그림을 그려 나가겠다고 선언해 버렸다. 이를 지켜본 이들이 패닉상태에 빠진 것도 어울릴 것 같지 않은 바로 이 두 사람이, 절대 섞일 것 같지 않은 두 사람이 온라인 게임산업을 일군 그때, 그 심정으로 돌아가, 또다시 일을 만들겠다며 초심과 일성을 강조하고 나선 때문이다.

하지만 그럼에도 불구하고 시장에서 설득력을 얻지 못하고 있는 까닭은 왜일까. 게임산업계 양대 진영이라고 불려온 두 기업의 협업이란, 그 믿기지 않는 단어보다, 두 사람이 아무도 모르게 만나 '도원결의'를 맺고, 이를 실천할 밑그림을 그렸을 터인데, 이를 꼭꼭 숨겨 놓은 채 보여주지 않는데 따른 것이다.

엔씨소프트의 입장을 보면 힘을 충전하기 위한 재원이 부족하거나, 당장 급전이 요구되는 사정도 아니다. 곧 '블레이드&소울'이란 대작을 선보일 예정이다. 시장 반응도 매우 긍정적이다. 그런데 지분매각이 이뤄진 것이다.

그나마 넥슨 측 입장에서 보면 엔씨소프트보다 투자 명분에 설득력이 있다. 중기적으로 캐주얼게임으로 시장을 주도하기에는 역부족이다. 일본 상장을 통해 마련해 놓은 1조 5,000억 원의 자금은 써야 한다. 가둬 놓기에는 아까운 돈이다. 그러나 일본은 금리가 제로다. 쟁여 놓고선 아무 쓰잘 데가 없다. 게임시장의 환경은 점차 성인층으로 넘어가고 있다. 따라서 넥슨의 입장에선 돌파구가 필요한 시점에 서 있었다는 점에서 엔씨소프트에 대한 지분 투자는 결코 나쁘지 않은 선택이라고 할 수 있다.

손익계산서를 놓고 볼 때 상대적으로 불이익을 보고 있는 기업은 분명 엔씨소프트다. 지분 매각도 헐값이라는 지적까지 있다. 그렇다면 의문점은 김 대표가 이를 몰랐을까 하는 점이며, 이를 간과하면서까지 받아들인 또다른 사연이 무엇이냐는 점이다.

여기서 중요한 사실 한 가지는 양측이 멘탈 붕괴 수준에 이른 시장 분위기를 달래 줄 새로운 빅카드를 서둘러 꺼내 들지 않을 경우, 넥슨보다는 엔씨소프트가 불리해지고, 더 타격을 받을 것이라는 점이다. 이는 시장에선 결코 두 개의 태양을 인정하지 않기 때문이다. 따라서 이 같은 양사의 불확실한 관계 구도를 결코 수용하지 않을 게 뻔하며, 이를 잠재우지 않을 경우 더 큰 혼란을 야기할 것이다. 'Winner Take All' 이른바 승자 독식이란 논리에서 비롯된 게 아니다 할지라도 시장에선 벌써 그런 논란이 빚어지고 있는 것은 다 그 때문이며, 힘의 쏠림 현상에 의한 엔씨소프트의 흠집 내기는 앞으로 그치지 않을 것이다.

그렇다면 두 사람의 청사진을 서둘러 보여줘야 한다. 그것이 시장을 안정시키고 양사의 발전적 융합(Convergence)에 도움을 줄 수 있는 첩경이다. 그나마 업계와 시장에서 나름의 평가를 유보하고 있는 것은 다 그 때문이다. 그럼에도 미룬다면 한쪽은 자칫 치명상을 입을 수 있다.

예컨대 현재의 상황은 한쪽에는 반전의 카드가 없는, 결정적인 국면을 맞고 있는 반면 다른 한쪽은 그렇지 않다는 데 문제의 심각성이 있다 할 것이다. 엔씨소프트여, 진정 순혈주의를 저버리고 시장에서 견딜 수 있는가.

2012-06-22

엔씨소프트와 넥슨의 딜 이후

넥슨에 지분을 매각한 엔씨소프트 김택진 사장에 대한 업계의 반응은 분야별 종사자에 따라 극명했다. 한쪽에서는 시의 적절하지는 않지만 마땅히 그럴 수 있고, 충분히 이해한다는 입장인 반면, 다른 한쪽에서는 황당하며 결코 인정할 수 없는, 그를 믿어 온 사람들에 대한 배신행위라고까지 하며 김 사장을 비난하고 있다.

산업계 원로들의 소회도 별반 차이가 없다. 본지가 최근 조사한 설문에 따르면 표현의 수위만 조금 차이가 날 뿐, 이해할 수 있다, 없다의 반향 차이가 분명했다. 그러나 산업적 관점에서 본 지분 매각에 대해서는 긍정적이기보다는 부정적인 영향을 미치게 될 것이란 응답이 훨씬 많았다.

결론적으로 말하면 김 사장 개인의 결정에 대해서는 뭐라 말할 수 없겠지만, 업종 및 업계 입장에서 보면 소담스러운 일이 아니라는 것이다. 그 같은 근거는 무엇보다 엔씨소프트 김 사장이 걸어온 산업 발자취가 예사롭지 않았다는 점과 넥슨과는 늘 대칭점에 서 있었다는 점이 그 것이다.

잘 알려져 있듯 넥슨은 자타가 공인하는 국내 최대 게임 퍼블리셔다. 그룹을 이끌고 있는 김정주 회장은 산업계 막후의 실력자이자 보이지 않는 손으로도 유명하다. 그가 막후에서 처리한 기업인수합병(M&A) 및 퍼블리싱 작품은 오늘날 넥슨 그룹의 대표 기업 또는 대표작이 돼 있다. 넥슨은 또 세계 각국에 진출해 나름의 성과를 올리고 있다. 마케팅, 서비스 능력은 안팎으로 평가를 받고 있다. 특히 넥슨의 마케팅 수완은 국내에서 타의 추종을 불허할 정도로 빼어나다는 평을 듣고 있다.

반면 엔씨소프트는 오로지 MMORPG라는 한 장르의 길을 걸어왔다. 개발사이면서 퍼블리셔 역할을 수행해 왔고, 김 사장 스스로 개발자의 자리에서 내려온 적이 없을 만큼 사업보다 개발에 주력해 왔다.

김 사장이 업계의 맏형이라고 불리는 까닭도 바로 이 때문이다. 그는 구도자적인 자세를 잃어본 적이 없는, 진정한 프로그래머였다. 그러면서도 그는 산업의 흐름을 결코 놓치지 않았다. 그와 가끔 만나 대화를 나눠보면 어느 게임업체 세간살이가 어떤지 훤히 내다보는 그의 혜안에 놀란 적이 한두 번이 아니었다. 게임이란 장르의 언론 문화가 그나마 자리한 것도 그의 투철한 역사의식이 없었다면 벌써 산산조각, 폐허가 됐을 게 뻔하다.

이를 종합하면 엔씨소프트가 산업의 토양을 만들며 내실을 다진 터전 위에 넥슨이 비상한 형국이라고 해야 할 것이다. 실제로 개발과 산업 안살림은 엔씨소프트가, 마케팅과 해외시장은 넥슨이 더 큰 역량을 보여 왔다는 점에서 설득력이 있다 하겠다.

그럼에도 상당수 게임 원로들이 양사의 시너지 효과에 의문을 표시하며 넥슨의 엔씨소프트 지분 인수에 부정적인 견해를 피력하는 것은 우선 라이벌 기업이 한순간 사라진다는 점과 넥슨이 엔씨소프트만큼의 맏형 역할을 제대로 수행할 수 있을지에 대해 의문을 표시하는 등 불신감을 드러내고 있다는 뜻이다. 작금의 업계 판도를 들여다보면 넥슨이 산업계를 사실상 평정한 것이나 다름없다. 그런데 그 이후의 로드맵이 전혀 보이지 않는다. 거기까지 기대하지 않더라도 엔씨소프트 지분 인수에 대한 명확한 설명조차 투명하지 않다.

양사의 말을 되짚어 보면 양인이 만나 더 큰 그림을 그리기로 했고, 현재의 상황은 글로벌 경영이 불가피하기 때문에 그 길을 가야 한다고 양인이 입을 맞추었다는 게 부연 설명의 전부이다. 이 같은 설명은 엔씨소프트의 김 사장이 전격적으로 자신의 지분을 매각한 배경보다 더 불확실한 근거다. 재무적 투자인지 아니면 기업 인수합병을 위한 지분인수인지 도무지 알 재간이 없다.

라이벌이 없거나 사라졌다는 것은 아리아가 없는 오페라나 다름없다. 울림이 없고 신명남이 꺼진 것이다. 또 한편으론 팬들에게 열정을 안겨주지 못해 그들에게서 멀어질 수 있다는 것을 의미한다. 아주 치명적인 현상이다.

치고받는 울림이 있어야 소리가 커진다. 그 소리는 어깨를 들썩이게 만들며 신명나게 한다. 진영이 만들어지고 울타리가 생겨남은 물론이다. 열정인 것이다. 그런데 그게 없어진다는 것은 파이의 축소를 의미한다.

엔씨소프트와 넥슨은 그 누구의 것도 아니다. 좀 더 크게 보면 게임계의 자산이며 대한민국 콘텐츠계의 소중한 유산이다. 그 누구도 함부로 할 수 없다는 뜻이다. 그런 측면에서 세간의 시선은 한 번쯤 들여다보고 점검해 볼 필요가 있다 할 것이다. 특히 게임 원로들의 염려와 우려의 목소리는 귀담아들을 필요가 있다.

넥슨과 엔씨소프트의 지분인수 및 지분매각 사건은 여전히 게임계에 잠복해 있는 활화산이라 할 수 있겠다. 그렇다면 더욱 더 조심스럽게 세밀하게 다뤄져야 옳지 않을까. 그런데 보이는 게 너무 없다. 잘린 모습뿐이다. 짧은 식견의 필자만의 생각일까.

2012-09-26

좋은 기업과 덩치 큰 기업

게이블 뉴웰, 그가 새삼스럽게 언론에 회자되고 있는 것은 최근 국내 최대 게임업체인 넥슨의 김정주 회장이 인수 의향을 표명해 관심을 모은 미국 밸브코퍼레이션의 설립자이자 주인이기 때문이다. 게이블 뉴웰은 갑자기 회사를 그만둔 뒤 친구인 마이크 해링턴과 함께 밸브소프트웨어란 회사를 창립한 입지전적인 인물이다.

그가 잘나가는 마이크로소프트에 사표를 내고 회사를 만든 배경에 대해서는 잘 알려져 있지 않다. 다만 35세의 그가 회사를 관두고 밸브사를 창립한 데는 당시 신기루처럼 불어닥친 실리콘 벤처 바람에 기인한 것이 아닌가 하는 추측만 있을 뿐이다.

어찌 됐든 그가 만든 밸브사는 '하프라이프'란 게임을 선보임으로써 세상에 비로소 이름을 알리게 된다. 정확한 표현을 빌리면 이 게임 하나로 게이블과 밸브사의 존재감을 한껏 심어준 것이다. 그의 밸브사는 이후 FPS의 고전으로 일컬어지는 '카운트스트라이크'를 시장에 선보임으로써 사실상의 터전을 다지게 된다.

그러나 밸브사의 힘은 단지 유명 타이틀 발매에만 있었던 게 아니었다. 말 그대로 엔진기술과 이를 집대성하는 힘은 밸브사를 따를 경쟁사가 없다고 할 만큼 가히 발군의 역량을 보였다.

더욱이 유명 타이틀로 기억되는 게임들 대부분이 모드게임이었는데, 이를 상품화해 성공한 것은 높은 친화력을 전제하지 않고선 거의 불가능한 일이었다고 할 만했다. 이후 사명을 밸브코퍼레이션으로 바꾼 게이블은 엔진 개발에도 주력, 스팀이란 뛰어난 제품을 선보이기도 했다.

결론적으로 말하면 밸브코퍼레이션은 좋은 회사이지 덩치가 큰 메이저급은 아니다. CEO인 게이블도 큰 회사보다는 자존감을 느낄 수 있는 회사를 만들겠다고 기회가 주어질 때마다 이를 강조해 왔다.

넥슨 김 회장의 언급은 이같이 밸브사와 같은 좋은 기업이라면 인수하겠다는 것인지, 아니면 밸브사를 정말 인수해 보겠다는 것이었는지는 정확히 알 수 없으나 정작 당사자인 밸브사는 회사를 매각하거나 지분을 넘길 의향이 없다고 외신은 전하고 있다. 이런 가운데 넥슨과 양대 진영 수장으로 불려 온 김택진 엔씨소프트 사장이 최근 대한민국 게임대상 시상식에서 가진 기자회견에서 자신의 지분 매각에 대한 소회를 밝히면서 김정주 회장과 큰 그림을 도모한 것이 넥슨에 지분 매각을 추진한 결정적 요인이 됐다는 얘기를 소개해 주목을 끌었다.

이를 놓고 추론하면 김 회장의 밸브사 인수 의향과 이에 대한 언급은 그냥 한 소리가 아니었으며, 당시 협상 과정에서 논의가 있었다는 뜻으로도 받아들여지는 대목이다. 즉 밸브사를 인수하려 했는데 상대측에서 받아들이지 않았다는 것이다.

여기서 중요한 시사점은 좋은 기업을 인수해 더 좋은 기업으로 만들고 성장하려는 것인지, 아니면 인수합병을 통해 더 덩치가 큰 기업으로 만들어 보겠다는 것인지에 대한 분명한 태도와 입장을 밝혀야 한다는 것이다. 좋은 기업이란 추상적인 단어는 분초를 다투며 시장 경쟁을 치르는 기업에는 어울리지 않는 수식어일 수 있다. 또 세금만 잘 내도, 혹은 고용 창출한 것만으로도 스스로 좋은 기업이라고 자부하는 기업인들이 적지 않기 때문에 그 기준을 가져다 대기란 쉽지 않다.

그러나 해당 산업으로 제한해 렌즈의 초점을 맞췄을 때는 사정이 다르다. 산업에는 나름대로 가이드라인이 존재하기 때문이다. 좋은 기업을 인수해 더 좋은 기업으로 성장하겠다는 데 나쁘다 할 수 없다. 하지만 인수합병이 오로지 덩치를 키우기 위한 시도라면 그것은 산업에도, 민생에도 결코 도움이 될 수 없다는 점에서 동의할 수 없다. 특히 엔터테인먼트 산업에서의 대기업은 좋은 기업으로 장수하거나 성공한 사례가 없고 한국산업 실정에도 맞지 않다는 점에서 부정적이라고밖에 할 수 없다.

그 대표적 사례는 잘나간다고 하는 액티비전블리자드의 모회사인 비벤디 그룹이다. 이 회사는 인수합병을 통한 구조조정 속에서도 계속 허우적거리고 있다. EA의 사정도 엇비슷하다. 규모만 컸지 속 빈 강정이라는 것은 주식시장 주가가 이를 입증해 주고 있다.

이뿐인가. 이른바 영화 메이저들의 처지도 비슷하긴 마찬가지다. 그럼에도 버티고 있는 것은 금융시장에 맡겨놓은 담보 같지도 않은, 예컨대 자칫 잘못하면 함께 줄도산할 수 있다는 협박용 무기만 있을 뿐이다.

더욱이 우리나라 시장 상황을 통해 반추해 보면 엔터테인먼트 기업군 내 대기업형은 마치 안 맞는 옷처럼 어울리지 않는다. 그나마 퍼블리셔를 포함한 유통은 일정 규모에 올라서야 한다는 데 동의할 수 있지만 그렇기 때문에 대기업으로 성장해야 한다는 데 대해서는 옳다 할 수 없다.

좋은 기업 만들기. 그 일이 덩치만 키우는 것이라면 잘못 들어서는 길이다. 오히려 잘하는 걸 더 잘할 수 있도록 하는 것이 좋은 기업, 경쟁력 있는 기업을 만드는 첩경이 아닐까. 덩치만 큰 기업이 좋은 기업, 성공한 기업은 아니다. 밸브사의 성장 사례는 그 때문에 게임업계에 더 많은 생각을 하게 하는 것 같다.

2012-11-27

백화점식 게임규제, 말이 되는가

새해 벽두부터 날선 규제의 칼들이 게임계를 향하고 있다. 웹보드 게임에 대한 정부의 규제책에 이어 이번에는 입법부가 게임을 손보려고 법안을 마련 중이다. 그 전면에는 또 새누리당 의원들이 서 있다.

박근혜 정부가 지향하는 정책 목표 중 하나는 중소기업 살리기다. 중소기업이 살아야 경제가 제 궤도에 진입할 수 있다는 박 대통령 당선자의 소신은 틀리지 않다. 문제는 그와 그가 소속된 새누리당이다.

소속된 당과의 정강이 다르다면 당선자는 그 당에 머무를 게 아니라 탈당해야 한다. 막말로 함께할 필요가 없는 것이다. 예컨대 당선자 쪽에서는 중소기업을 살리자는데 당 한편에서는 이를 역행하는 법안을 남발한다면 뭔가 잘못돼도 한참이 잘못된 것이다. 이럴 땐 양단간의 결단을 내려야 한다.

게임과 중소기업 살리기와 무슨 상관관계가 있느냐고 물어본다면, 자신의 무지를 드러낸 것이고, 그렇다면 왜 게임이어야 하느냐고 되묻는다면 시대의 흐름을 제대로 탐독하지 못하고 있음을 스스로 인정하는 꼴이다. 게임은 중소기업 중 대표적인 고용 업종이며 청정 산업이다. 미래 지식산업의 근간이 되는 콘텐츠산업의 핵심 업종이 다름 아닌 게임업종이다. 부가가치 또한 엄청나다. 콘텐츠 아이템 중 연간 20억 달러 이상의 수출을 올리고 있는 업종은 게임, 단 하나밖에 없다.

일각에서는 정신적 공해를 언급하는데, 그런 식의 비약이라면 대한민국 그 어느 업종도 여기서 자유로울 수 없다. 양이 있으면 음이 있기 마련이고, 그 음이 되는 부문을 최소화하고 줄이는 노력을 기울이는 게 사회 시스템이며 정부의 몫이다. 그런 노력은 제쳐 두고 사행이니, 폭력이니, 중독이니, 하면서 게임을 질타한다면 게임은 더 이상 설 자리가 없다.

법안을 추진하는 선량들의 뜻과 말씀대로 게임을 옥죄이고 가둔다면 세상이 정화되고 백설처럼 고운 세상이 된다고 믿는 것인가. 그게 아니라면, 혹 그렇게 믿도록 하기 위해 그에 걸맞는 속죄양을 찾는 중이고, 그 입맛에 딱 맞아떨어지는 것이 게임이기 때문에 그렇게 게임을 단죄하려 드는 게 아닌지 묻지 않을 수 없다. 그렇지 않다면 이처럼 소나기성 규제안을 퍼부을 순 없는 노릇이다.

게임에 대해 가장 사회 보호적이며 강도 높은 규제를 실시하고 있는 유럽, 특히 독일에서도 이 같은 식의 규제는 하지 않는다. 큰 테두리만 그어 놓을 뿐, 그 안에서 이루어지는 것은 인정하고 받아들이고 있다. 그 까닭은 사회를 보호해야 하기도 하지만, 문화와 산업 또한 그에 준한 대우와 보호를 받아야 한다는 것이다. 그래서 백화점식으로 규제안을 만들거나 남발하지 않는다. 법에 대한 실효성도, 사회적인 효과도 미미하다는 이유에서다.

재작년 게임계의 입장에선 충격적인 사건으로 받아들여지고 있는 셧다운제가 처음 시행됐다. 게임은 청소년을 보호해야 한다는 사회적 분위기에 휩쓸려 첫 희생양이 됐다. 그러나 이 제도 시행 이후 얼마되지 않아 실효성 문제가 제기됐고, 지금에 와서는 있으나 마나 하는 제도로 전락해 버렸다.

청소년 폭력의 결정적인 역할을 하고 있다는 게임은 이젠 본안과 상당히 거리가 있다는 게 정설이 되고 있으며, 셧다운제 시행 이후 진행된 각종 게임 규제안에도 불구, 청소년 폭력 문제는 해결의 실마리를 찾지 못한 채 확대 · 재생산되는 모습이다. 이쯤이면 게임에 대해 면죄부를 줄 만한데, 또다시 정부와 국회는 게임에 대한 입법 행정권을 행사하려 들고 있다.

박근혜 정부가 중기 살리기를 위한 프레임을 얼마만큼 가지고 있는지

현 시점에선 정확히 알 수 없다. 하지만 자신이 잘한다는 몇 개 정도의 프레임만 가지고서는 실타래처럼 얽히고설켜 있는 현재의 경제 상황을 돌파할 수 없다.

더욱이 중기 살리기 문제는 처방전이 생각보다 간단치 않다는 데 문제의 심각성이 있다.

큰 관심을 모으고 출범한 이명박 정부가 재임기간 경제 살리기에 실패한 결정적인 원인은 자신이 잘하는 몇 개 정도의 프레임만을 앞세웠기 때문이다. 그렇다면 청년 실업 문제와 중기 살리기 과제 풀이에 당면해 있는 박근혜 정부의 경제 살리기를 위한 해결 방안은 무엇인가.

단언컨대 지식산업 쪽에서만 보면 게임이 가장 좋은 솔루션이다. 양방향 시대, 컨버전스 세대에 가장 흡족한 킬러 콘텐츠는 게임이기 때문이다. 고용 및 경제 효과는 말할 것도 없다.

그러기 위해서는 게임에 대한 규제를 지금이라도 멈춰야 한다. 더 이상 소모성, 전시 형태로 남발돼선 곤란하다. 물 흐르듯 큰 테두리만 정부에서 관리하면 그만이다. 그 이상은 필요 없다. 그래야 게임산업이 산다.

과연 이것을 박 당선자와 새누리당 의원들이 제대로 해낼 수 있을지 의문이다. 특히 지각없는 일부 새누리당 의원들의 행태는 안타깝기 그지없다.

2013-01-14

제도권의 게임 푸대접을 생각하다

새누리당 신의진 의원에 의해 추진되고 있는 '게임중독법'은 우리 사회 전반에 걸쳐 게임 업계가 사회의 일원이라는 존재감은커녕 얼마나 푸대접을 받고 있는지를 극명하게 보여주는 사례 가운데 하나라 할 수 있다. 마음만 먹으면 언제든지 목을 조이고 손발을 묶을 수 있다는 것인데, 그만큼 산업 조직이 허술하기 짝이 없거나 상대에게 허점을 완전히 드러내 놓지 않고서는 상상할 수도 없는 일이다. 그럼에도 끄떡하면 게임업계를 걸고 넘어가는 것은 상대적으로 영화 등 타 업종에 비해 게임업계에 약점이 많다는 얘기로 해석할 수밖에 없다.

일각에서 문제를 삼는 사행성과 중독성, 폭력성은 거기가 거기라 할 순 없지만 경쟁업종에도 예외일 수 없다. 폭력 중 가장 잔인한 언어폭력으로 얘기하면 영화를 따라잡을 수 없고 사행, 중독 문제를 꼽으면 게임이 경마, 경륜보다 더할 수 없다. 성인층을 떼고 청소년층으로 제한해 문제 삼는다 해도 게임이 그들이 즐겨 한다는 술과 담배에 비할 바가 못 된다. 게임업계의 입장에서 보면 당연히 부아가 들끓을 수밖에 없다.

하지만 게임업계의 현실과 상황을 냉철히 들여다보면 그럴 수도, 아니 사회가 그렇게밖에 바라볼 수 없겠다는 결론에 이르게 된다. 산업은 있으나 실체가 없고, 문화를 얘기하면서 정작 자신들의 문화는 참살돼 있기 때문이다.

달포 전 정부 측 관계자를 만나 게임업계의 현실을 주고받으면서 필자나 정부 측 관계자 할 것 없이 함께 안타까워했던 점은 산업의 실체가 보이지 않는다는 점이었다. 기업 이름은 간혹 들어봤으나 그 기업이 누구에 의해 일궈지고, 어떤 사람에 의해 만들어진 게임이냐는 질문에 일반 사람들은 물론 게임 유저들조차 변변하게 답하지 못한다는 것은 뭔가 잘못돼도 한참 잘못된 것이다.

게임업계의 단골말로, 게임만 잘나가고 팔리면 됐지 그 외의 것이 뭐가 필요하고 중요하느냐는 말이 있다. 그래서 그 게임을 기획해 만들고 운영하는 사람들은 게임 유저들이 굳이 알 필요가 없다는 식의 홍보가 전부다.

그러다 보니 그들이 숨 쉬고 살아가며 토해 낸 흔적들이 완전히 소실돼 버린 것이다. 오로지 현실 사회에는 게임서비스 업체와 유저만 존재할 뿐이다. 사람이 살고 있으나 그들의 그림자가 보이지 않고 숨은 쉬고 있으나 개미 숨소리조차 들리지 않는 유령의 도시와 같은 모습이 다름 아닌 게임업계인 것이다.

문화는 삶에서 비롯된 양식이다. 게임 문화는 오로지 히트한 게임만을 지칭하는 것이 아니다. 히트작이란 화폭 위에 그려진 꽃잎 정도에 머무르는 아주 미약한 존재일 뿐이다. 그것보다는 그것을 집대성하고 빚어낸 게임 장인들의 희로애락이 더 큰 것이며 주빈이라 할 수 있다. 그런 측면에서 보면 게임업계가 그동안 매우 잘못해 온 것이다.

게임은 팬들에 의해 명멸한다. 또 결코 영원할 수 없다. 흥행시장에서 히트할 수도, 실패할 수도 있다. 그러나 게임인들은 그렇지 않다. 게임이 실패한다 하더라도 삶의 터전 위에서 살아가며, 생명선을 이어간다. 좀 더 현실적인 관점에서 놓고 보면 게임보다 더 영원하다는 것이다. 게임인들에게는 그들만의 삶이 존재하고 그들만의 문화가 있다. 하지만 안타깝게도 그동안에는 이런 것들이 무시되거나 평가받지 못했다. 정확히 말하면 게임서비스라는 이름 아래 이 같은 삶의 군상들이 묻혀 버린 것이다.

참살된 게임 문화를 복원시켜야 한다. 그러기 위해서는 먼저 게임인 스스로 자존감을 찾는 일이 급선무다. 뒤에 숨어 있지 말고 당당히 세상 전면에 나서야 하며, 자기 스스로 게임인임을 다짐해야 한다. 게임이 결코 게임인보다 앞서게 하는 우를 범해선 안 된다.

두 번째로는 히트작 유혹에 빠져들지 말아야 한다. 열정을 다하되 그것이 전부인 것처럼 매달려선 곤란하다. 반드시 히트작을 만들겠다고 기획한 작품이 시장에서 재미를 본 경우가 그다지 많지 않다는 사실은 시사하는 바가 크다. 마지막으로는 명예와 역사의식을 자기 생명처럼 지켜 나가는 게임인의 자세를 가져야 한다.

부끄럽게도 게임업체 대표들과 개발자들의 행태를 보면 이런 것과 거리가 먼 사람들이 의외로 많다. 일부는 게임이 좋아 입문한 것인지 아니면 오로지 금궤를 캐기 위해 게임계에 들어왔는지 의심스러운 사람들이 적지 않다. 이런 사람들일수록 사람보다는 게임을 더 강조하고 게임성을 주문한다. 그런데, 미안하게도 이들 대부분은 함량 미달인 경우가 많다.

언필칭, 한 작품을 놓고 이로 인해 게임 문화가 무너지게 된다면 두말할 것 없이 게임을 버려야 한다는 것이다. 그동안에는 무조건 게임이었다. 산업이 망가지든 문화가 무너지든 상관할 바 없다는 듯이 게임 서비스에만 매달렸다. 하지만 지금부터는 달라져야 한다. 게임은 유한하지만, 게임문화는 영원하기 때문이다.

특히 게임문화란 토대 없이 게임계가 친사회적일 수 없다. 그런 토양이 존재하지 않는 게임계를 제도권에서 인정할 것이란 기대는 마치 산에서 물고기를 잡을 수 있을 것이란 바람과 같다 할 것이다. 결코 게임업계를 받아들이지 않을 것이 분명하다. 존경심과 경외감 등 상대를 존중하는 마음이 그가 돈이 있다 해서 우러나거나 만들어지는 것은 아니다. 그것은 정신이며 문화유산에서 비롯된다.

게임업계가 제도권에 존재감을 드러내지 못하는 이유가 게임만 좇다가 게임 문화란 삶의 정신적 유산을 잃어버린 때문이 아닌지 이번 '게임중독법' 파동을 계기로 생각해 봐야 한다. 해서, 그렇다면 당장이라도 문화 복원에 힘써야 한다. 그래야 제도권으로부터 최소한 목을 조이는 수모나 푸대접은 받지 않을 게 아닌가.

2013-12-27

게임계의 봄은 오는가

창조형 인간의 대명사로 꼽히는 스티브 잡스가 다니던 대학을 때려치고 입사한 곳이 게임업체 아타리(atari)였다. 아타리는 잘 알려져 있듯이 업소용 게임의 전설 '퐁'이란 작품으로 일약 세계적인 기업으로 떠오른 게임계의 전설적인 명가다.

이 기업을 만든 놀란 부쉬넬(Nolan Bushnell)은 그다지 내세울 게 없는 사람이었다. 하지만 그는 게임 비즈니스에 관한 한 타의 추종을 불허했다. 일본 게임 기업인 닌텐도에 자리를 내주기 전까지는 분명 그가 세계 게임계의 레전드였다.

하지만 '아타리 쇼크'라고 불리는 치명적인 매출 부진으로 기업을 더 이상 유지하지 못했다. 경쟁작이 쏟아져 나오고 새로운 게임 플랫폼이 등장하는데도 그는 시장을 계속 장악할 것이란 믿음만 키웠다. 1971년 단돈 500달러로 세운 아타리사는 이후 가정용 게임기(콘솔)의 거센 도전과 무게를 이겨내지 못하고 역사 속으로 사라졌다.

일본 게임기업 닌텐도의 도도함은 놀런 부시럴의 그것과 크게 다르지 않다. 큰 부침 속에서도 신기하게 오뚝이처럼 살아났기 때문이다. 태생적으로 천박한 기업이었던 닌텐도는 마치 그것을 감추려는 듯 도도한 정책만을 고수했다. 독자노선만 걸었고 폐쇄적인 정책이 한때는 발목을 잡을 뻔했다. 그럼에도 승승장구했다. 어려운 고비 때마다 이겨냈고 이를 극복해냈다.

그러나 창조형 인간 스티브 잡스엔 손도 써보지 못하고 당했다. 폐쇄적인 정책은 엇비슷했지만 그가 세상에 선보인 스마트폰에는 속수무책으로 당했다. 닌텐도의 지난해 매출실적은 전년의 절반 수준인 5,900억 엔, 영업손실은 350억 엔에 달했다. 전성기 때와 비교하면 영업이익 수준의 매출을 기록한 것이다. 닌텐도가 또다시 시장에서 재기할 것이라고 보는 사람은 이젠 거의 없다.

재미있는 점은 아타리를 무너뜨린 닌텐도가 아타리의 장학생인 스티브 잡스에 의해 무릎을 꿇었다는 점이다. 또다른 사실은 양사가 태생적인 약점을 지닌 때문인지 기업을 세상에 드러내려 하지 않았다는 사실이다. 닌텐도의 경우 이를 감추기 위해 미 프로야구단을 인수하는 등 고고(高高) 전략을 폈지만 아타리는 그렇게 하지 않았다.

그 때문인지 아타리에 대한 후세들의 역사적 평가는 후하지 않다. 물론 닌텐도에 대한 기업 평가 역시 부정적이다. 그러나 아타리에 대한 세평은 그냥 업소용 게임의 명가로 제한됐다. 세상으로부터 얻은 만큼 사회에 기여를 하지 않았다는 것이다.

컴퓨터 게임을 인류에 최초로 선보인 사람은 미국의 물리학자 윌리엄 하긴보섬(William Higin Botham) 박사다. 그는 원자폭탄 개발 프로젝트에 참여한 것을 뒤늦게 알고 종전 후 부룩헤이븐 국립연구소로 자리를 옮긴다. 원폭 피해자들에 대한 반성과 참회를 위해 그는 순수 학문연구에만 집중했다. 그런 그가 게임을 만든 것은 연구소에 견학을 온 학생들의 지루함을 덜어주기 위함이었다. 대기 시간을 지루해하는 학생들에게 재미를 안겨주기 위해 그는 '테니스 퍼 투'라는, 후에 세계적인 바람을 일으킨 '퐁' 게임의 모티브가 되는 컴퓨터 게임을 만들어 낸 것이다.

이 게임이 큰 관심을 모으자 그의 주변 사람들은 이 게임에 대한 저작권 등록을 서두르자고 제안하지만 그는 일언지하 이를 거부했다. 그 까닭은 이 장르의 무한한 시장 가능성보다는 인류에게 즐거운 발명품으로 안기길 바랐고, 후세들에게 게임은 좋은 선물이 될 것이란 믿음 때문이었다. 그가 만든 컴퓨터 게임은 아타리의 탄생을 있게 했고 닌텐도와 소니 세가란 세계적인 명가 게임기업을 만들어 냈다.

하지만 게임이 인류에게 즐거운 선물이 되기를 바랐던 윌리엄 하긴보섬의 기대와 희망은 갈수록 희미해 지고 있다. 특히 대한민국 게임산업계를 들여다보면 희망이 아니라 좌절이고 기대감은 절망으로 바뀌고 있다.

게임 오락은 이제 사행성으로 불리고 있고, 안겨주는 재미와 창조성은 게임의 중독성과 폭력성으로 인해 평가조차 외면받고 있다. 게임계의 지칠 줄 모르는 탐욕과 천박함으로 품위조차 지키지 못한다는 소리는 이미 오래 전부터 나온 얘기다. 아타리가 무너지고 닌텐도가 생사의 갈림길에서 몸부림치는 것은 트렌드를 제대로 읽지 못한 게 아니라 오로지 매출에만 혈안이 된 실적주의와 자신의 치부를 감추기 위한 도도함에 눈이 멀었기 때문이다.

고만고만한 기업만이 잉태되고 있는 것이 결코 우연이라고 하기엔 대한민국 게임계의 의식 실종병이 너무 깊다. 이대로 가다가는 내세울 만한 사람도 기업도 없는, 무주공산의 게임업계가 될 가능성이 크다. 그래도 여기저기 돈만 잘 벌겠다고 야단이다.

희망의 손길을 찾을 수 없다면 그건 지옥이다. 윌리엄 하긴보섬 같은 이가 나타날 것이라고 믿음을 저버리지 않는 것은 게임계에도 봄이 올 것이란 확신이 있기 때문이다. 천민자본의 전형을 보여준 아타리나 닌텐도의 기업 풍토는 더 이상 보고 싶지 않다. 게임계에 진정한 봄날을 기대해 본다.

2014-03-19

게임계의 을사오적

게임산업이 휘청거리고 있다. 시장은 혼란스럽고 문화는 황폐화되고 있다. 특히 게임문화는 싹조차 보이지 않을 만큼 붕괴되고 있다.

시장의 혼란스러움은 이미 예고된 일이었다. 온라인과 모바일이 상호 보완 관계에 있을 때만 해도 좋아 보였다. 하지만 스마트폰 시대를 맞이하면서 판이 바뀌었다. 피처폰 시대가 막을 내리면서 종속변수로만 여겨져 왔던 모바일게임이 상수가 되어 주력상품으로 떠올랐기 때문이다. 잠시 그러다가 말 것이라는 예측도 보기 좋게 빗나갔다. 온라인 게임업체들이 아우성치기 시작한 것은 바로 이때부터였다.

시장이 완전히 모바일 게임판이 됐다. 사람들은 모바일게임 사업을 하지 않으면 망할 것 같다고 호들갑을 떨었다. 상을 하나 더 차리는 것이 어려운 일은 아니나 쉬운 일 또한 아니다. 온라인 게임업체들의 선택의 고민은 거기에 있었다. 또 한 상을 차리기에는 가당찮고 흉해 보였던 것. 사업 규모가 그랬고 모바일게임 볼륨이 그랬다.

그러나 한 해가 지나자 상황은 확실해졌다. 그냥 한 상을 더 보는 게 아니라 모바일게임을 하는 게 큰상을 차리는 게 됐다. 주력업종으로 서둘러 바꾼 기업은 쾌재를 불렀고, 그냥 눈치만 보며 전전긍긍하던 기업은 뒤따라 나서기에 급급했다.

그러자 온라인게임시장엔 작품이 사라져 버렸고 시장 분위기는 꽁꽁 얼어붙었다. 여기저기서 힘들다고 아우성이 귀를 때렸다. 선순환 구조가 붕괴되고, 투자자금 유입도 끊기기 시작했다.

빈곤의 악순환은 수출시장에도 미쳤다. 유저들의 눈들이 온라인게임에서 모바일게임으로 꽂힌 건 우리나라도 중국도 일본도 처지는 비슷했다. 모바일 게임 상품은 상종가를 치는 데 반해 온라인 게임 상품은 문전박대를 당하는 처지가 됐다. 게임수출 단가가 곤두박질친 건 불문가지였다.

게임계가 다급해지기 시작했다. 불요불급한 비용을 줄이자며 허리를 졸라맸고 실적 없는 스튜디오와 인력은 구조조정을 통해 정리해버렸다. 영업이익에 부합되지 않는 용도와 항목은 대거 삭감하거나 줄여 나갔다.

그것은 살아 보겠다는 것이 아니라 한마디로 금융가와 증권가의 눈치만 보겠다는 것이고, 그들의 힐책만 피해나가겠다는 고도의 책략이었다. 대부분이 월급쟁이 전문경영인으로 구성된 게임 CEO들로선 그 방법이 아니면 자신의 위치를 지탱할 수도 유지할 수도 없다는 점을 누구보다 잘 알고 있었기 때문에 그렇게 했던 것이다.

이로 인해 직격탄을 맞은 건 게임문화계다. 지금 게임계는 문화가 붕괴됐다는 표현보다는 궤멸됐다는 직설적 화법이 더 맞을 듯하다. 산업은 시장과 문화에 의해 형성되고 성장한다. 마치 두 바퀴에 의해 굴러가는 수레처럼 한쪽으로 쏠리면 넘어가게 되고, 한쪽으로 기울면 위태롭게 보여질 수밖에 없다. 지금 게임계가 딱 그 형국이다.

2014년 대한민국 게임계는 이렇게 아슬아슬하게 달리고 있다. 위기상황인 것이다. 그런데 그 누구도 이 같은 위급한 국면을 피부로 느끼지 못하고 있다. 게임계에 대한 사회의 시선과 질책은 무겁고 준엄하기까지 하다. 그런 측면에서 대민, 대정부 창구와 게임계 목소리를 전하는 메신저가 절실하다 할 것이다. 그럼에도 게임계는 되레 문화비용을 줄이거나 아예 눈길조차 주지 않고 있다. 오로지 돈을 끌어모으는 마케팅에만 사활을 걸고 있다.

게임문화계는 오래전부터 업계의 '을사오적'들이 게임 문화계를 말아먹었다는 말이 나돌았다. 이들은 을사조약을 통해 나라를 팔아먹은 자들처럼 자신의 영달을 위해 회사가 문화비를 삭감하거나 아예 편성조차 하지 않아도 그대로 순응한 자들이다. 대외 홍보업무를 추진하면서 관련 예산이 없다는 건 어불성설이다. 더군다나 일정 규모에 달한 기업에서 자금문제로 예산을 책정하지 않는다는 건 상상할 수도 없다. 그런데도 이들은 책임을 간과했다.

이들 '을사오적'은 그러면서 영세한 게임 언론에 대한 겁박을 일삼기 일쑤였고 논조가 문제가 되면 그 알량한 광고를 중단하겠다며 협박을 서슴지 않았다. 문화에 대한 의식조차 없던 그들은 문화계 씨조차 깔아뭉갰다.

안타깝게도 이들 '을사오적'은 게임계 이쪽저쪽에서 목소리를 내고 있다. 치졸한 논리로 사 측 입장을 대변하는가 하면 과거 옛 직장에서 배웠던 그 모습 그대로 뻔뻔함을 드러내며 문화의 한편을 기웃거리고 있다.

게임문화를 초토화시킨 그들의 무지만 탓할 수 없는 것은 어찌 보면 그들도 영업이익과 순이익만을 생각하는 몰상식한 기업들의 피해자이자 하수인에 불과할 수도 있겠다는 생각이 들어서다. 안됐다는 마음도 든다. 그럼에도 그들을 게임계에서 물리쳐야 하는 이유는 이들 '을사오적'이 미친 악영향이 너무나 뼈저리고, 게임계에 깊은 상처를 남겼기 때문이다. 그들은 반드시 게임계에서 퇴출시켜야 한다.

시장이 어려울수록 더 생각하고 돌아가란 말이 있다. 게임계는 지금 위기상황이자 전시상태다. 현실적으로 보면 안팎으로 녹록한 게 하나도 없다. 내수시장과 수출전선, 정치권과 사회단체 등 제도권과의 대화도 그렇다.

그 첫걸음은 문화를 살리는 길이다. 시장은 근 20여 년의 성상을 쌓아왔다. 반면 게임문화는 이제 종종걸음 수준이다. 산업계의 휘청거림의 원인은 문화가 궤멸됐기 때문이다. 두 바퀴의 수레가 잘 굴러가도록 문화계에 대한 투자를 먼저 늘려 나가야 한다. 그다음 평형을 바로잡는 것이다.

그 길은 그다지 어려운 것이 아니다. 바로선 그릇 속에 모바일이면 어떻고 온라인이면 어떻겠는가. 그저 찻잔 속에 담긴 물일 뿐인데.

2014-05-29

한중 FTA, 제대로 한 건가

자유무역협정(FTA) 체결을 위한 한중 간 협상이 타결됐다. 이로써 거대한 13억 중국 시장이 활짝 열리게 됐다. 양국 관계자들은 이를 위해 무려 14차례에 걸쳐 고위급 협상을 진행하는 등 30개월 동안 머리를 맞대 왔다. 결과적으로 보면 양국 정상이 일괄 타결 방식으로 처리하긴 했지만, 그 막바지 과정에서도 양국 실무자들은 한 치의 양보도 없는 신경전을 벌였던 것으로 알려지고 있다.

이처럼 양국 관계자들이 한중 FTA 타결에 힘을 기울여 온 것은 두말할 나위 없이 양국 국익에 보탬이 되기 때문이다. 한중 간 교역 규모는 해마다 급성장하고 있다. 단일국가 시장으로는 말할 것도 없고 교역 규모는 일본과 미국의 그것을 합쳐 놓은 만큼 크다. 중요한 사실은 이 같은 흐름이 갈수록 확대되고 심화될 조짐을 보이고 있다는 사실이다.

정부는 특히 이번 협상 타결로 정보통신기술 분야의 한중 교역량이 더욱 증가하고 부품 관련 부문의 수출이 중장기적으로 크게 늘 것으로 내다봤다. 더욱이 자동차 분야는 이번 양허안에서 제외됐지만 전자, 부품, 그리고 영화와 드라마, 대중음악 등 엔터테인먼트 분야 등은 서로 빗장을 완전히 풀기로 해 우리에게 가장 큰 수혜 품목이 될 것이라고 정부는 밝히고 있다.

세계무역기구(WTO) 등 다자간 협정뿐 아니라 FTA 등 양자간 협정의 최대 이슈가 되고 있는 챕터는 지적재산권 및 엔터테인먼트를 망라한 문화, 서비스 분야다. 잠재적 수요를 안고 있는 데다 그 규모 또한 해마다 늘고 있기 때문이다. 특히 이 분야는 패션, 액세서리, 식품 등으로 파생되는 수요가 적지 않고 자국 문화를 알리는 전령 역할까지 담당한다는 측면에서 이를 둘러싼 신경전이 뜨겁다는 게 외교가 안팎의 전언이다.

정부가 이번에 한중 FTA 협상 타결을 선언하면서 가장 먼저 언급한 것도 영화, 드라마 음악 등 이른바 빅3 한류에 대한 중국 시장의 개방을 촉진시켰다는 점이었다. 정부는 이로써 중국의 외국 영화에 대한 쿼터제를 사실상 무력화시켜 우리 영화의 대중 수출이 급증할 것으로 내다봤다.

또 드라마의 경우도 대중 수출이 활발해질 것으로 기대했다. 드라마는 그동안 한중 합작이거나 중국에서 정한 자국민 비율을 채우지 못할 경우 중국 내의 방영을 제한해 왔다.

가장 주목을 끈 콘텐츠는 다름 아닌 K-pop이다. 정부도 확실한 수혜주가 대중음악 장르라고 자신하고 있다. 그러나 이 부문에 대한 구체적인 보따리를 풀어놓지 않고 있어 어떤 점이 과연 적지 않은 수혜를 안겨주는 대목인지에 대해 정확히 가늠키 어렵다. 하지만 협상 타결의 머리말에 이를 수차례 얘기하고 있다면 뭔가 중국 측으로부터 확실한 담보를 챙겨 놓은 게 아니냐는 관측도 가능하다.

어쨌든 정부가 무역 협정을 위한 협상카드를 하드웨어 중심에서 콘텐츠 위주로 무게중심을 바꾸고 있다는 점은 긍정적이다. 중국이 지적재산권 처리 문제로 가장 늦게 WTO에 가입한 것도, 미국이 미키마우스의 권리를 보호하기 위해(?) 하드웨어 시장까지 내놓은 것도 그만큼 콘텐츠에 대한 중요성과 미래의 큰 먹거리 산업이란 점을 인식하고 있다는 뜻이다.

그런 측면에서 이번 협상 과정에서 게임에 대한 언질이 전혀 없었다는 점은 매우 유감이다. 주지하다시피 게임은 콘텐츠 고부가가치 상품 가운데 대표적인 상품이다. 한해 무려 20~30억 달러 이상을 수출하고 있고 매년 급성장하는 장르이다. 특히 중국 시장은 우리 게임업계의 수출의 보고가 되다시피 하는 지역이지만 규제가 많은 곳으로 소문이 나 있을 정도다. 그럼에도 이에 대한 협상의 도출물이 없었다면 정작 있어야 할 게 빠져버린 꼴이 아닌가 하는 생각을 지울 수 없다.

굳이 여기서 영화와 드라마, 음악 부문의 수출이 고작 얼마고, 게임 수출이 얼마인데라며 상대 업종과의 비교 따위는 하고 싶지 않다. 하지만 FTA는 무역 협정이다. 양자 간의 교역이 핵심이란 뜻이다. 잘 챙겨두지 않으면 나중 추가에 협상을 벌여야 하는데 그러려면 상당한 대가를 치러야 한다는 것을 우리는 이미 한미 FTA 협상 과정에서 잘 봐온 터다. 그럼에도 그랬다면 정말 큰 문제가 아닐 수 없다.

믿고 싶지 않지만 게임에 대한 사회의 부정적인 시선 때문에 슬그머니 협상대상 목록에서 지워버렸거나 아니면 그 잘나간다는 빅3 한류에 더 큰불을 지피기 위해 게임을 의도적으로 빼놓은 게 아닌가. 만의 하나 그랬다면 재협상을 통해서라도 이를 바로 잡아야 한다.

솔직히 2014년의 대한민국 게임산업이 그리 녹록한 편은 아니다. 정확히 말하면 절체절명의 위기 상황이다. 중국 게임업체들이 우리의 코앞까지 따라왔다고 해도 과언이 아니다. 그럼에도 차포를 떼고 장기를 두겠다면 그 사람은 정신이 나간 이다. 정부가 이에 대한 분명하고도 확실한 입장을 밝혀야 한다.

늘 하는 얘기이지만 이런 식으로 하니까 경제가 제대로 굴러가지 못한 채 겉돌고 있는 게 아닌가 한다. 게임산업을 너무나 모른다. 안타깝고 답답할 뿐이다.

2014-11-14

중국 자본의 유입

문화콘텐츠 시장으로 쏠리는 중국 기업들의 뭉칫돈 규모가 갈수록 커지고 있다. 게임으로 몰리는 자본뿐 아니다. 드라마, 음악, 예능 분야에 재주가 있다는 기획사에는 여지없이 중국 자본이 들어가 있다. 대중문화계에서는 대략 10조 원에 달하는 중국 돈이 국내 엔터테인먼트 분야에 투자돼 있는 것으로 보고 있다.

문제는 중국 자본 유입이 여기서 그치지 않고 계속될 것이란 점이다. 게임계에서는 올해 1조 원가량의 중국 돈이 국내에 더 투자될 것으로 파악하고 있다. 그 선봉에 서 있는 중국기업은 다름 아닌 텐센트와 알리바바 그리고 바이두란 기업이다. 특히 텐센트는 국내 게임 기업의 자금줄이 되다시피 하고 있다.

중국 기업들의 이 같은 움직임은 한마디로 한국 투자에 대한 확실한 믿음이 깔려 있기 때문이다. 중국의 자그마한 채팅 전문 기업에 불과했던 텐센트가 일약 세계적인 게임 기업으로 발돋움한 것도 실은 한국 게임업체들 덕분이었다는 사실은 더 이상 새로운 얘기가 아니다. 중국 내 최대 포털로 떠오른 바이두 역시 한국 검색 포털들을 지켜보면서 열심히 벤치마킹한 도움이 컸고, 알리바바 역시 이 회사 창업자 마윈이 밝히기도 했듯이 한국 IT기업들의 발 빠른 행보에 대응하다 보니 보다 더 구체적인 비즈니스 모델을 그려내 성공 가도를 달릴 수 있었다.

이들의 특징은 문화콘텐츠 분야에 투자하는 다른 중국 기업들과 마찬가지로 자신들의 흔적을 잘 남기려 하지 않는다는 점이다. 궁금하고 답답해서 이들의 행적을 굳이 찾아 나서면 모를까 그렇지 않으면 이들의 일거수일투족이 잘 포착되지 않는다. 지분을 확보했으니까 경영에 참여하겠다든지, 임원을 파견하겠다는 따위의 소리도 하지 않는다. 어찌 보면 상당히 자율적이고, 강제하기보다는 방목하는 게 아닌가 하는 느낌까지 준다.

그런 측면에서 과거 1980년대 일본 기업들이 미국 영화시장에 자본을 투자하면서 신문에 떠들썩하게 알리고, 경영 부문에 대해서는 시시콜콜한 내용까지 보고서에 담아 제출해 달라고 요구한 것과 비교하면 다소 천양지차를 느끼게 한다. 그렇게 함으로써 일본 기업들의 대미 투자가 실패했다고 할 수 없지만 결과적으로 보면 지금까지 명맥을 유지하고 있는 일본계 기업은 겨우 소니픽처스 정도에 불과하다는 것은 여러모로 시사하는 바가 크다.

미국이 나름, 자긍심이 강한 자국 영화산업에 외국자본 유치를 결정한 것은 '어항론'이란 새 물 유입의 필요성에 그 근거를 두고 있다. 즉, 어항의 물이 고이면 수위가 낮아지고 결국에는 물이 썩게 됨으로써 부영양화를 초래, 끝내는 어항 속의 물고기는 말라 죽게 된다는 이론이었다. 따라서 새 물(자본)이 들어온다 해서 어항의 주인이 바뀌는 게 아니므로 새 물의 유입에 대해 나쁘다 할 수 없다는 것이었다.

미국은 이에 따라 소니, 마쓰시타 등 일본 굴지의 기업들을 대상으로 세일즈 비즈니스를 시작해, 컬럼비아, MGM 등을 그들에게 내다팔았다. 미국은 이를 두고 윈윈 전략이라고 했지만 재미를 본 곳은 단 한 곳, 미국 영화계였다. 일본 자본이 유입되면서 다소 즉흥적이었던 할리우드 영화 제작방식에 새 바람을 일으키는 등 짜임새가 있어졌지만 양국의 이질적인 기업 문화를 극복하는 데는 한계를 드러냈고, 이후 이를 견디다 못한 일본 기업들의 할리우드 엑소더스는 그리 오래 걸리지 않았다.

중국 기업들의 대한 투자는 그렇게 할리우드를 떠난 일본 기업들과는 다소 다른 모습을 보이고 있다. 특히 이들의 한국 투자 방식은 과거 미국에서 제기한 '어항'론에 상당히 근접해 있다는 점에서 그렇게 나쁘게 볼 일이 아니라고 평가할 수 있다.

그러나 여기서 놓칠 수 없는 부문은 중국 기업 대부분이 구사하고 있는 방목 정책에 대해 국내 기업들이 구체적으로 아는 바가 없다는 것이다. 실적에 따라 상대의 목을 죄기 위한 것인지, 아니면 이를 갑질의 도구로 쓰겠다는 것인지에 대해 도통 들은 바가 없기 때문이다. 하지만 이로 인한 파열음은 벌써부터 나타나고 있다.

국내의 한 모바일 게임업체는 중국 현지의 게임 론칭을 최근 포기했다 한다. 내용인즉 양측의 입장 차가 너무 심했기 때문이라고 언론에 알려졌다. 하지만 상대 기업이 이 국내 게임업체의 주요 투자사란 사실이 알려지면서 갑질 논란이 빚어졌다. 이에 대한 소문은 사실과 좀 다르게 각색된 점이 없지 않다. 하지만 협의 과정이 정상적이지 않았던 것은 정황상 분명해 보인다. 특히 양측의 주장이 첨예하게 맞서자 말을 가로막고, 자기들 방식으로 일사천리로 처리하더라는 게 갑질 논란 이후 들려온 추가 소식이다. 결국 이 국내 게임 기업은 중국 론칭을 포기하기로 결정했으나 갈가리 찢긴 마음의 상처까지 거둬들이지는 못했을 게 분명하다.

중국 속담에는 마음이 급하면 뜨거운 두부를 먹을 수 없다는 말이 있다. 성급하면 원하는 걸 입에 넣을 수 없다는 뜻이다. 동물 세계의 포식자인 사자의 사냥 방식이 그렇다. 결코 서두르지 않는다.

또다시 그들의 움직임이 궁금해진다. 과연 그들의 진의는 무엇인가. 하지만 적어도 그들의 그런 숨은 계산법이 어림잡아 읽힌다면 국내 게임업체들도 뭔가 묘책을 세워야 하지 않을까. 그들이 족적을 남기지 않고, 경영 개입에 직접적으로 나서지 않는다고 해서 마냥 손을 놓고 좋아할 일이 아니다. 그러다가 어느 순간 허를 찔릴 수 있다는 점을 잊지 말아야 한다. 그런 모습이 다름 아닌 중국인의 특성이라고 한다면 그들을 너무 모르고 하는 소리라고 할 수도 있겠다. 하지만 정말 그들을 그렇게 모르고 있을까.

2016-05-16

게임만 있고, 산업이 없다

최근 게임계의 화두는 게임산업을 다시 살려보자는 것이다. 이 같은 얘기를 뒤집어 보면 게임 산업이 매우 어렵다는 것이고, 형편이 아주 좋지 않다는 뜻일 게 분명하다. 그런 소리가 나오는 또 다른 뒷 배경에는 선거철이 다가오고 있기 때문이 아닌가 하는 생각도 든다.

이를테면 대선을 향해 뛰는 후보자들에게 선심성 공약이라도 받아볼 심사로, 이 같은 볼멘소리를 내고 있지 않은가 싶은 것이다. 결코 들여다보지도 않는 이들에게 선거철이 다가왔다고 외쳐본들 우리 처지를 알아줄 리 만무하지만, 오죽하면 그들에게 그런 소리라도 하려 하는 것일까 하는 생각에까지 미치다 보면 게임계가 정말 딱한 처지에 놓여 있는 것은 분명한 것 같다.

게임이란 테마가 정치인들에겐 상당히 구미가 당기는 메뉴일 수는 있을 것이다. 선거철만 되면 예상외로 게임계 인사들의 몸값이 치솟는 것만 봐도 그렇다. 정치인들에겐 게임이 지식산업의 코어가 되고, 콘텐츠의 꽃이라고 불리기도 하니까 그들의 치장용 또는 장식용으로 이보다 더한 것이 없을지도 모르겠다.

그래서였을까. 이명박 전 대통령도, 박근혜 대통령도 과거 대통령 후보 시절에는 게임에 대해 더없는 애정을 표시하곤 했다. 그러나 자신의 대권의 꿈을 이룬 후에는 태도를 싹 바꾸었다. 대못을 빼주기는커녕 대못을 찾아 박듯 했고, 창조경제의 핵심으로 게임 정책을 입안하겠다는 원대한 육성 계획은 국정 농단이란 이름으로 먹칠하게 됐다.

정치인과 변호사의 말은 결코 믿지 말라는 미국 속담이 그냥 전해져 오는 것은 아니겠지만 그들과 척을 두고 사업을 영위하기란 말처럼 그리 쉬운 일이 아니다. 특히 제도권 진입이 절실한 게임계의 처지를 놓고 보면 특히 그렇다. 그래서 게임 정책이 오락가락해도, 규제의 대못질이 수없이 가해져도, 말 한마디 제대로 하지 못한 채 입을 닫고 살아야만 했다.

그렇게 지내 온 것이 지난 10년의 세월이다. 그 고단한 삶을 겪어 온 대한민국 게임계는 지금 악전고투 중이다.

시장판은 온라인에서 모바일로 바뀌었고, 업계의 역학 구도는 예전과 판이한 모습을 보여주고 있다. 중견기업이란 이름의 기업들은 이미 오래 전에 사라졌고, 흥행시장의 스테디셀러 작품이란 개념도 이젠 더 이상 논할 수 없게 됐다. 그러다 보니 벤처의 씨앗조차 찾기 힘들어졌다. 수출 시장은 또 어떠한가. 최대 시장인 중국은 별의별 장벽을 다 쳐놓으며 한국 게임업체들의 진출을 막고 있으며, 동남아시아 지역은 어느 틈에 불쑥 커버린 중국과 일본 게임들이 시장을 장악하고 있다. 해서 기업 덩치를 키워보자며 달려들긴 하지만, 그마저도 각종 규제로 발목이 잡혀 있다.

또 20여 년의 온라인 게임 역사를 지니고 있다고 하지만 게임에 대한 사회의 인식이 달라진 건 하나도 없다. 과거 그때나, 지금이나 게임에 대한 그 부정적인 시각은 매한가지로 차갑기만 하다. 여전히 사행이 문제점으로 지적되고 있고, 폭력성과 중독성은 여론의 표적이 되다시피 하고 있다. 태생적이고도 구조적인 문제점이라고 치부하기엔 너무 가혹하고 모질다. 한마디로 게임계에 대한 사회의 사시적인 시각이 눈곱만큼도 바뀌지 않고 있다는 것이다.

게임만 알고, 오로지 게임만 바라보며 살아온 죄가 크다. 그렇다. 게임산업은 게임만으로 굴러가지 않는다. 거기에 인재가 모여야 하고, 산업에 걸맞은 시스템이 작동해야 하며, 제도권과 호흡을 맞춰 나가는 지혜로움이 필요하다. 하지만 게임계는 그렇지가 못했다. 게임업체는 있었으나 업계의 정신은 없었고, 게임계의 시스템이라곤 달랑 유통 구조밖에는 더 없었다. 제도권과의 소통은 거의 막혀 있다 할 만큼 단절돼 있었다. 이 같은 시장구조를 사회의 눈으로 바라보면 게임계는 게임 판을 차려 놓고 그 판돈만 긁어모으는 수전노의 집단으로만 비춰질 뿐이다.

여기서 중요한 사실은 게임인이라면 게임뿐 아니라 게임 산업을 알아야 했다는 것이다. 게임만으로 굴러가는 시장은 한쪽 바퀴로 굴러가는 기형적인 수레라고밖에 할 수 없다. 무엇보다 산업을 공부해야 했다. 게임의 역사부터 바로 살펴보고, 자신이 서 있는 자리에 대한 시대의 역사성을 잊지 말아야 했다. 안타깝게도 그 많고 많은 게임 학과 중 게임 산업론을 커리큘럼에 넣고 가르치는 학교가 없다. 이는 산업의 계보조차 꿰지 못하는 이에게 오로지 코딩 기술만 가르치는 격이다.

잃어버린 10년을 놓고 누구를 탓할 것인가. 정치인에게 화살을 돌릴 것인가, 아니면 정부에 뭐라 할 것인가. 그때 게임인 당신들은 무엇을 했단 말인가. 일각에선 '게임 5적론'을 들먹이며 게임계를 망친 이들을 언급한다. 이른바 국내 게임 5대 기업을 지칭한 것인데, 이들은 판만 깔아놓고, 돈만 긁어갔다는 것이다. 시장을 위한 판은 키워 놓긴 했으나 산업을 위해 한 게 아무것도 없다는 게 이들의 지적이다. 산업은 역사다. 미천한 역사에 그마저도 그에 대한 두려움이 없으니까 제도권의 사람들이 게임계를 깔아뭉개며 내려다보는 게 아닌가.

지금이라도 늦지 않았다. 게임만 보지 말고 산업을 바라보라는 것이다. 그 첩경은 게임의 역사를 공부하는 길이다. 그래야만 잃어버린 10년을 되찾을 수 있고, 내일의 10년을 기약할 수 있다고 본다.

2017-02-20

게임 상장사들의 도덕성

게임 메이저로 불리는 넷마블이 최근 코스피에 상장, 세간의 화제가 되고 있다. 이 회사는 예상대로 상장하자마자 코스피의 대장주로 떠올랐고, 무려 13조에 달하는 시가총액을 기록하면서 게임계의 부러움을 한 몸에 사고 있다.

이 회사의 중심엔 방준혁이란 게임계의 기린아가 있다. 그는 요즘 말로 표현하면 금수저 출신이 아니다. 정확히 말하면 흙수저에 가깝다. 하지만 그는 어두운 구석이라고는 찾아볼 수 없을 만큼 매사에 긍정적이다. 타고난 일벌레에다 한번 승부를 걸면 반드시 일을 치르고 마는 승부사 기질도 갖고 있다. 그런 그가 자신의 분신과 같은 넷마블이란 기업을 상장하면서 약 3조 원에 이르는 자산을 거머쥐게 됐다.

그에 대한 스토리를 좀 더 언급하면 엘리트층이 점유하고 있는 게임계에서는 거의 아웃사이더에 가까운 인물이 그다. 게임 메이저 CEO들의 출신 대학을 보면 하나같이 유명 대학 출신이다. 그러나 그는 중졸의 학력이 전부다. 물려받은 유산도 없는 혈혈단신의 처지였다. 하지만 그는 주눅 든 일이 없었다. 오히려 더 당당했고, 학연과 학벌로 똘똘 뭉쳐 있는 그들과 경쟁하면서 살아남았다.

기업을 상장한다는 것은 기업 경영 실체를 공개하고, 이를 바탕으로 기업의 역량을 더 키워 나가겠다는 뜻을 담고 있다. 그런 측면에서 기업 상장이란 사적 이익 못지않게 공적 이익도 중시 여겨야 한다는 것이다. 따라서 상장 기업이라고 한다면 종전과 다른 목표점을 향해 다시 출항하는 배와 같다.

기업은 수익을 목표로 뭉친 집단이다. 그보다 더 큰 지고지선은 없다. 그러나 상장기업이라고 한다면 그에 대한 경영 원칙은 좀 더 성숙해져야 한다. 그렇지 않으면 기업을 상장하거나 공개할 필요가 없다. 게임 메이저군에 속하는 기업 집단 가운데 상장하지 않고 개인 소유로 기업을 보유하고 있는 이들도 없지 않다. 하지만 이 경우라도 공적 기능이 완전 면제된다고 볼 수 없다.

세계무역기구(WTO)에서는 수출 기업에 대한 도덕성을 수치화 또는 계량화해 이를 무역관세에 반영하도록 하자는 논의가 활발히 진행되고 있다. 아직까지 이에 대한 구체적인 일정 및 프레임은 알려져 있지 않지만, 늦어도 2020년까지는 이에 대한 국가 간 협의를 시작하겠다는 게 WTO의 입장이다. 이 같은 안이 현실화되면 선한 기업에 대해서는 낮은 무역관세를 적용하고, 그렇지 않은 기업에 대해서는 높은 세율을 적용해 악덕기업 또는 자신들의 배만 불리는 기업들은 수출시장에서 설 자리를 잃게 될 전망이다.

그렇다. 기업의 공적 기능은 이제 더 이상 교과서적인 선한 주문이 아니다. 기업을 영위하고, 상장하는 게 수익성 제고와 자금 확보만을 목표로 하는 것이 아니며, 또 특정 집단에 큰 혜택을 주자는 제도 역시 아니라는 것이다. 그럼에도 상당수 기업과 게임 기업들은 그렇지가 않다. 오로지 자신들의 밥그릇만 생각하며, 자신이 속한 집단의 이익만을 좇고 있는 것이다.

2017년 현재, 국내 게임 상장기업은 코스피에 3개사, 코스닥에 25개사 등 총 28개사에 달하고 있다. 하지만 이들 기업 가운데 공적 기능을 수행하는 기업은 몇 개사를 제외하곤 거의 전무하다시피 할 정도이고, 나름, 그 기능을 수행한다는 기업들도 겨우 흉내 낼 정도에 그치고 있다. 이 같은 움직임은 게임 문화가 뿌리를 내리지 못하고 성장하지 못하는 결정적인 이유가 되고 있다.

기업을 상장하는 일은 그 기업만의 것이 아니다. 업계의 경사이고 산업계의 큰 잔치다. 또 그 기업이 비로소 산업계의 재산이 된다는 것을 의미한다. 그러나 게임 기업들은 그것으로 모든 게 끝이다. 자신들의 샴페인만 터뜨리고 마는 것이다. 몇몇 상장 기업들은 그 이후로 아예 게임계와 절연하다시피하며 살기도 한다. 그러다가 공모가에 한참 못 미쳐 상장 폐지 소문이 나오게 되면 슬그머니 게임계를 기웃거리기 시작한다. 그들만의 리그에서 즐기다 돈이 떨어지면 돌아오는 식이다.

업종에 대한 이미지라고 한다면 제도권의 평가다. 게임업종에 대한 평가는 어떨까. 아무래도 부정적인 게 사실이다. 중독과 사행, 폭력 등 태생적인 문제점으로 인한 것도 있지만, 게임 마케팅이란 이름으로 제도권의 정서를 마구 헤집어 놓기 때문이다.

마케팅은 기업 영업 활동 지원을 위해 반드시 필요한 툴이다. 하지만 마케팅은 기업의 로열티를 떨어뜨리고 왜곡시킬 수 있는 요소를 상당히 내포하고 있다. 따라서 마케팅 다음엔 이를 재건하기 위한 수순으로 기업들은 문화란 이름의 씨를 뿌려 허물어진 제도권의 정서를 복구하려 노력한다. 그런데 안타깝게도 게임계에서는 이 같은 움직임이 없다. 그냥 도로를 누더기로 만들어 놓은 채 슬그머니 빠져나가는 식이다.

아주 못된 짓이다. 몇몇 게임 메이저를 제외하고는 다들 그 모양이다. 누더기로 변한 도로를 복구하는 건 게임 문화다. 그런데 마케팅 예산은 있지만 게임 문화 예산은 없다. 그러다 보니 게임 문화가 뿌리를 내릴 수가 없다. 척박하기 이를 데 없는 것이다. 게임계에 대한 제도권의 평가가 긍정적일 수가 없는 이유가 바로 여기에 있다.

게임 벤처, 스타트업들의 발육 환경은 갈수록 나빠지고 있다. 선순환 구조가 붕괴됨에 따라 이들을 인큐베이팅할 수 있는 여건이 사라진 탓이다. 이 모두가 일부 게임 상장기업들이 제 몫을 하지 않고, 자신들의 사적 이익만 추구하고 있기 때문이다. 자신들은 공적 기능의 선순환 구조에 의해 성장해 놓고, 상장 후에는 이를 외면하는, 아주 부도덕의 극치를 보여주고 있는 것이다. 막말로 공모를 통해 얻은 자금이 어디 자신들의 돈이라던가. 그 돈은 엄밀히 말하면 산업 자금이다. 그럼에도 자신들의 돈이라고 착각 속에 사는 게 바로 그들이다.

방준혁 넷마블 이사회 의장은 소외되고 보이지 않는 곳을 찾아 그간 꾸준히 게임 문화의 나무를 심어 왔다. 지금은 이선으로 물러나 있는 김영만 전 한빛소프트 회장은 척박한 게임계를 위해 사재를 털기도 했고, 김택진 엔씨소프트 사장은 프로야구단 창단과 함께 게임 문화 진흥에 힘을 기울여 왔다. 김범수 카카오 이사회 의장, 권이형 엠게임 사장, 송병준 게임빌 사장 등도 마찬가지다. 이들은 하나같이 게임 문화를 소비하며 문화의 씨를 뿌려 왔다. 그런데 더 이상 이 같은 사람들이 보이지 않는다는 것이다.

게임인 모두가 산업계의 밑가지가 되는 심정으로 변해야 한다. 특히 상장 기업이라면 더더욱 그런 역할을 맡아줘야 한다. 그렇게 하지 않으면 그들(게임계)이 아무리 돈을 많이 벌어도 뭐할 것이냐는 제도권의 질문이 끊임없이 따라다닐 것이다.

무책임한 일부 게임 상장사들, 이들을 어찌할 것인가. 사회, 문화 기여 점수를 계량화해 함량미달 기업에 대해서는 시장 퇴출을 강제할 수 있는 법안이라도 만들어야 하는 게 아닌지, 정말 고민스럽다.

2017-05-22

게임 대기업이란 이름

문재인 정부의 산업 정책에서 핵심적인 사업은 정보통신기술(ICT)이다. 정부는 이를 미래 먹거리 산업으로 만들고 수종 묘목으로 키워보겠다는 것이다. 더 이상 새로운 내용은 아니지만 이 같은 움직임이 조금 더 일찍 입체적으로 진행돼야 하지 않았나 하는 아쉬움이 크다.

ICT 분야는 자본 집약적인 성격을 띠고 있지만, 그렇다고 대기업만으로 해낼 수 있는 분야는 아니다. 오히려 다양한 집단들이 모여 그 무엇 하나를 집대성한다는 측면에서 벤처형이자 창조형 산업이라고 해야 옳다.

김상조 공정거래위원장의 최근의 발언도 이 같은 ICT 산업의 중요성을 강조하다가 나온 실언이 아닌가 이해할 수 있다. 그의 언급은 ICT 대기업들이 너무 '하루살이'에 의지하면서 중소기업 간 상생과 협력을 외면하는 등 경직된 투자에만 열을 올리고 있는 게 아니냐는 것이었지만 특정 기업, 특정인의 이름이 오르내리면서 논란을 빚었다. 때아니게 도마 위에 오른 이해진 네이버 이사회 의장은 이에 대해 말을 아끼고 있지만 그의 절친인 이재웅 전 다음 대표가 김 위원장을 향해 오만한 발언이라며 이 의장의 속마음을 대신 전하기도 했다.

어찌됐든 김 위원장의 발언에 대해 다양한 해석이 뒤따랐다. 하지만 세간의 여론이 뭐라고 하든, 그의 발언의 행간을 살펴보면 아주 한참을 잘못 나갔다고도 할 수 없다.

최근 ICT 대기업들이 대거 준대기업에 편입되고 있다. 이 가운데 넥슨이 게임기업으로는 처음으로 준대기업으로 지정됐다. 여기서 준대기업이란 대기업은 아니지만 상법상 그에 준하는 의무를 수행해야 하는 기업을 뜻한다.

과거 개발도상국 시대에는 대기업에 안기는 혜택이 적지 않았다. 그러나 지금은 정부의 그런 수혜적 지원은 다 사라졌다. 반면 기업공시 의무 등 법률상 공개해야 될 기업의 의무는 적지 않다. 자칫 잘못하면 공정거래법에 걸려 각종 규제 대상에 묶여 곤욕을 치를 수 있다.

이에 따라 일각에서는 일괄적이고 기계적인 법 적용에 대해 문제를 제기하기도 한다. 특히 제조업과 ICT 산업은 태생적으로 다르고, 게임을 비롯한 콘텐츠 비즈니스에 대해서는 정부가 좀 더 고민을 해줘야 하지 않겠냐는 의견도 있다. 하지만 정부는 이에 대해 법 적용 대상 범위를 세분해 따로 운용할 생각은 없다는 입장이다. 한마디로 법대로 하겠다는 뜻이다.

그렇다면 결론은 이렇다. 못마땅하지만 받아들이자는 것이다. 그로 인해 정부의 간섭이 심해지겠지만, 그렇다고 역할을 마다할 수는 없는 노릇이다. 그러나 이로써 게임업계가 제도권으로부터 어른 대우를 받을 수 있게 되지 않았는가. 발을 동동 구르며, 마지못해 끌려가는 모습을 연출하는 것은 보기에 좋지 않다.

솔직히 그동안 게임업계는 제 식솔 구제하는 데만 급급했다. 조금 큰 기업들은 나름 사회적·공적 기능을 맡아 수행하긴 했으나 그 수준은 미미했으며, 그나마 흉내를 낸 곳은 다름 아닌 넥슨, 엔씨소프트, 넷마블, NHN 등 이른바 게임 메이저로 불리는 대기업들이었다. 그러나 너무 전시성 행사와 성과에만 매달리면서 정작 거두고 챙겨야 할 주변 게임계에 대해서는 인색했다. 아니, 정확히 말하면 뒷짐만 져왔다. 현재 처해 있는 게임계의 모양새가 민둥산의 모습, 그 형국이라면 그 책임은 다름 아닌 게임 대기업에 있다 해도 과언이 아니다. 굳이 아니라고 한다 하더라도 그 책임에서 결코 자유로울 수 없다 할 것이다.

그들이 딴짓을 하는 동안 게임계의 문화는 초토화됐다. 산업계의 컨센서스 기능은 사라졌으며, 업계의 목소리를 조율하며, 업계의 이익을 대변해야 할 매체는 사경을 헤매게 됐다. 게임 대기업들의 덩치가 커지면서 '규모의 경제'를 실현한다는 이름 아래 게임 전문지는 외면한 채 슬그머니 이른바 조중동만 쳐다보기 시작했기 때문이다. 그들은 이에 대해 불가피한 측면이 없지 않다고 설명하고 있지만 그로 인한 게임 문화계의 피폐는 말이 아닌 셈이 됐다. 게임 전문지들은 고만고만한 수준으로 전락했고, 취재 환경은 형편없이 악화되고 말았다.

게임 대기업들은 이를 두고 영향력과 맨 파워를 키워야 한다며 자생론을 먼저 주장하기도 한다. 그러나 과연 그럴까. 그들은 하늘에서 떨어지고, 땅에서 솟은 기업이 아니다. 제도권과 게임 전문지의 덕도 봤다. 그런데 덩치가 커지자 어느 순간부터 가랑비에 옷 젖는 것보다 한 방의 큰 기사만 눈에 꽂기 시작했다. 하지만 경험상, 메이저 신문은 업계지 혹은 전문지로부터 필요한 메시지와 정보를 얻는다. 사회 여론도 마찬가지다. 업계 전문지가 진원지다. 그럼에도 조중동 등 메이저 신문에만 손을 뻗친다. 매체의 영향력이라는 것인데, 그건 게임 대기업들이 일방적으로 기대하는 허상일 뿐이다.

맨 파워에 대한 자질 논란도 게임 전문지 입장에선 받아들일 수 없는 황당한 주장이다. 업계지만큼 전문 인력을 두고 있는 곳은 흔치 않다. 다만 제도권에서 쓰는 보편적인 언어로 접근하지 않고, 특정 집단을 대상으로 하다 보니 일반인 관점에서 보면 다소 어렵게 느껴질 수 있다. 그럼에도 이를 두고 맨 파워 운운하는 것은 상대를 아주 무시하는 처사다. 역설적으로 자신들이 그같은 색안경을 끼고 보니까 그렇게 비치는게 아닐까. 결국 자신들에게 침을 뱉는 격이다. 더군다나 업계의 독자는 오피니언 리더들이다. 덩치가 커지는 순간, 일부 게임업체들이 이를 잊어버린 것이다. 아니 정확히 말하면 교만해진 것이다.

이런 풍토이다 보니 업계의 목소리가 제대로 모아질 리가 있겠는가.

늘 모래알처럼 흩날린다는 지적은 비단 어제오늘의 얘기가 아니다. 지금 게임업계의 현주소가 그렇다.

다시 시작한다는 마음으로 산업지도를 완성해야 할 때라고 생각한다. 언제까지 산업계의 변방으로 자리할 수는 없는 노릇이다. 제도권에서 사회적 책임과 의무를 강조한다면 지금까지 못 해온 것까지 포함해서 더 철저히 수행해야 한다. 과거처럼 혜택받은 게 없다며 말싸움이나 하고 있을 때가 아닌 것이다.

그것이 ICT의 육성을 위한 길이고, 게임계를 제도권에 다시 일으켜 세우는 일이다. 지금 정부와 제도권은 게임계의 움직임을 예의 주시하고 있다. 그 까닭은 새로운 먹거리를 창출해 내야 하는 절체절명의 시대적 위기 속에 게임업계의 역할이 어느 때보다 긴요해지고 있기 때문이다. 그런 측면에서 게임 대기업에는 새로운 시대적 소명이 맡겨진 셈이라 할 수 있겠다. 그렇다면 덩칫값을 제대로 해야 하지 않겠는가. 일부 관계자들이 제도권으로부터 혜택받은 게 없다는 말은 한마디로 어불성설이다.

2017-09-18

중국 판호의 문제

게임계에서 자주 등장하는 용어 가운데 하나가 다름 아닌 판호(版號)다. 일반인들에게는 다소 낯선 이 판호란 단어는 중국의 게임 서비스권을 의미한다. 중국 국가 신문 출판 광전총국에서 내주는 이 판호는 현지에서 게임 서비스를 하기 위해서는 사전에 반드시 취득해야 하는 정부 허가권이다.

따라서 저작권 권리 유무를 담고 있는 판권(版權)과는 다른 의미를 지닌다 할 수 있다. 즉, 판권은 저작물에 대한 권리를 통칭하는 것이라고 본다면, 판호는 자국에서 사업을 할 수 있도록 한 인허가권이다. 한국, 미국, 일본 등 OECD 국가들과는 달리 중국에서는 체제 보호를 위해서인지, 아니면 마구 쏟아지는 저작권들에 대한 관리를 위해서인지, 반드시 판호 취득이란 절차를 요구하고 있다. 이를 취득하지 않은 채 비즈니스 서비스에 나섰다간 화를 면키 어려워진다.

요즘, 이 판호라는 것이 업계의 최대 관심거리가 되고 있다. 중국 정부가 유독 한국 게임에 대해 문을 꽉꽉 닫아 놓은 채 시위를 벌이듯 하고 있기 때문이다.

실제로 지난해 1월부터 지금까지, 중국 정부가 한국 게임에 대해 판호를 내준 사례는 전무하다. 한국 게임에 대해 몽니를 부리고 있는 것이다. 이도 저도 아니면 아주 얌체 짓을 하고 있는 것으로밖에 볼 수 없다. 왜냐하면 자국 게임에 대해서는 한국 등 경쟁 국가 시장에 맘껏 내다 팔면서, 상대국 게임에 대해서는 문을 걸어 잠가 놓고 나 몰라라 하고 있으니, 이보다 더한 몰염치는 없다 할 것이다. 이 같은 처지로 애간장을 태우는 사람들이라면 아마도 속이 터져도 백 번은 더 터졌겠다는 생각이다.

과거 1960~1970년대 시절, 우리나라도 정부 승인이 떨어지지 않으면 영화를 상영할 수 없었다. 반드시 정부로부터 사전 승인을 얻어야 했다. 또 승인이 나도 공연윤리위원회의 사전 심의 절차를 밟지 않으면 영화를 상영할 수 없었다. 이 같은 정부의 무소불위의 권력과 같은 '도장'이 사라지기 시작한 것은 사회적으로 민주화 바람이 일기 시작한 1980년대 중반 이후였다. 저질 영화를 국민들에게 보여줄 수 없다는 것이 정부의 표면적인 이유였지만, 실은 체제 수호를 위한 것이었음엔 두말할 나위 없다.

한국 게임에 대한 중국 정부의 이 같은 태도에 대해 일각에선 시진핑 국가 주석 취임 이후 아주 미묘해진 한중 관계와 중국의 권력구조 재편과 연결해 해석하는 시각이 없지 않다. 현지 게임업계의 얘기를 종합하면 한국 게임은 게임성이 아주 독특하게 나타나는데, 그중 하나가 집단화와 커뮤니케이션이라는 것이다. 또 유저들이 함께 진행하는 공성전은 한국 게임만의 특성이라고 할 만큼 좋은 평을 받고 있다.

하지만 이러한 한국 게임의 성향과 특성은 미디어를 총괄하는 중국 당국에는 부담으로 작용할 수 있다는 것이다. 더욱이 시진핑 국가 주석의 영구 집권을 타진 중인 중국 당국으로서는 민심의 동향을 살펴볼 수밖에 없고, 만일의 사태 등을 염두해 둘 수밖에 없는 중국 당국의 처지에서 보면 이러한 한국 게임의 내용과 특성은 관심의 대상이 될 수밖에 없을 것이란 분석이다.

한국의 사드(THAAD: 고고도미사일 방어체계) 배치 이후 무역 보복의 일환으로 중국 당국이 판호를 이용하고 있다는 관측도 있다. 중국 당국이 한국 정부에 타격을 줄 수 있는 무역보복 조치의 일환으로, 한국의 온라인 게임과 모바일 게임의 수급을 나름 관리하고 있다는 것이다.

문제는 이러한 중국 당국의 얼토당토않은 인허가 행정에 우리 정부 관리들이 절절매고 있는 인상을 주고 있다는 점이다. 이에 대해 우리 정부는 전략적 측면을 강조하고 있으나, 업계는 이해할 수 없다는 반응이다. 정부는 특히 판호 허가권자인 중국 당국에 대해 이래라저래라 하기가 매우 부담스럽다는 입장을 보이고 있다. 자칫 내정간섭이라며 더 치고 나올 개연성이 높다는 것이다. 그 때문인지 이달 또는 내달 예정된 한중 자유무역협정(FTA) 체결에 따른 지재권 이행 위원회 개최를 위한 의제조차 양국이 합의하지 못하고 있다. 이렇게 될 경우 중국의 판호 획득은 더 어려워질 공산이 크다.

여기서 우리 정책 당국자들이 놓치지 말아야 할 것은 판호 문제를 단순히 게임업계의 현안으로 묶어둬서는 곤란하다는 것이다. 게임이 차지하는 콘텐츠 수출 비중을 굳이 언급하지 않더라도 게임은 글로벌 문화의 첨병이다. K-pop 보다 한국 게임을 먼저 접하는 이들이 더 많다. 그만큼 게임은 문화 할인율이 뛰어난 대중 콘텐츠이다. 따라서 이 시점에서 정부의 'One of Them' 전략은 즉시 폐기돼야 옳다 할 것이다.

게임 판호 문제는 반드시 이번 지재권 위원회의 의제에 포함시켜 협상 테이블에 올려놓아야 한다. 양자협상에서 이를 제대로 해결하지 못하면 중국 판호 문제는 앞으로 그들에게 계속 질질 끌려다닐 수밖에 없다.

국가 간 양자협상, 특히 콘텐츠 등 문화상품을 내걸고 하는 협상은 절대 일방적이어선 안 된다. 과거 미국 정부가 그랬고, 일본 정부도 그랬다. 특히 미국이 예전 우리 정부에 줄곧 써온 미디어, 콘텐츠 시장 개방 협상은 되로 주면 말로 받는 식이었다. 우리 정부가 중국의 판호 문제를 전향적으로 풀기 위해선 이 같은 미국 협상 전략도 활용할 필요가 있다 할 수 있겠다. 그들에게 절절매면 절대 풀리지 않는다.

2018-03-05

WHO의 게임 규제 움직임

세계보건기구(WHO)의 게임 질병코드 등재 방침이 알려지면서 전 세계 게임계가 크게 술렁이고 있다. 이렇게 되면 각국의 보건 당국에서는 새로운 질병 분류책으로 '게임'을 신설해야 하는데, 게임이란 대중 문화의 핵심 아이콘이 '정신 질환'이란 이름 아래 놓일 수 있다는 점에서 업계에 적지 않은 충격을 안겨주고 있다.

질병코드 등재 여부 및 등재 시기를 결정하는 우리나라 통계청은 일단 5월 예정된 세계보건총회(WHA)의 결과를 지켜본다는 입장이다. 또 '게임 장애'(Gaming Disorder)라고 언급하고 있는 새로운 질병 분류 코드 작업을 위한 11차 개정안(ICD-11)이 그대로 총회를 통과하더라도 이를 바로 등재하는 일은 쉽지 않을 것이라는 신중한 반응을 보이고 있다. 개정안 시행에 따른 문제점 등을 사전에 검토해야 하는 등 제반 사항을 살펴봐야 한다는 것이다. 정부는 이에 따라 2020년 전후로 이를 검토해 우리 보건 환경에 맞는지의 여부를 저울질한 이후, 수용 여부를 결정짓겠다는 입장인 것으로 알려지고 있다.

하지만 OECD 가입국인 우리나라가 WHO의 권고에도 불구, 독자적인, 혹은 과거의 ICD 버전만을 고집할 수는 없을 것으로 보인다. 특히 WHO 지침이란 것이 권고 사항에 그친다 하더라도 국제기구에서 마련한 보건 규범을 마냥 외면하기에는 현실적으로 어려움이 예상된다. 따라서 관건은 WHO의 이번 질병 분류 개정안이 총회를 그대로 통과할 것인가에 대한 여부인데, 그간 본부에서 예고해 온 상정안이 수정되거나 철회된 사례가 거의 없었다는 점에서 그 어느 때보다 채택 가능성이 높다.

WHO에서 이처럼 게임에 대해 비상한 관심을 나타내고 있는 것은 그만큼 게임이 미치는 정신적·사회 병리적 영역이 매우 넓고 크다는 것을 뜻한다. 일각에서는 과학적 진단과 의학적 소명이 제대로 이뤄지지 않은 상태에서 WHO 측에서 '게임 장애'를 언급한 데 대해 아주 성급한 조치라는 목소리가 적지 않다. 하지만 WHO는 특별한 하자가 없다는 입장이다. 오히려 이 시점에서 선제적 조치를 취하는 게 세계 보건 환경을 개선하는 데 더 맞는 일일 수 있다는 일부 의료계의 반응도 있다.

결론적으로 말하면 시간은 벌 수 있겠으나, 피해갈 수는 없을 것이란 점이다. 게임 맹주인 미국과 일본이 어떻게 해볼 수 있는 요량이 있을지 모르겠으나, 현실적으로 ICD 새 버전을 외면할 수는 없어 보인다. 이 문제를 놓고 게임 산업계 관계자들과 소비자 단체 간의 입장 차이도 묘하게 갈라지고 있다. 아케이드 게임을 비롯한 콘솔 게임과 온라인 게임, 모바일 게임 등으로 역사를 일궈 온 게임산업이 시장 개황 60여 년만에 최대의 위기에 봉착해 있는 것이다.

WHO의 등재 조치가 이뤄지게 되면 우선 담배의 사례와 같이 게임 유통을 제약하는 각종 국제 조약 등 후속 조치가 뒤따를 것은 명약관화한 일이다. 이 같은 조치가 진행되면 게임 최대 수출국인 일본과 미국의 게임 업체들이 큰 타격을 받을 것으로 예상된다. 또 수출 주도형인 우리나라 게임 산업도 예외는 아니어서 상당한 어려움을 겪을 것으로 보인다. 안타까운 점은 대표적인 문화 코드로 꼽혀온 게임이란 장르가 술과 담배, 마약, 도박과 같은 반사회적 중독 물질과 동일선상에 서게 된다는 사실이다. 전 세계 게임계가 강력하게 반발하고 나서는 것도 바로 이 때문이다.

게임업계의 지혜가 절실히 요구되는 시점에 서 있다 할 수 있다. WHO의 등재 조치 이후 수순은 이를 각국별로 구체화할 수 있도록 하는 방안이다. 실례로, 금연 정책의 토대가 된 것은 지난 2005년 발효된 담배규제 기본협약(FCTC)에 따른 것이다. 이는 WHO의 담배 규제 조치 선언 이후 만들어진 국제 협약이다. 이를 통해 담배 제작 및 국제 유통을 정부가 규제토록 한 것이다.

언필칭, 그건 아니다라며 손사래만 칠 것이 아니라 반면교사의 교훈을 찾는 등 대책 마련을 서두를 때가 아닐 수 없다. 그러기 위해선 민간기업의 노력뿐만 아니라 학계의 관심과 이해가 절대적이다. 필요하다면 공동의 연구 과제를 수행하는 등 머리를 맞대야 한다. 이 시점에서는 적어도 게임계가 독자적으로 할 수 있는 게 아무것도 없다는 것을 직시하고 깨달아야 한다. 정부도 게임 질병 코드 도입에 대해 신중한 반응을 보이고 있다. 엔터테인먼트 쪽의 눈높이와 괴리 현상이 있다는 것이다. 다행스러운 일이다.

위기는 기회라고 한다. 게임계의 역사를 되짚어보면 늘 그랬다. 산이 높은 만큼 골짜기 또한 깊었다. 그런 측면에서 게임계가 이 상황을 피하려 하거나, 괜한 호들갑만 떨 게 아니라 자신들을 반추해 보는 기회로 삼을 필요가 있다 하겠다.

늘 제기되는 말이지만, 게임은 태생적으로 과몰입과 사행 그리고 폭력성에서 피해갈 수 없다. 어쩌면 WHO의 최근의 움직임은 시작에 불과한 일인지도 모른다. 이를 해결하기 위한 첫 번째 방안은 업계의 자율적 규제다. 더욱 철두철미해져야 한다고 본다. 두 번째 방안은 제도권과 손을 잡고 함께 나간다는 마음을 놓지 말아야 한다는 것이다. 그래야 그들이 게임계의 손을 들어주고, 공동의 보조를 취할 수 있다.

WHO의 게임 질병코드 등재 문제는 하나의 난제이지, 풀 수 없는 미제의 과제는 아니라는 점을 게임계가 잊지 말았으면 한다. 당장 발등에 떨어진 불덩이처럼 야단법석을 떨 일이 아니라, 실타래의 매듭을 하나하나씩 풀어가는 게 이 시점에서 필요한 지혜라고 생각한다.

2018-04-02

확률형 아이템이란 고속열차

게임업계가 '확률형 아이템'이란 고속열차에 올라타는 모습이다. 게임업계는 이달부터 '확률형 아이템'에 대한 자율 규제를 강화하겠다고 발표했다. 하지만 규제 대상 아이템 및 구성비율, 획득 확률에 대한 구체 규제안은 거의 찾아볼 수 없다. 오히려 이를 빌미로 게임업계가 '확률형 아이템'에 대한 자율 운영 범위를 크게 확대하려는 게 아니냐는 우려의 목소리가 나오고 있다.

게임계의 논란의 불씨를 지피고 있는 확률형 아이템은 말 그대로 재미로만 즐긴다면 문제 될 게 없는 감초와 같은 것이다. 하지만 이것이 기업의 수익 모델로 바뀌면서 위상이 달라지기 시작했다. 일부 게임은 이로 인해 아예 게임의 본질인 놀이 재미가 사라졌다는 평가를 받고 있다. 문제는 상당수 게임 기업들이 확률형 아이템에 사활을 걸고 있거나 자유롭지 못하다는 것이다.

게임의 태생적인 문제점은 사행과 중독 그리고 폭력성이 꼽힌다. 과하지 않으면 탈이 될 게 없지만 긴장을 풀고 있다 보면 바로 드러나는 것이 바로 이 같은 것들이다. 따라서 경계하지 않으면 말썽을 빚고, 손을 놓고 있다 보면 일이 생긴다. 하지만 이 부문을 떼고 재미를 논할 순 없다는 것이 게임업계의 또다른 고민이다. 그래서 넘쳐나게, 또는 부족하게 하지 않으려 갖은 노력을 기울인다.

게임업계는 일단 확률형 아이템의 흐름을 감시하기 위해 자율규제 평가위원회를 구성해 자체적으로 수위 조절에 나서기로 하는 등 경계를 늦추지 않겠다는 것인데, 과연 위원회의 구성과 활동을 제도권에서 얼마나 수용하고 믿어줄 것인가에 대한 의문은 감출 수 없다. 더군다나 메이저군에 속하는 일부 게임기업들은 획득 확률과 거짓 과장 광고로 인해 게임 유저들에게 피해를 입혔다며 정부로부터 과징금을 징수당하는 등 수모를 당하기도 했다. 그렇다면 보다 강력한 감시 체제를 마련했어야 했다. 하지만 그저 그런 위원회 구성만으로 이를 면피하려 하고 있다.

다시 한번 강조하지만, 확률형 아이템을 비즈니스 모델로 보다 더 가시화하겠다는 게임업계의 방침에 대해 동의할 수 없다. 그 이유는 시기도 적절치 않고, 제도권에서 수용할 수 있는 국민적 정서보다 앞서 나가기 때문이다. 그렇다면 한번 더 심사숙고 하는 등 숨 고르기가 필요하다는 것이다.

과거에도 그랬고, 지금도 그렇지만, 한순간을 놓치면 그대로 치명상을 입게 되는 곳이 게임업계다. 또다시 꺼집어 내고 싶은 얘기는 아니지만 '바다이야기' 사태 때도 그랬고, 포커, 화투 등 웹보드 게임에 대한 사행 논란이 빚어질 때도 그랬다. 다행스럽게도 웹보드 게임은 안팎의 도움으로 그나마 그런 범주에서 벗어났지만, '바다이야기' 게임은 사회적인 큰 파장으로 인해 사태로까지 번지고 말았다.

이 사건의 본질은 '바다이야기'란 게임이 아니다. 상품권을 남발하고, 유통구조를 세세히 살펴보지 않은 채 성인 오락실 영업을 허용해 준 정부의 정책 실패가 결정적인 원인을 제공했다 할 것이다. 게임도 즐기고, 여가문화를 만끽할 수 있는 상품권을 제공한다는 당초 취지는 좋았지만, 그것이 업계의 발목을 잡을지는 꿈에도 몰랐다. 사행이 됐고, 끝내는 도박이란 이름으로 점철됐다. 이 사태로 인해 무려 6년여의 세월을 게임계는 칠흑과 같은 암흑기를 보내야 했다.

확률형 아이템도 그럴 가능성을 완전히 배제할 수 없다. 한 업체에서 사행을 부채질하는 '확률형 아이템'을 마구 내다 팔고, 또 그렇게 해서 사회적으로 말썽이 빚어지면 이 모두를 게임업계가 그대로 덤터기를 써야 하는

데, 이를 감내할 여력이 게임업계에 과연 있느냐는 것이다. 필자가 판단하기엔 전혀 없다고 본다.

'확률형 아이템'에 대한 본격 시행을 더 늦춰야 하는 이유는 또 있다. 게임업계가 자율적인 행보를 보일 만큼 사회로부터 절대적인 신뢰를 얻고 있느냐의 여부다. 솔직히 이에 대해 자신 있게 그렇다고 말하긴 쉽지 않다.

게임업계는 몇몇 기업 외에는 알려진 대로 매우 이기적이고 배타적이다. 제도권의 사회와 대화조차 안 하려는 기업들이 수두룩하다. 또 어느 정도 규모를 갖춘 기업들이라고 하면 한결같이 전문 경영인들이 대표를 맡고 있다. 안타까운 건 이들이 제 몫을 제대로 하지 못하고 있다는 것이다. 예컨대 상당수 전문 경영인들이 실적에만 매달림으로써 되레 기업 브랜드를 좀먹게 하는 등 먹칠하는 경우가 적지 않다. 그런 이들에게 확률형 아이템의 수급 향배를 결정짓는 열쇠를 맡겨 두겠다는 건 가히 위험천만한 발상이자 어처구니 없는 결정이다.

가급적 자신을 드러내기 싫어하는 김택진 엔씨소프트 사장이 최근 자사 CF 광고에 출연해 화제를 뿌린 적이 있다. 이 CF는 한 선술집에서 젊은 손님들이 모여 게임을 얘기하면서 시작한다. 그들은 김 사장을 운운하며 헐뜯는 모습을 보여준다. 그러자 김 사장이 찡그린 얼굴을 잠시 보이다, 그들에게 다시 웃음을 지어 보이며 쿠폰을 선물하겠다고 약속하며 선술집을 나서는 게 그 CF의 엔딩 장면이다.

게임 아이템을 두고 한창 논란이 빚어지고 있는 이 시점에서 그가 직접 CF에 등장한 배경은 무엇이었을까. 자사의 게임 아이템을 더 팔기 위함이었을까, 아니면 또다른 목적의 메시지를 전달하려 했을까. 필자는 김 사장이 CF를 통해 자신을 믿고 엔씨소프트의 게임을 해달라는 메시지를 전한 게 분명하다고 생각한다. 그는 과거에도 그런 적이 종종 있었다. '블레이드 & 소울'을 개발할 당시, 개발 쪽에서 이런저런 아이템을 높은 가격으로 유료화하자고 제안했지만, 그는 단호히 이를 막아섰다. 그렇게 하면 정당한 게임이 될 수 없다는 것이었다.

제도권과의 신뢰는 이 같은 노력의 바탕 위에 얻어지는 것이다. 지금은 제도권과 신뢰의 길이 열렸다고 할 수 없다. 냉정하게 보면 게임업계와 어줍잖게 끈이 이어져 있다고 봐야 옳다. 그럼에도 고속열차를 타고 마구 달리겠다는 건 자살행위다. 산업을 책임질 컨트롤 타워조차 없는데, 속도만 내면 어쩌자는 건가. 지금은 그럴 때가 아니다.

2018-07-09

아케이드 게임을 어찌할 것인가

아케이드 게임은 가장 접근성이 뛰어난 장르라는 평을 들어왔다. 어느 곳을 가든지 아케이드 게임을 쉽게 즐길 수 있기 때문이다. 시대 변천에 따라 그같은 장점도 모바일게임이란 장르에 넘겨주고 말았지만, 친구, 동료들과 함께 간단하게 익사이팅한 재미를 만끽하기에는 이만한 게임은 없다.

아케이드 게임은 또 게임 장르 가운데 가장 오래된 역사를 지니고 있다. 그 연원을 17세기 초로 보고 있지만, 일반적으로는 1971년 너팅 어소시에이트에서 선보인 '컴퓨터 스페이스'를 아케이드 게임의 시초로 보기도 한다. 그러나 이 작품은 게임 방식의 독특함으로 인해 흥행에서 그다지 재미를 보지 못한 채 무대에서 사라지고 만다.

아케이드 게임의 대중화를 꾀한 작품은 미국 게임업체 아타리에서 개발한 '퐁'이란 게임이다. 음식점, 선술집에 설치된 이 게임은 단순한 작동과 전자 음향으로 폭발적인 반응을 일으켰고, '퐁' 게임만 할 수 있는 전문 게임장이 등장하기 시작했다. 또 이즈음에 출시된 '스페이스 인베이더', '갤럭시안' 등이 대히트를 기록하면서 전문 게임장은 새로운 문화기지로 떠올랐다.

오늘날의 '아케이드 게임장'의 모습은 이렇게 탄생했다. 어찌 보면 가장 성인과 가까운 장르로 태어난 것이 아케이드 게임이었는지도 모를 일이다. 아케이드 게임이란 형태를 갖추기 이전부터 있어 왔던 기계식 게임부터 동전을 넣어야 게임이 작동했으므로, 성인들이 아니면 쉽게 접근하지 못했던 게임 장르임엔 확실하다.

아케이드 게임의 대중화를 실현한 것은 다름 아닌 일본 게임업체들이었다. 그들은 음식점이나 선술집용이 아닌 아예 전문 게임장용 게임을 개발해 톡톡한 재미를 본 것이다. 이에 따라 아케이드 게임은 다양한 장르의 게임의 등장으로 더욱 풍요로워졌고, 시장 규모는 급격히 팽창했다.

전 세계 아케이드 게임은 비디오(콘솔)게임 다음으로 규모가 크다. 모바일 게임이 바짝 뒤쫓고 있는 형국이나 온라인게임에 비해서는 확실한 우위를 형성하고 있다. 특히 미주와 남미에서는 아케이드 게임 수요가 꾸준하고, 중국에서는 특화 장르라고 불릴 만큼 아케이드 게임의 인기가 좋다.

그런데 유독, 한국 게임시장에서만 아케이드 게임 장르가 맥을 못 추고 있다. 새로운 기기와 또다른 장르를 찾아 나서는 한국 유저들의 성향 탓도 그것이지만, 결정적인 요인은 아케이드 게임에 대한 정부의 각종 규제로 인한 여파로 봐야 할 것이다. 그렇다 보니 독특한 장르의 게임을 개발하는 데 한계를 드러낼 수밖에 없다. 더욱이 '아케이드 게임 하면 사행'이란 단어의 동의어로 읽힐 만큼 대못질을 함으로써 스스로 이를 극복할 수 없도록 손발을 묶어 버렸다.

2006년 여름에 터진 '바다이야기 사태'의 트라우마 때문이라고는 하지만, 정책을 입안하고, 산업을 책임져야 할 주무부처에서 뒷짐 수준이 아닌 벼랑 끝으로 밀어붙이기 수준이라고 한다면 정말 고민을 해봐야 한다. 오죽하면 아케이드 게임 장르만큼은 문화체육관광부가 아닌 산업통상자원부에서 육성해야 한다는 목소리까지 나오겠는가. 정책 입안자들이 무엇인가 핵심을 놓치고 있는 것은 아닌지 묻지 않을 수 없다.

대한민국의 아케이드 게임 산업은 사실상 붕괴됐다. 지붕은 이미 날아갔고 서까래까지 흐느적 거린다고 보면 맞다. 그러다가 들보마저 바람에 흔들리게 되면 더 이상 기댈 언덕도 사라질 터이다. 그럼에도 불구하고 미련을 버리지 못한 채 끊어질 듯한 생명줄을 쥐고 있으려 하는 것은 아케이드 게임 장르가 그냥 버려질 산업이 아니라는 점 때문이다.

게임은 사행과 아주 무관할 수 없다. 아케이드 게임은 태생적으로 성인들을 위한 장르이고, 성인들을 위한 놀이문화 가운데 하나로 성장해 왔다. 일본 게임업체들의 기막힌 상술에 의해 범용 장르로 발전해 왔지만, 그 게임의 원천은 성인용이라는 것이다. 그런데 그 성인용에다 아주 미미한 것들이 포함돼 있다 해서 그 장르에 대해 불온한 것이라고 한다면 그건 대단히 잘못된 판단이자 시대에 뒤떨어진 시선이라고 생각한다.

언필칭, 아케이드 게임 산업은 사양 아이템이 아니라는 점을 강조하고 싶다. 초창기 아케이드 게임장엔 여성들의 출입이 제한됐다. 남성들 위주의 '놀이터'라는 인식이 강했다. 그러나 밝고 화려한 분위기로 업장의 모습을 바꾸고, 여성들 선호의 게임들이 집중 출시되면서 아케이드 게임장에 대한 인식이 바뀌기 시작했다. 게임장의 명칭도 '전자오락실'이 아닌 '어뮤즈먼트 파크'라는 식으로 새롭게 달았다. 이는 지난 1970년대 시절의 이야기다. 이 같은 시도와 노력은 지금도 가능하다. 그런데도 오로지 아케이드 게임은, 전자오락실은 나쁘다는 식이다.

버리긴 쉬워도 주워 담긴 어려운 것이다. 그런 측면에서 아케이드 게임 산업이 사양사업이라는 데 동의할 수 없다. 더욱이 아케이드 게임 장르는 우리에게 유효한 측면이 적지 않다. 수출시장에서의 가능성뿐 아니라 젊은이들에게 새로운 도전장을 낼 수 있는 무궁무진한 스토리텔링의 장이라는 점에서 그렇다. 또한 여전히 베일에 가려져 있는 오프라인 성인 장르의 보고이기도 한 곳이 다름 아닌 아케이드 게임 산업이기도 하다 할 것이다.

그럼에도 이미 버려진 유배의 땅이라며 할퀴고 끌어내리지 못해 안달이다. 정부가 못마땅하다 하니까 게임물관리위원회 등 그 산하기관에서는 알아서 옥죄는 식이다. 그렇게 한다고 해서 과연 사라질까. 정부의 선진 정책이란 것은 음성적인 일에 대해서도 열려 있어야 한다. 국민들에게 하지 못하게 하는 것이 아니라, 하는 데 불편하게 만드는 것이다.

아케이드 게임시장이 그 정도 수준인지는 알 수 없으나, 그만큼의 우려의 수위는 우리 사회가 감내할 수 있는 게 아닐까. 그렇다면 육성책까지는 몰라도 말살로 이어지는 정책 입안은 거둬 들여야 한다는 것이다. 이젠 성인들에게도 쉴 공간이 필요하다고 본다.

2020-08-18

Part
3

문화지평

그 낮은 곳으로

톱스타 최진실 씨 자살사건은 우리 사회에 여러 가지 시사점을 안겨준다. 그 한 가지는 생각 없이 써내려간 악성댓글(악플)이 고귀한 생명을 앗아갈 수 있다는 점이다. 측근들에 따르면 최씨가 일부 누리꾼들의 터무니없는 악플로 인해 크게 상심하고 심적 고통을 받아왔다는 사실이 이를 입증한다. 최씨는 중압감을 못 이기고 그런 누리꾼들을 향해 "너무나 서운하다"며 끝내 목숨을 끊었다.

악플의 희생자는 또 있다. 지난해 1월 가수 유니 씨는 '성형미인', '인조미인'이란 악플에 큰 충격을 받고 스스로 목숨을 끊었고 한 달 뒤엔 탤런트 정다빈 씨가 성형수술 괴담에 시달리다 결국 세상을 등지고 말았다. 실제로 인터넷 공간에서 퍼지는 괴담은 '아니 땐 굴뚝에서 연기가 나겠느냐'는 속담에 기대어 그럴듯한 '진실'로 포장되기가 일쑤다.

또 한 가지는 잇단 베르테르 효과에 대한 우려다. 괴테의 순정소설 '젊은 베르테르의 슬픔'에서 주인공 베르테르가 로테와의 비극적 사랑을 비관해 권총 자살 한 것에서 유래한 '베르테르 효과'는 감수성이 예민한 청소년층에 적지 않은 영향을 안겨준다. 특히 스타들을 중심으로 베르테르 현상이 이어질 경우 미치는 사회적 파장이 만만치 않다는 점에서 대책마련이 시급하다고 할 수 있다.

다른 한 가지는 그 쓰레기 같은 악플에 이를 악물고 견딜 수 없었느냐는 점이다. 최씨의 경우 팬들로부터 '매력적인 억순이'로 통해 왔다. 성장과정도 그렇고 그의 스타로서의 삶도 그랬기 때문이다. 팬들은 그의 그같은 치열함과 열정을 높이 사왔다. 그런데 그 우상이 허무하게 무너져 내렸다. 역설적으로 오죽했으면 그랬겠느냐는 안타까움이 크다. 그렇지만 그럴수록 삶에 대한 애착을 갖고 더 몸부림쳤어야 옳았다.

낮은 데를 향해 옮겨 앉으려는 용기와 노력이 있었으면 결과는 달라졌을 것이란 생각이 든다. 추락하는 것은 날개가 있기 마련이다. 그 과정이 찰나냐 아니면 연착륙이냐의 정도 차이일 뿐이다. 머무를 생각보다는 내려 올 준비를 차곡차곡 했다면 악플에도 이겨낼 수 있었지 않았겠냐는 것이다.

그리고 던져 버리는 것이다. 비행기가 위급 상황에 빠져 비상 착륙을 시도할 때 제일 먼저 준비하는 건 탱크 기름을 상공에서 모두 소진하는 일이다. 위험물질이기도 하지만 기체를 가볍게 하기 위함이다. 버림으로써 얻어지는 건 다름 아닌 고귀한 생명이다.

최근 인기 가수 장나라가 중국 쓰촨성 지진 피해자들을 위해 써달라고 성금을 내놨다. 그의 선행은 이번이 처음이 아니다. 그런 그녀가 던진 말은 "돈도 좋지만 이웃을 위해 돈을 쓰는 게 더 좋다"였다. 물질을 가둬두고 자신을 위해 쓰는 게 아니라 남을 위해 쓰는 게 돈이란 말이었다.

미국 할리우드가는 연말께쯤 되면 스타들의 잇단 자선 바자회가 열린다. 그리고 그들은 이날 팬들에게 인사도 하고 행사에서 얻은 수익을 사회에 환원한다. 대스타들은 기회가 주어지면 아낌없이 성금을 내놓는다. 세제 방식이 우리와 조금 다른 탓도 있긴 하지만 그들은 그게 자신들의 몫이라고 생각한다. 우상시되는 스타이기도 하지만 자신들도 사회의 한 일원이라는 점을 잊지 않으려는 노력이다.

엔터테인먼트계가 이번 최씨 사건을 계기로 사회에 스며드는, 연착륙의 비행을 나름대로 제도화하면 어떨까 싶다. 가수 김장훈처럼 훨훨 벗어버리니까 그가 바라는 '영혼의 자유인'이 되지 않았을까.

문득 게임계, 그리고 한빛소프트의 김영만 회장이 생각났다. 게임계의 스타이자 산증인인 그가 잇단 흥행 실패로 이선으로 물러나고 끝내는 회사를 넘기는 아픔을 안았지만 그는 아깝거나, 자신이 나락으로 떨어진다는 생각을 한 번도 해본 적이 없다고 했다. 그는 이런 말을 했다. "돈과 명예보다는 산업계에 한 빛을 남기고, 게임계에 일할 사람을 키웠다는 데 더 큰 보람을 느낀다"고 했다.

오로지 흥행과 물질에 함몰돼, 키작은 데를 바라보지 못하고 베푸는 것에 인색한 일부 게임업체들엔 금과옥조와 같은 말이다. 때가 되면 내려올 줄도 알아야 산다.

2008-10-21

칼럼 속의 인물: 김영만 회장

'스타크래프트'를 국내에 들여와 신화를 일으킨 스타 경영인이다. 광운공대를 나와 LG소프트에서 게임사업을 도맡아 '스타크래프트'의 판권을 획득, 국내에 큰 반향을 일으켰다. 한빛소프트를 창업해 '디아블로 2', '그라나도 에스파다', '헬게이트: 런던' 등을 선보였다. 한국 게임산업협회장직을 두 차례 역임했으며 현재는 한국 e스포츠협회장직을 맡고 있다. 기업에서 얻은 부는 사회와 산업계에 환원해야 한다며 상당액의 재산을 내놓기도 했다.

목숨 걸고 일하기

나라 안팎으로 들려오는 소리는 위기국면이란 말뿐이다. 기축년 새해를 맞이했는데도 경제 전망은 여전히 불투명한 실정이다. 달러화의 강세가 가라앉지 않고 있고 증시도 제자리를 찾지 못하고 있다. 그런데도 국회는 여야의 대치로 손을 놓은 채 놀고먹고 있다. 이러다가 경제 살리기는커녕 민생마저 거덜나는 게 아니냐는 우려의 목소리가 커지고 있다.

그나마 다행스러운 것은 수출시장의 건재함이다. 악전고투 속에 무역수지를 떠받들어 주고 있다. 이 와중에 수출마저 삐꺽거려 무역 역조현상마저 빚어진다면 불난 집에 기름을 붓는 꼴이 되지 않겠는가. 그런 측면에서 보면 수출의 중요성을 새삼 강조해도 지나침이 없다고 하겠다.

수출 전선에서 게임인들이 한몫 단단히 하고 있다는 사실은 자랑할 만하며 자긍심을 가질 일이다. 한류 바람의 원조임에도 제대로 대우도 받지 못한 게임계가 이를 악물고 거둔 쾌거다.

말이 수출 10억 달러이지, 콘텐츠 수출 10억 달러의 의미는 제조업의 그것과는 사뭇 다르다. 게임을 비롯한 콘텐츠산업이 스포트라이트를 받는 까닭은 무공해 청정산업이란 점뿐 아니라 그 나라의 얼과 경제에 미치는 영향이 적지 않기 때문이다.

미국의 월트 디즈니가 미키마우스를 통해 벌어들인 수익은 가히 천문학적인 수치다. 하지만 그것보다 더 큰 영향을 미친 것은 미키마우스를 통해 세계에 뿌린 미국 사회와 미국 경제에 대한 막연한 기대감과 동경심이다. 한류의 바람도 어찌 보면 우리의 '미르의 전설'과 '라그나로크', '오디션'

등의 게임이 기폭제로 작용한 게 아닌가 싶은 것도 바로 그 까닭이다.

그렇게 이를 악물고 달려온 게임계가 갑자기 주춤하고 있다. 세계경제가 앞이 보이지 않을 만큼 요동치고 있는 탓이 크다. 하지만 너무 빨리 움츠리고 있다는 느낌을 지울 수 없다. 자신감을 상실한 것인가. 아니면 말 그대로 답이 보이지 않은 까닭일까. 그렇다면 답은 있다. 이젠 이만 악물지 말고 목숨 걸고 일할 때라는 것이다.

일본의 유명한 장인으로 통하는 오카노 마사유키는 '아무나 할 수 없는 일만 하겠다'며 그런 일에만 매달려 온 인물이다. 그가 개발한 제품은 대기업에서도 풀지 못하는 것들이 수두룩하다. 그가 개발한 제품을 보면 휴대폰 케이스에서 의료기기, 전투기, 우주선 부품에 이르기까지 다양하다 못해 헤아리기 힘들 정도다. 그런 그의 장인정신은 한마디로 '목숨 걸고 매달리는 것'이었다.

오카노 마사유키의 학력은 초등학교 졸업장이 유일했다. 그는 학업을 그만두고 가업을 도우면서 제조업에 나섰고 아버지를 '쿠데타'로 물리치면서 오카노 공업사를 설립했다. 그리고 그는 변화하는 기업을 모토로 삼았다.

피땀 흘려 개발한 노하우도 3년만 지나면 무조건 팔아넘겼다. 학벌보다는 실력과 인간성을 강조했고 말보다는 행동을 실천했다. 그는 지금 기술대국 일본에서 초일류 장인이란 평을 듣고 있다.

그의 첫 외침은 아무리 어려워도 견디면 반드시 기회가 온다는 것이었다. 그리고 그가 만든 게 맞아도 아프지 않은 주삿바늘이다. 오카노공업사는 지금도 30억 개의 주삿바늘을 내다 팔고 있다.

오카노 마사유키는 또 트렌드만 좇지 않았다. 그의 지론인 로우테크 없는 하이테크는 사상누각이라는 점을 늘 강조했다. 차세대 휴대폰 등 첨단분야의 기술을 실현해주는 것이 다름 아닌 로우테크 기술이라는 것이었다. 이는 게임계에 시사하는 바가 크다.

이 시점에서 유저들의 입맛이 정곡점에 도달했다고 장르와 플랫폼의 흐름에 의문을 제기하면서 안절부절못하고 있는 게 아닌지 되돌아볼 일이다. 또 말 그대로 위기라면 미친 듯이 목숨 걸고 뛰어보면 어떨까 싶다. 그래도 자신이 없다면 기회를 포착하라. 아무리 어려워도 견디면 반드시 기회는 온다 했다. 오카노 마사유키도 그렇게 일어났다.

나라 경제를 위해, 아니 자기 자신을 위해 올 한 해만큼은 목숨 걸고 일해 보면 어떨까 한다. 지금은 움츠릴 때가 아니다.

2009-01-09

고부가 가치를 창출할 때

게임계가 잇단 구조 조정에 들어갔다. 경제가 휘청거린다고 하니까 너도나도 할 것 없이 허리띠를 졸라매는 모양이다. 한 게임 메이저는 아예 대표를 포함한 고위 인사들에 대한 물갈이마저 검토 중이라고 한다.

한 해를 마감하고 새롭게 시작하는 1월의 길목은 다름 아닌 인사철이기도 하다. 공과를 따져 묻고 논공행상을 벌이는 것은 당연히 있을 법한 일이다. 그런데 재도약을 위한 조직 정비가 아니라 인책과 인원 감원을 위한 목적이 주류를 이루고 있다는 소식이고 보면 안타깝기 그지없다. 잘 나간다며 소문이 자자했던 게임계가 어쩌다가 이렇게 한파의 계절을 맞이한 것일까.

경제가 어려우니까 슬림화 위한 조직 재정비와 인원 효율화는 불가피하다 할 수 있다. 하지만 안팎의 싸늘한 경제환경 때문에 무턱대고 인원 감원의 칼을 내미는 것은 소담스러운 일이 아니다. 그것은 경영층의 실패를 거르지 않고 그대로 하급 직원들에게 전가하는 것과 다름 아니다.

게임계가 겉보기에는 화려했지만 속으로 멍든 까닭은 비대해진 조직보다는 게임을 통해 고부가 가치를 창출하지 못한 원인이 더 크다. 이를테면 원재료만으로는 손익구조가 좋을 리 만무하다. 이를 통해 더 큰 재화를 만들려는 노력을 기울여야 했는데 그렇게 하질 못했다. 어찌 보면 그동안 게임계는 재료만 만들어 이를 내다 파는 데에만 급급했다고 보는 게 맞다. 여기에는 게임을 다른 그릇에 담을 수 있는 새 인프라가 구축되지 못한 탓도 있다. 하지만 새 시장 개척을 위한 시도 내지는 타진한 기업을 보면 손으로 꼽을 정도다.

우리 영화계가 경영난에 허덕이고 제작비마저 조달하지 못할 때 큰 힘이 됐던 건 비디오시장이었다. 영화시장보다 프로테이프라는 이름의 비디오시장이 호조를 보이면서 숨통을 틀 수가 있었다. 현업에서 활동하고 있는 작금의 유명 감독들이 비디오 업계의 도움으로 '입봉'했다는 일화는 더 이상 새로운 사실이 아니다. 이 분야는 다행스럽게도 새로운 하드웨어의 보급과 발전의 덕을 톡톡히 본 셈이다.

언필칭 게임계의 원소스 멀티유즈 전략이 절실하고 시급한 때가 아닐 수 없다. 이미 게임 내수시장은 정곡점에 도달했다. 게임만으로는 더 이상의 부가가치를 기대할 수 없다는 뜻이다. 그렇다면 고민해야 한다. 온라인 게임업체라면 과연 이곳에만 계속 매달릴 것인가에 대한 고민을 심각하게 해야 한다. 모바일 게임업체라면 손의 미학에만 의지한 채 기업의 사활을 맡길 것인가에 대한 의문을 던져야 맞다. 하나의 특정 플랫폼에만 함몰돼 몸부림칠 일이 아니다.

미디어의 컨버전스는 대세이며 흐름이다. 특히 영화 → 비디오 → 음반 → 출판 → 게임 → 캐릭터로 이어지는 윈도의 도식은 사실상 무너져 내리고 있다. 국내에서 대작 유명 게임이 영화로 제작됐다는 소식을 들어본 적이 없고 그 게임의 배경음악이 음반으로 제대로 발매됐다는 얘기를 접한 적도 없다. 그나마 들려오는 소식은 게임 캐릭터가 인형으로 만들어져 판매되고 있고 게임 정복을 위한 관련 서적이 간간이 출간되고 있다는 정도일 뿐이다.

게임계가 그동안 한쪽 손은 놔둔 채 외팔이로 전쟁을 치러온 셈이다. 게임시장보다 더 큰 시장들을 제쳐두고 그저 한쪽에만 매달려 함몰된 채 몸부림쳐 온 것이다. 그렇게 해서 싸움터에 나서다 보니 허덕이지 않고 배길 재간이 있겠는가.

구조조정부터 서두를 게 아니라 산업 고도화를 위한 조직의 재정비가 더 시급하다고 본다. 미디어의 컨버전스에 대응할 수 있는 태세를 갖추고 고부가 가치를 창출하기 위한 노력을 더 기울여야 할 때가 지금이 아닌가 싶다. 그러기 위해서는 움츠릴 때가 아니라 어깨를 펴고 투자를 더 늘려야 한다. 위기이자 어려울 때라고 생각될 때 더 큰 결단을 내려야 한다. 이젠 게임만으로는 답이 될 수 없다.

2009-01-23

게임 메이저의 책임과 의무

메이저란 사전적 의미는 그다지 깊은 뜻이 없다. 말 그대로 '중요하다' '크다'는 것이다. 이 단어가 경제 용어 가운데 수식어로 쓰이기 시작한 것은 미국의 석유 재벌에 의해서였다. 세계 산유국의 석유 자원을 좌지우지하고 채광에서 개발, 생산, 판매에 이르는 전 과정을 독과점해 엄청난 부와 영향을 미치자 이들 석유 재벌들의 대명사로 쓰이기 시작했다.

석유 재벌만큼 대명사로 쓰인 곳은 미국 영화계였다. 미국 영화계가 막강한 자본력과 기술력으로 세계 영화산업을 독점하고 주도하다시피 하자 이들에게도 메이저란 수식어가 따라붙기 시작했다. 컬럼비아, 20세기 폭스, 워너 브라더스, 월트 디즈니, 파라마운트 등이 바로 그들이다. 이들은 계열 스튜디오를 거느리고 세계 영화 배급시장을 사실상 독점하다시피 해왔다.

한때 일개 영화 스튜디오에 불과했던 이들에게 메이저사란 수식어가 따라붙기 시작한 것은 1930년대 몰아닥친 미국 경제공황 이후부터다. 사실상의 변방 산업에 불과했던 미국 영화산업이 깊은 수렁에 빠진 경기 불황 덕에 때아닌 호황기를 맞이하면서 급성장하기 시작했다. 이틈 사이로 스튜디오의 우열이 가려지면서 업계의 지각변동을 불러왔다. 특히 이를 계기로 영화계의 부익부 빈익빈 현상이 심화됨으로써 거대한 영화계의 세력이 등장하자 언론은 이들에게 석유 재벌과 견줄 수 있는 새로운 세력층이라며 메이저란 수식어를 붙여줬다.

경기 불황은 이처럼 산업계에 커다란 영향을 미친다. 호황일 때는 그렇게 드러나지 않지만 경기가 침체기에 빠져들 때에는 힘의 우열과 기업 간 역학구도가 확연히 나타날 수밖에 없기 때문이다.

더욱이 진입장벽이 더 높아진다는 점에서 뉴페이스들에게는 걸림돌이자 제약이다. 불황기가 길어질수록 자본력을 갖추지 못한 중소기업들은 제도권 진입이 어려워 허덕일 수밖에 없다. 자연스럽게 종속 구조를 잉태하고 마는 것이다.

게임계의 부익부 빈익빈 현상은 지난해를 기점으로 크게 심화되고 있다. 경기 불황을 맞으면서 이 같은 현상은 더 확대될 전망이다. 이에 따라 명실공히 게임계의 메이저사가 탄생할 개연성이 커지고 있다. 실제로 중소 게임업체들의 시장 진입이 갈수록 어려워지고 있다. 반면 주요 게임업체들의 시장 점유율은 보다 확대되고, 이들의 비중은 위험수위에 도달할 만큼 거대해지고 있다.

문제는 거대한 메이저사 탄생 예고에도 불구, 이들을 조율할 컨트롤 타워가 전무하다는 점이다. 또 이들의 권력을 효율적으로 제어할 마땅한 툴마저 없다는 데 큰 우려감을 낳고 있다. 실제로 잘나간다는 일부 게임업체들을 보면 우월적 지위를 앞세워 벌써부터 횡포를 부리고 있다는 비난을 사고 있다.

유명 게임업체인 A사는 아예 천민자본주의에 함몰돼 속칭 '돈질'만 하는 등 업계는 거들떠보지 않는다는 혹평을 듣고 있다. 또 산업계의 입과 나팔수를 담당하는 언로(言路)에는 쥐꼬리만 한 지원으로 생색은 다 내면서 재갈을 물리려는 기업주마저 나오고 있다. 높은 도덕성과 책임 의식이 동반하지 않는 한 그들에게 산업계를 떠맡길 수는 없는 노릇이다. 종국적으로 그것은 사회의 또다른 비용으로 치러질 게 분명하고 산업계에는 악순환의 고리로 꼬리를 물게 할 게 뻔하기 때문이다.

미국 영화 메이저의 사례를 통해 그 해답을 얻을 수 있다고 본다. 그들은 마치 신사 협정을 맺은 것처럼 스튜디오를 전략적으로 키워 나간다. 그리고 일정 수익은 자신들이 챙기지 않고 철저히 사회에 돌린다.

작품보다는 기업 브랜드를 먼저 생각하는 까닭이다. 이와 함께 자선바자회를 통해 수시로 사회와의 관계를 맺는다. 이런 일들을 수행하는 단체가 다름 아닌 미 영화제작자 협회다. 이들이 실제로 산업계의 컨트롤 타워 역할을 하는 것이다.

진정한 게임 메이저사로 올라서기 위해서는 시쳇말로 공부만 잘해서 되는 게 절대 아니다. 위상에 걸맞은 역할과 책임감이 있어야 비로소 그에 따른 예우가 뒤따른다는 사실을 알았으면 한다.

2009-01-29

실용정부의 실용정책

마오쩌둥과 함께 중국의 대표적인 혁명가로 꼽히는 덩샤오핑이 가장 가고 싶어 한 곳은 다름 아닌 자본주의의 상징인 미국이었다. 그리고 자유의 여신상을 제일 보고 싶어 했고, 존 듀이의 실용주의 철학을 가장 신봉한다고 했다. 1979년 그가 미국을 국빈 방문 하면서 가진 뉴욕타임스와의 인터뷰 내용이다. 언뜻 방문국 예우 차원의 외교적 언사로 들릴 수 있겠지만 그것이 아니었다. 덩샤오핑은 정말 그랬다. 그가 남긴 흑묘백묘론도 이때 나온 것이다.

생사고락을 넘나드는 등 와신상담 끝에 집권한 덩샤오핑은 곤궁하고 낙후한 중국의 근대화 과제를 안고 있었다. 이와 함께 고립된 중국의 대외 신인도를 높여야 하는 시대적 소명도 수행해야 했다. 그가 말 그대로 적성국 대통령인 지미 카터의 방중 계획을 수락하고 자신의 방미 일정을 잡은 것은 모두 이 같은 과제를 추진하기 위함이었다. 쥐를 잡는 데 흰 고양이면 어떻고 검은 고양이면 어떠냐는, 당시 상황으로 보면 다소 파격적인 주장도 내용을 들여다보면 다 속셈이 있었던 것이다.

덩샤오핑은 이를 계기로 미국 등 서방 제국의 자본을 끌어들이는 한편 유엔에서는 안전보장회의 이사국의 직위를 획득하는 등 혁혁한 성과를 얻어낸다. 그가 그러한 실용주의적 개혁 방안을 수립해 추진하지 않았다면 오늘날의 골드 차이나는 존재하지 않았을지 모를 일이다.

2차 세계대전 이후 가장 힘든 시기를 맞이하고 있는 게 세계경제다. 대외 의존도가 높은 우리 경제 현실을 살펴보면 일촉즉발의 위기 상황이다. 실용정부를 표방하고 있는 MB 정권이 잇따라 처방전을 내놓고 있지만 실물 경제에 제대로 먹혀들고 있지 않는 듯하다. 그 이유는 다수당인 여당이 여전히 겉돌고 있고 실용정부란 정권의 정체성에 걸맞게 일할 사람이 태부족해 숨을 허덕이고 있는 탓이다.

여기에다 여당 일각에서는 때아닌 채색에만 혈안이 돼 있고, 경제를 살리자는 데 흰 고양이 내지는 검은 고양이 분류에만 열을 올리고 있다. 그뿐만 아니다. 대선이 끝난 지 벌써 1년여가 넘었음에도 불구, 논공행상의 향수에 매달려 정부와 산하기관들을 뒤흔들고 있다. 그 때문인지 새로 출범하는 기관들엔 정치인들의 하마평이 무성할 지경이다.

넋나간 일들이 빚어지고 있는 것이다. 전문성과 행정 능력을 갖춘 적재적소의 인물이 정치인이라 해서 안 될 것은 없다. 하지만 단순히 정권 창출에 기여했다고 해서 낙하산식으로 내려보낸다면 그건 곤란하다. 반대로 전 정권에 몸담았다고 해서 발탁 인사를 주저한다면 그 또한 아니 될 말이다. 주지하다시피 솔직히 지금은 그렇게 한가로울 때가 아니다. 일각에서는 대한민국 정권 수립 이후 최대의 위기라는 말까지 나올 정도다.

어찌 보면 실용정부가 그동안 너무 한쪽으로 쏠린 편중 인사를 해오지 않았나 싶다. 행정부의 인맥 풀이라는 것이 제한적이고 엷다는 것도 약점이다. 그렇다면 이 어려운 시기에 쓸 수 있는 대안은 탕평책밖에 없다고 본다.

경제만 바라보고 경제만 살리겠다고 하면 자신의 수족은 아닐지언정 그쪽의 '선수'를 붙이는 것이다. 또 의욕을 가지고 기관 통합을 추진했다면 그 통합의 명분에 걸맞은 인사를 발탁해 쓰면 될 일이다. 지엽적인 얘기지만 정부가 게임위원회의 민간기관 이관 약속을 지키겠다고 한다면 사령탑도 그 정신에 투철한 사람을 찾아봐야 한다. 여기서 옛 사람, 현재의 내 사람을 굳이 가려 쓰지 말자는 뜻이다.

덩샤오핑은 미국과의 국교를 수립하면서 대만과의 단교를 미국 측에 요구했지만 대표부를 두겠다는 미국 측의 주장을 외면하지는 않았다. 그 까닭은 미국과의 관계 개선도 그것이지만 대만과의 관계 설정을 무리하게 고집할 필요가 없다고 판단한 것이다. 이는 이상과 명분보다는 실리와 이득을 추구하겠다는 덩샤오핑의 철저한 실용정신에서 나온 결과물이기도 하다.

한쪽 눈으로만 보면 기울기 마련이다. 지금은 흑백 유무를 가리고 그쪽 사람 내 쪽 사람을 분리할 때가 아니라 적재적소의 인물을 찾고 그를 발탁해 일으켜 세워야 할 위기국면이다.

2009-02-04

순리대로 풀어가는 실타래면 어떤가

게임물등급위원회의 수장이 우여곡절 끝에 바뀌었다. 굳이 그렇게 하지 않아도 될 사안이었는데 정부가 평지풍파를 일으킨 탓이다. 그런데 문화부와 감사원이 합작해 얻은 전과치고는 초라하기 그지없다. 한 번으로 끝낼 수 있는 위원장 호선을 놓고 두번씩이나 위원들을 소집했으니 정부의 체면이 말이 아닌 셈이 됐다. 이런 걸 두고 상처뿐인 영광이라고 했던가.

임기만료를 불과 8개월여 앞두고 있는 현직 위원장을 전격적으로 끌어내려야 할 만큼의 긴요하고 요직인 곳이 게임위원회의 위원장이라는 자리인 줄은 예전에 미처 몰랐다. 예전 영상물등급위원회에서 위원으로 있던 시절, 김수용 위원장은 "국민들에게 봉사하겠다는 마음이 없었으면 벌써 내 자리로 돌아갔을 것"이라며 손사래를 친 적이 있다. 그만큼 외롭고 힘든 자리임을 간접적으로 설명한 것이다.

김 위원장은 그러면서 "군림하겠다는 자세와 대우받겠다는 마음, 그리고 자신의 혜안만을 믿는 교만함으로는 절대 신뢰받을 수 없다"며 위원들에 대한 자질론을 폈다. 항상 피곤하고 지쳐 보였던 그였지만 자상하고 따뜻하게 위원들을 이끌었던 덕장이었다. 솔직히 규제기관의 위원장직에 대한 소회는 그 정도였을 뿐이다.

이번 게임위원회 호선 파동 소식을 접하고 느낀 점은 위원들의 품성이 생각 밖으로 녹록치 않구나 하는 점이었다. 그동안 정부가 산하기관 위원장으로 지명해 내려보내면 잡음 없이 '무사통과'돼온 게 이쪽 관행이었다. 정부 소유의 지분율도 그렇고, 사전 인물 검증을 통해 결격 여부를 철저히 검증해 왔기 때문이다.

그런데 이게 한순간 뒤집어졌다. 게임위의 위원들이 정부의 거수기가 아니라며 신임위원장의 일방적 호선에 제동을 걸고 나선 것이다. 그리고 여기에 그치지 않고 낙하산이 아니라 진짜 호선을 통해 위원장을 선출하자며 이의를 제기하고 나섰다.

정부 측 관계자가 중간에 개입하지 않았다면 때아닌 '쿠데타'가 일어날 뻔한 아찔한 순간이었다. 위원들은 결국 지난 18일 정부의 체면을 생각해 호선 선출에 눈을 감아주긴 했지만 그들의 행동은 가히 파격적이고 의외였다. 그런 내막을 아는 까닭에선지 당장의 오늘보다는 8개월 이후를 걱정하는 게임인들이 의외로 많다. 예컨대 1기 위원들이 퇴임하고 새롭게 보임되는 위원들로 채워질 경우 상당히 우측으로 기울 것이란 우려가 바로 그 것이다.

때아니게 무슨 색깔론이냐 하겠지만 신임 위원장의 성향으로 말미암아 게임계에선 벌써부터 등급심의가 까탈스러워질 것이라며 아우성이다. 그나마 기대를 모으는 것은 그가 실세에다 균형 감각을 갖추고 있어 소신있게 위원회를 이끌 것이라는 점뿐이다. 그렇다면 적어도 형평성에 맞춘 위원 선임이 이루어져야 하는데, 과연 그런 결과를 기대할 수 있겠느냐는 것이다. 이를테면 낙하산 인사가 계속될 것이란 시각이다.

조금은 다른 얘기지만 곧 출범할 통합콘텐츠진흥원의 수장도 이미 내락돼 있다는 설이 업계에 파다하다. 방송사 출신의 P 씨와 L 씨 등이 오르내리고 있고, 중견언론인 K 씨의 내정설도 모락모락 피어오르고 있다. 업계는 그럴 바에야 차라리 고위관료 출신인 Y 씨를 삼고초려를 해서라도 모셔와야 한다고 입을 모으고 있으나 현실성은 거의 없다.

게임위원회 호선 파동이 또다시 재현돼서는 곤란하다. 그것은 정부의 령이 안 서는 것일 뿐 아니라 체통을 구기는 일이다. 참여정부 시절 코드인사를 그렇게 문제 삼던 MB 정부가 낙하산 인사로 세찬 역풍을 맞고 있는 것이다. 이젠 더 잃을 것도 없다며 계속 밀어붙일 것인가, 아니면 참여정부의 인사를 반면교사로 삼을 것인가. 그 선택은 순전히 MB 정부의 의지에 달려 있다.

하지만 여기서 중요한 사실 한 가지는 과거로 회귀해선 절대로 안 된다는 점이다. 그리고 작금의 현실은 경제를 살리고 산업계를 일으켜야 한다는 것이다. 산업계를 움직이고 신명나게 하는 일은 무리하지 않고 순리대로 실타래를 풀어 나가는 것임을 MB 정부가 알았으면 한다.

2009-02-23

창고에 가둬 두고 뭐할 건가

경기 침체로 이쪽저쪽에서 야단이다. 이에 따라 마이너스 경제성장은 물론 이 여파가 내년 하반기까지 계속될 수 있다는 관측까지 나오는 걸 보면 내수 부양을 통한 경기 회복은 요원해 보인다.

물가는 오르는데 돈줄이 마른 탓이다. 정부가 추경 예산까지 편성해 내수 촉진을 시도하고 있지만 시장의 반응은 여전히 냉랭한 실정이다. 정부의 수요 부양책 등을 감안하면 약 100조 원의 자금이 시장에서 구르고 흘러야 하는데 그 돈의 향배는 온데간데없는 것이다.

일각에서는 한 걸음 더 나아가 현재 잠긴 돈이 100조 원 수준이 아니라 그 세 배에 달하는 약 300조 원은 능히 될 것으로 보고 있다. 규모로만 봐도 엄청난 수치다. 문제는 천문학적인 규모의 돈들이 돌지 않고 멈춰 서 있다는 데 있다.

답은 뻔하다. 기업들이 시장을 신뢰하지 못하고 있는 것이다. 그리고 좀 더 지켜보겠다는 뜻이다. 이도 저도 아니면 말 그대로 딴짓을 생각하고 있다고 보는 게 맞다.

경기침체에도 때아닌 시황으로 재미를 보고 있는 게임계에서 돈줄이 막혀 있다고 한다면 아이러니한 일이라고밖에 할 수 없다. 주요 게임 메이저들은 쾌재를 부르고 있고 수출 주도형 업체의 경우 달러 강세에 힘입어 환차익의 재미를 톡톡히 보고 있다. 올 1분기 주요 게임 메이저사들의 매출 실적을 보면 더 확연히 드러난다. 그런 게임계가 돈줄이 말라 아우성이다.

제도권에 진입하지 못한 중소 업체들은 숨을 헐떡이고 있고, 영세 게임업체들은 극심한 자금난으로 생사의 기로에서 몸부림치고 있다. 예컨대 주요 메이저들만 휘파람을 불고 있는 셈이다.

이에 대해 한 중소 게임업체 CEO는 "'돈놀이'라도 좋으니 퍼블리셔들이 투자 및 자금 지원을 해주었으면 좋겠다"며 큰 한숨을 내쉬었다. 이 관계자는 "적기에 자금이 투여돼야 하는데 차일피일 미루고, 그러다 보면 퍼블리셔의 주장 논리에 깜빡 속아 굴욕적인 계약을 하고 만다"며 고개를 떨구었다. 소싱에 눈을 돌리는 퍼블리셔들은 그나마 나은 편이며 양반이라고 했다. 그는 "A사와 B사의 경우 도대체 무슨 생각을 하고 있는지는 몰라도 엄청난 돈을 틀어쥐고 나 몰라라 하고 있다"고 했다.

시황이 괜찮으니 시장을 신뢰하지 않는 것도 아니고, 경기가 전반적으로 안 좋으니 좀 더 지켜보겠다는 뜻인가. 최근 정부 측 관계자를 만났을 때도 선순환 구조의 막힘이 화두가 됐다.

이 관계자는 "내수·수출 등 전반적인 게임산업 기반 및 여건은 좋은 편인데, 경색된 투자 분위기가 문제"라고 했다. 그러면서 "그렇다고 남의 집 창고 문을 열고 속을 들여다볼 수도 없고 답답한 실정"이라며 "혹여 엉뚱한 짓을 하고 있는게 아니냐"고 물었다. 그의 엉뚱한 짓이란 보따리 챙기기, 즉 '먹튀'를 의미하는 것이었다.

게임계가 바깥세상의 체감온도에 놀라 내일을 내다보지 않고 있다. 이런 식의 자금 경색이 계속 이어지면 게임계의 미래를 담보할 수 없다. 개발사들이 하나둘씩 사라지고 스튜디오들이 나자빠지는 마당에 퍼블리셔들이 홀로 산을 지켜낸다는 건 어불성설이다.

예측불허의 시장경제에 대비하고 준비하자는 데 대해 나무랄 수는 없는 노릇이지만 최근 게임계의 돈 흐름 향배는 매우 우려스럽고 개탄스러울 만큼 자기중심적이고 이기적이다. 이러한 현상이 지속되면 산업 관련 인프라는 무너지고 와해될 소지가 크다. 게임산업이 큰 재미를 보고 있다는데 이게 무슨 날벼락 같은 소리인가 싶지만 그 현실의 뒤안길엔 그런 조짐이 보인다.

산업 재도약을 위해 뛰고 비상해야 할 시점에서 게임계가 자기 발등의 코만 내다보고 있다. 정말 안타깝기 그지없는 노릇이다. 도대체 그 많은 돈을 창고에 가둬두고 뭐에 쓰려는지 알다가도 모를 일이다.

2009-04-06

트윈키와 가정의 달

신록의 계절인 5월을 가정의 달로 정한 것은 참 잘한 일이라고 생각된다. 절기상으로 보면 날이 풀리고 화창하다는 청명을 끼고 있는 데다 푸른 숲의 향기 등 녹음의 정취를 느끼기에 더없이 좋은 계절이기 때문이다.

여기에다 5일 어린이날, 8일 어버이날이 포진해 있고 15일 스승의 날, 18일 성인의 날에 이어 21일은 부부의 날이고 보면 가화만사성이 그 어떤 명제보다 긴요하다는 것을 새삼 실감하게 된다. 역설적으로 오죽했으면 그런 기념일을 제정해 놓고 거룩한 행사까지 갖겠느냐고 하겠지만 각박한 세상살이와 돌아가는 인심 등을 생각해 보면 그마저도 없다면 어찌 살아갈까 싶다.

삶의 무게가 더 크게 느껴지는 때다. 경제가 휘청거리면서 거리엔 실직자들이 줄을 잇고 있고, 자녀 교육은 끔찍할 정도로 힘겹다. 세대 간, 계층 간 갈등은 시간이 흐를수록 더 심화되는 듯한 양상이고 예상치도 못한 각종 사회적 병리현상은 우리를 질식하게 만든다.

특히 비행 청소년 문제와 심각한 청년 실업률은 또 다른 사회적 갈등과 합의를 요구받고 있다. 부모 우산 아래서 나가지 않으려고 몸부림치는 '캥거루족'이나 구직에 목말라하는 자녀들을 위해 사방팔방 뛰어다니며 안간힘을 쓰는 '헬리콥터족'은 다름 아닌 우리들의 자화상이다. 매일같이 틀어박혀 '겜'에 빠져 있는 '초딩', '중딩'과, 기회 나면 PC방에 달려가 어두침침한 곳에서 자판을 두드리는 '고딩', '대딩'은 다름 아닌 우리 사회의 구성원들이다. 시대의 그늘진 표상과 현상은 늘 존재해 왔다. 문제는 갈등과 대립을 어떻게 풀어 나갈 것인가에 대한 고민인 것이다.

미국 교포사회에서 바나나맨과 트윈키라는 속어는 좋은 뜻이 아니다. '바나나맨'은 겉은 노랗지만 속은 하얀, 백인 같은 황인종, 이를테면 '코리안 아메리칸'을 의미하고 '트윈키'는 겉모습만 한국인일 뿐 속은 백인이란 뜻의 속어이다. 이들의 공통점은 한국말을 거의 또는 전혀 못하고, 한국인 거주 지역에서도 살지 않는다는 것이다. 문제는 이들이 정체성을 잃은 채 말 그대로 지구상의 경계인으로 살아가고 있다는 점이다. 원인을 들여다보니 부모와의 소통 및 바른 교육의 부재, 그리고 양지로 이끌지 못한 한국인에 대한 자긍심의 실종이었다.

캥거루족이나 헬리콥터족은 우리들의 내재된 모습 또는 그것을 현실로 드러낸 집단이라고 치부하고 청년 실업률은 세계 경기침체에 따른 불가피한 현상이라고 한다면 게임에만 매달려 사는 '겜족'들은 어찌 수용할 것인가. 그 답은 '바나나맨'의 해결책에서 찾아볼 수 있겠다.

게임은 청소년들의 놀이문화이자 또다른 그들의 언어와 같다. 이를테면 부모가 언어를 알지 못하니까 단절되고 스트레스를 받는 것이다. 청소년들은 그런 부모를 세대 차이로 보기보다는 아예 부끄러워한다. 게임에 대한 인식의 차이도 논란거리다. 한쪽은 시공을 초월하며 그것을 만끽하는 여가의 시간으로 여기는 반면 다른 한쪽은 무조건 나쁘다는 것 외는 다른 의미를 부여하지도, 굳이 찾으려고 노력하지도 않는다.

이를 놓고 짐작해 보면 세대 간 단절이란 게 여러 가지 제 요소들이 쌓여서 매우 어렵게 꼬이며 빚어지는 상황이 아닌 것일 수 있겠다는 생각이 든다.

가정의 달을 맞아 한 가지 권면하고자 한다. 먼저 자녀들과 함께 게임을 해보시란 것이다. 그리하면 그들의 언어와 행동발달 상황을 훤히 들여다볼 수 있게 된다. 그다음의 답은 뻔하다. 공감대 형성으로 소통 부재의 벽을 그냥 무너뜨릴 수 있을 것이란 것이다.

또 게임은 일방적 · 수직적 의사 소통에서 벗어나 수평적 · 양방향 대화가 가능해 부모 자녀 간 대화 간극을 좁힐 수 있는 이점도 적지 않다. 부모와 함께 게임을 즐기는 청소년 가운데 게임에 푹 빠져 있는 '겜'족은 거의 없다는 점은 시사하는 바가 크다.

이 기회를 통해 게임의 날 제정을 포함한 게임 주간을 생각해 봤다. 세대 간 갈등을 풀고 게임을 양지로 끌어올리기 위한 방안의 일환으로 게임의 날을 제정하면 어떨까 한다. 그리하여 이날만큼은 부모와 자녀가 함께 둘러앉아, 말 그대로 징그러울 정도로 게임을 해보자는 것이다. 과연 세대 간의 갈등, 게임 중독이란 말이 나올까.

2009-04-27

칼럼 속의 이야기: 게임의 날의 실종

게임계 안팎에선 게임의 날 제정이 절실하다고 목소리를 높이고 있다. 하지만 지금까지 게임의 날을 위해 민관이 함께 머리를 맞대고 앉았다는 소리를 듣지 못했다. 업계 일각에선 넥슨의 '바람의 나라' 출시일 또는 엔씨소프트의 '리니지'의 상용 서비스 날짜를 기념해 이를 게임의 날로 제정하면 어떻겠느냐는 견해도 있으나 아직까지 이에 대한 의견을 좁히지 못하고 있다. 업계 관계자들은 이에 따라 특정 기업 기념일을 게임의 날로 정하지 말고, 연말을 앞둔 11~12월 시점에 기념일을 선포하는 등 다소 유동적으로 '게임의 날' 을 운용해 나가면 좋지 않겠느냐는 견해도 있다.

왜들 그 길만 보고 달리는가

기업 경영의 최고 가치는 이익 실현이다. 순익을 내지 않고서는 기업이 배겨날 구멍이 없기 때문이다. 글로벌 경영이란 시사용어가 등장하면서 기업의 가치 구현은 더욱 복잡해졌다. 무조건 많은 순익을 올렸다 해서 좋은 기업이라고 할 수 없다는 뜻이다. 이를테면 그 기업의 존재 의미와 기업 경영 정신, 그리고 CEO의 역할과 가치 등이 함께 맞물려 평가받는 시대가 도래하게 됐다.

경제가 어려워지자 기업들의 매출·순익 위주의 실적 발표가 잇따르고 있다. 게임업계도 예외는 아니어서 최근 개별 업체들의 1분기 실적 발표를 살펴보면 실로 놀라울 정도로 선전했다. 다행스러운 일이다. 불황일 때 엔터테인먼트 산업은 호황을 맞는다는 이른바 시장에서의 '반추' 가설이 그대로 맞아떨어진 셈이다.

그런데 한 가지 주목되는 점은 각 업체들의 영업이익은 상대적으로 증가한 반면 개발 및 투자 비용은 예상외로 감소했다는 점이다. 이를 뒤집어 보면 돈을 써야 하는데도 불구, 안 쓰고 남겼다는 뜻인데, 이 같은 현상을 좋게 바라봐야 할지 아니면 나쁘게 해석해야 할지는 좀 더 생각해 봐야 할 것 같다. 중요한 사실 한 가지는 불황 속 호황이라는 게임계에 예상외로 깊고 진한 그늘이 드리워지고 있다는 점이다.

산업계가 흔들리고 있다는 준거다. 솔직히 몇몇 메이저사를 제외하고는 악전고투 중이다. 특히 상당수 중소 게임업체들은 숨도 제대로 쉬지 못할 정도다. 말 그대로 몇 군데에만 스포트라이트가 쏟아지고 있는 것이다.

이런 현상이 계속되면 산업의 새순마저 돋지 않을 수 있다는 우려감이 적지 않다. 산업의 인프라마저 흐느적거리고 있으며 게임산업의 문화는 기업들의 무관심과 개인주의로 인해 실종된 지 이미 오래됐다.

지금은 한 대학의 석좌교수로 있는 안철수 박사를 처음 만난 건 10여 년 전 일이었던 걸로 기억된다. 그때 안 박사에 대한 첫 느낌은 대단히 의욕적이고 열정적인 사람이라는 점이었다. 그리고 한동안 그와의 만남은 뜸했다.

다시 그를 만난 건 2001년 여름 한더위가 기승을 부리던 때였다. 그는 그날 CEO로서 겪은 자신의 경험과 삶을 담은《영혼이 있는 승부》라는 책을 한 권 선물하고 갔다. 그의 책 내용 중 눈길을 끈 이야기의 주제는 '느려도 건강한 조직'이란 다소 생뚱맞은, 시대에 걸맞지 않는 제목이었다. 그때에는 벤처 붐이 한창이던 시절이었다. 스피드가 바로 돈이 되던 때가 그때였다. 그런데 그는 때아니게 느려도 건강한 조직을 강조했다.

그의 주장은 기업이 앞뒤 가리지 않고 중심 없이 달리거나 확고한 기업 정신 없이 흔들려선 조직이 살아남을 수 없다는 주장이었다. 최근 그를 다시 접한 건 한 TV 프로그램에서였다. 토크쇼 형태의 프로그램이었는데 그의 말소리와 내용이 새록새록 귀에 들려왔다.

기업을 경영한다는 게 쉬운 일이 아니다. 조직을 챙기고 순익을 달성해야 한다. 또 기업 가치를 높이고 산업·사회에도 공헌해야 한다. 이러한 것들을 모두 집대성하지 않고서는 앞서는 경영, 글로벌 경영이라고 할 수 없다. 시장에서 제대로 평가받기조차 힘들다. 그 때문인지 CEO의 역할과 안목 등이 새롭게 제기되고, 세인들의 관심을 모으는 게 아닌가 싶다.

게임계의 외화내빈에 대해 일부 메이저 CEO의 책임론을 제기하는 사람들이 적지 않다. 오로지 한쪽으로만 쏠려, 특정 분야에만 함몰돼 거시적인 관점에서의 시장 경제를 제대로 읽지 못하고 있다는 것이다. 더욱이 배타적이고 이기적인 기업 집단이라며 깔아뭉개는 타 업종 사람들의 이미지 덧칠에도 이들 CEO의 자질 부족이 한몫을 거들고 있는 게 아니냐는 지적은 가슴속 깊이 파고든다.

안 박사는 TV 토크쇼에서 자신이 의사 직업을 버리고 기업을 창립한 배경을 이렇게 소개한다.

"기업인들도 의사처럼 세상 사람을 구하고 사회를 밝게 할 수 있다고 생각했다. 그러기 위해서는 높은 사회의식과 봉사정신 그리고 기업가치와 공익 실현에 최우선하려는 소통의 마음가짐이 필요하다."

수도승은 아니지만 이웃을 살피고 안타까움을 아는, 연민의 눈빛이 가득한 CEO들을 자주 만나고 싶다.

2009-05-11

게임에 대한 인식과 국부 유출

브레주네프가 사망한 구소련은 극심한 정치적·사회적 혼란을 겪는다. 심각한 경제난에다 1인 체제의 절대 권력이 무너짐에 따라 권력층은 갈피를 잡지 못한 채 노선 투쟁만을 반복했다. 안드로포프·체르넨코 정권은 1인 체제의 브레주네프 노선을 극복하지 못한 채 단명하고 만다.

1985년 혜성과 같이 등장한 고르바초프는 이른바 페레스트로이카(개혁)와 글라스노스트(개방)를 외치며 실용 정책을 추진한다. 그는 국가 통제 체제를 완화하고 지방과 기업에 자율권을 부여하는 한편, 시장경제의 도입·대외 경제의 확대 등을 단행한다. 그의 개혁 행보는 여기에 그치지 않고 인민대표회의 창설, 대통령제 실시, 권력의 지방 이양, 관료주의 축소 등을 추진한다.

그의 대외정책은 눈부시다. 지리한 싸움을 벌여온 아프가니스탄에서의 철수와 군축 회담 실현, 그리고 이어진 동유럽 민주화 움직임에 대한 불개입 선언, 미·소 정상회담을 통한 데탕트 구축 등 그의 외교적 성과는 이루 헤아릴 수 없을 정도다. 고르바초프는 이 같은 대내외적인 실용 정책에 힘입어 구소련의 최초의 대통령으로 선출된다.

하지만 그의 대외적 성과에도 불구, 경제는 향상되지 않았다. 잠시 반짝했을 뿐 오히려 경제적 혼란만 야기했다는 비판을 들어야 했다. 개방의 문을 열고 경기 부양이란 이름으로 국가재산을 하나둘씩 서방세계에 내다 판 게 이때부터였다. 권력 내부에서는 고르바초프가 국부를 유출하기 시작했다며 더 거센 비난을 쏟아내기 시작했다.

세계적인 히트 게임 '테트리스'의 판권이 구소련에서 미국의 닌텐도로 넘어간 것은 페레스트로이카 바람이 최고조에 달할 때인 1989년의 일이었다. '테트리스'는 구소련의 한 과학원에서 근무하던 알렉세이 파지트노프라는 인물이 개발한 블록 낙하형 퍼즐게임이다. 그는 말 그대로 심심할 때 시간을 쪼개가며 게임을 개발했다. 동료인 드미트리 파블로브스키와 바딤 게라시모프의 도움으로 완성한 이 게임은 1986년 세상에 알려지면서 빅히트를 기록했다. 파지트노프의 표현을 빌리면 "어찌하다 퍼즐 게임을 만들게 됐는데, 그런 게임이 세상을 깜짝 놀라게 만들었다"며 그 자신도 흥행 바람이 미스터리라고 했다.

그런 빅히트 상품을 만든 파지트노프가 정작 손에 쥔 건 하나도 없었다. 그의 신분이 공무원이었기 때문에 자연 '테트리스'의 판권은 나라에 귀속된 것이다. 그리고 응당한 대우도 따르지 않았다. 몇 년 후 달러가 절실했던 구소련 정부는 닌텐도의 돈의 유혹에 빠져 슬그머니 이 게임을 팔아넘기고 만다.

최근 외신에 따르면 러시아 정부가 문화와 언어를 초월하는 문화산업계의 총아, 게임과 게임계를 너무도 몰라 문전박대만 해왔다며 과거 '테트리스'의 사례를 지적하면서 지금이라도 게임계를 지원·육성하는 방안을 마련해야 할 것이라고 현지 언론들이 야단이라는 소식이다. 격세지감을 느끼게 해주는 이야기다.

사실 이 땅의 문화계를 보면 게임계를 문화계의 한 지류로 인정하지 않으려는 세력들이 의외로 많이 존재한다. 이를테면 게임 하면 사행산업으로만 보는 것이다. 그 때문인지 같은 선상에 나란히 서기를 싫어한다. 또 업력이 일천하다는 이유로 산업 규모에 걸맞는 예우도 없다. 그래서 억지 춘향식으로 얼굴만 찔끔 보이게 한다. 그나마 그것도 게임계가 수출산업에서 효자 노릇을 하고 있기 때문이 아닌가 싶다.

정부의 지원책은 한마디로 생색내기일 뿐이다. 영세기업에 대한 지원 방안은 거의 실종된 상태다. 더 나아가 산업적인 관점에서 보면 게임계는 미아나 다름 아니다. 이를테면 정부의 산업 표준 분류에도 들어 있지 않다.

인터넷 기업인지 아니면 엔터테인먼트 기업인지도 헷갈린다. 그래서 조금 있는 세제 혜택도 제대로 받을 수 없다. 각종 규제는 넘쳐난다. 숨이 막힐 지경이다.

알렉세이 파지트노프는 한 푼도 주지 않는 조국을 결국 떠나고 만다. 그는 1991년 미국으로 이주해 헨크 로저스라는 친구와 '(주)테트리스'라는 회사를 만든다. 그런 그에게 러시아 일각에서는 조국을 등진 배신자라고 했지만, 과연 그에게 누가 돌을 던질 수 있을까.

실용주의를 표방하고 있는 MB 정부의 1년여 문화·산업 정책을 평가하면 '과연 그럴까' 하는 의문부호를 안기며 따라붙는 호기심파와 아니면 '글쎄'라는 다소 애매모호한 태도의 회의론자로 나뉘는 편이다. 여기서 중요한 사실 한 가지는 산업계가 피땀흘려 노력하는 만큼 정부의 상응하는 관심과 지원이 없다면 제2, 제3의 '테트리스'와 같은 게임은 나올 수 없다는 점이다. 갑자기 러시아 지식인층의 뒤늦은 깨달음이 부럽게 다가오는 까닭은 왜일까. 이것도 게임계에 몸담고 있어 항상 느끼는 피해의식 때문인가.

2009-06-15

비평과 평론, 그리고 산업의 위상

시시비비를 가리는 일은 쉬운 일이 아니다. 더욱이 예술을 논하고 그 가치를 저울질하며, 또 그 작품에 대한 높낮이와 좋고 나쁨을 평하는 행위는 높은 지식과 뛰어난 식견을 갖추지 않고서는 대단히 고단한 작업이 될 수밖에 없다. 그런 고난도의 작업에 종사하는 사람들을 전문가, 그들의 모임과 단체를 전문가 집단이라 부른다. 예술분야에서는 주로 평론가로 칭한다.

전문가 집단 가운데 가장 많은 평론가들이 활동하고 있는 장르는 문학이다. 영화·연극·음악·미술·무용·건축 등 다양한 분야에서 적지 않은 평론가들이 활동하고 있지만 가장 범용적인 인문 사회 과학서가 다름 아닌 문학이라는 점, 그리고 작가들의 왕성한 집필 활동이 여전한 데가 문학이라는 점에서 이 장르의 평단 움직임은 더 이상 새로울 게 없다. 대중 예술분야에서는 단연 영화와 음악이다. 예전에 비해 상대적으로 평단의 층이 엷어지긴 했지만 팬들로부터 가장 사랑받고 있는 장르라는 점에서 꾸준히 인재들이 등용되고 탄생하고 있다.

이들 평론가는 말 그대로 신인 등용문이라고 할 수 있는 신춘문예 공모를 통해서나, 아니면 평단의 추천에 의해 비로소 활동하게 된다. 최근에는 꾸준한 집필 활동을 통해 평단으로부터 인정받게 되면 평론가란 '바이네임'을 얻기도 한다.

하지만 대부분은 공모전을 거쳐 데뷔하는 게 보통이다. 따라서 평론가가 되기 위해서는 엄청난 독서량과 관련 지식 습득은 기본이다. 여기에다 덧붙이면 공평무사에다 자기만의 독특한 색깔과 목소리가 더해지면 금상첨화다. 그리고 꼿꼿한 목소리는 조선시대 사간의 그 행위나 다름 아니어야 한다.

평론가를 비롯한 전문가 집단들이 잇따라 생겨나고, 그들의 움직임이 활발하다는 것은 그만큼 해당 장르의 산업이 크게 숨 쉬고 꿈틀댄다는 것을 의미한다. 이를테면 순수 예술분야와는 달리 대중 문화계에 전문가 집단들이 대거 진출하고 활동이 두드러지는 까닭은 다 이 때문이다. 또 과거엔 없던 새 명함들, 예컨대 대중문화 예술 평론가, 방송 평론가, 스포츠 평론가, 시사 평론가 등 새로운 전문가 집단들이 잇따라 등장하고 출현하는 것은 우리 사회의 다양성과 전문화·세분화를 반영한 것이기도 하지만 그만큼 비평의 범위가 확대되고 구체화되고 있다는 방증이기도 하다. 특히 평론가들의 향배와 관심은 해당 산업에 대한 가치와 무게추를 달게 하는 역사적 의미뿐 아니라 한 단계 업그레이드된 사회적 대우를 받게 된다는 점에서 고무적인 일이라 할 수 있다.

지난해 '더게임스'가 5백만 원의 상금을 내걸고 대한민국 언론사로는 최초로 게임평론을 공모한 것은 게임산업의 역사적 의미를 조명하고 규모에 걸맞는 업종으로서 전문가 집단을 통해 제대로 된 평가를 받을 때가 됐다는 뜻이 컸다. 그러기 위해서는 전문가들을 집중 양성해 그들을 통해 산업에 대한 옳고 그름을 듣고 그들의 비평을 듣는 게 맞다고 봤다.

그러나 현실은 그러지 못했다. 전문가 집단이라고는 순수 게임 개발자와 운영 마케터들뿐이었다. 이들이 비평의 안목이 없다는 것은 아니다. 한 작가가 자신의 작품뿐 아니라 다른 작가의 작품도 논평하고 저울질할 수 있는 노릇이다. 문제는 이들이 체계적으로 비평 공부를 하지 않았다는 데 있다. 그렇다면 그런 '선수'를 불러 모으는 것도 전문 언론에서 맡아줘야 할 몫이 아닌가 생각했다.

또 다른 공모 배경은 게이머들의 글 쓰는 역량과 관찰력, 그리고 그들의 열정이 타 산업의 그것보다 매우 뜨겁고 논리적이라는 점을 발견했던 것이다. 예컨대 한 작품이 오픈베타 또는 서비스되면 그 작품에 대한 품평과 소감 댓글이 봇물 터지듯 쏟아진다. 그런 게이머들의 관심과 능력을 산업적인 관점에서 건전하고 생산적인 데로 돌려서 시시비비를 가려 보자는 것이었다.

지난 15일 마감한 '2009 더게임스 게임평론'엔 지난해 응모한 작품수보다 무려 네 배에 육박하는 각종 게임 비평의 글이 접수됐다. 일간지 문학평론 공모에 버금가는 수치이다. 이는 최근의 게임산업의 위상을 그대로 반영한 것이다. 또 역사적·시대적 관심에서 게임분야를 진지하게 논의해야 할 시점에 왔다는 전문가 집단과 평단의 신호일 수 있다는 점에서 매우 긍정적이다. 놀랍고 고마운 일이다.

이를 계기로 게임 장르와 게임산업이 새롭게 조망되고, 경쟁장르인 영화·음악·무용 등과 어깨를 나란히 하는 등 킬러 콘텐츠로써의 몫을 톡톡히 하는 장르로 발돋움했으면 바람이 크다. 그 역할은 '더게임스 게임 평론'에서 배출한 인재들이 담당하게 될 게 분명하다. 부연하면 게임장르·게임산업도 이젠 규모에 걸맞은 대우를 받을 때가 됐고 사회로부터 주어지는 무게 추를 달 때가 됐다고 본다.

2009-06-22

칼럼 속의 소사: 게임평론

국내 최초의 게임 평론은 더게임스에서 주최한 '2008년 더게임스 평론'이었다. 당시 더게임스는 상금 5백만 원이란 적지 않은 금액을 내걸고 공모를 진행했다. 그러나 대상은 내지 못하고 가작만 내게 됐다. 게임 평론이란 낯선 장르에다 처음으로 시도된 분야였기 때문에 정확한 주최 측의 의도를 파악하지 못했기 때문이다. 이후 더게임스 게임평론은 잠정 중단됐고, 한국콘텐츠진흥원과 네이버 그리고 더게임스데일리가 공동으로 진행하는 게임평론상이 제정되기도 했으나 지금은 중단된 상태다.

설에 담겨 있는 깊은 뜻

최근 산업계에 알 듯 모를 듯 포장되어 들려오는 말은 다름 아닌 '설'로 대표되는 '카더라'라는 얘기다. 그 가운데 귀를 쫑긋 세우게 하는 얘기는 게임산업협회장을 지낸 김영만·권준모, 두 전 회장의 컴백설과 메이저인 A사의 피인수설이다.

A사에 대한 피인수설은 굴지의 통신사인 S사가 중심에 있다. 그리고 양측은 수차례에 걸쳐 협의를 가졌고 인수금액 및 조건도 최종 마무리됐다는 것이다. 하지만 A사의 모기업이 막판에 가서 없었던 것으로 하자며 돌려버려 물거품이 됐다는 게 A사 피인수설의 전말이다.

A사에 대한 피인수설은 그 이전에도 꾸준히 나돌았다. 특히 A사에 대한 설은 업계에 끊임없이 난무했고, 어찌 보면 이상스러울 정도로 '설설설'에 기어올랐다. 매출 등 수익구조도 괜찮고 전문 경영인은 아니지만 거기에 버금가는 CEO의 경영 식견과 인품 또한 좋은 편이다. 매년 큰 수익을 거두고 있고 증시에서도 평가받고 있다. 그런데도 불구하고, 끄떡하면 설에 휘말리는 까닭은 이 회사가 한쪽 이미지밖에는 가지고 있지 않은 탓이다.

돈 버는 데는 소질이 있는지 모르지만 기업 이미지 가꾸기에는 거꾸로 간다 할 정도다. A사의 동정과 움직임은 인터넷에 들어가 보지 않으면 찾아볼 수 없다. 실제로 인터넷 큰길이나 길목에는 어김없이 이 회사의 입간판이 들어서 있다. 하지만 이 회사는 인터넷에서도 한적한 길이나 외진 길에는 눈길조차 주지 않는 것으로 정평이 나 있다.

오프라인 세상에서 A사의 이미지를 찾는 것은 거의 불가능하다. 그 때문인지 산업계에서 가장 인기 없는 기업 가운데 하나가 A사다. 회사 동정 기사는 겨우 전문 언론에서만 다룰 뿐이다.

결론은 다른 한쪽을 간과하고 있는 탓이다. 기업은 매출로만 굴러가지 않는다. 기업 브랜드와 이미지를 살리고 그에 걸맞는 역할을 해야 사회로부터 대우를 받는 것이다. 이런 것들이 다른 한편의 축인 매출구조와 균형이 잡힐 때 비로소 좋은 기업이란 평가를 받는다.

좋은 평가의 기업은 대체로 구설에도 잘 오르지 않는다. 쉽게 말하면 기업과 세상, 기업과 기업, 기업과 사람 등 이른바 소통의 문화가 잘 어우러진 기업에는 그늘이 없다. 이런 경우 보통 CEO보다 마케팅 홍보 업무를 관장하는 부문장에 문제가 있다. 특히 외국계 기업에서 수치를 근거로 과학적으로 공부했다는 친구들이 이런 실수를 많이 저지른다.

또 하나의 소문은 김영만·권준모, 두 전 회장의 컴백설이다. 권 전 회장의 경우 불과 몇 달 전 퇴임했고, 본인이 산업계에서 은퇴하겠다고 공식적으로 선언한 적도 없어 컴백설 운운은 낯설고 어불성설이란 느낌이다. 아마도 이선에 물러난 그가 새 사업을 모색 중이다 보니까 그런 소리가 나온 것 같다. 또 한 사람인 김영만 전 회장의 컴백설은 흥미로운 얘기다.

김 전 회장은 한빛소프트를 T3에 넘기면서 사실상 산업계를 떠났다. 그가 비록 한빛의 일정 지분을 가지고 있고, 회장·고문직을 수행하긴 했지만 이선으로 완전히 물러난 것으로 보는 게 맞다. 그런 그가 컴백설로 게임 산업계에 다시 돌아왔다. 김 전 회장은 최근 이 같은 소문을 들었는지 필자에게 "게임계에서 물러난 적도 없지만 그렇다고 전면에 다시 나설 때도 아니라고 본다"고 다소 신중한 입장을 보였다.

언필칭 돌아오든지 말든지의 여부는 순전히 그의 의지에 달려 있다고 본다. 이를테면 한빛을 넘겼다는 걸 그의 은퇴의 동의어로 볼 수 없다. 더욱이 미국의 실리콘밸리 같은 데서는 회사를 넘기고 그와 유사한 회사를 설립하는 사례는 부지기수로 많다.

중요한 사실은 그와 권 전 회장의 컴백설이 왜 이 시점에서 동시에 터져 나왔느냐는 점이다. 결론은 산업계가 그만큼 어렵다는 뜻이다. 반면 의지할 사람은 눈을 씻고 봐도 없는 것이다. 국제통화기금(IMF) 시절, 때아니게 박정희 전 대통령에 대한 향수 바람은 한국 경제를 살린 그에 대한 그리움이 크게 작용한 때문이다.

게임계가 호황이라는 말은 겉만 들여다보고 한 얘기다. 구조적으로 보면 양극화로 인한 부익부 빈익빈 현상이 더욱 심화되고 벌어지고 있다. 여기에다 큰돈을 쥐고 이선으로 물러났거나 은퇴한 일부 게임인들은 산업계에서 경외감과 존경심은커녕 '먹튀'라는 비아냥의 소리만 듣고 있다.

그렇다면 두 전 회장을 설에 묶어두지 말고 산업계 전면에 내세워 봉사하도록 권면해 볼 요량은 없을까. 인재도 부족하고 인력 인프라도 엷은 게임계에 조로한 인사와 '먹튀'들이 많긴 많은 편이다.

2009-06-29

강제할 수 있다면 그렇게 해야 한다

며칠 전 정부 부처 인사들과 얘기를 나누던 중 게임계의 때아닌 호황이 화제가 됐다. 이 자리에서 한 관계자는 전반적인 경기침체에도 불구, 게임계가 나 홀로 수출 기저를 유지하고 있는 데 대해 여간 다행스러운 일이 아니라며 고무된 표정을 지어 보였다. 이 관계자는 그러면서 큰 변수가 없는 한 올해 게임계의 농사는 좀 더 풍요롭지 않겠느냐며 낙관적인 전망을 내놓았다.

그러나 산업 현장에서 게임계를 바라보고 있는 인사의 표정은 그다지 밝아 보이지 않았다. 이유인즉 우선 내수시장이 예전만큼 활발하지 않다는 것이었다. 성장세를 유지하고 있지만 만족스러운 성장 곡선이 아니라는 설명이었다.

그러다 보니 선순환 구조가 어긋나 있다는 것이다. 예컨대 퍼블리셔들의 투자가 눈에 띄게 줄어들어 중소 게임업체들이 사경을 헤맬 지경이라는 게 이 관계자의 설명이었다. 그는 정부가 퍼블리셔들의 투자를 강제할 수만 있다면 그렇게 하겠는데, 현실적으로 그게 가능한 일이겠느냐며 한숨을 내쉬었다. 그리고선 게임펀드 얘기를 끄집어냈는데, 금융계의 눈치도 보통이 아니어서 정부가 자금 운용 독려를 해도 먹히질 않는다고 했다.

그의 얘기를 종합해 보면 한마디로 중소 게임업체들에 대한 대책이 전무한 셈이다. '풍요 속의 빈곤'이 게임계에 딱 맞는 표현이다. 한쪽은 넘쳐 나는데 다른 한쪽은 기아에 허덕이고 있다면 이건 잘못됐어도 한참 잘못됐다. 정부의 게임산업 정책을 들여다보면 그 같은 한계를 드러낼 수밖에 없다는 생각이 든다.

이를테면 게임 정책 방향이 산업 부양 및 업계 육성 쪽으로 모아져야 하는데, 게임문화 수용자 입장까지 고려하다 보니 정책의 일관성을 유지하지 못한 채 전반적으로 흩날리고 있기 때문이다. 여기에다 산업계를 강제할 조항마저 모두 지워 버렸다. 아무리 세계무역기구(WTO) 환경 체제라고 하지만 기업들을 그대로 방치하고 방목하고 있는 건 정부의 직무유기다.

엔터테인먼트 산업은 결코 제조업이 될 수 없다며 공산품과 동일하게 똑같은 국제 규범의 잣대를 들이대려는 미국 정부에 강력 대응한 프랑스 정부의 태도와 주장은 그래서 감동적이다. 그 때문일까. 프랑스 정부는 문화정책에서만큼은 민간기업의 방치나 방목을 결코 허용하지 않는다.

부익부 빈익빈 현상이 심화되고 확대된다면 정부가 특단의 조치를 취해야 한다. 중소업체들에 대한 지원 방안을 세우거나, 아니면 곡식만 쌓아두고 있는 메이저사들의 창고문을 강제로 열 수 있는 방안을 세우는 게 맞다. 그도 저도 싫다면 뒷짐만 지고 있으면 되겠지만 그 짐은 고스란히 정부의 몫이다.

밀레니엄 경제는 다수보다는 소수, 이익보다는 나눔의 경제로 요약된다. 그 때문인지 선진 각국에서는 이러한 역할에 게을리하는 기업에 대해서는 정부의 각종 세제 혜택에서 제외할 뿐 아니라 불매 운동까지 벌이기도 한다. 기업의 입장에서 보면 갑갑한 노릇일 수 있다. 하지만 '착한 상품'을 만들지 않고 '착한 기업'이 되지 않고서는 배겨나지 못하도록 하고 있다.

기업을 강제한다고 하니까 CEO들이 그토록 혀를 찼던 갖가지 성격의 준조세들이 떠올랐다. 그렇지만 공정무역과 노블레스 오블리주의 정신으로 대표되는 밀레니엄 경제는 이를 통해 기업들이 경쟁해야 하고, 이를 바탕으로 기업을 일궈야 한다고 규정하고 있는 것이다.

정부 측 관계자와 얘기를 나누던 중 이런 얘기가 나왔다. 주요 메이저사와 퍼블리셔들 가운데 일정 부분의 역할을 하는 기업과 그렇지 않은 기업을 구분해서 혜택을 주는 방안을 검토하면 어떻겠느냐는 것이었다. 일례로 '착한 기업'군에 속하는 메이저사의 경우 패치 심의를 자율적으로 진행할 수 있게 하는 등 혜택을 주자는 것이었다.

물론 그렇지 않은 기업에는 페널티를 물리는 것이다. 페널티 대상 기업은 19세 이상의 게임만 양산하는 기업과 사회의 역기능적인 요소의 게임으로 재미를 보고 있는 기업군으로 해서, 이들에 대해서는 '시리어스'(기능성) 게임 또는 실험적 게임을 의무적으로 개발하도록 하는 강제 조항을 신설·적용하자는 것이었다.

산업계의 '풍요 속 빈곤'이란 현실 속에서 나눈, '이렇게 해보면 어떨까' 하는 사랑방 대화 수준의 내용이었지만 그 제안의 수위는 신선하고 기발하다고 할 만큼 느낌이 팍팍 다가왔다. 메이저사들이 밀레니엄 경제를 실현하려는 의지를 보이지 않는다면 산업계의 '풍요 속 빈곤'은 결코 해소되지 않는 과제랄 수 있다.

시민단체는 엔터테인먼트 가운데 게임계는 더 무거운 사회적 의무를 지녀야 한다고 지적한다. 문화 사회적 역기능의 요소와 게임의 특질인 중독성으로 인한 피폐가 타 업종에 대해 상대적으로 크다는 것이 바로 그 이유다. 특히 여기서 게임계가 간과해선 안 될 것은 앞으로 사회 안팎으로의 압력이 더욱 가중될 게 분명하다는 사실이다.

정부 측의 한 관계자는 "메이저사들이 나름 자신들의 역할을 하지 않는다면 그 역할을 강제할 수 있는 방안을 심각하게 고민해봐야 하지 않겠는가"고 나에게 물었다. 이에 대해 뭐라고 대답해야 하나. 순간 머리가 멈추는 듯했다.

2009-07-20

지금은 말없이 한발 물러설 때다

게임에 대한 정부의 시각은 부처별로 온도 차이가 매우 심하다. 주무 부처인 문화체육관광부의 경우 성격상 드러내 놓고 게임 예찬론을 펼쳐야 하지만, 그렇다고 앞서가지도 않는 편이다. 수출 등 산업 역군으로서 게임이 큰 역할을 하고 있는데도 불구, 직접 나서 생색내는 데 인색하다.

문화콘텐츠에 대한 무역 수지를 언급할 때에도 게임은 항상 드라마, 영화 뒤편에 숨어 있다. 산업적 측면을 고려하면 떠받들고 애지중지해도 시원찮을 판이지만 문화 사회적 역기능을 생각하면 솔직히 자신하기도, 그렇다고 내놓고 자랑하기도 그렇기 때문이다. 이를 종합해 보면 문화부의 태도는 한마디로 어정쩡한 모습이라고 요약할 수 있다.

국민 복지 및 국민 건강 차원에서 게임을 이해하는 보건복지가족부의 시각은 아주 냉담하다. 지금은 '경제 살리기'란 당위성의 목소리에 눌려 잠시 숨을 죽이고 있지만 때가 성숙되면 어느 때고 게임과의 한판 승부를 벌일 것이 분명하다. 복지부뿐 아니다. 일부 경제 부처를 제외하고는 게임에 대한 시각이 그리 녹록한 부처는 거의 없다. 이들 부처는 더 나아가 아예 얼마 되지도 않는 돈벌이 때문에 엄청난 사회비용을 전 국민에게 감당토록 하는 게 맞느냐며 게임에 대한 역기능 등 사회문제화될 쟁점들을 마구 쏟아내고 있다.

현재까지는 이명박 대통령의 지식산업 육성의 필요성 등 옹호 발언 덕에, 그리고 수출이 살길이라는 시장경제 원리 덕에 게임의 긍정적인 측면이 강조되고 있지만 때가 되면 게임의 부정적인 측면까지 끌어안고 대응

해야 할 시점이 오지 않겠느냐는 게 전문가들의 일치된 견해이다. 여기서 중요한 포인트는 외부의 힘과 영향에 의해 혁명적 시기를 맞이할 것인가, 아니면 내부의 역량과 노력을 집대성해 게임을 미래의 성장산업으로 제대로 일굴 것인가에 대한 선택의 문제이다. 솔직히 작금의 산업계의 분위기와 시스템을 보면 후자 쪽보다는 전자 쪽으로 기울어질 가능성이 크다.

먼저 주체하지 못할 만큼의 게임 홍수가 이뤄지고 있다는 점이다. 이러다 보니 덩달아 엄청난 수요가 발생하고 있다. 산업적인 관점에서 보면 매우 고무적이라고 할 수 있지만 수요 발생 측면의, 수용자 입장에서 보면 대단히 우려스러운 일이다. 일부 청소년층의 경우 게임에 거의 파묻혀 사는 셈이라고 이들은 일갈한다. 마치 위험한 폭탄을 안고 사는 거나 다름 없다고 했다. 그 때문인지 예전엔 들어 보지도 못했던 게임에 대한 원성이 더 가까이서, 그리고 조직적으로 뭉쳐진 반게이머들의 외침이 코앞에서 들려오고 있는 게 사실이다.

최근에 모 행사장에서 만난 한 학부모는 자녀의 게임중독을 안타까운 목소리로 소개했다. 그러면서 이 문제는 자신의 자녀만의 덫이 아니라며 사태의 심각성을 경고하기도 했다. 그는 그리고 난 후 게임업체들이 게임 서비스 제공 시간을 장르별·연령대별로 제한해 서비스할 수는 없는 것이냐며 호소하기도 했다. 셧다운제를 가리켜 하는 말이었다.

다른 학부모들의 목소리도 앞서 언급한 학부모의 주장과 엇비슷했다. 한 학부모는 서비스 제공 시간을 줄이든지, 아니면 게임업체들이 본인 인증이라도 제대로 해줬으면 좋겠다고 주문했다. 한 학부모도 “부모의 주민등록번호를 모르는 청소년들이 과연 몇이나 되겠느냐”며 형식적이고도 허술하기 짝이 없는 일부 게임업체들의 인증제 시행 행태를 거세게 비난하기도 했다.

하지만 게임계의 더 큰 문제는 위험 수위에 있는 게임에 대한 부정적인 사회 분위기를 그저 일회성 또는 일과성으로 깎아내리고 있다는 점이다. 무감각증에 빠져든 탓일까. 예컨대 '바다이야기' 간판이 도로변 주위로 우후죽순 솟아오르자 그 최면에 빠져 그 사단의 원인과 배경을 놓쳐 버렸듯이 일부 계층에서 빠져들고 몰려오니까 마냥 즐거운 비명만 지르고 있는 것이다. 한심스러운 일이다.

그나마 다행스러운 일은 최근 게임계 일각의 자정 움직임이다. 타인에 의해 묶이느니, 차라리 스스로 묶겠다는 것이다. 부정적인 사자성어는 자승자박이지만 긍정적인 단어는 자중자애다. 지금은 자중자애하는 모습이 좋겠다는 생각이다. 이를테면 그렇게 해야 매듭짓기도, 풀어나가기도 쉽지 않겠느냐는 게 이들의 판단인 것이다.

맑은 소리는 아주 멀리 전해지지 않지만 그렇지 않은 탁한 소리는 소문의 꼬리를 물듯 늘어지고 멀리 퍼진다. 결정해야 한다. 외부의 압력과 힘에 의해 제압당할 것인가 아니면 서둘러 여과 장치를 마련해 내일을 준비할 것인가. 그 선택과 결과는 모두 게임계의 몫이다. 그러나 적어도 호미로 막을 일을 가래로 막는 불행한 일이 재연돼서는 곤란하지 않겠나.

2009-08-17

정부의 저자세 외교도 한몫했다

지난주 283호 칼럼에서 언급했듯이 블리자드의 저작권 공세는 앞으로도 계속될 게 분명하다. 문제는 e스포츠협회의 우유부단한 태도와 블리자드의 압력에 맞서는 대응 논리가 안 보인다는 사실이다. 그러나 다시 한 번 언급하지만 이 시점에서 이니셔티브를 쥐고 있는 곳은 블리자드 측이 아니라 다름 아닌 대한민국 e스포츠협회라는 점을 강조하고자 한다. 그것은 e스포츠협회가 대단한 단체이거나 막강한 영향력을 행사하는 이익 단체이기 때문이 아니다. 그들은 지금 한국의 스포츠사 그뿐만 아니라 세계 스포츠사에 새 장을 열어 가고 있기 때문이다.

돌이켜 보면 블리자드의 일방적이고 오만한 태도에는 정부의 저자세 외교도 한몫을 한 게 아닌가 하는 생각이 든다. 2007년 5월 마이크 모하임 대표 등 블리자드의 고위 관계자들이 한국을 불쑥 방문했다. 블리자드 측이 밝힌 공식적인 한국 방문 이유는 특별한 게 없었다.

굳이 의미를 부여한다면 국내에서 인기를 촉발시킨 '스타크래프트'의 고향 같은 집에서 후속작인 '스타크래프트 2'를 개발하겠다고 발표한 게 고작이다. 그리고 며칠 후 정부 측 고위관계자를 접견했다. 양측의 만남 계산법은 서로 달랐지만 결과적으로 정부 측이 손해를 봤다.

정부 측은 이런 판단에서 만났다. 첫 번째로는 '스타크래프트'로 e스포츠가 탄생한 것이나 다름없고 이로 인해 한국의 대외적 위상이 높아진 데 대한 노고의 표시를 하고 싶어했다. 좀 쉽게 말하면 블리자드 측이 저작권에 대한 시비를 일으키지 않았으면 하는 바람을 접견이란 형식을 빌려 표시한 것이었다. 두 번째로는 국제 게임전시회인 '지스타'의 참가를 독려하기 위함이었다.

당시 블리자드 측은 유보적인 입장을 표명하며 전시회 참가 여부를 저울질하고 있었다. 접견에 앞서 양측 실무자들은 사전 조율 과정을 통해 이 같은 입장을 전달했으나 블리자드 측은 끝내 답을 주지 않았다고 한다. 그리고 다음 날, 양측은 서로 접견했다는 내용의 짤막한 보도자료만을 발표했다. 또 접견 분위기가 당초 기대했던 것보다 썰렁했는지, 아니면 애초부터 그런 생각이 추호도 없었는지는 몰라도 블리자드는 그해 가을 열리는 '지스타'에 얼굴을 비추지 않았다.

정부가 체면을 구겼지만 내색하지 않았다. 업계에서는 설왕설래의 말들이 많았다. 굳이 블리자드의 대표를 정부 측 고위관계자가 만나줄 필요가 있느냐는 당위성에서부터 블리자드가 대한민국 정부의 뒤통수를 쳤다는 말까지 줄을 이었다.

여기서 그친 게 아니었다. 지난 7월에는 블리자드의 폴 셈즈 수석 부사장이 내한했다. 그의 공식 방문 목적은 서울시에서 개최하는 'e스타즈'대회에서 '스타크래프트 2' 시연회를 갖기 위함이었다. 그는 대회를 마치고 곧바로 관계부처인 문화부로 달려갔다. 어떻게 해서 또다시 정부 측 고위관계자와 블리자드 측이 머리를 맞대고 앉았는지는 알려지지 않고 있다. 지난 2007년 때의 일을 괘씸하게 여겨온 정부 측의 분위기를 감안하면 양측의 만남은 매우 이례적이다. 하지만 자리는 만들어졌고 양측은 또 머리를 맞댔다.

한참 뒤에 알려진 얘기지만 이날 접견에서 블리자드 측은 자신들의 저작권 범위와 한국 내 보호 문제, 그리고 게임위의 등급 심의의 부당성 등을 집중 제기했던 것으로 전해졌다. 지금도 양측 관계자의 전격적인 만남은 여전히 석연찮다. 일각에서는 주한 미 대사관 쪽에서 힘을 쓴 게 아니냐는 설도 나왔다.

결과적인 얘기지만 만나지 말았어야 옳았다. 한번 빗장을 풀어 놓으니까 대놓고 들어가서 상대하는 격이 되고 만 셈이 돼버렸기 때문이다. 미국 기업만큼 한국 내 시스템을 잘 아는 기업도 없다.

말 그대로 정부만 잡고 있으면 만사형통이라는 것이다. 어찌 보면 관련 협회가 여지없이 휘둘리고 있는 것도 속을 들여다보면 다 사정이 있다. 그렇다면 정부가 잘못했어도 한참을 잘못했다.

지금이라도 늦지 않았다. 정부는 이선으로 물러나 있는 게 모양새가 좋다. 특히 저작권 문제는 미국과의 단골 통상 메뉴이긴 하지만 친고제의 성격이 짙다. 정부가 나서기보다는 시스템에 맡기는 게 순서이고 그게 맞다.

너무 의욕이 앞선 때문인가. 그렇다면 그것은 과유불급이다.

2009-10-19

게임계 정서를 자극한 대형 프로젝트

국민의 정부 시절, 게임산업을 각별하게 챙긴 당시 박지원 문화부 장관과 사석에서 잠시 대화를 나눌 기회가 생겨 쾌재를 불렀다. 기자로서는 단독회견(?)이니 그럴 법도 했다. 그런데 첫 질문부터가 생뚱맞다면 딱 맞을 그런 내용이었다. 부지런히 게임 산업계를 찾아다니는 그에게 생색낼 일도, 자신을 나타나게 할 일도 많을 터인데 그처럼 게임에 목숨(?)을 걸다시피 할 이유가 있느냐는 것이었다.

박 장관은 그 질문에 대해 세 가지 이유로 답을 주었다. 그 첫 번째 이유로는 문화의 창출과 외연을 넓히는 일도 중요하지만 그 못지않게 문화를 통해 미래의 먹거리를 만들어가는 일도 긴요하기 때문이라고 했다. 그러면서 자신은 온라인게임의 성장 가능성을 봤다고 했다. 온라인게임은 통신 인프라를 통해 태동한 문화이지만 다중성을 지니고 있는 데다 언어의 장벽을 뛰어넘는 상품성으로 인해 앞으로 급성장하게 될 것이란 게 그의 설명이었다. 따라서 누군가가 주춧돌이 돼줘야 하고, 그 역할을 해당 주무 장관이 해줄 수 있다면 그보다 더 큰 영광이 있겠느냐고 했다.

두 번째 이유로는 부처 내의 동선을 그대로 유지하고 싶지 않았다고 했다. 쉽게 얘기하면 관행처럼 여겨져 온 전통 문화예술계에만 명함을 내밀지는 않겠다는 것이었다. 그 때문인지 당시로는 좀 파격적으로 평가되는 대중 문화계의 비공식 자리에도 곧잘 참석했고 게임계 행사에는 단골 손님처럼 참석했다. 알고 보니 그는 새싹을 키우고 싶어했고 전통문화와 대중문화에 대한 정부의 시선을 보다 더 균형 있게 바라보고 싶어했다.

그는 마지막으로 실용주의를 얘기했다. 앞서 말한 두 가지의 이유의 연장선상에 있는 것이긴 했지만 좀 더 귀에 속속 들어왔다. 그는 미래의 경제·무역은 제조업, 공산품이 중심이 되는 게 아니라 문화와 그 가운데 대중 문화(콘텐츠)가 핵심이 될 것이라고 했다. 그러면서 지금은 격을 따지고 점잖게 손을 놓고 있을 때가 아니라고 했다.

그는 특히 나라를 부강케 하는 사람, 잘 먹고 잘살게 해주는 사람이 다름 아닌 애국자라고 했다. 아마도 IMF(국제통화기금)의 경제위기를 겪다 보니 그런 생각을 갖게 됐을 것이라는 짐작을 해봤다. 그런데 자신의 생각도 그렇지만 청와대의 생각도 그렇다는 것이었다. 실제로 게임산업만큼은 대통령께서 끊임없이 챙긴다는 설명이었다.

그같은 노력과 관심이 이어져 온 덕택인지 게임산업계는 지난해 10억 달러의 수출을 달성했다. 콘텐츠 수출 10억 달러는 제조업의 그것과는 비교가 되지 않는다. 그 영향력과 파급성을 금액과 수치로 환산하면 대략 제조업의 1,000~2,000배에 이르는 것으로 보면 맞다.

이 같은 게임 수출은 게임계의 역량 확대도 그것이지만 정부가 게임산업진흥원 등을 통해 적극적이고도 체계적인 전략 육성책을 펴왔기 때문이다. 더욱이 정부의 전략 육성책 근간에는 이전 정권의 실용주의가 그대로 가미돼 있다는 측면을 고려하면 정치적으로도 매우 고무적인 일로 평가할 수 있다.

그런데 사단이 생기기 시작했다. 정부의 기관 통폐합으로 산업계에 파열음이 발생하고 있는 것이다. 게임계의 경우 우려의 목소리가 더 큰 편이다. 상대적으로 위축된 모습이 역력한 상황이다. 일관성 있는 정부의 육성책이 지속적으로 유지될 것인가에 대한 의문 또한 끊임없이 제기되고 있다.

여기에다 최근 통합콘텐츠진흥원 측이 발표한 대형 프로젝트 추진 계획은 게임계에 기름을 부은 꼴이 됐다. 이를테면 효자산업인 게임을 놔두고 왜 또 방송 쪽이냐는 것이다. 더군다나 통합진흥원 출범 이후 기획된 첫 프로젝트의 규모가 예상 밖으로 엄청나다는 게 알려지면서 망연자실한 모습이다.

한 젊은 게임인은 "진흥원의 통폐합이 이뤄지면 방송 중심의 지원책으로 인해 게임계는 결국 그들에 의해 종속되고 말 것이라는 전문가들의 예상과 분석이 현실로 드러나고 있는 것"이라며 흥분을 감추지 않았다. 솔직히 거기까지 동의하지는 않더라도 통합콘텐츠진흥원 측의 우선사업 추진과제 및 순위 배합에 대해서는 아쉬움이 있다는 게 필자의 생각이다. 상대적으로 위기 의식을 느끼고 있는 게임계의 입장을 고려했더라면 한건주의 식으로 발표하는 게 아니었다.

사업 추진의 당위성과 명분이 있다 하더라도 상대가 있는 만큼 좀 더 세련되게 추진하는 게 옳았다. 이것저것 다 던져 버리고 MB 정부의 실용정책 기저만을 놓고 본다 하더라도 그렇다. 게임만큼 효자산업이 어디 있는가.

정부 일각에서는 여전히 저울질을 하고 있겠지만 대한민국의 미래 먹거리 산업은 다름 아닌 게임이라고 확신한다. 그 이유는 간단하다. 언어 장벽을 뛰어넘을 수 있는 대중예술 장르는 게임 말고는 없다. 지금은 명분도 중요하지만 미래의 성장 동력을 찾고 육성하는 일이 더 긴요하다. 온라인게임을 선진 대열에 올려놓았다며 샴페인을 터트리는 등 손을 놓았다가는 큰코다칠 수 있음을 정부 정책 입안자들이 알았으면 한다.

2009-11-03

웹보드 게임과 솔로몬의 지혜

며칠 전 콘텐츠업계에 얼굴이 익히 알려져 있는 지우를 만났다. 설 연휴 인사차 만난 그는 기회가 날 때마다 게임계가 부럽다며, 기회가 주어지면 자신도 게임계에 입문하겠노라고 다짐하던 친구였다.

그런 친구의 얼굴이 이번엔 그렇게 밝아 보이지 않았다. 까닭을 물어보니 게임 역기능에 대한 문제를 얘기하면서, 그로 인한 사회적 손실이 생각보다 적지 않다는 비난의 목소리가 커지고 있다는 것이다. 그러면서 그 친구가 덧붙인 말은 이른바 고스톱·포커 등 웹보드 게임의 사행성 여부였다. 그의 말에 따르면 제도권, 특히 정치권에서 이 문제를 정식 의제로 다뤄, 법률적 정비를 마치겠다는 움직임을 보이고 있다는 것이었다.

그래서 새로운 얘기도 아니고 늘 그러다 말았기에 '또 시작인가 보네'라며 친구에게 짧은 미소로 답해 줬더니 친구의 반응은 예상외로 심각했다. 이번만큼은 그냥 쉽게 넘어가지 않을 것이라며 사전준비를 확실히 해야 할 것이라고 당부했다.

새해 벽두부터 웹보드 게임이 사행성 게임의 대표작으로 논란의 중심에 서고 있다. 칼을 만든 사람은 음식을 요리하는 데 쓰라고 만들었는데 그 칼이 사람을 해하는 데 쓰인다 하여 그 칼을 무기로 단속하겠다는 격이 됐다.

웹보드 게임은 말 그대로 인터넷에서 가볍게 즐길 수 있는 캐주얼 게임일 뿐이다. 성질 급한 사람들은 재미없다고 화면을 지켜보지도 못한다. 이른바 선수들은 더 할 말이 없다. 그게 무슨 고스톱이며 포커냐는 것이다.

순간의 재미를 눈으로 만끽하고 노는 것뿐이라는 게 웹보드 게임 팬들의 얘기다.

그렇지만 그들 반대편에 서 있는 사람들의 얘기는 다르다. 손맛만 즐기지 못할 뿐 도박이라는 것이다. 규모도 엄청나고 주민번호만 조작하면 하루에도 수백만 원의 결제도 가능해 큰 판을 벌일 수 있다는 설명이었다. 그 판에서 오고 가는 사이버 머니가 무슨 돈이 되겠냐고 되묻는 건 우문이었다. 사이버 머니는 현금과 다를 바 없다는 것이다.

못 믿겨서 그런 사람들의 수가 얼마나 되겠느냐고 묻는 것도 똑같은 우문이 돼버렸다. 상상하는 것보다 훨씬 많고 그 수와 증가 속도는 말릴 수 없을 정도라는 게 이들의 주장이었다. 참 딱한 일이다. 그냥 가볍게 즐기라고 판을 마련해 줬더니 그것을 도박판으로 만들어 버렸다.

막말로 아이템 따먹기 고스톱을 하는 것을 두고 사행성이 있는가라고 물어볼 만하다. 하지만 현실의 정답은 그렇다는 것이다. 그래서 성인들의 가벼운 아이템 따먹기마저 판을 마련해 준 기업들이 책임을 져야 하는가 하고 또 물어보자. 어찌 됐든 결과적으로 그렇게 됐으면 도의적으로 책임을 져야 할 것이라는 설명이다.

그 대답에 비로소 알았다. 결론은 사회적 컨센서스는 여전히 가벼운 사이버 놀이라도 돈이 오고 가서는 곤란하는 것이었다. 예컨대 사회적 분위기보다 콘텐츠가 한창 앞서간 셈이다. 정치권에서 제도 정비를 추진하는 등 손을 보겠다는 것도 너무 앞서간 시계 추를 바로잡아 보겠다는 것이다. 한나라당 이정선 의원도 최근 본지와의 인터뷰에서 어떤식으로든 제도 정비를 추진하겠다는 뜻이 있음을 분명히 했다.

웹보드 게임업체들이 가슴을 칠 일이다. 하지만 게임계 관계자들은 정작 딱한 데는 따로 있다고 했다. 다름 아닌 웹보드 게임을 서비스하지 않는 게임업체들이라는 것이다. 이들은 그냥 앉아서 덤터기를 써 사행을 부추기는 게임업체가 됐다는 설명이다. 특히 일각에서는 이들과 더 이상 궤를 같이했다가는 함께 공멸하게 될 것이라며 결별의 목소리를 높이고 있다.

이 정도가 되면 웹보드 게임이 내부 분란의 단초가 되는 셈인데, 안고 갈 것인가 아니면 버리고 갈 것인가에 대한 양단간의 결단을 내려야 할 시점에 와 있지 않나 보인다. 게임계의 한 메이저사 CEO는 "그렇잖아도 사행성 문제 때문에 골머리를 앓고 있는 게임계가 고스톱 게임류까지 떠안게 되면 그 하중을 견딜 수 없게 될 것"이라며 웹보드 게임업체와의 결별을 주장했다. 또 다른 메이저사 관계자도 "웹보드 게임으로 손쉽게 돈을 벌어서 그 돈으로 게임 판권시장에서 돈질만 하지 않았냐"면서 "웹보드 게임을 게임위원회서 떼내 사행 위원회로 이관하는 게 맞다"고 말했다.

웹보드 게임이 정초 게임계의 풍향을 후끈 달아오르게 하고 있다. 손을 잡고 갈 것인가, 아니면 그 손을 이제 그만 놓을 것인가. 게임계가 솔로몬의 지혜를 요구받고 있다.

2010-02-08

게임계는 지금 위기인가, 아니면 기회인가

게임계가 올 들어 안팎의 고충에 시달리고 있다. 그 하나는 게임산업의 위상과 관련된 성장통이고 다른 한 가지는 사전에 대비하지 않고 한쪽만 쳐다보다가 불러온 수출시장의 병목현상이다.

산업 성장 가도엔 그 후유증이 늘 따라붙기 마련이다. 마치 햇살이 비치면 나무 아래엔 그늘이 지는 것과 마찬가지의 이치이다. 최근 논란을 빚고 있는 게임 역기능에 대한 사회적 어젠다도 게임계가 결코 두려워하거나 외면할 필요가 없다는 것이다. 그것은 언젠가는 맞닿을 수밖에 없고 반드시 짚고 넘어갈 수밖에 없는 게임계의 운명론적 과제라는 점에서 더욱 그렇다.

하지만 성장통이라는 것은 실제적 현상이라기보다는 파생적이고 결과론적 성격이 짙기 때문에 풀어가는 과정 역시 산업 간, 계층 간 이해관계가 복잡한 특징을 지니고 있다. 결론적으로 말하면 이를 해소하는 과정이 결코 쉽지 않다. 그러나 이를 부정적으로만 볼 게 아니라 긍정적인 측면에서 진지하게 고민하고 헤쳐 나간다면 산업계에 그렇게 해만 끼치는 건 아니다.

새로운 관계 정립으로 한 단계 점프하는 풍선 효과와 함께 이종 산업 간, 사회계층 간의 대화를 통해 소통의 길이 열릴 수 있기 때문이다. 영화산업·음악산업·비디오산업 등이 그렇게 성장했고 한때 TV의 드라마 시장도 성장통에 의한 사회 논란의 중심에 서기도 했다. 재미있는 것은 이 같은 흐름에 끊임없이 대응하고 극복해 낸 산업은 살아남았고 그렇지 못한 산업은 도태됐다는 사실이다. 어떻게 보면 위기의 상황이기도 하지만 새로운 전기를 마련할 수 있는 기회로 삼을 수 있는 때가 아닌가 싶다.

성장통 못지않게 심각한 문제점으로 제기되고 있는 것은 수출시장의 병목현상이다. 천편일률적으로 이뤄진 대중 수출은 이미 크게 정체되기 시작했고 아시아 지역 수출 또한 겉돌고 있는 실정이다. 중국 정부가 판호 문제를 이야기할 때 수출시장 다변화의 노력을 기울여야 했는데 설마 설마하다가 끝내는 실기한 것이다. 이런 현상은 게임뿐 아니라 드라마, 영화도 마찬가지 현상으로 고전하고 있다. 한류 바람만 기대한 때문인가. 아니면 통신 인프라만 바라보며 이리저리 저울질만 한 까닭인가.

문제는 흥행 참패의 간극이 너무나 깊고 현지 서비스 또한 쉽지 않다는 데 있다. 그 틈바구니 사이로 중국 게임업체들은 승승장구하고 있다. 이도 모자라 자국에서 해외로 뻗어 나가는 등 우리의 시장 영역까지 갉아먹고 있다.

1980~1990년대 초반까지 아시아지역을 휩쓴 홍콩 느와르는 말 그대로 타의 추종을 불허했다. 시나리오를 비롯한 제작기법이 아시아 지역 그것보다 매우 뛰어났고 영화적 재미 또한 감칠났다. '영웅본색', '첩혈쌍웅' 등 액션무비는 마치 홍콩 느와르의 고전이 되다시피 했다. 주윤발, 이수현, 성룡 등은 아시아 톱배우로서 팬들의 사랑을 한몸에 받았다. 그러나 호사를 누린 세월은 불과 10여 년에 그쳤다. 홍콩은 지금 아시아 영화의 후진국이란 오명을 뒤집어쓴 채 자구책조차 마련하지 못하며 전전긍긍하고 있다.

그 까닭에 대해 일각에서는 홍콩의 중국 반환 등 정치적 이유를 드는 이도 적지 않지만 주된 배경은 고만고만한 작품을 대량 양산한 탓이다. 주연배우도 단골손님처럼 그 인물이 등장했고 스토리마저도 변변한 게 없었다. 해외서 끌어들이는 제작 자본 또한 극히 제한적이었고 수출시장 역시 한국, 중국, 일본, 대만 등 특정 지역에 함몰된 것이다. 아시아 일류 영화국가에서 삼류 국가로 전락하는 데 불과 몇 년이 걸리지 않았다.

게임계 인사들이 최근 자주 위기 의식을 표명하는 건 어찌 보면 당연하다. 할 일은 많은데 구심점은 없고 게임계의 어른은 찾아보려야 찾아볼 수 없기 때문이다. 여기에다 그동안 큰 관심을 갖고 지원해 온 정부조차 쉬어가겠다며 뒷짐을 지고 있다.

게임계가 정면돌파의 의지를 보여야 한다. 피하려야 피할 수 없는 운명론적 과제라면 몸을 던져서라도 헤쳐 나가야 한다. 수출시장 병목현상도 산업계의 마음먹기에 달려 있다. 지금부터라도 수출시장 다변화에 노력하면 된다.

미국, 유럽의 움직임이 빨라지고 있다는 것은 매우 고무적인 일이다. 한숨을 쉬며 손을 놓는 것보다는 지금부터 시작이라는 의지가 더 중요하다. 홍콩 느와르의 종말은 바닥의 현실을 내다보면서도 치유를 위한 처방전을 끝내 쓰지 못한 데서 시작됐다.

게임계가 지금 위기인가, 아니면 기회인가. 그 향배는 순전히 게임계의 선택에 달려 있다고 해도 과언이 아니다.

2010-04-05

차타레 부인의 사랑과 다이하드

실비아 크리스텔 주연의 '차타레 부인의 사랑'이 국내에서 개봉된 것은 1988년 늦가을께였다. 작가 D. H 로렌스의 동명 소설을 극화한 이 영화는 당시 영화계뿐만 아니라 세인들로부터 커다란 반향을 일으켰다.

작품 내용도 그것이지만 사실적이고도 충격적인 정사 신으로 가히 센세이션을 일으켰다. 국내에서는 프랑스 현지에서의 작품 발표 이후 무려 7여 년이 지난 이후 수입 허가를 받았으니 논란의 중심에 선 작품임엔 분명했다. 수입 허가 이후 개봉까지 우여곡절도 뒤따랐다. 작품성과 뛰어난 영상미에도 불구, 미성년자 관람 불가 판정이 내려졌고 결정적인 몇몇 신은 아예 삭제돼 상영되는 비운을 맞기도 했던 것이다.

브루스 윌리스 주연의 '다이하드'는 신출귀몰의 형사 존 맥클레인의 활약상을 담은 액션무비다. 아무 생각 없이 그냥 화면에만 시선을 던지고 있노라면 2시간 정도의 러닝타임은 순식간에 지나가는, 말 그대로 킬링 타임용 무비다.

그래서일까. 액션 장르의 특성대로 이 작품에서 주검이 돼 무대 밖으로 퇴장하는 사람을 헤아려 보면 상상을 초월할 정도다. 총질에 인질극에 살상 장면만 계속 이어진다. 그런데도 4편까지 속편 시리즈가 나왔고 꿋꿋하게 첫 작품을 제외하고는 모두 청소년 관람가를 얻어 재미를 봤다.

등급 심의의 행배는 흥행의 척도이자 첫 관문이다. 동서양을 막론하고 그 잣대는 비슷하다. 작품의 강도가 높고 센 편인데 등급이 낮으면 고무적인 것으로 평가한다. 그렇지 않고 그 반대의 결과가 나올 경우엔 비관적인 흥행 전망을 내놓는다. 그래서 심의 업무를 맡는 대외 관련 부서에서는 사활을 걸고 등급 심의에 매달린다. 자칫 잘못했다가는 흥행 참패로 회사가 한순간 날아갈 수 있으니 그럴 법도 하다. 참고로 '차타레 부인의 사랑'은 명성만큼 재미를 보지 못했고 '다이하드'는 잘 받은 등급 덕에 흥행에 성공했다.

인기작가 최인호의 신문 소설 '별들의 고향'이 영화화한 것은 1974년 봄이었다. 조감독 생활을 해온 이장호 감독의 데뷔작이기도 했던 이 영화는 예상대로 공전의 히트를 기록했다. 요즘 말로 하면 기가 막힌 스토리텔링에다 신성일, 안인숙 등 기라성 같은 주연급 배우들의 열연이 합쳐졌기 때문이다. 여기에다 노랫꾼 이장희는 우리나라 영화음악(OST)의 효시로 불릴 만큼의 빼어난 영상 음악을 선보였다.

그런 '별들의 고향'도 흥행의 고비는 있었다. 첫사랑 남자에게 버림받은 경아가 이 남자 저 남자 품에 안기다 끝내는 자살하고 만다는 게 이 영화의 시놉시스. 당시 검열에 가까운 공연윤리위원회의 심의는 가히 살인적이었다.

예상한 대로 상영 등급은 미성년자 관람 불가 결정이었다. 문제는 그 다음이었다. 문호(신성일 분)와 경아(안인숙 분)의 정사 장면이 심사위원들의 도마 위에 오른 것이다. 이 장면은 이 영화의 하이라이트나 다름 아니었다. 잘리면 영화의 알맹이가 없어지는 것과 진배없었던 것이다. 우여곡절 끝에 정사 장면은 가까스로 지켜냈다. 후일담이지만 만의 하나 이 장면이 삭제됐다면 '별들의 고향'의 그같은 흥행은 어려웠을 것이란 게 영화계의 대체적인 평가다.

등급심의 기준은 시대적 흐름과 가치관, 그리고 미디어의 성격에 따라 크게 달라진다. 상대적인 관점으로 볼 때 개인용일 경우 관대한 편이고 그렇지 않을 경우 등급심의는 강화된다. 온라인 게임은 개인용이기보다는 여러 사람이 함께 즐기는 다중용 성격이 짙어 심의 잣대가 까다롭다. 하지만 분명한 사실 한 가지는 등급심의 기준이 늘 고정돼 있지 않다는 점이다. 최근 심의에 대한 보편적인 가치는 성애에 대한 배타성보다는 폭력물에 대한 경계로 모아지고 있다.

이 같은 흐름은 미국은 물론 유럽 아시아지역에서도 동일하게 나타나고 있다. 게임장르의 경우 게임 역기능의 최대 공적이자 문제아로 꼽히는 게 폭력성이고, 학부모 단체에서도 게임 과몰입으로 인한 인성 문제로 폭력성을 제기하고 있다. 따라서 향후 등급 심의 향배는 선정성과 사행성도 그것이지만 폭력성의 강도 여부에 따라 갈라질 공산이 크다.

그렇다면 2010년 시계로 불러온 '차타레 부인의 사랑'의 등급은 과연 어떻게 매겨질까. 문제의 정사 장면은 과거처럼 또 그렇게 삭제됐을까. '다이하드'가 미성년자 관람 불가로 극장에 상영됐을 경우에도 그같은 흥행을 이끌 수 있었을까. 정확히 장담할 수는 없지만 등급심의 결과가 달라졌다면 결과는 상당히 다르게 나타났을 것이다. 왜냐고, 더 이상 묻지 마라. 그게 엔터테인먼트 산업이자 특질인 것이다.

흥행 여부를 저울질한다면 한번 곰곰히 생각해 볼 대목이다.

2010-04-19

3진 아웃제라도 도입해야 하지 않겠나

《장자》의 〈천하〉편에서 유래된 황당무계라는 단어는 말이나 행동이 터무니없고 근거가 없음을 뜻하는 의미의 고사성어가 됐지만 실은 한쪽 주장에 얽매이지 않고 자유자재로 자기 목소리를 논하는 장자의 범신론에서 비롯됐다는 점에서 현재의 의미와는 사뭇 다르다. 어찌됐든 언어가 자유롭고 자기 주장이 강하다는 것은 그만큼 실수를 자주 범할 수 있다는 가능성과 행동이 럭비공처럼 엉뚱하게 튈 수 있다는 개연성의 측면과 밀접히 닿아 있다는 점에서 긍정적인 의미보다는 부정적인 단어로 자주 쓰인다.

미국 게임업체인 블리자드가 최근 한국 게임계 및 관계기관에 보여준 모습이 이와 꼭 닮아 있다. 한국 심의 당국에 '스타크래프트 2'의 등급 심의를 요청하고 대기할 즈음만 하더라도 그 정도의 기업인 줄은 새까맣게 몰랐다. 기대했던 12세 이용가가 안 나오고 청소년 이용 불가 결정이 내려지자 다시 재심을 요청할 때만 하더라도 그럴 수 있겠다 했다.

그런데 또다시 청소년 이용 불가 결정이 내려지니까 기다렸다는 듯이 재심을 요청해 왔다. 그것도 한국 심의 당국으로부터 지적받은 내용 수정을 묵살하면서까지 말이다. 이 정도면 한국 심의 당국에 대한 시위이거나 몽니일 것이라고 생각했다. 한두 번도 아닌데 이럴 수 있느냐는 그들의 유별난 액션으로 보였다.

하지만 한편으론 안타까움도 같이 따라붙어 왔음을 부인하기 어렵다. 얼마나 절박하면 저토록 목을 매는 것일까 하는 동정심이었다.

사실, 블리자드의 '스타크래프트'는 한국 게이머들과 결코 떼놓을 수 없는 작품이다. 그다지 가능성을 보여준 작품도 아닌 '스타크래프트'를 세계적인 작품의 반열로 끌어올린 게 다름 아닌 한국의 게이머들과 한국의 게임계이기 때문이다. 이 작품은 또 열광적인 한국 게이머들의 힘에 힘입어 e스포츠를 잉태시켰고 이를 기폭제로 한쪽으로 기울던 블리자드를 오뚝이처럼 되살려 놔 오늘날의 게임기업으로 발돋움하게 했다. 그 열기는 지금도 식지 않고 있다. '스타크래프트'는 젊은이들의 낭만이자 청소년들의 우상이 되다시피 하고 있다.

그런데 한두 번도 아니고 세 번 네 번의 심의 요청이 이어지자 '스타크래프트 2'에 대한 분위기는 썰렁해지고 그 기분은 몽니 수준에서 아예 황당무계 쪽으로 기울어졌다. 일각에서는 이에 대해 노이즈 마케팅이 아니냐는 지적까지 나왔다. 하지만 그것보다는 블리자드가 한국 심의 당국을 무시하는 게 아니냐는 관측까지 제기되면서 블리자드에 대한 비난이 쇄도하기 시작했다.

그 근거는 간단했다. 내용 수정 지적에도 불구, 그대로 그 작품을 들고 들어온 까닭이다. 본사의 방침인지 아니면 한국 법인의 단독 결정인지는 아직 알려지지 않고 있다. 그러나 분명한 것은 블리자드가 이번 '스타크래프트 2'심의에서 보여준 행태는 저잣거리에서나 볼 수 있는 매우 질 낮은 행동이었음을 부인키 어렵다. 만의 하나, 블리자드식 심의 태도를 보인다면 심의과정에서부터 부익부 빈익빈 현상이 빚어질 것은 불을 보듯 뻔하고 기능과 역할은 다르지만 동종업계 선상에 있는 심의 당국과 게임계를 이간질시킬 수 있다는 점에서 경계해야 할 대목이라고 생각한다.

이번에 블리자드가 특히 간과한 것은 기업 신뢰성에 대한 상처다. 상대는 존중하지 않고 자신만 대우받기를 기대하는 건 어불성설이다. 상대를 신뢰했을 때 본인의 크레딧 또한 함께 상승할 수 있다는 것을 철저히 무시한 것이다. 엔터테인먼트 산업과 갬블 산업의 특징과 차이는 솔직히 여기에 있다.

블리자드의 더 큰 실수는 대작을 통한 시장부양론을 망각해 버린 것이다. 한국 게임시장은 올 들어 침체의 늪에 빠져 있다. 힘겹게 해나가고 있다. 이런 와중에 '스타크래프트 2'와 같은 대작은 업계에는 다름 아닌 호재다. 그런데도 다급한 나머지 자신의 허물은 들여다보지 않고 남의 옷에 붙은 작은 먼지만 탓한 것이었다.

한국법인은 한술 더 떠 자신들에게 비판적인 기사를 쏟아내는 매체에 대해 감정적으로 달려들어 재갈을 물리려 하고 있다. 여기서 중요한 사실은 거짓 칭찬은 독을 주는 것이고 선의의 비판은 약을 달여 준다는 점이다. 그런데, 이렇게 막가자고 한다면 방법이 없지 않겠나.

음주운전의 경우처럼 심의에도 3진 아웃제를 도입하든지, 아니면 레드카드제를 만들어 아예 퇴출 또는 영업 정지를 시키든지 양단의 결단을 내려야 하지 않겠나 싶다.

2010-05-24

e스포츠계와 유비무환의 정신

e스포츠계가 어수선하다. 한쪽에서는 구단 해체 얘기가 나오는가 하면 다른 한편에서는 구단 지원에 대한 예산축소설이 흘러나오는 등 크게 술렁이고 있다. 이러다가 e스포츠가 꽃을 피우기는커녕 제대로 된 꽃망울도 맺지 못한 채 끝내 미완의 종목으로 수명을 다하는 게 아니냐는 극단적 지적까지 받고 있다. 10여 년의 성상이 무색하다고 할 만큼 e스포츠가 거센 소용돌이에 빠져든 것은 다름 아닌 블리자드의 우월적 지위를 앞세운 뻔뻔함과 e스포츠 관계자들의 무관심과 무성의 그리고 무지 등 3무 때문이다.

사실 저작권을 포함한 지적재산권은 선행적 법률이 아니다. 다시 말하면 먼저 관련 법률을 세세히 정해 놓고 그 규율에 따르도록 하는 게 아니라는 뜻이다. 그래서 보통 사람들에게는 몰라도 불편함이 없고 혹은 그 법률에 저촉됐다 하더라도 친고죄의 성격이 짙어 말썽이 빚어지지 않는다. 그러나 시대의 가치 흐름이 바뀌면서 콘텐츠가 중요한 위치를 차지하고 있다.

말 그대로 콘텐츠는 재산이고 재물이 된 것이다. 이를 관장하는 저작권법 또한 기존의 사용자 보호 중심에서 저작권자 권리 강화로 바뀌고 있는 게 세계적 추세이다. 따라서 콘텐츠 비즈니스를 하거나 염두에 둔다면 적어도 이러한 흐름을 놓치지 말고 눈여겨봐야 한다.

저작권법의 역사를 보면 투쟁과 기나긴 싸움의 기록이 전부일 정도다. 그래서 저작권자들은 늘 자신들의 권리를 보호받기 위해선 말보다는 법을 앞세워야 한다고 믿는다. 마이크로소프트(MS)가 자신들의 PC운영체계

(OS)의 권리를 보장받기 위해 전 세계 기업들을 상대로 전쟁을 벌인 것은 유명한 사건이다. 재미있는 것은 저작권자들의 권리 주장 시점이다.

MS가 자신들의 저작권을 보호해 달라고 주장하기 시작한 것은 OS 보급 단계가 아니라 성장기 진입 시기라는 점이다. 꽃을 피우려 할 때 자신들의 권리를 주장해 실익을 극대화하는 것이다. 이때 불법적으로 다운받은 기업들은 MS의 파상 공세로 인해 때아니게 큰 망신을 당하기도 했다.

대중 가요가 주도하고 있는 지금의 밀레니엄 시대와는 달리 지난 1960~1980년대 국내 음악시장은 팝 음악이 장악하고 있었다. 문제는 팝 음반 가격이 엄청나게 비쌌다는 것이다. 예컨대 저적권료 등 로열티가 포함됐기 때문이다. 그래서 음악 팬들이 줄곧 찾은 건 해적 음반이었다. 가격은 3분의 1에도 못 미쳤지만 듣고 즐기는 데는 전혀 지장이 없었다.

그러나 음반시장이 개방되면서 제일 먼저 논란의 도마 위에 오른 것이 바로 해적 음반이었다. 국제음반연맹(IFPI)은 해적 음반 철퇴에 맹공을 가했고 정부와 음반사들은 이들의 주장에 쩔쩔맸다. 여기에 미국 상무성까지 가세하면서 해적 음반은 시장에서 자취를 감춰버렸다.

여기에서 시사하는 것은 저작권의 권리 시기와 그들의 공세 방식이다. 블리자드사의 스타크래프트는 어찌 됐든 e스포츠를 대표하는 작품이다. e스포츠계가 10여 년이 다 되도록 이에 대한 대비책으로 로드맵 등을 갖고 있지 않았다면 어불성설이다.

절묘하게도 e스포츠판을 들여다보면 블리자드 측의 저작권 권리 시기가 딱 들어 맞는다. 최근 협회는 그간 블리자드 측이 가만히 있다가 새삼 권리를 주장하는 게 말이 되느냐고 항변한 적이 있다. 말 그대로 한심한 우문이다. 블리자드 측으로 보면 지금이 타이밍으로 본 것이다. 또 협회의 질의 내용을 보면 변변한 논리조차 발견할 수 없다. 온라인에서나 가능한 궤변은 오프라인에서는 먹혀들지 않는다. 구상유취의 지적이다.

차라리 이 시점에선 스타크래프트라는 작품의 신선도를 따지는 게 맞았다. e스포츠용으로는 적합하지만 시장에선 이미 한물간 제품이고 작품 개발에 따른 비용이 다 회수된 점을 주장하며 협상 카드를 제시하는 게 옳았다. 콘텐츠의 경우 개발비가 빠지고 일정 수익을 거두게 되면 작품가를 크게 인하하거나 싸게 내다파는 게 관행이기 때문이다.

한 가지 안타까운 점은 블리자드 측의 국내기업 끼워넣기 행태이다. 굳이 블리자드 측이 협상 가능한 시기에 복잡하게 판을 어지럽히려는 속셈을 모르겠다.

번외의 얘기지만 외국계 기업의 이상한 포석은 늘 그 기업에 근무하는 내국인의 머리에서 나왔다는 사실이다. 그 때문인지 외국인보다 내국인이 더 피곤하게 한다는 소리는 더 이상 새로운 얘기가 아니다. 글로벌 경영시대에 사전 철저한 대비가 시장 견인 못지않게 중요하다는 사실을 다시금 되돌아보게 하는 대목이 아닐 수 없다. e스포츠계가 진정 거듭나 다시 섰으면 한다.

2010-06-07

게임산업계와 정치적 행위

정치적 행위란 인간이 태어나면서부터 습득한다고 한다. 세상에 갓 나온 아기가 엄마의 젖을 찾아 가슴에 파고들 때부터, 그리고 엄마가 아기의 몸짓에 가슴을 내어줄 때 상호 정치적 행위는 시작된다는 것이다. 이러한 얘기는 삶 자체가 정치적 행위의 한 소산물로 이해하는 것으로, 그만큼 현실 사회와 정치가 밀접한 관계에 있음을 의미한다.

이를 좀 더 확대해 보면 기업의 상행위 및 기업 활동도 정치적 연장선상에 있다고 보는 것이다. 경제가 흔들리면 정치가 혼란스럽고, 경제가 안정되면 정치가 잘 풀려가는 까닭이 바로 여기에 있다. 그 때문인지 경제인들이 때아니게 정치적 사건과 연루돼 영어의 몸이 되기도 하고, 또 정치적 환경 변화로 인해 급부상하기도 한다. 그래서 생명력이 긴 기업들은 정치권과는 일정한 거리를 두고 활동하지만, 그마저도 일종의 정치적 행위로 이해하는 이도 있다.

게임계에도 정치적 행위가 없는 건 아니다. 드러나지 않고 눈에 보이지 않을 뿐 오히려 물밑 움직임은 더 치열하다고 표현하는 게 맞다. 그러다 보니 신경전 또한 시장 선점 경쟁 못지않다.

실제로 게임계를 들여다보면 양대 진영으로의 구분이 뚜렷하다. 기업 대표들의 친소관계도 그것이지만 주력 장르에 따라 갈라진 게 아니냐고 할 정도로 그렇게 진영이 짜여 있다. 재미있는 사실은 각 진영의 장수들이 상대 진영의 존재를 별로 탐탁하게 여기지 않을뿐더러 아예 무시하려는 경향을 보인다는 점이다. 현재의 상황을 보면 양 진영의 극단적 행동 같은 것은 나타나지 않겠지만 언젠가는 세력 형성 과정 및 시장 구도 변화에 의해 엄청난 회오리바람을 일으킬 건 분명해 보인다.

판세는 일단 이른바 보이지 않는 손이 움직이고 있다는 진영이 막강하다. 학연과 지분 투자로 엮인 관계, 그리고 특유의 뚝심을 보이는 리더십에 의해 이 진영은 패밀리들이 우산 아래 속속 모여 있는 게 특징이다. 이 진영은 정치적 행위 또한 활발한 편이어서 진영에 모여 있는 장수끼리의 커뮤니케이션도 활발하고 자신들의 이권과 관계되는 일이면 서슴없이 팔을 걷어붙이고 힘을 보태준다.

협회의 일도 적극적이다. 이들은 이해득실 관계에 따라 협회장을 허수아비로 만들어 버리기도 한다. 그래서 수평적 관계임에도 수직적 관계처럼 보이기도 한다. 게임 관련 정보의 교환은 기본, 현안의 긴요도에 따라 보이지 않는 손이 직접 나서기도 한다.

상대적인 열세를 보이는 또다른 진영은 앞서 언급한 진영에 비해 상대적으로 조용한 편이다. 산업계의 편지풍파에 대해 알레르기 반응을 일으킬 정도로 싫어하고 학연과 혈연에 목을 매지도 않는다. 이 진영의 리더십 또한 드러내지 않고 조용히 움직이는 스타일이다. 그래서 '여기 모여라'식의 수직적 관계를 강요하거나 그같은 형식을 좋아하지도 않는다. 말 그대로 물밑에서 보이지 않게 움직일 뿐이다. 현안에 대해 논평은 하지만 정치적 행위로 보일 만큼의 액션은 취하지 않는다. 앞서 언급한 진영에 비해 제도권을 십분 이해하고 상호 발전적 관계를 지향한다는 게 이 진영의 특징이다.

분명한 것은 양 진영의 존재는 있지만 산업 현장에는 그렇게 두드러져 보이지 않는다는 사실이다. 그렇지만 게임 역사 서술의 분기점에 들어서게 되면 양 진영의 충돌은 불가피할 것으로 보인다. 특히 적통 내지는 게임의 정통성 문제가 불거질 땐 한 치의 양보 없는 대결이 예상된다.

일각에선 그런 일이 아예 발생하지 않도록 사전에 한 진영에서 상대적인 열세를 보이고 있는 경쟁 진영의 수장 기업을 왕따시키는, 고도의 전략을 펼치고 있다는 얘기도 흘러나오고 있다. 실제로 산업계의 현안을 풀어가는 과정을 보면 그런 전략이 확실히 보이기도 한다. 한쪽에서 손을 놓으면 다른 한편에선 부산을 떨고, 또 다른 한편에서 목숨을 걸면 건너편 진영에선 쾌재를 부르는 식이다. 게임계가 서서히 정치적 행위를 익히는 등 기업의 사회적 활동을 체득해 가고 있다.

그런데 괜시리 불안한 것은 선무당이 사람 잡는다고 양 진영의 편 가름으로 게임계의 기업활동이 왜곡되지 않을까 하는 노파심이 가시지 않는다는 것이다. 또 이 과정에서 조지 오웰의 '동물농장'의 그것처럼 거대한 권력자가 탄생한다면 산업은 어찌 될까 하는 불안감이 안겨온다. 이러한 가운데 제도권의 언어를 익히지 않고 정치조차 제대로 배우지 않은 엉뚱한 독재자(시장지배자)가 산업을 마구 휘저을 수도 있을 것이란 생각에 미치자 오금이 저려 왔다. 게임계도 정치를 잘 배우고 익혀야 할 것 같다.

2010-09-13

유 장관과 게임산업

유인촌 문화체육관광부장관의 인터뷰가 지난주 모 유력 신문에 게재돼 관심을 모았다. 그 신문의 의도와 바람이 어떤 것인지는 모르겠으나 이미 내일모레면 '갈 참'으로 정해진 장관을 인터뷰한 것도 그것이지만 특별한 이슈도 없었는데 파격적으로 지면을 할애한 것에 대해 경쟁 매체들 사이에서는 다소 의외라는 반응이 많았던 것 같다.

중요한 것은 그의 전격적인 인터뷰가 유력지에 게재됐다는 게 아니라 유 장관의 문화콘텐츠에 대한 시대적 가치와 인식을 새롭게 바라볼 수 있도록 했다는 점이다. 내용을 정리하면 콘텐츠산업은 미래 먹거리 산업을 좌우할 매우 중요한 재료이며 그중 게임은 콘텐츠의 핵이자 으뜸으로 꼽은 것이다. 문화산업에 대한 전반적인 인프라 얘기가 있었고, 위축되고 있는 영화산업에 대한 구조적인 문제점과 개선책의 얘기도 있긴 했지만 그것은 일반 대중과 다수의 독자를 위한 미사여구로 받아들여졌다.

마치 유 장관의 귀거래사처럼 여겨진 그의 인터뷰 내용이 그런데 가슴에 절절히 맺히는 감동으로 다가오지 않고 황망하게 들려온 까닭은 내겐 다소 의외였다. 실용정부 출범 이후 문화정책을 총괄한 유 장관 입장에선 수출 선봉에 나선 게임을 나름 자신의 성과로 꼽고 싶었겠지만, 게임산업계는 지금 부익부 빈익빈에 의한 황폐함과 방향타를 잃은 채 표류하는, 마치 난파선과 같은 모습으로 연명하고 있기 때문이다.

실용정부 문화산업 정책은 출범 초기부터 잘못 꿰진 단추와도 같았다. 그 시작은 진흥원의 통폐합이었다. 수직적인 지원체계를 수평적으로 바꾸는 등 컨버전스(통합) 시대에 대비하는 한편 예산을 합리화, 적재적소에 배분하겠다며 방송과 애니, 출판, 게임 소프트웨어 등 5개 기관의 통폐합을 단행했지만 시장의 반응은 말 그대로 시큰둥했다. 특히 진흥원 통폐합을 끝까지 반대해 온 게임계는 예상대로 아수라장이 되고 말았다.

진흥원을 통해 연명해 온 인디 개발사들은 젖줄이 끊기자 이내 사장됐고 이곳저곳 촘촘히 박혀 나름 산업의 잔디 역할을 해온 개발사들은 돈줄이 마르고 스포트라이트조차 사라지자 악전고투하다 전업이란 엑소더스를 시작했다. 변변한 개발사들은 그나마 기업 인수합병(M&A)이란 메이저들의 우산으로 간신히 비를 피해 갈 수 있었지만 괜찮다는 개발사들은 끝내 외국기업에 넘어가 버렸다.

개발사들이 뿌리째 흔들리고 있는 것이다. 개발사들의 씨가 말라가자 다급해진 건 메이저 등 퍼블리셔들이었다. 그나마 산하에 개발사들을 두고 버틴 건 다행이었지만 그런 노력을 보인 곳은 엠게임 등 몇몇 기업에 불과했다. 순수하게 개발과 유통을 직접 전담하고 있는 메이저사는 엔씨소프트 정도일 뿐이라고 해도 과언이 아니다. 뿌리가 흔들리고 잔디가 떼내어지면서 중국산 웹게임의 돌풍은 태풍으로 변해 산하를 매섭게 할퀴고 지나갔다. 더 가관인 것은 이 같은 현실을 기회로 보고 마구잡이식으로 중국산 웹게임을 사들인 몇몇 기업들의 값싼 상술과 행태였다.

게임계는 지금 외화내빈의 바로 그 모습이다. 정책이 산발적으로 이뤄지면서 선순환 구조가 무너지고 직할대가 사라지면서 병사들이 갈피를 못 잡고 갈팡질팡하는 바로 그 모습이다. 게임계뿐 아니다. 영화계의 침체도 잘못된 문화산업 정책의 연장선에서 해석하는 이들이 적지 않다. 그 때문인지 문화계는 이를 총체적인 산업 위기라고 입을 모은다. 일각에서 제기되고 있는 확실한 산업 부양책과 기존의 문화산업 정책을 포기하고 더 늦기 전에 새로운 문화산업 로드맵을 만들어야 한다는 얘기는 그래서 더 설득력을 얻고 있는 것이다.

다행스러운 것은 일부 정책관료 집단에서 문제의 심각성을 그나마 직시하고 있다는 점이다. 이를테면 진흥원의 분할 등 위상 문제를 새롭게 심도 있게 재논의할 수 있다는 유연성을 보이기 시작했고 게임과 영화의 유기적 발전 방안을 검토하기로 한 것은 고무적인 일이다. 특히 문화부 일각의 테크노크라트들은 현재의 모습 그대로 문화산업계를 방치할 경우 양극체제에 의한 시장붕괴 가능성을 적지 않게 우려하고 있다. 이는 한때 메이저 중심으로 산업을 완전 재편했다가 혼쭐을 경험한 미국 영화계를 타산지석으로 보고 있는 것이다.

장관이 바뀐다 해서 정책 기조가 완전히 바뀌지는 않겠지만 문화산업정책의 일대 변화와 그 초석을 다진다는 전제 아래 차기 문화장관을 물색했으면 하는 바람이 크다. 그것은 그래야 산업이 살고 문화가 제대로 숨을 쉴 것 같기 때문이다. 그런 측면에서 때늦은 유 장관의 콘텐츠 예찬론은 아쉬움이 적지 않다 하겠다.

2010-10-07

창의적 리더십과 카리스마

게임계가 겨울 성수철을 앞두고 움직임이 빨라지고 있다. 수요 침체로 고전을 면치 못하고 있는 게임계 입장에서 보면 이를 만회할 수 있는 절호의 기회이자 호기인 셈이다. 그런데도 업계의 표정이 밝지 않다면 뭔가 말 못 할 속사정이 따로 있는 것이다. 그것은 어렵게 완성해 선보인 '뉴 페이스'들이 힘도 써보지 못한 채 퇴출되거나 밑을 기고 있는 반면 '올드보이'들은 시대에 걸맞지 않게 기세를 떨치며 시장을 주도해 가고 있기 때문이다.

그렇게 나쁘게만 볼 일도 아니다. 유저들에게 먹혀들고, 그들의 손이 탄다면 흰 쥐가 됐든지 검은 쥐가 됐든지 상관없는 일이 아니던가. 그런데도 찜찜하다 못해 답답할 지경이라고 한숨이다.

대박 작품이 가뭄 수준을 넘어 거의 고갈 수준인 까닭이다. 지난 2007년 이후 시장에 선보여 대박을 터트린 작품을 꼽으라면 '아이온', '오디션' 등 몇몇 작품에 불과하고 그 작품 수마저도 한 자리 수를 보이고 있는 것이다. 특히 주요 메이저들의 자체 개발 히트작은 거의 가뭄에 콩 나는 수준이고, 그나마도 아웃소싱을 통해 조달한 게 먹혔다고 할 정도다. 그렇다면 게임계에 무슨 일이 벌어졌길래 이런 현상이 빚어지고 있는 것일까.

갑자기 개발자들의 수준이 떨어진 것일까. 아니면 배부른 시인으로부터는 운율과 감흥을 느낄 수 없다고 한 것처럼 개발자들이 샴페인을 일찍 터뜨리며 여치처럼 놀았다는 것일까. 아니면 갑자기 유저들의 눈높이가 훌쩍 높아진 것일까. 이도 저도 아니면 그 나물에 그 밥으로 무친 비빔밥처럼 고만고만한 작품만 만들어 선보였기 때문일까.

여러 의문 속에서도 속 시원하게 피부에 와닿는 답이 보이지 않는다. 이를테면 그럴 수도 있지만 그렇지 않을 수도 있기 때문이다. 하지만 분명한 사실은 게임계가 어느 순간부터 춥고 가난했던 시절 배웠던 팀워크를 벗어던져 버리고, 대화 등 소통을 통해 깨달았던 조화의 미덕을 독선과 아집으로 바꿔 소리를 높여 온 건 확실하다.

카리스마는 생겼지만 창조적 리더십이 사라져버린 것이다. 그런 기업, 그런 개발 풍토 속에서 만들어진 작품이 시장에서 먹혀들 것이라고 기대하는 것은 넌센스이자 과욕이다. 카리스마가 넘치는 대표의 기업에는 오로지 순종밖에는 눈에 비치지 않는다. 대화의 통로는 막혀 있고 일방의 통행로만 있을 뿐이다. 생산적 비판에도 예민하고 회사보다는 기업 대표의 행보에 더 관심이 많고, 회사 비판보다 기업주 비판에 더 민감하다. 상명 하달식에 익숙해 있으며 감히 항명이라고 할 수 있는 이의 제기는 있을 수 없다.

이런 풍토를 가진 기업의 작품이 시장에서 맞아떨어지거나 먹혀들 리가 없다. 예컨대 자신들은 모르겠지만 유저들은 다 안다. 게임을 하다 보면 막히고 일방적이고 마치 군림하는 듯하다. 그래서 뒤집어 보고 싶은데 그것조차 가로막혀 있다. 규칙적인 것 같지만 맘대로인 것이다. 게임 운영은 유저보다 대표의 눈높이에 맞춰져 민원이 끊이지 않는다. 이런 기업에서 창의적인 작품이 나올 것이라는 것은 숲에서 물고기를 찾는 일과 같다.

반면 창의적 리더십에 의한 기업은 시스템적으로 묶여 있다는 게 특징이다. 톱니바퀴처럼 돌아간다고 하니까 공산품 제조회사 분위기를 생각할지 모르겠지만 그것은 톱니바퀴를 통해 파워를 내고 톱니바퀴로 그림을 그려 나간다는 뜻이다. 이런 대표의 기업에는 불통이란 게 있을 수 없다.

항상 돌아가야 하니까 전원을 끄거나 켜는 일을 리더 맘대로 할 수 없다. 수평적인 관계를 통해 조직을 이끌어 조직원 간 눈높이 또한 비슷하다. 이런 기업은 또 대표보다 회사가 우선이다. 명예의 몫도 대표보다는 회사다. 그리고 독선과 아집의 결과를 누구보다 잘 알고 있기 때문에 조화와 양보를 미덕으로 생각한다. 그래서 창의적 리더십에 의한 기업의 작품에는 범용성과 함께 예술적 미와 재미가 동시에 묻어 나온다고 한다.

게임계가 나름 성상이 쌓이고 산업 규모가 커지면서 창의적 리더십보다는 자신의 카리스마를 지키기에만 매달려 온 게 아닌지 되짚어 볼 일이다. 또 그런 안이한 자세로 말미암아 기업풍토와 조직 그리고 작품 개발에 영향을 준 게 아닌지 자문해 볼 필요가 있다.

카리스마가 뛰어났던 세조는 조선 왕조의 안정된 기반을 닦는 데는 성공했으나 평생 조카를 사사했다는 죄책감에 시달려야 했고 끝내는 당쟁과 사화의 화근을 제공하는 큰 단초를 남기고 말았다. 반면 창조적 리더십을 평가받는 세종은 후세에 많은 영향을 미치는 치적과 업적을 쌓았다. 세종은 스스로 벤처 CEO를 자처했고 집현전은 세종에 의해 벤처기업 역할을 수행했다고 보면 맞다. 카리스마보다는 인내와 성실로 덕의 정치를 구현한 세종은 그럼에도 불구하고 조선 군주 가운데 가장 강력한 리더십을 갖춘 군주로 평가받고 있는 것이다.

어렵게 만들어 내세운 작품이 시장에서 먹혀들지 않는다면 자신의 리더십을 되돌아볼 필요가 있다. 카리스마로 조직을 이끌 것인가 아니면 시스템을 통한 창조적 리더십으로 조직을 이끌 것인가. 선택은 게임계, 기업 CEO, 다름 아닌 그들의 몫이다.

2010-12-14

그 시절이 그립다고 한다면

국민의 정부 출범 시기, 산업별·기능별 역할을 둘러싼 부처 간 힘겨루기는 예상보다 치열했다. 그 가운데 게임을 비롯한 디지털콘텐츠에 대한 소관 부처 문제를 놓고 벌인 문화체육관광부와 정보통신부의 신경전은 또 다른 화젯거리가 되기도 했다. 결국 디지털콘텐츠는 정보통신부가, 문화콘텐츠는 문화부가 관장키로 교통정리가 됐지만, 이후 이 같은 어정쩡한 유권 해석은 양 부처가 끊임없이 영역 다툼을 벌이게 되는 빌미가 됐다.

이 틈바구니 속에서 게임은 문화부가 맡게 됐다. 정부의 업무 분장 이전부터 게임산업 정책에 깊숙이 개입, 나름 기득권이 있다는 점이 작용했지만 대외적인 명분은 게임이 디지털 콘텐츠 영역이 아닌 문화콘텐츠 영역에 가깝다는 것이었다. 이때 당시, 게임계의 반응은 심하게 갈려 나타났다. 한쪽은 산업정책의 일관성과 연속성을 위해 잘된 결정이라고 했지만 다른 한편에서는 콘텐츠산업 융합에 유기적으로 대처하지 못할 것이라며 회의적인 견해를 보였다. 특히 정보통신부 쪽으로 편향돼 있던 모바일 게임업체들의 반발은 거셌다. 게임의 태생적 기반만을 놓고 볼 때 통신 쪽에 가깝다는 게 그 이유에서다. 그 때문인지 몇몇 업체들은 끝까지 '항거'하며 문화부와 일정 거리를 두는 모습을 보였다.

게임계의 우려와는 달리 문화부의 게임 예찬론은 그러나 생각 밖으로 당찼다. 마치 게임계의 반응은 기우에 불과하다는 것을 입증이라도 하려는 듯 이틀이 멀다 할 정도로 산업 육성책과 미래 청사진을 쏟아냈다.

이즈음에 부임한 박지원 문화부장관(현 민주당 원내총무)은 문화부의 장밋빛 청사진을 반드시 구현해 보이겠다며 불철주야로 뛰어다녔다. 문화부 예산이 사상 처음으로 정부 예산의 1%를 돌파한 게 바로 이때였다. 그러자 산업은 기지개를 켜기 시작했고 그 실현 가능성이 어둡다던 게임산업 개발원(이후 게임산업진흥원)이 출범하게 된다. 대한민국 게임대상이 제정되고 한편에선 대규모 게임 펀드가 정부 주도로 조성되기 시작했다.

대통령과 장관은 연일 지식산업의 가치를 강조하며 게임산업 육성의 당위성을 설명하고 다녔다. 게임 수출이 기하급수적으로 증가하고 게임계로 진입하려는 기업들은 문전성시를 이뤘다. 게임계가 기지개를 켜고 쾌재를 불렀음은 두말할 나위 없다.

실용정부 출범 초기, 이명박 정부의 슬림화 정책으로 부처가 잇따라 통폐합되고 역할과 기능별로 산하기관의 통폐합이 단행된다. 국민의 정부 이후 10년 만에 바뀐 보수정부의 출범을 바라보는 게임계의 표정은 의외로 평상심, 바로 그것이었다. 부처가 통폐합되고 산하기관의 수평적 결합이 단행돼 게임산업진흥원이 콘텐츠 진흥원으로 흡수·통합된다 하더라도 믿는 구석이 있었던 것일까.

그것은 이명박 정권이 실용정부라는 것을 정책 지표로 삼고 지식산업, 특히 콘텐츠산업을 전략적으로 육성하겠다는 뜻을 기회가 있을 때마다 밝혀왔기 때문이다. 하지만 경제는 실용정부 출범 시기와 걸맞지 않게 엇나가기 시작했다. 미국서 촉발된 서브프라임 부실사태는 세계경제를 급격히 냉각시켜 한국경제를 마구 뒤흔들었다. 수출이 급격히 감소하고 달러 구하기가 쉽지 않게 됐다.

이때 경제·산업의 루키가 된 것은 게임을 비롯한 콘텐츠였다. 이들은 수출시장에서 효자 노릇을 톡톡히 해줬고 특히 게임은 무려 15억 달러의 수출을 달성하는 대기록을 작성하기도 했다. 고용 증대에도 큰 몫을 담당했다. 제조산업 못지않게 고용증대 효과가 큰 지식산업의 가치는 더 이상 설명할 필요가 없다. 더욱이 지식산업의 한 축을 맡고 있는 게임은 고부가 가치 등 경제적 효율 측면에서뿐만 아니라 자원이 빈곤한 대한민국 경제에 최적의 조합을 이룰 수 있는 산업으로 평가받고 있는 것이다.

그런 게임계의 표정이 최근 낙담과 한숨으로 얼룩지고 있다. 콘텐츠진흥원에 대한 실낱같은 기대는 이미 포기한 지 오래된 듯하고, 민관의 커뮤니케이션은 사실상 단절됐다고 단언하는 듯하다. 그 근거로 문화부의 게임법과 여가부의 청소년보호법의 괴리에서 산업계가 아무것도 못했다는 자괴감보다는 철저히 따돌림받고 소외됐다는 것이다. 더욱이 산업법이라고 할 수 있는 게임법의 개정안을 공청회도 제대로 거치지 않고, 그것도 어떻게 서로 나눠먹기식으로 마무리 지을 수 있느냐는 지적이다.

게임계는 또 업계의 자긍심을 심어주고 산업의 자양분이 되는 각종 게임 시상제의 폐지 방침에도 강하게 반발하고 있다. 예컨대 늘려도 시원찮을 판에 제정된 상마저도 뒤집어 버리겠다는 정부의 태도를 알 수 없다는 것이다. 이 지경에까지 이르자 도대체 어떤 게 실용정책이며 어떤 개정 법률안이 실사구시 정신에 입각한 것이냐며 한숨을 내쉬고 있다.

정부가 G20 서울 정상회의 개최를 계기로 나라의 품격을 새롭게 다지고 선진사회의 새로운 모델과 패러다임을 만들자고 야단이다. 맞다. 국격을 높이고 세계 속의 대한민국의 위상도 새롭게 재정립할 필요가 있다고 본다. 그러나 한쪽에선 여전히 불법과 하향식 일방통행이 난무하고, 소통과 대화보다는 강권과 나눠먹기식의 소통이 이루어지고 있다면 그것은 국격 높이는 일과는 상당히 거리가 있는 얘기다.

더욱이 많은 국민들이 '아, 옛날이여' 하면서 옛 향수를 찾아 헤매고, 과거의 시간으로 역사의 추를 되돌리려고 한다면 정부의 정책이 잘못돼도 한참 잘못됐다는 것으로밖에 이해할 수 없다. 여기에다 대통령의 기업 프렌들리 선언에도 불구, 여전히 기업들이 정부를 못 믿겠다며 등을 대고 있다면 문제의 심각성은 더 크다 하겠다.

2010-12-20

야마우치 회장과 김택진 사장

일본의 닌텐도 창업주 야마우치 히로시 회장이 며칠째 집무실 밖으로 나오지 않는 등 장고를 거듭하자 회사 간부들은 좌불안석이 됐다. 야마우치 회장의 용단으로 발매된 슈퍼 패미컴(패밀리컴퓨터)이 예상밖의 호조를 보이면서 전 세계적으로 500만 대 이상의 판매실적을 거둔 데다 새로운 의제를 놓고 고민해야 할 별다른 이슈나 안건이 없었기 때문이다. 하지만 그의 결단의 시기가 빠르게 다가오고 있음을 회사 경영진은 직감적으로 알고 있었다. 야마우치 회장은 늘 버릇처럼 긴요한 일을 앞두고서는 절대 집무실 밖으로 나서는 법이 없었고 외부인 접견조차 허용하는 법이 없었기 때문이다. 그것은 그의 성격과는 무관하게 그의 회사 승계 때부터 비롯됐고 습관처럼 몸에 밴 것이다.

약관의 나이에 야마우치 회장은 아버지의 회사를 물려받았다. 아버지 야마우치 후사지로가 갑작스러운 지병으로 쓰러졌고 그는 다니던 대학을 중퇴하고 대표직을 맡아야 했다. 그의 나이 21세 때의 일이다. 회사 임원들은 젊은 사장의 기업 승계를 못마땅해했다. 특히 새파랗게 젊은 청년의 입성에 대해 사내에서는 말들이 많았다. 하지만 야마우치 회장은 특유의 성품으로 이들을 끌어안았다. 그리고 결단력을 앞세워 회사를 이끌어 갔다.

트럼프와 하나후다라는 일본식 화투 공장에서 일약 세계적인 가정용 게임기기의 본산으로 바뀌는 역사적인 순간이었다. 운을 하늘에 맡긴다는 뜻에서 회사명을 닌텐도로 했는데 야마우치 회장의 좌우명이기도 했다.

회사의 변곡점에서는 늘 그의 놀라운 결단이 있었다. 화투를 버리고 전자기술을 응용하는 사업을 벌이기 시작해 재미를 본 야마우치 회장은 1980년 '게임워치'라는 휴대용 게임기로 센세이션을 일으켰다. 그는 이후 아예 가정용 게임기와 아케이드 사업 쪽으로 눈을 돌려 바람을 일으켰고, 1983년 패미컴에 '동키콩'을 얹혀 비로소 명성을 얻기 시작했다. 이 제품은 미국에서만 3,400만 대 이상이 판매되는 진기록을 달성했다.

그가 장고를 거듭한 까닭은 잘나가는 슈퍼 패미컴 때문이 아니었다. 더 솟아오르기 위한 성장 동력 엔진이 필요했던 것이다. 야마우치 회장은 그것을 기업의 성격과 걸맞고 자신이 좋아하는 야구로 판단했고, 그는 미국 프로야구단 시애틀 매리너스 구단을 전격 인수하기로 한다. 슈퍼 패미컴의 전성기 때인 1992년의 일이다.

엔씨소프트 김택진 사장이 최근 제9 프로야구단을 창단하겠다고 선언, 화제가 되고 있다. 게임계 이쪽저쪽에서는 '된다, 안 된다'는 것을 놓고 입씨름을 벌이고 있는데, 정작 프로야구계는 의외로 차분하다. 기업 덩치가 재벌급이 아니어서일까, 아니면 못 미더운 것일까. 그렇지만 신문과 방송에서는 김 사장의 결단에 긍정적인 메시지를 보내고 있다. 그가 야구를 무척 좋아하고, 즐기기 때문에 프로야구단 창단을 결정하게 됐다는 배경 설명과 함께 연고를 소개하고 있다.

하지만 사실 김 사장은 야구를 그렇게 즐기지 않는다. 좋아하기는 하지만 팔을 걷어붙이고 나설 정도는 아니다. 아마도 최근 프로야구 게임을 보러 간 것은 프로야구단 창단 목적 외 하나 더 붙일 사연이 있긴 했다.

그러나 닌텐도처럼 야구 팬들과 중첩되는 아동용 게임이 주류를 이루는 것도 아니고, 야구 소재 게임으로 재미를 본 기업은 더더욱 아니다. 프로야구단을 창단해서 운영하게 되면 큰돈을 써야 한다. 드는 비용만큼의 효과가 있을까 하는 의문이 제기되고 있는 것도 그 때문이다. 그런데도 엔씨소프트는 왜 창단하려 하는 것일까. 닌텐도처럼 더 솟아오르기 위해서, 또 다른 새 엔진이 필요했던 것일까. 그렇다면 굳이 프로야구단을 선택할 필요가 없다. 연고도 그렇고, 배경도 그렇고, 프로야구단 운영 전망도 그렇다. 그렇다면 김 사장이 굳이 왜 이 시기에 와일드카드를 사용했을까 하는 의문을 가질 수밖에 없다. 결론은 김 사장이 더 올라가려 한 게 아니라 더 낮은 곳으로 내려가기로 결심한 때문이다.

김 사장은 게임에 대한 사회 인식이 극단적으로 나타나는 데 대해 매우 안타깝게 생각해 왔다. 지난해 빚어진 잇단 게임 관련 사건 사고에 대해서도 큰 우려를 나타낸 것으로 알려지고 있다. 그리고 그 책임 소재 유무와는 관계없이 게임계가 먼저 그 짐을 져야 한다고 말해 왔다. 이를 테면 어린이들에게 꿈과 희망을 주고, 청소년들에게는 내일의 미래를 펼쳐 보여주기 위해 게임을 만들어 왔는데 결국에는 사회적 비난의 대상이 된 데 대한 자괴감과 소회가 컸던 것이다. 그는 그래서 게임산업에 대한 왜곡된 시각과 시장 버블, 그리고 세상 사람들과의 소통의 문제를 가장 먼저 풀어 나가야 할 과제로 봤다. 결국 김사장이 선택한 것은 다름 아닌 프로야구단 창단이었다.

김 사장이 전면에 나서지 않아서 그렇지 게임마당을 꿰뚫고 있는 사람 가운데 한 사람을 꼽으라면 다름 아닌 김택진 사장이 꼽힐 정도로 바닥을 훤히 들여다보는 이가 다름 아닌 그다. 그와 얘기를 나눠보면 뛰어난 현실적 감각뿐만 아니라 정치력이 적지 않다는 것을 금세 알 수 있다. 아마도 그는 게임계의 척박한 현실을 프로야구단 창단을 통해 정면 돌파하려 한 게 아닐까 하는 추론이 가능하다.

이를테면 게임산업에 대한 부정적인 인식을 바꿔 나가는 등 사회 분위기에 걸맞은 게임계의 역할과 의무를 몸소 실천해 보여 주려 한 게 아닐까 하는 것이다. 또 그는 결코 운을 하늘에만 맡기지 않는다. 스스로 노력하지 않으면 결코 하늘도 받아 주지 않는다는 게 그의 지론이다. 프로야구단을 통해 비상해 보려 한 닌텐도는 이후 나락으로 떨어지는 수모를 겪었고 2007년 잠시 회생했으나 다시 흔들리는 기업 운명으로 혼미를 거듭하고 있다. 김택진 사장의 새로운 도전이 게임계와 엔씨소프트에 향후 어떤 영향을 미치게 될지 귀추가 주목된다.

2011-01-04

'협회장'이란 자리

김기영 게임산업협회장 후임 인선 문제로 어려움을 겪고 있는 게임계가 가닥을 잡지 못한 채 혼미를 거듭하고 있다. 일각에서는 전직 대기업 임원과 관료 출신 등 여러 사람들에 대한 하마평이 오르내리고 있으나 설에 그칠 뿐이다.

협회가 후임 인선 문제로 매번 이처럼 혼미를 거듭하고 있는 것은 게임산업협회장이란 자리가 타 업종에 비해 결코 명예스럽지 않거나 상대적으로 일을 많이 해야 하는 등 치다꺼리를 많이 해야 하기 때문은 아니다. 현상적으로만 보면 그냥 나서기 싫고, 들여다보면 그냥 그 자리가 껄끄럽다는 것이다. 이를 게임계의 태생적 한계로 분석하는 이가 있지만 그건 사실과 다르다. 어찌 됐든 업계의 일이라면 외면하거나 슬그머니 빠지는 게 상책이 돼버렸다.

상식적으로 논하면 시장 지배력이 높은 메이저, 그리고 그동안 한번도 회장직을 수행하지 않은 기업의 수장이 맡는 게 맞다고 본다. 이를 기준으로 인선 작업을 좁혀 보면 엔씨소프트나 네오위즈 측에서 맡는 게 수순이다. 넥슨과 한게임 측에서 각자 한 번씩 회장사를 맡아 왔고, 한빛소프트는 두 사람의 회장을 배출했다. CJ인터넷의 경우 기업 합병을 코앞에 두고 있고, 엠게임과 YD온라인 측은 아직은 이르다는 시기상조론을 강조하는 상식적인 기업이다. 결국 엔씨소프트와 네오위즈 가운데 한 곳에서 회장사를 맡아줘야 하는데 현안 등을 비춰보면 양사 모두 이를 수용하기가 쉽지 않다는 공통점을 안고 있다.

주지하다시피 엔씨소프트는 프로야구 창단이란 창사 이래 최대의 큰 일을 앞두고 있다. 단어 의미상으로만 봐도 또 다른 분야의 사업이자 빅 프로젝트다. 이를 두고 순서대로 맡기로 했으니까 무조건 회장직을 수락하라는 것은 말 그대로 순서대로 맡기로 한 것만큼이나 우습고도 작위적이다.

네오위즈의 사정도 딱하기는 마찬가지다. 올해 풀어 나가야 할 해외 프로젝트 사업이 적지 않은 데다 사령탑마저 새로 바뀌었다. 현실적인 안목으로 보면 불가능한 일이다. 그렇다면 제3의 기업을 찾아보는 게 순서이겠지만 이 또한 쉬운 일이 아니다.

최근 신임 허창수 회장(GS그룹 회장)을 선출한 전국경제인연합회(전경련)도 후임 인선 문제로 늘 골머리를 앓아 왔다. 1961년 한국경제협의회로 출범한 전경련은 이후 한국경제인협회로 명칭을 바꾼 데 이어 7여 년 만인 1968년부터 지금의 이름을 쓰고 있다. 회원사 규모만으로 보면 재계를 거의 망라하고 있다. 현대자동차그룹이 가세하게 되면 5대 그룹이 모두 참여하게 되는 셈이다. 그래서 흔히 전경련 회장은 재계의 얼굴로 꼽힐 정도다. 그런데도 회장직을 고사한다. 오죽했으면 원로이자 중견기업 대표인 강신호 동아제약 회장이 연임을 계속했겠는가.

맡아서 좋은 꼴을 못 본 탓이 컸다. 역대 회장 가운데 상당수가 정권에 의해 수모를 당했고 어려움을 겪었다. 김우중 회장(대우그룹)은 자의 반 타의 반에 의해 그룹을 던지고 해산해야 했고 허 회장에 앞서 전경련을 이끌어 온 조석래 전임회장(효성그룹)은 건강상의 이유로 중도에 그만두고 말았다.

반면교사의 교훈을 얻은 까닭인지 아닌지는 정확히 알 수 없으나 분명한 사실은 대한민국 게임산업협회장직이 인기가 없고 그래서 누구도 맡고 싶지 않는 자리가 돼버렸다는 것이다. 그렇다면 업계의 사정이 그러하니 공석인 채로 그대로 내버려둘 것인가.

언필칭 대안의 전제는 이렇다. 산업에 대한 소신이 뚜렷하고, 책임감이 강하며 그리고 강력한 리더십을 발휘할 수 있는 사람이라면 기업 규모 등 외형적인 모습은 따지지 말고 옹립하자는 것이다. 그래야 무엇 하나 하더라도 제대로 해낼 수 있다고 본다. 또 옹립했으면 회원사들은 체제 유지를 위한 지원과 역할도 마다하지 말아야 한다. 그러기 위해서는 다음과 같은 행동강령도 잊지 말아야 한다.

첫째, 위에다 올려놓고 절대 흔들지 말라는 것이다. 예컨대 회장에게 힘을 몰아줘도 시원찮을 판에 이구동성의 한목소리가 아니라 파열음을 내는 사례가 적지 않다는 게 전임 회장들의 지적이었다.

둘째, 이사회 산하 운영위원회를 폐지하고 이사회를 활성화하는 방안이다. 이는 실무를 담당한다는 이유로 설치된 운영위가 사실상의 의결 기구의 역할을 수행함으로써 회장의 비전과 역할을 축소시켜 버리는 예가 많다는 지적 때문이다. 이를테면 회장 지시사항이 의결기구가 아닌 실무위에서 뒤집어지는 웃지 못할 하극상이 빚어지는 것이다.

셋째, 재정적 후원을 아끼지 말아야 한다는 것이다. 알려진 것과는 달리 협회 재정을 들여다보면 빠듯할 정도가 아니라 거의 바닥 수준이다. 이런 상태에서 협회장이 벌일 수 있는 사업이란 건 별로 없다가 아니라 없다. 허수아비를 세우는 일이고 바보 만들기다.

하마평에 오르고 있는 게임계의 원로 및 관계자들의 면면을 보면 연륜이나 인품 등 모자랄 게 없는 훌륭한 분들이다. 필요하다면 업계가 삼고초려 해서라도 모셔와야 한다. 하지만 모셔 오는 것도 모양새가 있는 법이다. 절차상 하자가 없어야겠지만 앞서 언급한 전제 조건들이 지켜져야 그 분들에게 실수를 범하지 않는 길이다.

좋은 사례를 만들어 게임산업 협회장이란 자리가 결코 흉하지 않고 명예로운 자리임을 각인시켜 나가는 노력이 필요하다 하겠다. 이 또한 게임계의 또다른 역사를 기술하고 만들어 가는 과정이 아닐까 한다.

2011-03-02

정치권 출신의 정 장관

정치인에 대한 사회적 시각은 다른 직업군에 비해 보다 명확한 게 특징이다. 허풍이 아주 심한 사람, 또는 거짓말쟁이, 독선주의자 등 주로 부정적인 이미지가 강하다. 그럼에도 불구하고 정치를 하겠다는 사람들은 줄지 않고 오히려 늘고 있다. 제도권을 바꿀 수 있는 권력을 쥘 수 있다는 점과 인간 내면에 자리하고 있는 지배적 특성의 상징으로 정치가 시작됐다는 것을 비춰 보면 체제와 직업군에서 결코 빼놓을 수 없는 직종이 정치인이란 자리가 아닐까 싶다.

정부 부처를 출입하면서 늘 느꼈던 것은 정치권 출신의 장관과 관료 출신의 장관의 보이지 않는 차이점이 의외로 컸다는 것이었다. 장단점을 내세워 굳이 비교할 순 없지만 협상력을 포함한 조율능력은 상대적으로 정치권 장관의 능력이 탁월했다. 반면 관료 출신의 장관은 능동적이지는 않지만 행정처리 능력이 뛰어나고 조직을 효율적으로 장악한다는 평가가 우세하다. 그래서 통치권자는 문제가 있는 부처에 대해서는 관료 출신의 장관을 내려보내 조직을 정비하도록 하고, 그렇지 않은 부처에 대해서는 정치권 출신의 인사를 발탁, 등용하기도 한다.

한나라당 중진의원이면서 방송통으로 알려진 정병국 의원의 문화체육관광부 장관 발탁은 예상돼 온 시나리오 가운데 하나였다. 정 장관만을 놓고 볼 때 하마평에 오른 사람들 가운데 가장 무난한 인물로 평가받아 왔기 때문이다.

그는 3선을 거치는 동안 문화 부문을 관장하는 상임위에서 한 번도 자리를 옮겨 본 적이 없다. 문화체육관광위에서만 거의 10년을 지내왔다. 강성은 아니지만 자신의 의견이 옳다고 하면 강하게 밀어붙이는 힘도 꽤나 있다는 평을 들어 왔고 야당과도 척을 두지 않는 유연함도 갖추고 있다.

전임 문화장관 출신인 박지원 민주당 원내대표와도 절친한 사이다. 역대 문화장관의 성향과 재임시 장관의 실적을 모두 꿰고 있을 정도다. 방송산업에 대해 나름 일견을 가지고 있어 전문가들과의 논쟁도 마다하지 않을 수준이고, 게임을 비롯한 콘텐츠 부문에 있어서도 식견과 소신을 갖고 있다. 그래서 그에게 붙여진 수식어는 준비된 문화장관이었다.

예상했던 대로 정 장관의 첫 일성은 최근 논란을 빚고 있는 '셧다운제' 시행안에 대한 재검토 지시였다. 부처의 현안과 우선 처리업무 순위를 잘 알고 있다는 뜻이다. 소식통에 따르면 단순히 정치권의 액션처럼 그냥 즉흥적으로 내던진 발언이 아닌 듯하다. 제도 시행에 따른 실효성에 강한 의문을 제기했고, 현실적인 대안으로 만들어 쓰기에는 너무 고루하고 선도에도 밀린다는 판단을 하는 것 같았다는 것이다.

정 장관은 또 게임위원회의 신임 위원 선임에도 제동을 걸었던 것으로 전해졌다. 당초 실무진은 임기 만료된 4명의 위원을 단순 교체 방침 아래 신임 위원 명단을 작성, 보고했으나 정 장관이 일정 인원의 여성 몫 할당을 지시하고 반려했다는 것이다. 이를 업계 입장에서 보면 셧다운제 시행안 재검토는 크게 환영할 만하지만 게임위 여성위원 할당제 도입은 다소 우려 섞인 부문이 아닐 수 없다. 여성위원이라고 하면 시민단체를 연상케 되고 이렇게 되면 게임위가 보다 더 수용자 편에 서게 돼 산업계가 어려움을 겪지 않겠느냐는 것이다. 반면 오픈마켓 자율심의를 골자로 한 게임산업진흥법 개정안을 최우선적으로 처리할 것을 지시, 성사시키기도 했다. 정 장관이 취임 1개월을 넘기면서 이것저것 주요 현안을 직접 챙기고 있는 게 확실하다.

중요한 관전 포인트는 정 장관과 호흡을 맞추는 모철민 차관의 움직임이다. 모 차관도 산업 쪽에 무게를 두는 문화부 핵심 인물이다. 콘텐츠산업에 애정이 많고 지식산업의 중심은 콘텐츠가 돼야 한다고 강조하는 이가 바로 그다.

이렇게 놓고 볼 때 지금 문화부는 게임을 비롯한 대한민국 콘텐츠 산업을 새 토대 위에 끌어올릴 수 있는 최상의 시스템을 갖추고 있다고 봐도 무방하다. 관건은 어떻게 풀어가고 조율해 나갈 것인가에 대한 방법론인데, 이 방식 또한 역대 문화장관 중 정치권 출신의 장관들이 그동안 출중한 수완을 보여왔다는 점에서 기대감을 안겨주고 있다.

여기서 한 가지 재미있는 사실은 부처 안팎에서 역대 장관에 대한 업무처리 능력을 평가한 결과 정치권 출신 장관과 관리 출신의 장관이 엎치락덮치락 하면서 근소한 차이로 정치권 출신 장관이 우세승을 거둔 반면 연예인 출신의 장관들은 상대적으로 평가절하 하는 듯한 평을 받았다는 것. 특히 정치권, 관리 출신 장관보다 연예인 출신의 장관들이 더 권위적이고 독선적이었다는 평가와 반응은 다소 의외였다.

정치는 4류지만 정치인은 결코 4류가 아님을 정 장관이 과연 보여줄 수 있을 것인가. 그의 현안 해법을 지켜보며 바라보는 일이 결코 나쁘지 않을 것 같아 일단 기분이 좋다. 말 그대로 8개월짜리 장관이면 어떠하겠는가. 있을 때 잘하면 그만이지. 준비된 장관답게 힘차게 문화 행정을 펼쳐 보였으면 한다.

2011-03-14

스쳐 지나간 사람들

2주 전 본란을 통해 재밌는 게임 하나 잘 만들어서 부와 명예를 일거에 거머쥔 게임계 인물들이 슬그머니 보따리를 쌈으로써 산업계 밖으로 흘러나간 돈이 무려 1조 원에 달할 것이라는 내용의 글이 알려지자 이쪽저쪽에서 많은 의견을 주셨다. 그 가운데 공감한다는 내용의 글도 많았지만 겨우 그것밖에 안 되겠느냐며 산업계에서 흘러나간 돈의 규모와 용처에 대한 관심과 의문을 제기하는 분들 또한 적지 않았다. 이 같은 반응은 사촌이 땅을 사도 배가 아프다는, 시샘과 질투가 내재된 인간의 본질 탓도 있겠으나 다른 한편으로 보면 게임계에서 비로소 용이 된 인물들이 가볍게 손을 털고 나가거나 냉정하게 뒤도 돌아보지 않은 채 달아나듯 보따리를 쌌다는 강한 배신감의 심정도 깔려 있는 듯하다.

어찌 됐든 하루아침에 용이 된 인물 가운데 '먹튀' 논란을 빚은 사람도 있고 뒤에서 말없이 나름의 역할을 하는 사람들이 있다는 것은 부인할 수 없는 사실이다. 여기서 1조 원이란 돈의 규모와 크기가 차이 나는 듯하다. 앞서 말한 후자의 경우 마치 정부의 기술개발사업의 계속 과제처럼 지속적으로 투자되는 금액으로 본 것이고, 말 그대로 '먹튀' 논란에 휩싸인 인물의 돈은 산업계에서 신기루처럼 사라진 돈으로 본 셈이니 차이가 날 수밖에 없다. 벤처기업 생리상 어쩔 수 없는 노릇이라고 하지만 대한민국 벤처기업처럼 철저하게 자신의 열매라고 해서 그대로 모든 걸 챙겨 나가는 기업과 인물은 별로 없다.

자선단체에서 이름이 닳을 만큼 불리는 마이크로소프트의 빌 게이츠

회장은 해마다 꾸준히 자신의 수익을 사회 공익단체에 기부하고 있다. 회사법인 명의로 하는 것도 아니다. 자신의 몫으로 돌아온 돈을 순전히 개인 명의로 기부하는 것이다. 투자자이자 대사업가인 워런 버핏은 마치 그에 뒤질세라 공익 기관을 찾아 자신의 재산을 내놓고 있다. 수익이 생기면 그대로 챙기는 게 아니라 마치 십일조를 바치는 것처럼 자신의 이익을 구분해 사회에 돌리고 있는 것이다.

벤처기업의 산실로 불리는 미국의 실리콘밸리 출신의 기업가들도 마찬가지다. 자신이 쥔 부의 결과에 대해 궁극적으로 자신의 노력도 그것이지만 그것은 다름 아닌 사회로부터 왔다는 사고가 확실하다. 그래서 급하게 방을 빼 도망하듯 보따리를 챙겨 나가지도 않고, 일정한 이익을 챙기면 특별한 사유가 없는 한 재투자처를 찾기 위해 혼신의 힘을 기울인다. 산업이 선순환 구조가 어긋나 어려움을 겪는 일은 그래서 거의 없다.

1조 원에 달하는 게임계의 자금 유출은 결국 게임계가 새 신화를 만들고 유명 스타를 배출했다고 호들갑을 떨었지만 결국 고만고만한 인물들만 만들어 낸 것을 입증한 것이나 다름 아니다. 결과론이지만 '먹튀'라 불리는 인물들이 산업계에 십일조를 바치는 심정으로 자신의 수익의 10%를 재투자했다면 게임계가 지금처럼 나락으로 치닫는 모양새를 보이지는 않았을 것이라고 자신한다.

막말로 잘나간다는 기업들이 연간 수익의 10%를 사회에 환원하거나 자선단체에 내놓았다면 신데렐라 법이라고 하는 우스꽝스러운 법이 절대 이 세상에 태어나지도 않았을 것이라고 확신한다. 솔직히 자업자득이구나 란 생각이 번뜩 난 것이 바로 이때였다. 또 세상 사람들의 눈을 의식하지 않는 온라인계의 행태와 역사를 두려워하지 않는 일부 오프라인계 졸부들의 근성을 마치 떠받들어야 할 우성인자처럼 고스란히 물려받는 게 게임계가 아니냐며 제도권 사람들이 수군댈 때 입을 다물고 있을 수밖에 없었던 것도 그 잘난 용들 때문이었다.

그저 그런 평범한 사람들, 말 그대로 그냥 스쳐 지나가는 인물들이 너무 과대평가된 채 게임계에 회자되고 알려져 왔다는 생각이다. 역사의식은 커녕 돈의 향기에 취해 휘청거리는 그들에 대해 게임계가 우러러 바라봐야 할 사람들이 아니라 철저히 반면교사하고 타산지석으로 삼아야 할 인물들인데, 반대로 큰 인물인 것처럼 입에 오르내리며 그들의 이름을 찬양해 왔다. 이젠 그러지 말자. 냉정한 잣대로 그들을 평가하고, 물질적인 것으로 그들의 공과를 논하지 말자. 오로지 산업적인, 사회적인, 그리고 문화·역사적인 관점 위에서 이들을 논하고 평가받도록 하자. 상당수 게임계 인물들에 대한 역사적 평가와 결론은 눈을 감고 봐도 뻔하지만 말이다.

반갑고 다행스러운 일은 최근 경원대학교 문화콘텐츠기술연구소가 국내 최초의 게임 역사서 발간을 위한 준비작업에 착수했다는 소식이다. 내년 초 발간을 목표로 진행되는 이 역사서에는 우리나라 게임 역사의 흐름뿐 아니라 그 당시의 시대적 상황과 산업 인물들의 평을 담을 예정이라고 한다. 진심으로 고맙고 감사한 일이다. 앞으로 이 작업을 계기로 다양한 형태의 게임계 역사서가 발간돼 출판계뿐 아니라 게임계에 새 바람과 경종의 계기로 삼을 수 있었으면 한다.

그렇게 되면 게임계의 인물사에 적어도 스쳐 지나가는 사람들보다는 역사의 인물로 남을 위인들이 더 많이 기록되고 회자되지 않겠는가 싶다. 이젠 진정한 게임계의 인물들, 그리고 속이 꽉 찬 진짜 스타다운 스타들을 만나보고 싶다.

2011-06-07

칼럼 속의 인물: 김정주

서울대 컴퓨터 공학과를 나와 카이스트에서 석박사 과정을 마친 수재다. 박사 과정을 마치자마자 넥슨이란 기업을 설립해 이곳에서 기린아 송 재경과 함께 MMORPG 게임의 원조로 불리는 '바람의 나라'를 서비스하기 시작했다. 그때가 1996년 4월경이었다. 후배이자 네오위즈 창립자인 나성균과 함께 사업을 일궈냈다. 빼어난 안목과 감각으로 게임을 기획했으며, 그가 아웃소싱한 '던전앤파이터', '서든어택' 등 넥슨 게임들이 모두 대박이 날 만큼 선구안이 뛰어났다.

한때는 선배이자 라이벌인 김택진 사장과 의기투합, 미국 밸브사의 '스팀'을 인수하려 든 적도 있다. 이 같은 그의 계획은 결국 실패로 끝났으나, 그의 기발하고 상상을 초월하는 아이디어는 그 누구의 추종을 불허했다.

안타깝게도 2022년 미국 하와이에서 갑작스러운 부고를 알려와 업계에 충격을 안겨주기도 했다. 향년 불과 54세의 나이였다.

현실적 과제와 이상적 과제

최근 들어 제2의 한류 바람이 일고 있다며 이쪽저쪽에서 야단이다. 한국 문화에 대한 국제사회의 기류가 긍정적으로 바뀐 데다 꾸준히 시도해 온 젊은 댄스 그룹들에 대한 스타 마케팅이 절묘하게 맞아떨어짐으로써 시너지 효과를 거두고 있다는 것인데 논단 쪽에서는 이에 대해 긍정도 부정도 하지 않는 모습이다.

좀 더 지켜봐야 하지 않겠느냐는 시각과 앞으로 더 거센 바람이 일게 될 것이라는 낙관론이 상존하고 있는 것이다. 어찌 됐든 나름 가늠해 볼 수 있는 것은 가볍게 솟구친 바람이 아닌 것은 분명한데 바람을 형성하고 있는 핵 주변이 너무나 설익은 아이돌 스타들뿐이라는 게 걸린다.

반면 그럼에도 불구하고 엔터테인먼트계의 양극화 현상과 이로 인한 부익부 빈익빈은 갈수록 심화되고 확대되고 있다. 이렇게 되면 한류 바람을 일으키기 위한 추진 동력을 제한적으로 쓸 수밖에 없고 그럼으로 인한 리스크 부담 역시 상대적으로 커질 수밖에 없다. 한쪽에서는 순풍이 불고 있는데 또 다른 한편에서는 탄력 가능성에 회의론을 제기하고 있는 것이다. 이를 지혜롭게 헤쳐 나가지 못할 경우 또다시 불어온 한류 열풍은 마치 모래사막 위 신기루처럼 슬그머니 사라져 버릴지 아무도 모를 일이다.

한류 바람이 또다시 화제가 되고 있다. 국격이 높아진 때문인지, 아니면 그동안 지펴 온 불이 비로소 아랫목을 데우고 있는 것인지는 확실하지 않지만 정부와 산업계가 오랜 노력 끝에 얻어낸 결실임엔 틀림없다. 10여 년 전 중국 등 아시아 지역에서 일기 시작한 HOT 바람을 단순히 그들의 바람으로 묶어두지 않고 기류 변속을 통해 한류 바람으로 끌어 올리기 위해 중국 현지에 사무소를 개설하고 한국 가요를 소개할 수 있는 유선 방송을 막후에서 지원하기 시작한 것은 국민의 정부 시절부터였다. 일각에선 한국에 대한 선망 등 향수병에 젖어 있는 조선족을 자극해 자칫 극단적 움직임을 불러일으킬 수 있는 단초를 제공할 수 있다며 우려를 제기했으나 정부는 개의치 않고 지원책을 밀고 나갔다.

비슷한 시기, 중국에 진출한 한국 게임 '미르의 전설'은 현지에서 파죽지세를 보이며 승승장구했다. MMORPG 장르의 게임이란 생소함에 현지인들은 매료됐고 엄청난 수의 사람들이 한꺼번에 몰려들어 시스템이 다운되기도 했다. 현지 공안 쪽에 비상이 걸렸음엔 두말할 나위 없다.

이러한 사실은 주중 한국 대사관의 파우치를 통해 정부 쪽에 속속 전달됐다. 하지만 그 내용이란 것이 긍정적인 것보다는 부정적인 견해와 전망들이 더 많았다. 자칫 잘못하다간 중국 정부와 마찰을 빚을 수 있다는 것이다.

그러나 주무부처인 문화부의 판단은 달랐다. 오히려 현지 시설을 확대하는 등 지원을 강화했다. 당사국 간 외교적 마찰도 예상됐으나 개의치 않았다. 결국 기우로 끝나고 말았다는 사실을 안 것은 얼마 지나지 않아서다.

HOT가 열악한 환경 속에서 체육관을 빌려 공연할 수 있었던 것도, '미르의 전설'이 온라인 게임으로 중국에서 새 지평을 열 수 있었던 것도 이처럼 정부가 각 채널에서 쏟아져 나오는 우려의 목소리를 잠재우며 막후에서 역할을 한 때문이다. 그렇지 않았다면 지금 불고 있는 한류 바람은 한참 더뎠거나 일지 않았을지도 모를 일이다.

대중문화를 만들고 창조해 나가는 작업은 팬들과 팬과 함께 숨을 쉬는 엔터테이너를 비롯한 민간기업이 하지만 막후에서 불을 지피고 파이(인프라)를 키우는 작업과 역할은 다름 아닌 정부의 몫이다. 정부와 민간기업의 손발이 맞을 때 트렌드와 산업이 같이 흥하는 까닭은 바로 이 때문이다.

반면 한쪽에서만 주도하고 다른 한쪽에서는 손을 놓고 있으면 산업이 기울거나 추세를 따르지 못한다. 산업 강국, 문화 강국을 얘기하면서 국격을 새삼스럽게 강조하는 것도 같은 맥락에서 이해할 수 있다.

게임계를 비롯한 엔터테인먼트 업계가 고전을 면치 못하고 있다는 것은 이런 관점에서 보면 정부와의 호흡이 제대로 맞아떨어지지 않고 있다는 뜻이다. 업계의 부침이 심할 때는 육성책을 쓰거나 장려책을 써야 하는데 그렇지 않은 것이다. 그 가운데 셧다운제 도입 결정은 대표적 사례로 꼽힌다. 주무부처가 좀 더 진중하게 접근했어야 했는데 조급하게 달려들어 강력 추진을 주장한 상대 진영에게 발목이 잡히고 말았고 그 전과 역시 그대로 그들에게 헌상하는 꼴이 됐다.

실용정부 출범 이후 일부 부처들이 실적에만 집착한 나머지 너무 이상적인 방안만을 쏟아내고 있는 게 아니냐는 지적이 잇따르고 있다. 말 그대로 정부 정책이란 것이 너무 현실적인 방향으로 쏠려서도 안되겠지만 이상향만 바라보고 오로지 고고함만을 외쳐서도 곤란하다. 그런데 실용정부가 내놓고 있는 일련의 정책들은 종잡을 수가 없다. 이쪽도 저쪽도 아닌, 업계의 혼란만 야기하고 있는 것이다. 그러다 보니 문화와 산업을 동시에 쥘 수 있는 천금의 기회임에도 주춤하거나 우왕좌왕하는 모습에서 못 벗어나고 있다. 엔터테인먼트업계의 양극화, 게임계의 부익부 빈익빈 현상이 다 이유가 있는 셈이다.

거세게 일고 있는 한류 바람이 일시적이든, 아니면 그렇지 않든 문화계, 특히 산업계에는 기회이자 도약의 모멘텀이다. 정부가 시발의 도화선이 된 것처럼 한류 바람에 힘을 보탤 수 있는 처방전이 절실할 때라고 본다. 그럼에도 불구하고 눈치만 보고 각 부처, 각 채널에서 들려오는 소리 듣기에만 급급하다. 이럴 경우 현실감각은 살릴 수 있을지 몰라도 미래의 희망 가치를 담보할 수는 없는 노릇이다. 여기서 더 나가게 되면 복지부동이 된다.

한류 바람의 진원은 내일을 내다본 민관의 노력과 투자가 주효했기 때문에 생긴 열매다. 정부가 앞서가도 곤란하지만 뒤처져서도 곤란하다. 다시 한번 강조하지만 한쪽만으로는 결코 추진체를 유지할 수 없다.

여론도 살피고 주변 분위기를 엿보는 것도 필요하지만 냉철한 현실적 판단 없이는 문화와 산업 등 두 마리의 토끼를 낚아챌 수 없다. 예컨대 당장의 실적만을 고집했다면 한류의 바람은 생기지도, 오래도록 데워지지도 않았을 터이다.

현실적 과제와 이상적 과제를 적절하게 배합해 나가는 지혜가 필요한 시점이다. 정부 정책 입안자들은 지금 어떤 정책이 주효하다고 생각하는가. 확실한 것은 자칫 잘못하면 미래를 담보할 우리의 소중한 문화콘텐츠들이 꽃도 피워보지 못한 채 참화를 당할 수 있다는 것이다.

2011-07-18

제도권의 시험대에 오르는 게임계

회자된다는 말은 자주 사람들의 입에 오르내린다는 뜻이다. 날고기와 구운 고기의 의미를 담고 있는 이 단어는 모든 걸 갖춤으로써 사람들 입을 통해 좋은 음식과 뛰어난 시문처럼 칭송하며 알려진다는 뜻의 회자인구란 고사성어에서 비롯됐다. 가려져 있거나 혹은 드러나지 않았다면 결코 회자될 수 없다는 것은 그만큼 유명세를 타고 있거나 세인들의 입에 오르 내리고 있다는 것을 반증하는 대목일 것이다.

온라인 게임과 함께 게임계가 제도권 언론에 자주 언급되는 것은 두 가지 측면에서 긍정적이다. 우선 게임이 제도권 사회에 서서히 뿌리를 내리고 있다는 점이다. 하찮은 아이돌 문화 또는 하층문화의 대표 선수로 꼽혀 온 게임이 어느 순간 결코 외면할 수 없는 콘텐츠로, 또는 사회 구성원들이 간과할 수 없는 극복의 대상으로 떠올랐다는 것이다. 또 한 가지는 외면하고 싶지만 현실적으로 그럴 수 없는 타협의 물꼬가 트였기 때문이란 해석도 가능하다. 이를테면 현실적으로 막을 수 없다면 전향적으로 돌아서서, 채우고 내 보낼 수도 있어야 한다는 실용적 판단이 작용하고 있다는 뜻이다.

예컨대 대중 문화는 문호가 빨리 열리고 상대 국가의 문도 상대적으로 쉽게 열린다는 특질을 안고 있다. 수입을 막을 수 없다면 이를 사전에 준비하고, 더 나아가 수출 길까지 모색하는 게 더 현명하다는 게 그동안의 정부가 추진해 온 문화산업 정책 기조였다. 게임산업에 대한 정부의 육성책이 안팎으로 호된 비판을 받아 왔고 정치권의 논란의 대상이 됐지만 정부가 일관되게 밀어붙여 온 건 이 같은 글로벌 무역 환경 등을 종합적으로 판단한 때문이다.

최근 게임에 대한 사회 구성원들과 제도권의 잦은 언급은 이러한 정부 정책을 사실상 인정하고 이젠 속도의 향배와 방향타를 냉정하게 지켜보겠다는 뜻으로 보인다. 이 경우를 재정비 기간, 또는 새 전환점이라고 할 수 있는데 다름 아닌 게임계가 처한 작금의 상황인 것이다. 이 같은 시기에 주로 나타나는 게 또다른 논란과 문제 제기다.

게임회사의 CEO였던 고평석 씨가 쓴 《게임회사가 우리 아이에게 말하지 않는 진실》이란 책이 업계의 화제가 되고 있다. 3부로 구성된 이 책에서 그는 자신의 업계 경험담과 결코 유익할 수 없는 게임에 대한 부정적인 시각을 소개하고 있으나 정작 업계의 관심은 고평석 씨 자신이 몸을 담았던 게임계와 게임에 대해 어떻게 그처럼 난도질하며 깎아내릴 수 있느냐는 쪽으로 쏠리는 것 같다.

글의 내용을 보면 고씨의 게임에 대한 평가와 시각은 실제와 다르지 않다. 미친 듯이 하다 보면 중독되고, 게임회사들이 돈벌이에 급급해 단순 플레이만을 강조하고 있고 기회다 싶으면 아바타나 아이템 팔기에만 여념이 없다는 지적도 틀리다고 할 수 없다. 그는 더 나아가 게임이 스토리가 없는 데다 메시지도 없고 감동이 없기 때문에 콘텐츠라기보다는 '시간 때우기 도구'라고 깎아내린다. 고씨의 이 같은 발언에 대해 일방적으로 손사래를 칠 수 없는 게 또한 현실이고 보면 그의 입장을 일방적으로 부정할 순 없다. 여기서 그의 글에 대해 옳다 그르다며 갑론을박을 벌일 생각은 없다.

중요한 것은 앞으로 이러한 글과 말들이 예상보다 많아질 것이며 그 강도 또한 예전과 다르게 훨씬 강해지고 자극적으로 나타날 것이라는 점이다. 문제는 이 같은 거친 글과 황당한 말들에 대해 게임계가 수용할 수 있는 여건과 환경을 갖추고 있느냐의 여부다. 또 반게임계와 비주류의 일방적인 시각과 비판에 대해 대응할 수 있는 체질과 논리를 갖고 있느냐의 여부인데 게임계의 현실을 들여다보면 그렇지가 않다는 데 그 문제의 심각성이 있다 하겠다.

정부 쪽을 쳐다보면 일부 부처를 제외하곤 우군이랄 수 있는 부처가 없고 학계 역시 게임에 대해선 긍정적이지만 게임계에 대해선 아주 비관적이다. 언론 쪽을 보면 암울할 정도다. 제도권 언론은 그렇다손 치더라도 게임계 전문지조차 게임계에 대해 우호적이지 않다. 그동안 장사에만 매달려 오면서 너무나 많은 것을 잃어버린 것이다. 인심을 잃어버린 것은 둘째 치고 게임 문화와 역사마저 내팽개쳐 버림으로써 자승자박인 셈이 돼버렸다. 이런 식으로 가면 게임계는 발가벗겨진 채로 세상의 문을 나설 게 분명하다.

게임과 게임계에 대한 제도권의 시험은 이미 시작됐다고 해도 과언이 아니다. 이쪽저쪽에서 포문을 열고 달려들 게 분명하다. 그런데도 게임계가 바뀌지 않는다면 그 결과는 두 눈을 감고 봐도 뻔하다. 게임계를 향한 회자됨이 잦아들면 잦아들수록 득이 되는 방안을 찾아야 한다. 체질을 강화하는 것도 중요하지만 사안별로 논리를 갖추고 극복하는 노력과 이에 대한 투자를 아끼지 말아야 한다.

이를 위해서는 게임계, 주요 메이저들이 변해야 한다. 특히 이 기회에 게임만 바라보고 오로지 그 우물 안에서 몸부림치는 대외 협력 창구는 산업 규모에 걸맞은 시니어로 업그레이드해야 한다. 그렇게 하지 않으면 게임계의 새로운 방향 전환 및 전기 마련은 반게임계의 끊임없는 발목 잡기와 반대 논리에 묻혀 뒤로 늦춰지거나 아주 요원해질 수도 있다. 그런 측면에서 보면 선제적 차원의 게임계의 정비가 필요한데 그 시기가 바로 지금이 아닌가 싶다. 찬바람이 불면 말잔치가 펼쳐지는 정치의 계절이 성큼 다가오기 때문이다.

2011-08-26

문화장관과 새 어젠다

일부 부처 장관이 교체됐다. 통일·문화·복지·여가부 등 4개 부처에 대한 개각이었다. 통일·여가부 장관의 경우 나름 할 만큼 한 케이스이니까 그렇다손 치더라도 복지·문화부 장관은 만 1년을 겨우 채웠거나 불과 8개월여의 재임기간에 그쳤다. 자세히 살펴보니 의원직 장관이 이번 개각의 경질 대상이었던 같다. 9월 정기 국회를 앞두고 있는 데다 내년 총선에 나서기 위해서는 공직에서 물러나야 하기 때문이다. 이에 따라 정병국 장관과 같은 이는 역대 문화장관 중 몇 안 되는 단명 장관으로 기록되게 됐다.

대통령은 필요에 따라 개각할 수 있고 직권으로 면직도 가능하다. 이는 조각과 개각을 할 수 있는 대통령의 고유 권한에 속하는 문제다. 그러나 시도 때도 없이 개각을 단행한다면 정권에 대한 불신과 불안, 정책의 혼선, 그리고 공무원 사회의 동요를 불러올 수 있다는 점에서 긍정적이지 않다.

문화장관의 경우 특히 그렇다. 실용정부를 비롯한 앞선 정권들 대부분이 그래 왔듯이 문화장관은 정권 창출에 크게 기여했거나 정권의 나팔수에 적합한 인물들이 대거 발탁 인사란 이름으로 임명됐다. 필자는 운 좋게도 상당수의 문화장관과 인터뷰할 기회를 가졌는데, 그때마다 느낀 그들에 대한 소회는 정권이 평가하는 것보다는 국민들이 바라보고 평가하는 인물평이 더 정확했다는 것이다. 또 한 가지는 유명 연예인 출신 장관보다는 정치권 출신의 장관이 낫고, 정치권 출신의 장관보다는 관료 출신의 장관이 훨씬 더 업무 효율 측면에서 뛰어났다는 점이다. 계량화한 자료는 없지만 공무원 사회의 전반적인 평가가 그렇다.

반면 정책 추진과 결정 과정에서 결단력과 수완을 보이는 장관은 대부분 정치권 출신들이었다. 특히 신낙균 · 박지원 · 김한길 등 35~37대 트리오 장관들은 정치권 출신임에도 불구, 문화 행정에 빼어난 안목과 능력을 보였다는 평가를 받았다. 이 가운데 박지원 · 김한길 두 사람은 운명처럼, 한 사람은 앞에서 팔을 걷어붙이며 숲을 헤쳐 나갔고 또 한 사람은 뒤를 따라갔지만 그냥 따라 나선 게 아니라 그다운 섬세한 안목으로 마치 수를 놓듯이 문화 산업의 행정을 보여줬다.

그러나 문화계 유명 인사로 통했던 A 장관과 B 장관은 화려한 자신의 경력에 반해 수준 이하의 눈높이와 권위적인 업무 스타일로 주변 사람들을 깜짝 놀라게 한 케이스에 속한다. 알다가도 모를 게 사람의 속이라고 하지만 이 두 장관은 겉과 속이 너무나 달라 관료들의 기피 인물이 되다시피 했다. 발탁인사보다는 정권 창출에 이바지했다는 인사들이 이쪽에 더 가깝고 정치권 인사보다는 관료 출신, 유명인사 쪽 인물들이 이쪽에 더 속한다고 보면 맞다.

중요한 것은 누가 장관이 되든지 정책의 일관성이 유지되고 유기적인 업무 추진이 이뤄져야 한다는 것이다. 그렇지만 현실적으로 보면 그게 그렇지가 못하다는 데 문제의 심각성이 있다 하겠다. 장관이 바뀌면 보통 업무 파악하는 데 3~6개월 정도가 소요된다. 그때까지는 모든 업무가 정지된 상태가 된다. 새 장관에 의해 뒤집어질 수 있고 있던 일이 아예 없던 것으로 돼버릴 수도 있기 때문이다. 여기에다 국정 감사 기간이 끼어 있거나 이슈 거리가 하나 정도 확 터져 버리면 얘기는 아예 달라진다. 예컨대 이렇게 될 경우 새 장관이 재임 기간에 한 일이라곤 새 술은 새 부대라는 이름 아래 단행한 인사란의 사인뿐이다.

문화장관의 재임기간을 보면 어림잡아 1년여에 불과하다. 타 부처 장관에 비하면 턱없이 짧은 기간이다. 아무리 대통령의 고유 권한이라고 하지만 문화·산업 행정을 총괄하는 수장을 1년에 한 번씩 갈아 치운다는 것은 미래 성장 동력이 될 지식산업을 위해서도 결코 소담스러운 일이 아니다. 더욱이 글로벌 경제 환경은 자동차·조선·반도체 등 전통 산업 제품군에서 지식기반에 의한 문화콘텐츠가 새 주류로 부상할 조짐을 보이고 있다. 그런 측면에서 문화 행정 수반의 자리를 결코 가볍게 봐선 안 된다. 실제로 최근 눈앞에 벌어지고 있는 세계 통신계의 빅뱅 조짐의 이면에는 다름 아닌 콘텐츠가 도사리고 있는 것이다.

예전 같으면 정책을 잘못 펼치거나 시기를 놓치면 뒤따라가거나 서둘러 처방전을 마련해 따라가면 그만이었지만 지금은 그것조차 어렵게 됐다. 글로벌 무역 환경은 말 그대로 혁명기를 맞이하고 있는 셈이다. 해서 자칫 잘못하면 산업을 잃는 것뿐 아니라 우리 경제마저 위태롭게 할 수도 있다. 미국, 유럽 등 선진 각국에서 앞다퉈 문화 관련 부처를 따로 두거나 독자적 기능을 부여하려는 움직임을 보이고 있는 것은 다 이 같은 사정에서 비롯되고 있는 것이다.

문화장관 자리가 더 이상 대통령이 베푸는 은전의 자리나 대선 때 입은 보은의 자리로 전락해선 곤란하다. 지금 세계경제는 지식·문화 산업을 베이스로 한 콘텐츠 상품이 새로운 어젠다로 떠오르고 있다는 점에서 더욱 그렇다.

2011-09-02

문화를 법으로 다룰 순 없다

정부가 또다시 팔을 걷어붙이고 있다. 지난 2006년 바다이야기 사태 때와는 달리 이번에는 칼날 끝이 온라인게임 쪽으로 치닫고 있다. 그때와 좀 다른 점은 청룡도의 칼을 쥐고 있는 주체가 사정기관이 아니라 교육기관이란 점이며, 그 편에는 대부분의 부처가 망라돼 있다는 점이다.

게임 주무부처인 문화부가 그 부류에서 왕따를 당하고 있다는 것은, 그때나 지금이나 다를 게 없다. 총리실과 교과부, 여가부 그리고 경찰청이 서로 머리를 맞대며 안을 짜내면서도 정작 같이 고민하고 안을 다듬어야 할 문화부는 따돌렸다.

그 때문인지 정부의 학교폭력 근절대책에는 황당한 게임 규제안들이 대거 포함됐다. 실질적인 효과를 기대한 것인지, 아니면 전시적 행정을 그대로 반복해 보겠다는 뜻인지는 정확히 알 수 없지만 그 대책이란 걸 들여다보면 과연 관계 전문가들이 머리를 쥐어짜며 고민해 만든 안인지 의심스러울 따름이다. 그러나 설사 그 대책안이 만병통치약처럼 먹힌다 하더라도 틀로 짜맞춘 질서가 언제까지 지속될 것인가에 대한 의문은 지울 수 없다.

이를 지켜보면서 느낀 점은 학교폭력사태가 얼마나 심각하길래 이처럼 역사의 추를 되돌려가면서까지 굴레를 만들고 질서를 새롭게 하겠다고 야단이냐는 것이다. 그렇다면 정부, 특히 교육당국과 사정당국은 그동안 강 건너 불 보듯 해왔다는 게 아닌가. 아니면 타이밍을 잡지 못해 때를 보며 기다려 왔다는 뜻인가.

겨우 그 빌미를 게임에서 찾고 이를 근거로 한 건 하겠다는 것인데, 그렇다면 학교폭력과 게임의 인과 관계를 확실히 증명하거나 객관적인 자료를 내놓아야 마땅할 것이다. 그럼에도 그 따위의 배경 설명엔 어느 한 곳 게임이란 단어가 없다. 슬그머니 집어넣은 게 학생들의 인성교육을 위해서는 게임을 묶어둘 필요가 있다는 게 고작이다. 그러면서 게임 규제책은 마구 내뱉었다.

솔직히 이 정도에서 멈출 것으로는 보이지 않는다는 게 더 심각한 문제다. 어찌 보면 이제 시작에 불과할지도 모를 일이다. 마치 이야기는 머리로 시작해 놓고 결론은 발끝으로 매듭짓는 것과 같이 황당할 뿐이다.

백 번 천 번 양보를 해도 학교폭력 근절책은 법이나 제도로 해결할 일이 아니다. 과거에는 안 그랬는데 오늘날의 아이들은 그렇다는 식의 주장은 설득력이 없다. 정 그렇다면 가정의 문제, 교육 제도의 허실 등을 먼저 들여다볼 일이며, 더 나가서는 사회 구조적인 모순을 살펴보는 게 순서다.

특히 법과 제도로 사회를 구휼하겠다는 것은 말 그대로 한참 빗나간 사고다. 선진사회는 법과 제도가 잘 갖춰진 곳이 아니라 상식과 자율이 통하는 곳이다. 법은 한번 만들어지면 폐기되는 법이 없다. 아메바가 암수 구별 없이 마구 세포분열을 일으키는 것처럼 나중에는 불어난 법령에 짓눌려 살게 된다. 따라서 불필요한 신호등이라면 원활한 소통을 위해 설치하지 않거나 철거하는 게 옳다.

정부의 칼끝이 게임계의 심장을 겨냥하고 있는 데는 주변을 살피지 않은 채 오로지 내 창고의 곡식만 헤아린 끝에 얻은, 자업자득의 결과임을 부인할 수 없다. 팬들의 열화 같은 성원이라 할지라도 팬들 상당수가 청소년들이었다면 야밤 공연을 자제했어야 했다. 팬들이 끊임없이 요구를 해와도 매일같이 무대를 올리지 말아야 했고 자신들의 무대가 아니면 볼 수 없을 것이라며 요금 횡포도 부리지 말았어야 했다.

어느 순간 기운이 떨어지자 출석도장을 찍지 않으면 표를 못 사도록 가로막지 말아야 했고 팬들의 반응에 취해 흥청망청 거들먹대지도 말아야 했다. 그런데 멈출 수가 없었다. 더 모으려고 몸부림쳤고 더 불러오려고 아귀다툼을 벌였다. 팬들의 사랑에 취했고 그 취기로 호사도 부렸으며, 그 취함에 주변을 살펴보지 않은 채 오직 제 잘난 맛에 살았다. 순간 외톨이가 됐음을 뒤늦게 알았지만 때는 이미 늦어 버렸다.

그렇다고 해서 한두 사람의 난폭한 운전 때문에 도로에 방지턱을 양산하는 건 옳은 일이 아니다. 신호를 안 지키는 불과 몇몇 사람 때문에 교통경찰을 도로에 간격 없이 배치할 수도 없는 노릇이다. 이래저래 복잡하니까 길거리에 다니는 모든 차들을 정지시키거나 폐기할 수는 더더욱 없는 일이다. 예컨대 복잡한 사안일수록 냉정하게 판단하고 결정해야 한다는 것이다.

게임규제 문제는 학교폭력 대책이란 본안과는 아주 무관한 일이다. 또 파생된 현상에 의한 문제점이라면 굳이 내각이 기를 쓰고 나설 일이 아니며 문화부를 따돌릴 이유조차 없다. 그 까닭은 좀 시간은 걸리겠지만 여과되고 가라앉을 게 분명하기 때문이다.

문화를 법과 제도로 잡거나 길들일 수 있다고 생각한다면 넌센스다. 그것은 잡으려고 들면 빠져나가고, 보일 듯하지만 보이지 않는 신기루와 같은 것이다. 규제는 오로지 또 다른 규제만 낳을 뿐 결코 처방전이 될 수 없다는 것이다.

2012-02-17

반게임계 정서에 대해

게임계가 잇단 정치권의 공세로 곤욕을 치르고 있다. 여당의 모 의원은 아예 게임을 사업제한 업종으로 지정하겠다는 태세이고, 정부에서는 내각의 총리뿐 아니라 대통령까지 나서 게임계를 강하게 질타하고 있다. 불과 몇 년 전까지만 해도 우리도 이런 게임을 만들 수 없느냐고 일본의 닌텐도 게임을 치켜세우며 국내 게임계의 분발을 촉구했던 대통령의 태도가 이처럼 180도 달라진 것은 대통령이 변했다기보다는 그만큼 사회적 정서가 바뀌었다는 것을 뜻한다.

그렇다면 무엇이 그처럼 분위기를 변하도록 만들었을까. 분명한 사실은 사돈이 땅을 사면 배가 아픈 것이고, 그것도 아니면 확실히 뭔가를 잘못했다는 증거다. 또 이도 저도 아니라면 괘씸죄에 걸려든 것인데, 사회정서가 괘씸하다 하여 업종 자체를 싸잡아 깔아뭉갠 적은 없다는 점에서 그것은 아닌 게 확실하다.

앞서 언급한 대로 확실히 뭔가를 잘못한 때문인 건 분명한데, 그것을 인정하지 않고 이리저리 변명만 늘어놓다가 사회정서만 더 악화시킨 꼴이 된 게 아닌가 싶다. 우리 사회의 반게임 정서가 심각하다. 앞뒤 좌우를 살펴봐도 우군은 거의 없다시피 할 정도다.

그 중심엔 청소년들을 생육해야 하는 학부모들이 있다. 교과부가 학교폭력사태의 처방전으로 그 근본 원인의 맥을 짚지 않은 채, 게임을 희생양으로 들고 나선 것도 모두 이들의 정서를 고려한 때문이다. 따라서 교과부와 여가부의 게임에 대한 잇단 규제책은 매우 정략적이라 할 수밖에 없다.

오죽하면 일부 시민단체까지 나서 게임을 죽이려고 하는 게 아니냐며 게임계를 거들었겠는가. 특히 논란의 정점에 서 있는 쿨링오프제의 경우 온라인게임을 사실상 말살하자는 것과 다름없다는 점에서 무책임한 탁상 행정이란 비난을 면키 어렵다 할 것이다.

또 다른 중심축은 아이러니컬하게도 게임계다. 결국 자초한 것이긴 하지만 사회적 분위기를 제대로 감지하지 못한 게 결정적이다. 잠재적 실업률은 증가하고, 빈부의 격차는 갈수록 심해지고 있는 게 현실이다. 자영업자들은 길거리에 나앉을 만큼 고단한 삶에 빠져 있다. 집에 들어가면 자녀들은 공부는 하지 않고 게임에만 빠져 있고, 학교에 가서는 친구들에게 얻어맞고 들어온다. 게임 아이템을 내놓으라고 협박당하고 아바타를 키워 가져오라는 힘센 친구의 요구에 매일같이 게임에만 매달려 있다. 이 정도면 게임에 대한 부정적인 인식 수준이 아니라 적개심을 품게 될 수밖에 없다.

여기에다 모 게임업체 회장이 일본에 기업을 상장해 수조 원대에 달하는 갑부가 됐다는 기사가 화제가 됐는데, 바로 이 회사의 게임이 자신의 자녀들이 즐기는 게임이란 사실을 알게 된 것. 그래서 그 회사의 주변을 주의 깊게 살펴보았더니, 그 이득의 낙수 효과란 것이 전혀 없고 오로지 그들, 자신들의 배만 불리고 있는 꼴이더라는 것이다. 결국 반게임 정서는 우리 사회 전반에 걸쳐 짙게 깔려 있는 집단적 박탈감과 경기침체로 인한 소득 소외감, 그리고 이에 편승한 정부의 정략적 포석이 맞아떨어진 데서 비롯된 것으로 보인다.

문제는 실타래가 풀릴 것이라는 기대치보다는 이제부터 시작일 것이란 우려의 목소리가 더 크다는 점이다. 정부의 게임 정책기조가 예전처럼 햇볕 정책으로 이어지지 않을 것이라면 게임계가 손을 놓고 있을 게 아니라 자구 차원의 노력과 대책을 강구해야 할 것이란 점이다.

그런 측면에서 보면 게임계가 마음만 먹으면 정부보다 더 빠르게 대응할 수 있고, 움직임 또한 가일층 높일 수 있다는 점에서 일단 전선에서 유리하다. 즉, 단기적 대책과 중기적 대책을 세우는 한편, 필요하다면 칵테일식 전략도 세우라는 것이다. 단기적 대책으로는 사회를 향해 크게 쓰는 기부 전략이 필요하고, 중기적으로는 업계의 자율적인 규제안을 별도로 마련하는 식이다. 칵테일식 전략은 반게임 정서를 확실히 드러내는 집단 또는 모임에 맞서 거기에 적절한 대응책을 세우는 것이다. 필요하다면 여론을 이끌기 위한 인프라 구축도 검토할 수 있다. 한마디로, 길을 알면서 가지 않는다면 싸워 보지도 않고 패배를 인정하는 꼴이다.

작금의 게임계 시련은 성장통이다. 역설적으로 시장 규모가 거의 10조에 육박하는 업종이 정치권이나 사회의 관심의 대상이 아니라면 이것 역시 블랙코미디다. 우리 사회에 번지고 있는 반게임 정서는 게임계 하기에 따라 언제든 뒤집을 수 있는 현상이다.

그러기 위해서는 먼저 그동안의 그 지독한 구두쇠 노릇은 그만둬야 한다는 것이다. 이 시점에서 거듭나기는 그 무엇보다 필요하고 절실하다. 낙수효과가 없었던 게 반게임 정서 흐름에 결정적으로 작용했다는 점은 시사하는 바가 크다.

그래야 게임계가 비참해지지 않고 떳떳해질 수 있으며 게임을 지킬 수 있다. 그 때문일까. 구두쇠(Miser)와 비참함(Miserableness)의 어원이 같다는 것이 새삼 눈길에 들어왔다. 반게임 정서를 바꾸기 위한 해답은 자신을 낮추고 버리는 것이다.

2012-02-22

흉하게 살지 않을 정도가 자신의 몫

미국 중북부 미시간주에서 남동부 쪽으로 가다 보면 이 지역 최대 도시인 디트로이트의 위성 도시로 잘 알려진 디어본이 눈앞에 펼쳐진다. 이곳은 루지강을 끼고 있고, 동부 쪽에 위치하고 있어 프랑스인들이 상대적으로 많이 이주해 살았다. 또 주변엔 거대한 이리호가 뻗어 있는 등 물이 풍요로워 농업이 발전했으나, 미군 병참기지가 들어서면서 군사도시로 불리기도 했다.

그러나 이 도시는 헨리 포드의 고향으로 더 잘 알려져 있다. 포드자동차 본사가 여기에 있고, 주물, 제작 공장 등 자동차 관련 인프라가 잘 갖춰져 있어 자동차 도시로 불리기도 한다. 이곳에 위치한 그린필드 빌리지란 마을은 그 때문인지 더욱 돋보인다.

이곳을 가보면 미국의 산 교육자로 잘 알려진 노어 웹스터의 집과 토머스 에디슨의 실험실, 에이브러햄 링컨이 변호사로 활동한 일리노이주 법원 등이 한눈에 들어오고, 라이트 형제의 자전거 가게와 집들을 구경할 수 있다. 그뿐만 아니다. 17세기 건물양식의 집과 모습을 그대로 재현해 놓은 주변 풍경은 놀랍도록 아름답다.

그린필드 빌리지는 자동차 왕 헨리 포드가 완성한 마을이다. 그는 황량한 도시에 역사를 기록하고 싶었고, 이를 후세들에게 남겨주고 싶어 했다. 그래서 선현들의 집들을 고스란히 이곳에 옮겨다 지었다. 자동차 박물관도 만들었다. 포드사를 일약 자동차 왕국으로 만든 'T 모델'을 여기서 만나 볼 수 있다. 그린필드 빌리지는 지금 디어본의 가장 큰 명소로 불리고 있다.

미국 펜실베이니아주 피츠버그에 있는 카네기멜론대학은 아이비리그에 속하는 대학에 버금가는 사립 명문이다. 최초로 연극 대학원을 만들었고, 컴퓨터 관련 대학부는 세계 최고의 수준급이란 평을 듣고 있다. 당초 카네기 공대로 출범했지만 멜론대학교와 합병하면서 이름을 바꾸었다.

잘 알려져 있듯이, 이 대학의 설립자는 앤드루 카네기다. 스코틀랜드 출신인 그는 많이 배우질 못했다. 그러나 사업수완은 뛰어났다. 철도 관련 사업과 석유사업으로 큰돈을 벌었다.

나중엔 철도 수요를 내다보고 철강업에 뛰어들어 미국 최대의 철강회사로 키워냈다. 그는 부를 축적했지만 쥐려 하지 않았고, 부는 자신의 능력으로 얻은 게 아니라 사회로부터 얻은 것이라고 생각했다.

그가 전 재산을 털어 설립한 카네기재단은 학교뿐 아니라 도서관 보급에도 나섰다. 카네기재단이 전 세계 빈민국을 대상으로 기증한 도서관은 수천 개에 이른다. 또 그가 세운 교육문화재단은 헤아릴 수 없을 정도로 많다. 그는 거의 박애주의자에 가까웠다.

게임업계에 대한 사회적 역할론은 감당하기 힘들 만큼 크게 들려온다. 규모에 비해 엄청난 이익을 실현하고 있다는 소문과 또 그만큼의 병리 현상을 사회에 안겼으면 그 정도는 해야 하는 게 아니냐는 보상 심리가 상승작용 하면서 게임업계를 압박하고 있는 것이다. 일각에선 김이 나니까 벌써 상 차리라는 격이라며 너무 앞서가는 요구가 아니냐는 볼멘소리도 있다. 그러나 그것은 마음의 문제이지, 물질의 있고 없음을 뜻하는 것은 아니다. 마음에 없으면 있어도 못 한다는 것이다.

메이저로 불리는 A, B사, 그리고 최근 기업을 매각하고 게임계를 떠날 채비를 하고 있는 또다른 A, B사의 대표들은 정부의 공적 자금으로 시작했거나 이 자금을 젖줄로 해 버텨냈다. 아마도 이 자금이 없었다면 오늘날의 이들 기업은 존재하지도, 생존하지도 못했을 것이란 게 업계 원로들의 공통된 지적이다. 그럼에도 불구하고 이들은 눈을 꼭 감은 채 사회의 요구를 뿌리치고 있다. 지금 떠날 채비를 하고 있는 또다른 A사는 사회를 향한 특별 메시지조차 없다. 현재의 상황으로 미뤄 짐작하면 그냥 짐만 챙겨 나갈 것 같다.

며칠 전 게임계 원로와 때아니게 '먹튀'들의 행태에 대해 이야기를 나눴다. 필자는 이 자리에서 기업을 일구고, 기업을 일군 자체가 사회 기여이니까 100~200억 원 정도 챙겨 나가는 것이야 구성원들도 용인해야 하지 않겠느냐고 했다. 그러자 이 원로는 한마디로 말도 안 되는 규모라고 손사래를 쳤다. 예컨대 아주 많은 금액이라는 것이었다. 그래서 그럼 얼마가 적당하느냐고 되물었다. 이 원로는 흉하지 않게 살 정도면 된다고 했다.

그러면서 이 원로는 그렇게 하지 않으면 게임 존립 기반이 무너질 것이라고 했다. 과몰입, 사행성이란 태생적 문제점을 안고 있는 게임계의 사회공헌은 생색내기 또는 나눔 수준이 아니라 운명론적으로 해야 하고, 그 수준은 아주 돌려주는 것으로 해야 한다는 것이었다.

순간 누가 그렇게 할까 싶었다. 그리고 난 얼마 후 머리에 떠오른 곳이 그린필드 빌리지와 카네기멜론대학이었다. 어떻게 명소가 됐고, 명문사학으로 자리매김할 수 있었는지를 한눈에 알 수 있었기 때문이다. 그렇다. 누가 할까 했는데, 했더란 것이다.

"잉여의 부는 그 소유자가 평생 동안 공동체의 이익을 위해 잘 운영해야 하는 신성한 의탁이다."

카네기의 말이 문뜩 생각났다.

2012-04-11

껍데기는 버려야 한다

봄을 재촉하는 4월의 비가 부슬부슬 내리는 창경궁의 담벽은 유난히 짙은 회색 빛깔을 띠고 있었다. 담 너머 핀 개나리, 진달래꽃이 보이지 않았다면 그 모습이 을씨년스럽게 보일 게 분명했다. 무거운 느낌을 지우지 못한 채 만난 최광식 문화장관은 의외로 반갑게 맞아 줬다. 그와의 두 번째 만남이었기 때문인지, 아니면 최 장관의 성품 때문인지는 알 수 없지만 그 때문에 기분은 다소 밝아지고 가벼워졌다.

최 장관은 달변에 가까웠다. 목소리도 컸고 말도 끊임이 없었다. 게임산업에 대한 애정도 분명 느낄 수 있었다. 아마도 이만큼 부가가치를 창출하고 경쟁력 있는 미디어가 앞서도 향후에도 없을 것이란 듯이 예찬론을 펼쳤다. 대화를 나누면서 게임산업으로 인해 빚어진 사회적 현상과 그 편린을 얘기할 즈음엔 6척이 넘는 그의 큰 덩치가 갑자기 작아져 버린 듯했다.

한마디로 안타깝다는 것이었다. 모든 문명의 이기는 역기능과 부작용이 있기 마련이고, 따라서 그에 대한 역할과 현상을 최소화할 수 있는 노력을 기울이는 건 해당 산업계뿐 아니라 구성원이면 모두 그래야 하는데 그렇지가 못하다고 했다. 그러면서 그는 이를 과제가 아니라 숙명이라고 생각해야 할 것이라고 했다.

모처에서 만난 정부의 한 관계자는 게임계를 이렇게 비유했다. 어깨를 펴고 다녀도 되는데, 그렇게 다닐 수 없는, 그런 운명을 스스로 불러들인 자들인 듯하다고 했다. 그런 구도를 깨고 나름, 사회적으로 높은 위치와 지위를 차지할 수 있는데, 그런 곳에는 관심이 없어 보인다는 것이다. 뒤집어 보면 겸손일 수 있고 겸양처럼 보이는데, 다른 한편으론 스스로의 운명을 갬블 쪽으로 긋고 있는 게 아닌가 하는 생각을 지울 수 없더라는 게 이 관계자의 견해였다.

그렇게 보니까, 화려한 무대 뒤에 서 있는 스타들의 또다른 면모일 수 있겠다는 것으로 위안을 삼아 보지만 그조차 아니면 어떻게 하나 하는 조바심까지는 지울 수가 없었다. 그마저도 아니라면 산업인으로서도 아닌 게 뻔하고, 그렇다면 변방에서 머물다가 슬그머니 사라져 버리는 그림자 같은 존재들이 실제인 양 판을 친 꼴인데, 정말 그게 현실이라면 어찌할 것인가. 거기까지 상상력이 미치자 순간 소름이 돋았다.

게임계가 신기루의 그것처럼 보일지 모르겠지만 실은 돌을 차곡차곡 쌓아 만든 축성이다. 그 돌을 지금도 갈고닦는 이들이 적지 않다. 다름 아닌 1세대 게임인들이다.

강변 테크노마트 땀 냄새가 찌든 골방에서, 아니면 강남의 한 모퉁이 방에서, 혹은 처마가 코앞에 보이는 사무실에서 게임과 씨름하며 지내던 과거 그들의 모습이 주마등처럼 스쳐갔다. 그들은 가난하고 힘들었지만 주눅이 들어 어깨를 떨구며 살지 않았고, 상대의 매서운 눈길을 의식해 고개를 숙이며 지내지 않았다고 했다. 오로지 게임 개발에 매달렸고, 좋은 작품을 완성해 보고자 몸부림쳤을 뿐이라고 했다. 그런 그들이 고개를 들고 다니지 못하고 있다.

게임산업계의 명암이 엇갈리고 있다. 시장규모가 10조 원에 육박하면서 들녘엔 벼보다 쭉정이가 판을 치고 있고, 개발자보다는 장사꾼, 마케터들이 주무르는 시대를 맞고 있는 것이다. 옳고 그름이 오로지 흥행 여부에 달려 있고, 흥행 여부 또한 작품보다는 장사꾼, 마케터의 수완에 좌우되는 등 흔들린다면 게임을 과연 게임이라고 할 수 있을까. 그것은 게임이 아니라 갬블이다. 그리고 그것은 산업에서 파양돼 가는 지름길이다.

사회의 부정적인 시각과 게임에 대한 빨간색 경계의 신호는 바로 이 같은 위태위태한 게임산업계에 대한 일종의 메시지와 다름 아니다. 그럼에도 끄떡하지 않고 오로지 한쪽으로만 말머리를 대고 달리려 하고 있다. 그 결과는 눈을 감고 봐도 뻔하다.

게임 과몰입과 갬블의 경계선에서 퍼가기만 했지 돌려주지 않는 장사치적 양태로는 더 이상 버티기 어렵다. 할리우드가의 사람들이 사회적 지위와 위치를 쌓은 것은 외양 못지않은 내실을 기했기 때문이다. 그 내실이란 사회와의 끊임없는 대화의 몸짓이었고, 나눔이었다. 게임계가 그나마 버티고 있는 것은 진달래와 같은, 개나리꽃과 같은 존재들이 산하에 뿌려지고 꽃을 피우고 있기 때문이다. 그들이 한 폭의 그림과 같은 정원을 받쳐주고 향기를 내뿜고 있는 것이다.

하지만 게임계에 몰아닥칠 앞으로의 기상도는 그렇게 녹록해 보이지 않는다. 장대비가 쏟아질 게 분명하고 장맛비처럼 이틀이 멀다 할 만큼 게임계를 적시고 울릴 가능성이 높다. 문제는 담 높은 몇몇 집을 빼곤 키 작은 집들뿐인데. 이들을 어찌할 것인가.

회색빛으로 도배된 하늘만 바라보고 있을 순 없다. 특단의 대책을 세워야 한다. 신기루가 아니라 담너머 휘황찬란한 게임계의 미래를 위해서라도 두껍고 무거운 장막을 거둬내야 한다. 그것은 게임이 아닌 것을 마치 게임인 것처럼 포장해 끝내 말머리를 돌리려 하지 않는 이들을 솎아 내는 일이다. 이들이 개과천선하지 않고 오직 자신의 목적만 달성하려 든다면 뽑아내야 한다는 것이다.

이들로 인해 더 이상 어깨를 움츠리며 고개를 떨구고 살 수는 없는 일 아니던가. 이젠 가슴을 활짝 펴고 창경궁 길을 따라 창덕궁 돌담길도 걷고 싶다. 잔인한 4월의 봄을 맘껏 맞고 싶다. 결단을 내려야 한다. 게임 아닌 게임으로 산하를 더럽히는 자들은 드러내야 한다. 껍데기는 버려야 한다는 것이다.

2012-04-18

정부 여당 대표의 문화산업 인식

박근혜 정부 출범 이후 게임업계가 가장 궁금해했던 것은 게임에 대한 이 정부의 시각과 접근방식이었다. 지난 참여정부 이후 게임은 진흥보다는 규제 쪽에 무게를 싣고 정책이 수립됐다. 특히 기대를 모았던 실용정부에서는 규제 정책에 얼룩지다 못해 셧다운제 시행이란 차마 입에 올리기조차 수치스러운 일이 빚어지기도 했다. 그 때문인지 박근혜 정부에 대한 게임계의 기대는 거품을 우려할 만큼 컸다. 그도 그럴 것이 정권 출범에 앞서 띄워진 정권 인수위는 문화계에서 긍정적으로 평가할 수 있는 여러 방안들을 쏟아 냈다. 또 청년위원회는 게임계의 인사를 위원으로 전격 발탁하기도 했다.

인수위가 창조경제란 단어를 만들어 이를 국정 지표로 삼겠다고 발표한 것도 이즈음의 일이다. 이와 더불어 정부 출범과 함께 상당수 콘텐츠 전문가들이 청와대 부름에 달려갔다. 창조경제는 지식산업을 기반으로 한 먹거리를 총괄하는 상징어라 할 수 있다. 자원은 태부족하지만 교육열은 뛰어난 우리나라에 가장 적합한 경제활동 구조라 할 수 있다. 과학기술과 정보통신기술이 자원화되고, 이것들이 다시 문화와 융합함으로써 재화를 창출해 내는 식이다. 휴대폰 및 반도체 등의 아이템들이 바로 그것이며, 게임과 K-pop 등이 바로 창조경제에서 말하는 상품군이다.

그런 측면에서 엊그제, 국회에서 교섭단체 대표 연설을 한 황우여 새누리당 대표의 기조 연설 내용은 가히 충격적이다 못해 우려를 금할 수 없다. 황 대표는 이날 경제, 사회, 문화, 복지 분야 등을 구체적으로 언급하면서 게임을 마약과 도박, 알코올과 함께 우리 사회의 4대 악으로 규정하며 이를 척결할 것임을 다짐했다. 특히 황 대표는 구체적인 수치를 들어가며 이들의 해악을 지적하기도 했다.

그러나 그가 언급한 대로 보면 최근의 모순된 사회현상과 문제점들이 모두 이로 비롯된 것이라는데, 과연 그러한가 하는 점이다. 그 부문만 척결하게 되면 사회가 깨끗해지고 정화된다는 것이냐는 것이다. 황 대표가 끌어들여 인용한 일부 수치에 대한 허구성 또한 굳이 지적하고 싶지 않다. 그러나 이날 그가 밝힌 자료가 지난 5월 새누리당 소속 아무개 의원이 입법화에 앞서 발표한 자료의 수치와 상당히 유사하다는 데 주목하고자 한다. 이 법안은 설득력이 없어 현재 국회에 계류 중인 것으로, 이런 법안의 자료가 소속 당 대표의 연설문에 활용됐다는 게 놀랍고 황당할 뿐이다.

일각에선 대표 연설이란 것이 말 그대로 선언적 의미에 불과한 것이 아니겠느냐며 점잖게 넘어가자고도 한다. 하지만 사회 문화 현상에 대한 여당 대표의 인식이 이 정도라면 좀 더 심각하게 고민해봐야 하지 않겠느냐는 것이다.

황 대표는 이날 국회 연설에서 많은 양의 원고를 경제 분야에 할애했다. G20국가가 된 점, 20~50클럽에 가입한 세계 10위권의 국가가 된 점을 이야기했고, 곧 3만 달러의 국내총생산(GDP)을 앞두고 있으나 정치가 발목을 잡아 어정쩡한 모습을 보이고 있다고도 했다. 따라서 정치가 창조경제의 안착을 위해 도움을 줘야 한다는 것이다.

여기서 간과할 수 없는 것은 경제를 강조하면서 창조경제의 킬러 콘텐츠로 떠오르고 있는 게임을 사회 구조악의 한 축이라고 주장하는 황 대표의 모순된 논리다. 그는 경제 전문가가 아니며 법률 쪽에 가깝다. 하지만 많은 사람은 그를 여당 내 대표적 싱크 탱크 또는 정책의 브레인으로 평가한다. 여당 내 그가 차지하는 비중은 그의 직책대로 대표 위원이자 여당을 대표하는 수장이다.

그런 그가 참모들이 만들어준 연설 자료를 검토하지 않고 그대로 읽었다고는 믿기지 않는다. 그렇다면 사안의 심각성은 매우 크다 아니할 수 없다. 그의 데이터에 47만의 게임 중독자만 있고, 30억 달러에 이르는 수출로 문화산업계의 아이콘으로 떠오르고 있는 게임산업에 대한 효용 가치가 입력돼 있지 않다면 얘기는 달라진다.

박근혜 정부가 출범한 지 벌써 8개월째를 맞는다. 그럼에도 불구하고 게임계가 방향타를 잡지 못한 채 우왕좌왕하는 것은 이처럼 이상한 곳에서 굉음이 터져 나오고, 기다리는 진흥책은 안개 속에 숨은 것인지 아니면 애초부터 없는 것인지 가시적인 게 전혀 보여지지 않기 때문이다.

창조경제가 제대로 뿌리를 내려 미래 경제를 부양할 수 있을지 의심스럽다. 특히 정부 여당 대표의 문화산업에 대한 인식 수준은 이 같은 염려를 떨쳐 버릴 수 없게 만든다. 한쪽 눈으론 균형을 잡을 수 없다. 더욱이 좌우가 대립하는 시점에선 더욱 그렇다 할 것이다. 게임, 아니, 게임산업계가 그렇게 녹록해 보이던가. 창조경제가 형성되려면 아직도 요원하다는 생각을 지울 수 없다.

2013-10-10

게임문화와 제도권의 정서 괴리

지난 3일 오후 4시 콘텐츠진흥원 대강당에서는 새해를 맞아 콘텐츠산업계 관계자들이 참석하는 신년 인사회가 열렸다. 해마다 열리는 교류회지만 이 모임의 특별한 성격 때문인지 부처 장관 등 많은 관계 인사들이 참석, 올 한 해의 가능성을 다짐하는 등 서로를 격려하는 시간을 가졌다.

그러나 이 행사에 유독 게임계 인사들만 눈에 띄지 않았다. 게임문화재단의 신현택 이사장과 인터넷PC문화협회 김병곤 회장 두 사람 정도만이 눈에 들어왔을 뿐이다. 경쟁 업종의 인사들은 거의 다 참석했다 할 만큼 부산했다면 게임계 인사들은 그렇지가 못했다. 눈을 씻고 찾아봐야 할 정도였다.

오랜만에 만난 콘텐츠 업계 인사가 필자에게 반갑게 말을 건넸다. "요즘 잘 지내시는지요." 그의 성품을 잘 알고 있기 때문에 평소 같으면 그가 건넨 말 그대로 잘 지낸다고 했을 텐데, 그날따라 속이 꼬여 있었다. "뭘 잘 지내요. 잘 지낼 턱이 있나요" 하고 퉁명스럽게 답했다.

그랬더니 그가 필자의 곁으로 다가와서 이같이 말했다. 연회장을 가리키며 "이런 식으로 하니까 게임계가 욕을 먹지 않습니까." 그는 농담식으로 가볍게 말을 건넸지만 게임계 사람들이 보이지 않는 것이 마치 필자 잘못인 양 그 소리를 듣자마자 허둥지둥, 순간 몸 둘 바를 몰랐다.

그것은 단절을 의미하는 것처럼 느껴졌다. 게임계가 등을 대고 있는 것인지 아니면 사회가 '왕따'를 시키고 있는지는 확실하지 않지만, 분명한 것은 뭔가 게임계와 사회가 소통하지 못한 채 서로 다른 언어를 쓰는 것처럼 느껴졌다. 산업 중심에 서 있으면서도 가운데 자리를 지키려는 것이 아니라 주변인으로 머물려는 속성을 어찌 보면 겸손이라고 할 수 있지만 나홀로 유유자적하려는 것이라고 비친다면 얘기는 상당히 달라지고 복잡해진다. 그만큼 게임계가 사회의 보편적 정서와는 일정한 선을 긋고 있음을 부인키 어렵다.

그간 필자는 칼럼을 통해 게임계의 이 같은 몸짓을 태생적 수줍음으로 말해 왔다. 맑고 순수하지 않으면 드러낼 수 없는 게 수줍음이다. 소년의 수줍음은 그래서 곧잘 문학의 한 표현 기법으로 쓰여 왔다. 실제로 게임계는 이제 소년의 티를 벗어나는 시기에 있다. 불과 18년의 산업 성상을 쌓아 온 데 불과하기 때문이다.

그럼에도 게임계에 대한 사회로부터의 주문이 잇따르는 것은 성상 쌓기에 비해 책임과 역할이 너무나 막중한 까닭이다. 게임 과몰입과 사행 그리고 게임의 폭력성에 대한 사회의 반향과 반발이 생각보다 심각하고, 우려의 강도 또한 예상을 훨씬 뛰어넘는 수준이란 점에서 간단하게 판단하고 넘어갈 성질의 것은 아니다.

게임계의 자의에 의해서인지 아니면 타의에 의해서인지 분명치 않지만 2008년 게임문화재단이 출범하자 사회 각층의 인사들은 일제히 환영의 의사를 나타냈다. 이를 두고 시민단체에서는 게임계가 제도권으로 진입하려는 첫걸음을 뗐다는 반응을 보였다.

하지만 그뿐이었다. 사회사업 기금 조성이란 큰 뜻으로 출범한 문화재단의 활동은 초라하고 옹색했다. 사업은 겉돌기 시작했다. 사정을 살펴보니 이사회와는 별도로 기부금 관리 위원회라는 것이 있어 이곳에서 기금에 대한 사용처를 통제했던 것이다. 게임계가 제도권과는 달리 게임계 방식의 문화재단 운영을 채택함으로써 사회 정서와 또 선을 그어 버린 것이다.

게임산업협회는 과거 김범수 전 NHN 대표와 필자가 협회의 필요성을 제기하면서 만들어졌다. 이익단체가 존립해야 함의 절박성도 그것이지만 게임계를 제도권으로 빨리 진입시켜야 게임이 엔터테인먼트 산업의 지류로 인정받을 수 있다는 판단에서다. 하지만 김범수 회장이 물러나자 협회는 표류하기 시작했다. 독버섯 같은 게임계 방식의 운영이 슬그머니 자리해 버린 것이다. 정관에도 없는 메이저 중심의 운영위원회를 만들더니 여기서 이사회 역할을 수행토록 한 것이다. 제도권에서 보면 웃지 못할 일들이 벌어진 셈인데, 마치 이것이 게임계의 방식인 것처럼 지금까지 버티고 있다.

게임은 온라인에서 이뤄지지만, 실질적 비즈니스는 오프라인, 굴뚝 현장에서 만들어진다. 정확히 말하면 제도권에서 사업이 이뤄진다. 따라서 제도권의 정서를 외면하고서는 아무것도 할 수 없다.

게임계는 그동안 납득할 수 없는 게임계 방식의 문화를 밀어붙임으로써 제도권과의 단절을 초래해 왔다. 실제로 이로 인해 시민단체 등 제도권과의 마찰이 끊이지 않았다. 그 대표적인 사례가 새누리당 신의진 의원이 추진 중인 '게임중독법'이다. 게임계가 제도권의 정서를 반영하고, 단절의 문화가 아닌, 친사회적 기업임을 앞세워 사회와의 소통에 주력했다면 '게임중독법'과 같은 터무니없는 법은 거론되지도 않았을 것이다.

변해야 한다. 게임계 방식의 문화로는 그 어떤 것도 할 수 없다. 사회에 새로운 것을 더하자는 게 아니라 '나 홀로' 아리랑을 즐기겠다는 것일 뿐이다. 우리 사회의 주변인을 양산하고 단절을 가져오게 하는 요인이라고밖에 말할 수 없다. 그렇다면 사회의 보편적 정서를 받아들여야 한다는 것이다. 특히 인터넷 방식, 게임계 방식은 던져 버려야 한다.

최근 만난 L&K 남택원 사장은 제도권으로 진입하려는 게임계의 노력이 절실하다고 말했다. 그것은 게임이 문화의 지류로 편입되지 않으면 더 이상 발전할 수 없다는 말과 같다 할 것이다. 소통이 이뤄지지 않는 게임 문화로는 산업성장과 엔터테인먼트 시장편입은 아주 요원한 일이라고 할 수 있다. 수줍음보다 책임감이 더 요구되는 시점이다.

2014-01-24

알리바바의 거상 마윈과 손정의

중국의 전자 상거래 업체인 알리바바가 미국 증시에 상장되면서 연일 화제를 뿌리고 있다. 알리바바는 이번 뉴욕 증시 상장으로 세계 정보통신(IT) 기업 가운데 시가 총액 기준으로 구글(4,061억 달러)에 이어 세계에서 두 번째로 큰 기업(2,016억 달러)이 됐다. 잘나간다는 페이스북보다 시총 규모가 더 크고 대한민국을 좌지우지한다는 삼성전자의 그것(1,706억 달러)보다도 더 많다.

그 중심에는 마윈(馬雲)이라는 걸출한 인물이 서 있다. 항저우의 한 가난한 시골 마을에서 태어난 그는 머리가 명석하거나 공부를 잘하는 학생과는 거리가 먼 평범한 학생이었을 뿐이다. 대학도 명문 북경대나 칭화대 입학은 꿈도 꾸지 못했다. 그저 잘하는 영어만을 믿고 미국 하버드 대학 등에 입학 원서를 내기도 했으나 그때마다 낙방을 거듭했다. 그런 그가 3수 끝에 선택한 대학은 평범한 학생들이 주로 입학한다는 항저우 사범대학이었다.

대학을 졸업하고 그는 한때 영어 교사로 근무하기도 했다. 하지만 자신의 체질과 적성이 맞지 않는다고 판단되자 곧바로 교사직을 때려치웠다. 그리고 단돈 50만 위안(한화 약 8,500만 원)을 손에 쥐고 전자상거래 업체인 알리바바를 설립해 새로운 세상과의 싸움을 시작했다.

5척 단구라고 할 정도로 작은 키의 소유자인 마윈은 외모조차 받쳐주지 못했다. 익살스러운 얼굴이라고 하지만 밉상에다, 작고 마른 체형으로 존재감조차 찾아볼 수 없었다. 하지만 그는 한 번도 자신의 외모에 대해 콤플렉스를 느껴본 적이 없다고 할 만큼 주변 사람들 앞에서 당당했다. 특히 그의 빼어난 언변은 좌중을 사로잡기에 충분했다. 그의 언변은 오늘날의 마윈을 있게 한 재일교포 기업가 손정의의 투자를 이끄는 기폭제가 됐다.

규모경제를 실현하는 것도 중요했지만 당장 사업화를 꾀하기 위해서는 막대한 자금이 필요했다. 하지만 그같은 목돈을 쥐기가 쉽지 않았다. 마윈이 투자자를 소개해 달라고 요청한 사람은 야후 설립자 제리양이었다.

마윈의 부탁을 받은 제리양은 고심 끝에 자신이 잘 아는 IT산업 투자의 귀재 손정의 회장을 마윈에게 소개했다. 마윈은 그 자리에서 무려 2,000만 달러(한화 약 208억여 원)에 달하는 자금을 유치하는 데 성공했다. 알리바바에 거금을 투자한 손 회장은 후일 한 모임에서 마윈의 말솜씨에 대해 당장 투자하지 않으면 두 번 다시 자신에게 기회가 오지 않을 것 같았다며 칭찬했다.

알리바바 그룹 회장 마윈은 이제 13억 인구 중국의 최대 갑부가 됐다. 그리고 그의 기업 알리바바는 이번 뉴욕 증시 상장으로 무려 20~30조 원에 달하는 자금을 현금으로 확보하게 됐다. 알리바바가 전자상거래 전문기업에서 문화, 엔터테인먼트 산업을 아우르는 명실공히 통신 융합 기업으로 발돋움하겠다는 뜻을 품고 있는 것도 다 이 같은 엄청난 자금원이 뒤를 받쳐주고 있기 때문이다.

알리바바는 이를 토대로 이미 한국 게임기업 주변을 기웃거리고 있다. 게임이 킬러 콘텐츠가 될 것이라는 예측에 대해 아무리 강조해도 부족함이 없다는 사실을 경쟁사인 텐센트를 통해 터득해 온 알리바바이기에 한국 게임 기업에 대한 투자는 더 이상 늦출 수 없는 과제가 되고 있다는 것이다. 이를 지켜보면서 정작 부러운 것은 일약 세계 기업으로 우뚝 선 알리바바도 그리고 중국의 최대 갑부로 올라선 마윈도 그리고 알리바바에 2,000만 달러를 투자해 무려 747억 달러의 거금을 손에 쥔 손정의도 아닌 성공 스토리를 만들어 내는 스토리텔러와 투자 환경이었다.

게임을 비롯한 엔터테인먼트 산업에 투자 자원이 고갈됐다는 건 비단 어제오늘만의 얘기는 아니다. 특히 게임은 펀드 자체를 찾아볼 수가 없을 지경에 처해 있다. 정부도, 창투사도 손 놓기는 마찬가지다. 투자 환경이 예전에 비해 훨씬 나아졌는데도 이처럼 뒷짐을 지고 있다면 뭔가 뒤틀린 문제가 있는 것이다.

성공 스토리를 결코 현실 이야기로 받아들이지 않으려는 금융계의 불신이 산업 전반에 걸쳐 팽배해 있는 게 아닌가 하는 의구심을 제기하지 않을 수 없다. 그러기 때문에 투자규모 역시 통 크게 움직이지 않고 고만고만하게 이뤄진다. 확실히 보여주는 곳에만 자금줄을 열어주니 이 문 역시 박할 수밖에 없다. 스토리텔러(기업) 입장에서도 안타까움을 호소하긴 마찬가지다. 투자자들이 늘상 하드웨어적인 관점에서 상품(콘텐츠)을 평가하려 든다는 것이다.

마윈이 알리바바에 대한 기업 공개를 앞두고 불명확한 자금 용처로 곤욕을 치른 적이 있다. 지금은 해프닝으로 여겨지겠지만 당시로서는 그에게 절체절명의 위기라고 할 수도 있었다. 그러나 그 어려움은 알리바바의 대주주인 손정의 회장에 의해 해결될 수 있었다. 손 회장은 논란이 된 금전 문제를 당시의 불투명한 중국 시장 환경과 여건 등을 예로 하여 개미 투자자와 심사 관계자들의 이해를 구한 것이다.

마윈은 올해 우리 나이로 50세가 된다. 50세는 타고난 자신의 운명을 안다는 지천명이라고 하기도 한다. 그는 과연 억만장자가 되는 자신의 운명을 알고 있었을까. 마윈과 손정의의 만남이 기가 막힐 뿐이다.

그들의 성공 스토리가 정말 부럽게만 다가온다. 말 그대로 풍전등화 같은 게임계의 처지가 딱한 때문인지 통 크게 움직인 그들의 그릇에 절로 고개가 숙여진다. 우리 산업계엔 이 같은 인물이 없을까.

2014-09-24

게임 저널리즘의 실종

언론계 친구들로부터 자주 듣는 얘기 가운데 하나는 게임 저널리즘을 제대로 구현하는 매체가 과연 몇 개나 되느냐는 점이다. 이에 대해 자신 있게 말할 수 있는 처지가 못돼 입을 다문 적이 한두 번이 아니다. 진정, 게임 저널리즘을 추구하면서 이를 제대로 실천하는 매체가 있긴 한 것인가.

업계 전문지라는 특수성을 고려하더라도 미디어라면 적어도 저널리즘에 무게를 실을 수밖에 없다. 그럼에도 그런 매체가 있느냐고 질문한 것은 역설적으로 그만큼 제대로 된 업계 전문지가 없다는 뜻인데, 이를 현실적으로 변명하자면 저널리즘에 입각한 보도 기능을 살리기가 생각보다 그렇게 쉬운 일이 아니라는 사실이다.

무엇보다 열악한 업계 전문지의 경영 환경이다. 특히 게임 전문지의 경우 상당수가 경영난을 겪고 있다. 그 까닭은 워낙 많은 매체들이 업계에 난립하고 있는 것이 요인이라고 할 수 있지만 그 못지않게 미디어에 대한 게임계의 인식이 타 산업에 비해 매우 낮기 때문이다. 미디어 업계에서 흔한 말로 상대적으로 식자층이 넓지 않은 것으로 알려진 자동차 산업계보다 못한 곳이 다름 아닌 게임계라고 칭할 정도이고 보면 매체에 대한 게임계의 인식 수준이 어느 정도임을 짐작하고도 남음이 있다 할 것이다.

그러다 보니 취재 대상이자 기사의 주요 공급원인 게임업계가 절대 갑의 위치를 차지하며 자신들의 구미에 맞는 목소리를 조율하는, 어처구니없는 상황이 빚어지기도 한다. 그러나 이 같은 일은 이젠 더 이상 새로운 일이 아닌 게 됐다. 특히, 말 그대로 자신들의 입맛에 맞지 않는 기사가 나가게 되면 그 즉시 광고 지원을 끊어버리는 일은 다반사라 할 정도로 비일비재하다. 그래서 독자들이 요구하는 탐사보도 같은 기사는 변명처럼 들릴지 모르겠지만 준비할 수도, 기획할 수도 없다.

최근 논란을 빚고 있는 진경준 검사장의 넥슨 비상장 주식 특혜 매입 의혹도 이 같은 게임 저널리즘의 실종에서 비롯된 인과응보의 사건이 아닌가 한다. 만의 하나, 당시 게임 언론들이 두 눈을 부릅뜨고 이를 제대로 지켜보고 있었거나 또는 그같은 시도를 꾀하는 이에게 잘못된 일임을 주지시켜주는 경각심과 두려움을 안겨줬다면 결과는 상당히 달라졌을 것이라는 생각이다.

언필칭, 게임 저널리즘을 회복시켜야 한다는 것이다. 일부 게임업체들의 도덕 불감증은 둘째 치더라도 산업에 대한 정체성을 바로 세우기 위해서라도 반드시 실현해야만 할 과제라 아니할 수 없다. 이를 위해선 게임 언론이 먼저 나서 실천하고 노력해야 하겠지만 그같은 미디어의 토양을 조성하고 바로잡으려는 업계의 관심과 지원 또한 절실하다 하겠다. 실례로 일본의 부품산업이 지금까지 세계 시장에서 선봉에 설 수 있었던 것은 특화되고 전문화된 업계 전문지들이 제 몫과 역할을 잘 수행해 주었기 때문이다.

게임 저널리즘을 다시 일으켜 세워야 할 두 번째 이유는 사회에 대한 게임업계의 새로운 자리 매김을 위해서다. 사회가 다양화되고 전문화되면서 엄청난 미디어들이 쏟아지고 있다. 또 미디어들의 자기 영역 구분이 사라지고 있다고 할 정도로 종합지와 경제지들의 취재 영역은 갈수록 확대되고 있다. 그러나 이들의 역할과 기능은 분명한 한계가 있다 하겠다. 업계의 소식을 세세히 담아내지 못할 뿐 아니라 업계의 주장과 목소리를 지면에 옮기는 데 조심스러운 모습을 보인다는 것이다. 이럴 경우 제도권과의 소통이 사실상 불가능하다. 또 양비론적인 시각으로 인해 갈등과 반목이 더 키워지는 사례는 과거에도 자주 지적된 문제점이기도 했다. 결국 업계 전문지 밖에 더 없지 않느냐는 결론에 이르게 됐다.

마지막 이유는 제대로 된 게임 문화의 씨앗을 뿌리고 양산하기 위해서다. 지금 대한민국 게임 문화는 한마디로 암흑기라 할 수 있다. 게임 산업계에는 지금 게임을 사고팔기 위한 마케팅만 존재할 뿐, 이를 수용하면서 얻은 게임 문화는 거의 없다 할 지경이다. 업계 종사자들은 보이지 않고 오로지 게임만 굴러다니는 셈이다. 그렇다 보니 게임계의 역사라는 게 변변치가 못하다. 게임만 휭휭하며 길을 쓸고 다닌 것이다. 하지만 산업 역사는 제품 뿐 아니다. 사람과 기업의 스토리를 함께 담은 나이테다.

게임 저널리즘을 업계 입장에서 보면 미운 오리 새끼와 같은 존재일 수 있다. 그러나 보기 싫고, 듣기 싫다 해서 재를 뿌릴 수는 없는 노릇이다. 그것은 다름 아닌 우리 게임산업계의 역사이자 나이테의 현장이기 때문이다.

미국의 3대 대통령이자 철학자인 토마스 제퍼슨은 저널리즘의 중요성을 정부의 존재보다 더 높게 평가했다. 그는 그래서 펜 없는 정부보다 정부 없는 펜을 택하겠다고 자주 언급하기도 했다. 대통령이 된 뒤 그는 언론의 혹독한 비판에 때늦은 후회를 하기도 했지만 그렇다고 재를 뿌리진 않았다.

그것도 역사의 한 과정이고 발전해 가는 절차라는 것이었다. 지금 게임계는 게임 저널리즘의 실종으로 홍역을 앓고 있다. 그렇다면 더 큰 대가를 치르기 전에 이를 회복하는 노력을 기울여야겠다. 파수꾼이 없으면 결코 넘볼 수 없는 철옹성도 쉽게 무너질 수 있다는 게 역사의 교훈이다.

2016-06-27

게임계 역사성에 대한 소고

온라인 게임의 시작이라고 하면 '바람의 나라'를 꼽는다. 1996년 선보인 이 게임은 당시로서는 아주 파격적인, 텍스트 기반의 '머드 게임'에 화려한 그래픽을 얹어 단숨에 화제를 불러일으켰다. 송재경·김정주 등 5인의 개발자가 완성한 '바람의 나라'는 이후 유사한 온라인 게임의 등장에도 지금까지 꿋꿋하게 자리를 지켜오는 등 팬들로부터 사랑을 받아 왔다. 이 같은 이유로 이 작품은 영원한 라이벌이자 동반자 격인 '리니지'와 함께 한국 온라인 게임의 역사이자 원조로 불려 왔다.

그러나 '바람의 나라'보다 먼저 온라인 게임의 형식을 빌려 발표된 작품이 있었다. '단군의 땅'과 '쥬라기 공원'이란 게임이다. 이들 작품은 '바람의 나라'보다 약 2년 먼저 발표됐는데, 유연한 게임 구조와 소재의 뛰어남으로 대학생들로부터 아주 좋은 반응을 얻었다. 하지만 머드 기반이란 구조적인 한계를 벗어나지 못했고, 게임의 연속성에 문제점을 드러내는 단점을 보여줬다. 그렇지만 온라인상에서 함께 대화를 나누고 역할을 나눠 동시에 임무를 수행해 간다는 점에서 오로지 PC게임만 즐기던 이들에겐 적지 않은 재미를 선사하기도 했다.

게임계에서는 그동안 온라인 게임의 시작을 어떤 게임으로 봐야 하는지를 놓고 논란이 적지 않았다. 예컨대 머드 게임이라고 불리는 '쥬라기 공원'이나 '단군의 땅'을 온라인 게임의 시작으로 본다면 한국 온라인 게임 역사의 시작을 보다 더 앞당겨 봐야 하기 때문이다. 그러나 이들 작품이 오늘날 온라인 게임으로 불리는 게임과는 유사하지만 그 전형에 해당되느냐에 대해서는 업계 내에서도 의견이 분분하다.

또 텍스트 기반의 게임을 온라인 게임의 시작으로 인정한다고 가정한다면 '쥬라기 공원'과 '단군의 땅' 가운데 어떤 작품을 시작이자 시초로 볼 것이냐 하는 점이다. 한 작품은 먼저 서비스를 시작했지만 경쟁 작에 비해 완성도가 떨어지고, 다른 한 작품은 나름 스토리 라인을 갖추고 있었지만 경쟁 작에 비해 서비스 일정이 한두 달 정도 늦다. 그러나 상당수 전문가들은 머드 게임과 온라인 게임에 대해 서로 다른 유형의 게임으로 봐야 한다는 입장인 것 같다. 그 때문인지 그래픽을 지원하면서 오늘날의 온라인 게임의 전형을 보여준 '바람의 나라'를 온라인 게임의 시작으로 봐야 한다는 의견이 우세하다.

이 같은 평가에도 불구, '바람의 나라'에 대해 다른 의견을 보이는 전문가 그룹 또한 적지 않다. 과연 그 당시 '바람의 나라'가 대중성과 상업성을 고루 갖추면서 오늘날의 온라인 게임의 전형을 보여준 것이냐 하는 점이다. 결코 그렇지 않다는 것이다. 그런 측면에서 일각에서는 경쟁작 '리니지'를 온라인 게임의 역사의 시작으로 봐야 한다는 주장을 펴기도 한다. 이를테면 명실공히 온라인 게임으로 불리기에 제 조건을 충족한 작품은 '리니지'가 시초라는 것이다. 엔씨소프트에서 발표한 '리니지'는 1998년 게임 프로그래머 송재경과 또다른 거인 김택진 등이 합작해 만든 MMORPG로, 발표되기 무섭게 게임시장에서 돌풍을 일으킨 화제작이다.

여기서 주목하고자 하는 것은 지금 온라인 게임의 시작과 그 시조가 되는 게임을 두고 새롭게 갑론을박을 펼쳐 보자는 게 아니다. 사실 여부와 주변 정황에 대해서는 언론에서 책임을 져야 하겠지만 역사성에 대한 책임 규명은 게임학회 등 학계의 몫이라고 생각하기 때문이다. 그러나 안타깝게도 온라인 게임이 서비스된 지 무려 20개 이상의 성상을 쌓았음에도 불구, 이 부문에 대한 명확한 기준과 해답을 내놓지 못하고 있다는 것은 게임학회를 비롯한 게임계가 뭔가 우선순위를 잘못 두고 온 탓이 아니냐는 부끄러움이 앞선다. 더욱이 온라인 게임 종주국이라고 자부하는 대한민국 게임계에서 이에 대한 정의 또는 기준조차 제시하지 못하고 있다는 것은 한마디로 수치라고 생각한다.

게임계가 제도권을 향해 황금알을 낳은 미래 수종산업이라고 자랑했지만 지금 세상에 드러난 것은 사행과 중독 그리고 폭력성이 전부다. 족보도 없고, 근본도 없으니 형제도 없는 셈이 되는 게 아닌가. 그 잘난 표현으로 청정산업이자 지식사업이며 콘텐츠의 핵심 코어로 불리면 무슨 소용이 있는가. 그런 식으로 마치 자해와 같은 무신경으로 버티니 게임인들은 모래알과 같다는 말을 듣는 게 아닌가 싶은 것이다.

최근 게임 웹진을 포함한 일부 게임 관련 신문 기사를 보면서 다소 황당하다는 느낌을 가진 적이 적지 않다. 그것은 온라인 게임에 대한 용어를 슬그머니 PC게임으로 통칭해 사용하는 사례가 늘고 있기 때문이다. PC를 기반으로 하는 게임이 현재는 온라인 게임밖에 없고, 모바일 게임과 상대되는 플랫폼 개념으로 PC 온라인 또는 PC게임으로 표기한다면 그것 자체만을 놓고 볼 때 틀린 표기라고 할 수 없다는 생각이 든다.

그러나 이는 온라인 게임에 대한 역사성을 간과하고 우리가 그렇게 자부하며 외쳐온 온라인 게임 종주국이란 명예를 스스로 사장하는 표기법이다. 이를 그대로 방치할 경우 게임의 장르에는 온라인게임은 사라지고 아케이드 게임과 비디오 콘솔 그리고 PC게임과 모바일게임만이 존재하게 될 게 뻔하다. 그럼에도 이에 대한 문제점을 지적하고 언급하는 이들이 하나도 없다.

산업과 기업은 오로지 역사의 기록으로만 남는다. 지금까지 이를 간과하며 살아왔다면 산업인으로서, 또 게임인으로서 한참을 잘못 산 것이나 다름 아니다. 아주 자그마한 것들을 우리가 소중히 여기고 가꿔 나가는 마음의 자세가 역사를 기록하는 첫걸음이자 시대 정신이라고 생각한다.

제도권에서 게임계를 우습게 생각하고 하대한다고 생각해 본 적이 있는가. 그렇다면 제대로 된 역사와 자신들의 스토리를 창출해 내지 못했기 때문이라고 보면 맞다. 스스로에 대한 자존감이 없는데 어느 누가 존경하고 어려워하겠는가. 그런데 있는 것조차도 지워 버리려 한다면 그것은 역사 앞에 죄를 짓는 것이라고 해야 할 것이다.

굳이 여기서 온고지신을 얘기하고 싶지 않다. 그런데, 그 같은 몸짓이라도 보이려면 쥐꼬리만 한 뭔가가 있어야 하지 않겠는가. 안타깝게도 필자의 눈에는 매일 지우려는 업계의 모습만 눈에 들어오니 이를 어찌할 것인가.

2016-07-11

게임계의 품위와 위상을 높이는 길

제도권이란 사회의 큰 틀을 의미한다. 거기에는 규범과 제도가 있고, 결코 벗어나서는 안 되는 선이 있다. 한편에서 보면 정형화된 듯하지만, 그런 틀이 존재함으로써 사회가 유지되고 지탱해 나간다는 점에서 다소 견고한 측면이 강하다. 이 같은 틀이 불편하거나 마땅치 않아서 제도권에서 벗어나려는 이른바 '경계인'들이 존재하지만, 이들의 상당수는 그저 소수로 분류될 뿐이다.

사실, 제도권으로 편입되지 않고서 할 수 있는 일은 그다지 많지 않다. 또 그 같은 시도는 끊임없이 탐구하며, 도전하는 시험적인 동선으로만 읽힐 뿐이지, 그 이상도 이하도 아닌 셈이 된다. 인류 역사에 기록되고, 남겨진 것만이 참된 삶이거나 몸짓이라고 단언할 순 없지만, 그렇다고 형체를 거의 알아볼 수 없는 것에 대한 역사적 의미를 부여한다는 것은 한강에서 돌을 찾기만큼 그렇게 쉬운 일은 아니다.

그 때문에 제도권의 근저에는 도도한 역사의 줄기가 흘러넘친다. 따라서 이에 대한 준거를 제시하지 못하면 제도권에서는 이를 인정하거나 수용하려 들지 않는다. 이는 아주 배타적인 제도권의 민낯이긴 하지만, 그것이 제도권의 틀을 유지해 나가는 또 다른 요소로 작용한다는 점에서 이에 대한 검증 절차를 무조건 깎아내릴 수는 없는 노릇이다.

산업 또는 시장의 제도권 편입이 그래서 어려운 것이다. 특히 신종 업종에 대한 제도권의 경계는 빈틈을 허용하지 않는다 할 만큼 세밀하고도 밀도 있게 이뤄진다. 그리고 법률적 정비는 그 마지막 순서이다. 이 같은 모든 절차를 끝내야만 제도권의 산업으로, 또는 제도권의 업종으로 인정돼 사회적 예우를 받게 된다.

1백여 년의 역사를 지닌 영화가 제도권에 편입된 것은 에디슨의 영사기 발명 이후 뤼미에르 형제가 시네마토그래프란 기기를 만들어 내고, 또 그들이 상업 영화라고 선보인 '기차의 도착'이 발표된 이후 거의 30여 년이 지난 후의 일이다. 특히 역설적으로 1930년대 미국의 대공황이 빚어지지 않았다면 아마도 영화의 제도권 진입은 그보다 더 미뤄졌을 게 분명했다. 하지만 세계경제 공황은 영화를 가장 대중적이고 가치 있는 미디어로 평가받게 했고, 오늘날 미국의 최대 수출 상품이 됐다. 프랑스에서는 영화를 아예 9가지 예술 분야 중 제7의 예술 분야로 떠받들고 있다.

영화와 같은 종합 예술 장르 가운데 하나로 꼽히는 게임에 대한 제도권의 평가는 대체로 인색하다. 단지 이채로운 것은 국가별 시각이 다르고, 게이머 수용 환경에 따라 평가 또한 극과 극으로 나타난다는 점이다.

이웃 일본은 게임을 오래전부터 제도권 문화로 인정하며 육성해 왔다. 법률적 정비도 상당히 앞서 있다는 평가를 받고 있다. 미국도 일본과 엇비슷하다. 게임을 자국의 문화 예술 장르로 편입시켜 전략적으로 육성하고 있다. 정책 지원을 살펴보면 세제 혜택은 물론 영화 못지않은 자금 지원을 펼치고 있다. 한마디로 게임을 영화와 마찬가지로 종합 대중문화 예술로 보고 있는 것이다.

우리나라의 경우는 좀 다르다. 온라인 게임의 장르를 세계 최초로 완성하면서 엔터테인먼트 장르 가운데 가장 많은 수출 실적을 올리고 있지만, 이에 대한 제도권의 평가는 아주 냉랭한 편이다. 그럼에도 전 세계적으로 게임 산업 육성을 위해 관련 법률을 제정한 것은 대한민국이 최초다.

문제는 그 이후부터 빚어졌다. 게임이 과몰입과 폭력성, 사행성의 주범으로 몰리기 시작하면서 이에 대한 규제책이 마구 쏟아져 나왔다. 그 대표적인 게임 규제책은 2011년 시행된 셧다운제다. 이 제도의 시행은 수출

역군이란 자부심 하나로 근근이 버텨온 게임계의 가슴에 대못질을 하게 됐다. 끝난 듯 끝나지 않는 규제책은 모바일 게임이 주력시장으로 떠오른 지금까지도 멈추지 않고 있다. 진흥 방안은 멈춰 서 있고, 자금 펀드는 거의 찾아보기 힘들게 됐다. 게임 메이저들은 자신들 울타리 지키는 데만 급급한 형국이다. 게임계의 품위와 위상이 완전히 산산조각이 난 것이다.

그나마 다행스러운 것은 게임계에 대한 제도권의 실낱같은 변화의 움직임이 조금씩 포착되고 있다는 사실이다. 그중 하나는 게임에 대해 문화예술로서의 지위를 부여하겠다는 법 개정 작업이다. 때늦었지만 아주 고무적인 일이라 아니할 수 없다.

게임계가 어정쩡하게 제도권 주변에만 머물지 말고 하나하나씩 과제를 끄집어 내 스스로 정비하려는 지혜를 발휘해야 한다고 본다. 그게 당당한 산업으로 인정받고, 대중문화 예술로서 게임이 자리매김하는 길이라고 생각한다. 그 같은 일이 고단하고 피곤한 일이 될지라도 이 시대에 맡겨진 게임인의 소명이라면 받아들여야 한다. 그것은 다름 아닌 게임계의 역사를 새롭게 기록하는 길이며, 후대 게임인들에게 당당히 게임을 대중문화 예술로서의 가치를 인정받게 하여 품위와 위상을 높이는 또 다른 길이기도 하기 때문이다.

2017-02-06

누가 키워 온 e스포츠인가

김영만 전 한빛소프트 사장과 프로게임협회 설립을 위한 절차 협의를 위해 시청 앞 조선호텔로 급히 달려간 건 1999년 5월의 이른 아침 시간이었다. 전날 게임리그 '배틀탑' 이강민 사장과의 저녁 일정이 길어져 늦게 귀가한 탓에 약속 시간을 맞출 수 없었다. 호텔 로비엔 이미 김 회장과 몇몇 게임계의 인사들이 서 있었다. 회의는 협회 창립을 위해 상당 기간 준비를 해왔기 때문인지 순탄하게 진행됐다. 이날 참석한 이들은 두 달 후, 한국 프로게임협회 발기인 총회를 개최하고, 초대 회장에 김영만 사장을 선출했다.

e스포츠협회의 전신인 한국 프로게임협회가 세상에 발을 내딛는 순간이었다. 한국 프로게임협회는 이후 21세기 프로게임협회라는 이름으로 명칭이 변경됐고, 시대의 흐름에 걸맞은 협회 명칭이 필요하다는 지적에 따라 2003년 12월 e스포츠협회란 이름으로 간판을 바꿔 달게 된다.

e스포츠협회는 이후 대한민국 e스포츠산업을 이끌며 자리매김해 왔다. 종목 선정과 대회 개최지 선정, 프로게이머 소양 교육 등을 전담하면서 명실공히 e스포츠의 산실로 불려왔다. 협회가 이처럼 빨리 궤도 진입을 실현할 수 있었던 것은 산업과 스포츠를 누구보다 잘 알고 있는 김영만이란 걸출한 인물의 리더십이 크게 작용했다고 봐야 한다. '스타크래프트'란 게임을 국내에 들여와 그 누구도 예상치 못한 흥행을 이끌었고, 이를 토대로 e스포츠란 새로운 문화의 양태를 만들어낸 이가 다름 아닌 그였기 때문이다. 김영만은 실제로 자신의 사업 목적보다는 e스포츠의 세 확산과 중흥을 위해 사재를 털어가며 혼신의 힘을 기울였다.

최근 그와 만났을 때 김영만은 e스포츠에 대한 만감이 교차하는 듯했다. e스포츠가 생활 문화 속으로 스며들며 게임에 대한 부정적인 시각을 불식시켜 줬다는 점에 대해 그는 큰 보람을 느끼는 듯했으나 급성장하는 중국 e스포츠 산업을 애기했을 때는 못내 안타까움을 감추지 못했다. 그러면서도 그는 국내 e스포츠 산업의 무한한 성장과 가능성에 대한 비전을 놓치지 않았다.

그렇다. e스포츠는 열화 같은 팬들의 게임 사랑과 마중물이 된 게임 원로들이 만들어낸 합작품이다. e스포츠란 명칭도 그렇다. 해외에서도 각종 게임대회를 열면서 e스포츠란 용어를 쓰지 않았다. 대한민국 e스포츠계가 이 용어를 쓰기 이전까지는 그랬다. 그저 랜 파티 정도로만 불렸고, 아니면 게임 대회 명칭을 그대로 가져다 썼다.

e스포츠란 용어는 1999년 전자신문에서 e스포츠 섹션을 구성한 때부터 자리를 잡기 시작했다. 그 이전엔 외국과 마찬가지로 게임 프로리그란 이름으로 대회가 열렸다. 해외 언론에서 간간히 e스포츠란 용어를 쓰긴 했지만 일회성에 그쳤다. 게임대회가 전문 케이블 방송에서 방영되면서 e스포츠란 용어는 사실상 대중화됐다. 그런 측면에서 e스포츠는 우리가 만든 국제적 용어라 할 수 있다.

e스포츠계의 산실인 e스포츠협회가 최근 비리의 온상으로 비치고 있다. 거침없이 달려가도 경쟁국에 못 미친다 할 판에 게임계 농단사건의 중심인물로 협회 관계자들이 지목되면서 협회 업무가 파행으로 치닫고 있다. 이 부문에 대해서는 검찰 수사를 통해 명명백백 밝혀지겠지만 어떻게 만든 단체인데 마치 특정인의 개인 후원 기관처럼 협회를 운영했느냐는 것이다.

앞서 언급했듯이, e스포츠와 협회는 얼굴을 드러내지 않는 많은 게임계 인사들에 의해 만들어지고 성장해 왔다. 협회 발기인으로 참여한 이들뿐 아니라 자문 역을 맡아 밤낮으로 도움을 준 이들이 적지 않다. 박지원, 김한길 등 전 문화부 장관들은e스포츠의 산파 역을 맡은 사람들이다. 유진룡 전 장관도 마찬가지다. 그런데 몇몇 함량 미달인 자들이 서로 작당해 산업에 먹칠을 해버렸다. 논란을 빚고 있는 아무개 비서관이란 자는 지금은 고인이 된 백화종 전 게임물등급위원장이 직원 월급을 해결하기 위해 집을 저당 잡혀가면서까지 지키려 했던 위원회의 주요 자리까지 탐해 측근을 그 자리에 앉혔고, 주요 직책에 있는 협회 고위 임원들은 그 비서관과 함께 부화뇌동했다.

협회를 그렇게 사유화한 때문인지 역대 회장단 기록엔 프로게임협회 임원들의 이름이 없다. 오로지 e스포츠협회 회장 이름만 남아 있다. 이뿐인가, 명예 회장은 버젓이 두면서 회장이 유고인 상황임에도 신임 집행부는 구성하지 않았다. 그저 자신들의 직책만 올려 사무국장을 사무총장으로 그럴싸하게 포장해 놓았고, 그가 협회의 대표이사라는 알 수 없는 직책으로 대외 활동을 하게 했다.

이 같은 행태를 과연 정상이라 할 수 있겠는가. 검찰에서 밝힌 협회의 비리는 제쳐 두고라도 이 같은 협회 조직과 운영 체계는 비정상의 정상이라 고밖에 말할 수 없다. 협회가 불과 3~4년 만에 사유화되는 등 무너져 내린 것이다. 이를 감독하고 행정 지도를 해야 하는 정부는 도대체 뭘 했단 말인가.

더 큰 문제는 협회의 몰골이 이 지경에 놓여 있음에도 불구하고, 다들 하늘만 쳐다보며 손을 놓고 있다는 사실이다. 중국 등 e스포츠 경쟁국들은 치고 달려가는데, 대한민국 e스포츠는 마치 늪에 빠진 것처럼 허우적대고 있다. 이를 어찌할 것인가. 방관만 하면서 마치 강 건너 불 보듯 하고만 있을 것인가. 가타부타 말하고, 누군가가 나서 급한 불은 꺼줘야 하지 않겠나.

안타까운 점은 이 같은 위기의 상황에 당당히 나서 줄 게임계의 의인을 찾기가 쉽지 않다는 데 있다. 그 잘난 흥행의 마술사들, 산업계 전문가들은 다 어디로 갔는가. 갑자기 게임계의 원로, 산업 맏형의 필요함이 절실히 느껴지는 건 단지 필자만의 생각은 아닐 것이다.

2017-11-27

찰나적 사고와 게임음악

애니메이션의 왕국을 건설한 월트 디즈니(Walt Disney)가 1920년대 후반, 만화 영화에 음향을 넣을 수 있다는 사실을 안 건 순전히 우연의 일이었다. 여러 사진을 모아 그것을 프레임으로 집대성하면 활동 사진으로 변한다는 원리를 알게 된 디즈니가 우연한 기회에 한 무성 영화를 보면서 만화 영화에 음성과 음악을 삽입하면 어떨까 하고 만든 작품이 '증기선 윌리호(Steamboat Willie)'였다. 오늘날의 관점에서 보면 별게 아니지만, 당시로서는 파격적인 시도였던 것이다. 그는 이 작품을 통해 '미키 마우스'란 캐릭터를 선보였고, 디즈니의 만화영화는 이후 경제적으로 어려움을 겪고 있던 미국 사회에 꿈과 희망을 안겨주면서, 전 세계를 대표하는 애니메이션 왕국을 건설했다.

찰나적 사고와 이를 실천하는 경영은 이처럼 기업과 세상을 한순간에 바꿔놓는 동인이 되는 경우가 적지 않다. 특히 엔터테인먼트 장르 쪽으로 들여다보면 이 같은 찰나적 사고에 의해 판이 뒤바뀌는 사례는 수없이 많다.

아케이드 게임의 개척자로 불리는 놀란 부쉬넬(Nolan Bushnell)은 사실, 아케이드 게임계에선 후발주자다. 그보다 먼저 스티브 러셀(Steve Russell)이란 청년이 '스페이스 워(Space War)'란 게임을 만들어 시장에 선보였기 때문이다. '스페이스 워'는 게임의 아버지로 불리는 윌리엄 하긴보섬(William Higinbotham)의 '테니스 포 투(Tennis for To)'란 게임과 함께 게임의 원형이라 불리는 작품이다.

학창 시절, 이 게임을 지켜봐 온 부시넬은 '스페이스 워'와 유사한 게임을 만들어 팔기 시작했고, 이보다 한층 더 게임성을 강화한 '퐁(Pong)'을 제작해 판매했는데, 이것이 팬들의 구미에 맞아떨어진 것이다. 시장에선 '퐁'을 찾는 고객들이 줄을 이었고, 자본금이 불과 수십 달러에 그친 아타리(Atari)사를 일약 상장 기업으로 비상시키는 기폭제가 됐다. 솔직히 부시넬이 만들어낸 '퐁'의 게임성이란 것도 사실, 별게 아니었다. 고장 난 줄 알았던 게임 기기는 동전이 들어차면서 삑삑 소리를 낸 것이었는데, 그는 그 소리를 놓치지 않고 게임기기에 삽입, 재미를 강조했던 것이다.

게임은 이처럼 찰나적인 요소들이 많이 가미되는 종합예술이다. 그 때문인지 당초 구상했던 그림과는 판이하게 다른 모습으로 게임이 완성되는 사례 또한 적지 않다. 다른 대중 문화예술보다 상대적으로 많은 장르를 갖추고 있는 것도, 어찌 보면 다 이 같은 찰나적 요소들을 버려두지 않고 잘 버무린 때문이라고 할 수 있다.

하지만, 그 반대로 다양한 흥행 요소를 갖추고 있음에도 제대로 살리지 못하는 경우도 있다. 그 대표적인 게 게임음악이다. 게임과 음악은 떼려야 뗄 수 없는 깊은 상관관계에 있는 협업 분야다. 경쟁국 일본과 미국은 게임 음악을 전략적으로 키우고 있다. '파이널 판타지'와 같은 베스트셀러 음반도 있고, '스타크래프트의 주제 음악' 등 스테디셀러도 많다. 그러나 안타깝게도 국내 게임업계에서는 이를 그저 게임을 완성하기 위한 액세서리 장르 정도로만 여기고 있다.

불과 수년 전까지만 해도 게임음악에 대한 중요성을 내다보고 다방면에 걸쳐 투자를 시도한 게임기업들이 없지 않았다. 하지만 가성비가 떨어진 때문인지, 아니면 게임음악에 대해 큰 매력을 못 느낀 탓인지 그다지 관심을 보이지 않고 있다. 그냥 급조해 쓰면 그만이라는 사고가 팽배해 있다.

엔터테인먼트 시계에서 확연히 변화하고 있는 건 윈도(Window) 흐름이 완전히 해체되고 있다는 점이다. 과거, 영화 → 비디오 → 음반 → 출판 → 게임 등의 순으로 이뤄지던 윈도 체계의 경계가 최근 들어서는 완전히 무너지고 있다는 것이다. 이에 따라 게임을 소재로 한 영화와 음악이 동시에 만들어지고, 또 게임과 출판이 함께 이뤄지는 사례는 더 이상 새로운 얘기가 아닌 셈이 됐다.

게임업계가 수요 부진으로 고전을 면치 못하고 있다. 시장 양극화 현상은 갈수록 심화되고 있다. 새로운 수요를 발굴하고, 이를 상품화해야 한다는 목소리가 커지고 있다. 그렇다면 찰나적 사고에 의한 것뿐만 아니라 눈에 보이는 것부터 하나하나씩 제대로 일궈 나가야 하지 않을까.

그 대표적인 것이 게임음악이다. 더욱이 게임음악은 게임의 완성도를 보여주는 바로미터가 된다는 점에서 그 중요성을 아무리 강조해도 지나침이 없다 하겠다. 특히 국내 게임음악은 K-pop과 맞물리면서 또 다른 잠재수요를 이끌어 낼 수 있는 블루오션의 장르가 될 것이란 평가가 없지 않다.

머리에 맴도는 것을 두고 그냥 넋 놓고 있는 건 직무유기다. 그것을 끄집어 내 실천하는 것이 다름 아닌 찰나적 사고이자 창조적 발상이라 할 수 있다. 더군다나 게임음악은 협업 아이템에다 게임의 완성도를 높일 수 있는 최적의 장르다. 때늦은 감이 없지 않지만 지금이라도 게임음악 육성에 힘을 기울여 나가면 어떨까 싶다. 예컨대 게임은 원 소스 멀티 유즈의 전형이란 점에서 더 그렇다 할 것이다.

2018-02-19

게임위를 어찌할 것인가

박정희 정권 시절, 가장 뜨겁게 스크린을 달군 영화는 신성일, 안인숙 주연의 '별들의 고향'이었다. 1974년 개봉된 이 영화는 당시 청춘의 기수로 불리는 소설가 최인호와 거장 신상옥 감독 아래서 조연출을 맡아온 재간꾼 이장호 감독이 손을 잡고, 당대의 명물 가수 이장희와 기타리스트 강근식이 음악을 맡는 것만으로도 세인들의 관심을 끌기에 충분했다. 특히 '별들의 고향'은 작가 최인호가 대중 소설이란 이름을 기치로 내걸고 쓰기 시작한 신문 소설로, 20대 젊은 층으로부터 적지 않은 반향을 일으켰다. 이를 놓고 보면 이미 흥행을 예고하며 만들어진 영화였던 것이다.

하지만 정작 세인들의 관심은 여배우 안인숙의 가슴 노출 컷에 쏠렸다. 영화 팬들을 끌어들이기 위해 자극적으로 연출해 만든 스틸 컷이었겠지만, 이를 활용한 영화 포스터는 당시 주류를 이룬 그것들과는 자못 '격'이 달랐다. 어쨌든 이 영화는 관객 46만이라는 당시로선 상상을 초월하는 대히트를 기록했다.

이 같은 성적으로 영화사는 활짝 웃었으나, 영화 심의를 담당하는 공연윤리위원회(이하 공륜)는 때아니게 홍역을 치러야 했다. 어떻게 여배우의 가슴이 노출되는 신을 삭제하지 않고 그대로 심의 통과했느냐는 것이었다. 공륜은 이후 소재 제한과 표현의 자유를 억제하는, 통제와 검열의 주범으로 낙인찍혀 기관 무용론에 휩싸였다.

콘텐츠 제작자와 이를 심의하는 단체 간의 사이를 놓고 흔히, 절대 갑과 을의 관계라고 한다. 그만큼 심의기관의 입김이 세다는 뜻이다. '별들의 고향'에서 경아(안인숙 역)의 파격적인 장면이 심의에서 살아남지 못한 채 삭제됐다면 과연 그같은 흥행 결과를 얻을 수 있었을까. 그만큼 심의기관의 영향력과 목소리는 절대적이었다.

공륜 이후 등장한 심의 단체는 영상물등급위원회(이하 영등위)였다. 헌법재판소가 공륜의 심의 행위에 대해 검열에 해당한다며, 영화, 음악 등 문화 예술인들의 손을 들어줬기 때문이다. 그러나 영등위는 공륜의 심의 기능을 대신하기 위해 정부가 급조해 만든 단체, 그 이상도 이하도 아니었다. 그 때문인지 심의에 대한 논란이 끊이지 않았다.

국민의 정부가 들어서면서 대중문화 심의에 대한 정부의 고민은 더 깊어졌다. 아주 다양한 형태의 콘텐츠가 쏟아지기 시작했고, 특히 게임은 콘텐츠의 주류로 자리매김하며, 사회의 쟁점으로 떠올랐다. 영등위에서 떨어져 나온 게임물등급위원회(게임위)의 출범은 그런 측면에서 아주 자연스러운 현상으로 받아들여졌다.

2006년 여름 '바다이야기 사태가 빚어지면서 영등위는 만신창이가 됐다. 솔직히, 이 게임은 릴 게임 형태의 아케이드 게임으로, 특별히 눈여겨볼 작품도 아니었다. 문제는 당시 오락실에서 이를 통해 상품권 제공이 가능토록 했고, 이게 사행의 단초가 됐다. 영등위의 일각에선 이 게임의 운용에 대해 제동을 걸어야 한다는 메시지를 꾸준히 보냈으나, 끝내 오락실에서 이뤄지는 사행은 막질 못했다. 온 나라가 '바다이야기' 사태로 진흙탕이 됐고, 게임은 도박이란 오명을 그대로 뒤집어쓰고 말았다.

이 같은 수모를 뒤로한 채 출범한 게 게임물등급위원회(이하 게임위)였다. 게임위는 말 그대로 서비스 기관으로 거듭났다. 김기만, 이수근, 백화종(작고)으로 이어지는 역대 위원장들은 게임위를 탈권위적인 기관으로 만드는 데 심혈을 기울였다. 특히 김기만 초대 위원장은 게임의 대중화를 위해 게임계 인사들보다 더 발품을 팔며 민간단체 등을 접촉하며 다녔고, 백화종 위원장은 정부의 법리해석 착오로 직원들의 임금을 예정일에 주지 못하게 되자, 자신의 집을 저당 잡혀 자금을 조달하기도 했다.

게임위의 문을 닫고 게임물관리위원회(게임위)가 새롭게 출범한 것은 박근혜 정부가 들어서기 이전인 2013년 12월의 일이다. 관계 법령 개정에 따라 명칭을 바꾼 게임위는 시대 변화에 따라 다양한 혁신을 꾀했다. 자율 등급제를 도입했고, 민간 심의 단체의 출범을 알렸다. 외국 심의 단체와 제휴를 맺는 등 등급 선진화에도 힘을 기울였다.

그 같은 게임위이지만 기관 무용론 및 심의 폐지론의 여론에서는 비켜서질 못했다. 이번에는 심의기관의 본질적이고도 구조적인 문제점 때문이 아니라 적폐 청산의 연장선상에서 시장 퇴출이 논의되고 있는 것이다.

그런데 안타까운 것은, 그 선봉에 서 있는 주 공격수들이 과거와는 다르게 게임 등 대중 문화계 인사들이 아니라 정치권 주변의 인물이거나 이해득실에 따라 언제든 행동을 달리할 수 있는 익명의 인사들이 적폐를 운운하며 그같은 분위기를 이끌고 있다는 것이다. 예컨대 과거, 표현의 자유를 억압함으로써 시작된 시민 저항 의식에서 시작된 게 아니라 상당히 정치적이고도 비즈니스적 관점에서 문제 제기가 이뤄지고 있다는 사실이다. 이 같은 접근방식은 걸리적거리거나, 자신들을 불편하게 한다면 언제든 뽑아낼 수 있다는 우월적 심리와 이 기회에 무엇을 이루겠다는 한건주의에서 논의될 수 있다는 점에서 경계를 늦추지 말아야 한다는 것이다.

게임위는 업계를 직접적으로 육성하고 지원하는 기관이 아니다. 업계 입장에서 보면 항시 불편한 존재다. 솔직히 말하면 없는 편이 낫다 할 수 있다. 그러나 과연 그럴까. 그리고 때아니게 무슨 적폐의 대상이란 말인가.

2018-05-28

새롭게 떠오르는 e스포츠산업

부산의 수영구는 산과 바다를 함께 끌어안고 있는 지형으로 잘 알려져 있는 곳이다. 뒤로는 금련산이, 앞으로는 널따란 광안리 해수욕장이 자리하고 있어 옛부터 배산임해(背山臨海)의 고장으로 불려 왔다.

이곳은 또 부산의 대표적인 놀이문화의 명승지로도 잘 알려져 있다. 특히 정월대보름에 열리는 '수영야류'와 '좌수영어방놀이', '수영농청놀이' 등은 서민의 풍류와 애환을 가감 없이 보여준다는 점에서 민속 문화로서의 가치도 높게 평가되고 있다.

수영구의 또 다른 자랑거리는 약 1.4km에 달하는 반원형 형태의 백사장을 끼고 있는 광안리 해수욕장이다. 바다 수면의 깊이가 일정해 여름 피서객들로부터 좋은 반응을 얻고 있는 광안리 해수욕장은 주변에 해상 복층 교량인 광안대교가 놓임으로써 전국의 명소로 떠오르게 됐다.

하지만 이곳은 불과 20여 년 전에만 해도 아는 사람들만 드문드문 찾아오는, 말 그대로 고즈넉한 어촌 수준에 불과한 해수욕장이었다. 그렇게 한적한 해수욕장이 전국적인 관심사를 이끌고, 주목을 받기 시작한 것은 2004년 7월 '스타크래프트'라는 게임으로 프로 게임 대회의 결승전이 치러진 덕분이었다.

지난 얘기지만, 주최 측은 당초 예상 관람객 수를 그렇게 높게 잡아 놓지 않았다. 기껏해야 몇 만 정도일 것이라고 예상했다. 하지만 이날 열린 결승전에 쏠린 팬들의 반응은 가히 폭발적이었다. 무려 10만에 가까운 팬들이 운집, 대회에 참가한 선수들은 물론 주최 측도 놀라움을 감추지 못했다.

이같이 예상치 못한 반응에 놀란 곳은 선수들과 주최 측뿐만이 아니었다. 신문과 방송에서는 현장 리포트를 통해 연일 이날 프로게임(훗날 e스포츠로 불림)대회의 열기를 보도하는 등 새로운 문화 기류의 탄생과 게임 팬들의 높은 참여도를 소개하기에 이르렀다. 이는 e스포츠의 성지 탄생을 알리는 신호탄이 됐다.

e스포츠의 인구는 전 세계적으로 약 4억 명에 이르는 것으로 추산되고 있다. 하지만 그 증가 추세의 흐름은 예상보다 더 가파르게 전개되고 있다. 일각에선 2020년께면 약 10억 명의 지구촌 사람들이 e스포츠를 즐기게 될 것이란 긍정적인 전망도 없지 않다. 이쯤 되면 하계·동계 올림픽과는 별개로 글로벌 e스포츠 대회가 열려야 하지 않겠느냐는 목소리도 나올 법하다.

그런 측면에서 보면 2일 인도네시아에서 폐막된 제18회 아시안 게임에서 e스포츠 종목을 시범대회로 치른 데 대해 정식종목 채택을 위한 의미있는 첫걸음이라는 평가가 지배적이다. 대회를 마침에 따라 조직위에서는 시범종목 채택에 따른 보고서를 별도로 아시아 올림픽 평의회에 제출하게 되겠지만, 관심도와 흥행 측면만 놓고 보면 정식 종목 채택 가능성도 없지 않다. 따라서 새 종목 채택을 둘러싼 각국의 힘겨루기는 한층 더 치열해 질 것으로 예상된다.

e스포츠 무대에서 한·중·일의 경쟁은 비단 어제오늘의 일이 아니다. 경쟁국인 중국은 이미 e스포츠 산업을 전략 콘텐츠로 지목해 놓고 집중 육성에 나선 지가 상당히 오래됐다. 대학에서는 게임학과에서 아예 e스포츠 부문을 떼내 e스포츠학과로 해 이론과 실무를 겸하도록 하고 있으며, 일본도 이에 뒤질세라 e스포츠 부문에 대한 정부 투자를 강화하고 있다.

하지만 e스포츠 종주국이라고 불리는 한국 e스포츠계의 처지를 들여다보면 안타깝기 그지 없다. 협회는 여전히 회장 부재인 상태이고, 학계의 관심은 e스포츠에 대해서는 여전히 미온적이다. 정부는 잡음만 없으면 된다는 식으로, 오로지 안전 주행에만 신경 쓰고 있다. 그나마 다행스러운 것은 게임업계의 e스포츠 부문에 대한 적극적인 투자 움직임이다. 펍지의 경우 최근 e스포츠 육성을 위한 중장기 전략을 발표했고, 액토즈소프트는 전용구장 마련에 주력하는 등 e스포츠 산업 육성에 안간힘을 쏟고 있다. 그러나 e스포츠 부문에 대한 투자가 여전히 민간 베이스 중심으로 이뤄지고 있다는 점에서 중국, 일본과 크게 대비된다 할 수 있겠다.

또 이 시점에서 간과해선 안 될 것은 e스포츠에 대한 이론적 근거를 역사적 서술과 근거로 마련해야 할 것이란 점이다. 이러한 노력은 향후 있을지도 모를 종주국 논란에서 벗어나기 위함이며, 국제 e스포츠계에서 이니셔티브를 쥐기 위한 사전 정지 작업의 일환임엔 두말할 나위 없다.

그런 측면에서 다음의 글은 사족에 가깝다 할 것이다. 가끔 필자에게 e스포츠라는 용어에 대해 물어오는 인사들이 적지 않다. 어떻게 e스포츠란 용어가 만들어지게 됐느냐는 것이다. 결론적으로 말하면 이 용어는 어느 나라도 아닌 대한민국에서 만들어낸 것이다. 간혹 해외 언론에서 e스포츠란 용어를 쓰긴 했지만, 아주 드문 사례였고, 이를 우리의 것으로 만들고 체득케 한 것은 대한민국 e스포츠계이다.

특히 1999년 전자신문이 일간지로는 최초로 e스포츠 면을 개설해 e스포츠 용어를 쓰기 시작하면서 이 용어가 안착했다는 것이 정설이다(《한국 게임의 역사》, 187쪽). 그럼에도 상당수 e스포츠계 인사들이 e스포츠란 용어가 어떻게 만들어 졌고, 어떻게 시작됐는지에 대해서도 까마득히 모른 채 e스포츠 산업을 논하고 있다. 한마디로 부끄럽고 창피한 일이다. 그러니까 자꾸 중국과 일본에서 종주국 타이틀을 놓고 기웃거리는 게 아닌가.

e스포츠 산업이 글로벌화되면서 얻는 것보다 잃는 게 더 많아지고 있다. 하물며 종주국 타이틀까지 잃고 싶지 않다. e스포츠의 성지인 광안리 해수욕장이 속한 부산 수영구는 충절의 고향이다. 때를 놓치면 수성의 기회는 다시 돌아오지 않는다. 국내 e스포츠산업 육성을 위한 재정비의 노력이 절실한 때라 아니할 수 없다.

2018-09-03

입법기관의 몽니

국회는 최근 국감 증인으로 김택진 엔씨소프트 사장을 불러 세웠다. 이전, 김범수 카카오 이사회 의장과 이해진 네이버 이사회 의장을 차례대로 증인석에 세운 국회는 이들을 잇따라 불러들여 뭔가 큰 뉴스 거리를 내놓을 듯 요란을 떨었지만, 결과는 소문난 잔칫집에 먹을 게 없다는 옛말이 딱 맞다 할 만큼 별다른 소득을 거두지 못했다.

이날 국회를 통해 처음 모습을 보인 김 사장은 검은 슈트 차림의 다소 굳은 듯한 인상이었지만, 의원들의 질의 수위가 예상과 달리 평이한 수준을 넘지 못하자, 자신 있게 자신의 소신을 밝혀 나갔다. 순간, 장내에는 저 정도 수준의 질의를 하기 위해 게임계 인사들을 국회로 불러들였느냐는 비아냥 소리가 이쪽저쪽에서 들려왔다. 굳이 그렇게 하지 않아도 될 일인데, 국회가 억지를 썼다는 것이다.

기업의 임원들이 국회로 불려나갈 경우 대부분 현안 질의보다는 윽박지르기식의 질의로 곤욕을 치르는 일이 적지 않아 각 기업에서는 국회 증인 출석을 되도록이면 피하게 하려고 안간힘을 쓰는 편이다. 특히 증인 선서 이후 의원들의 고압적인 질의 태도를 감내해야 하는 등 수모를 각오해야 한다는 점에서 각 기업들은 소속 임원들의 국회 출석을 극력 저지하려고 한다. 다행히, 과거와 달리 의원들의 질의 태도가 많이 순화(?)되긴 했지만, 증인을 향한 피의자를 다루는 듯한 밀어붙이기식의 질의 행태는 예전과 크게 달라진 게 없다.

이번 국감에서 김 사장을 비롯한 주요 인사들의 증인 채택을 강하게 밀어붙인 곳은 의외로 친게임계 의원들이 많다는 더불어민주당이었던 것으로 알려지고 있다. 이에 따라 업계에서는 믿는 도끼에 발등 찍힌 게 아니냐는 반응이 많았다. 특히 진보적 성향을 보여 온 S 의원(민주당)이 이들의 국감 증인 채택을 강하게 밀어붙인 것으로 전해지자, 주변에서는 의외라는 뒷말이 나왔다.

이번 김 사장의 국감 증언에 대해 게임계에선 예상외로 긍정적인 평가가 나왔다. 이번 국감을 통해 산업계의 실상을 있는 그대로 전달할 수 있었고, 김 사장이란 업계의 상징적인 인물이 게임시장 현안을 직접 언급함으로써 무게감을 실어줬다는 평이다. 이를테면 변방의 놀이문화로 꼽히는 게임이 제도권의 중심이라고 여겨지는 국회에서 현안이자 쟁점으로 논의됐다는 점만으로도 큰 수확이었다는 것이다.

솔직히, 상당수 선량들은 게임에 대해 여전히 불량 청소년들이 즐기는 오락 기구 정도로 여기는 경우가 많다. 또 이들의 게임에 대한 부정적인 시각은 사회의 그것과 별반 차이를 보이지 않는다는 데 고민이 있다. 조금 깨어 있다는 의원들만이 게임이 콘텐츠 수출의 50~60%를 점유할 만큼 경쟁력이 있는 문화 아이템이란 정도로만 인식하고 있을 뿐이다. 나머지 의원들은 게임은커녕, e스포츠라는 새로운 형태의 경기 종목이 무엇인지조차도 제대로 구분하지 못한다. 이러다 보니 게임은 폭력적이고, 사행성이 짙으며, 중독성이 강하다는 주장에 쉽게 공감하고 한목소리를 내는 것이다.

그런 측면에서 20대 국회에 진출해 있는 김병관 의원(민주당)의 고군분투는 눈여겨볼 대목이다. 왜냐하면 그는 게임계 출신인 데다 의원들에게 게임에 대한 선문답을 명쾌하게 답해 줄 수 있는 적임자로 보이기 때문이다. 그는 또 지난해 업계 숙원 과제인 문화예술 진흥법 개정안을 발의하기도 했다.

게임계 모두가 공감하는 말이지만, 게임이 종합 예술이라는 사회적 동의를 받는 과정에 게임계가 너무 소홀했다는 지적은 비단 어제오늘의 얘기가 아니다. 그것은 오로지 시장만 키우면 쉽게 얻어지는 일인 줄만 알았다. 수출을 잘하고 경제에 이바지하게 되면 자연히 그 위치에 오를 것으로만 믿었다. 하지만 순진한 생각이었던 것이다. 그럼에도 그렇게 반세기를 흘려보냈다.

문화예술진흥법은 대중문화 예술의 범위를 정해놓은 법률이다. 간단하게 보일지도 모르겠지만 그렇지가 않다. 제도권에서는 이 법안에 속하지 않는 장르에 대해서는 대중 예술이라고 칭하지 않는다.

1972년 제정된 이 법은 문학, 미술, 연예, 음악 등을 문화예술의 범위로 정해 놓고 있으며, 몇 년 전, 법안 개정을 통해 만화 장르를 새로 대중 예술 범위로 편입시켰다. 김 의원이 내놓은 법안 개정안은 이 같은 내용을 골자로 하고 있다. 하지만 지금까지 이에 대한 답이 없다. 미뤄 짐작하면 게임에 대해 부정적인 사고를 가지고 있는 일부 의원들이 해당 상임위에서 법안을 그대로 틀어쥔 채 차일피일 미루고 있는 게 아닌가 하는 의구심을 감출 수 없다.

문화체육관광부가 2014년 말 게임계를 위무할 목적으로 원로급 등 몇몇 게임계 인사를 대상으로 훈포상을 주는 방안을 추진한 적이 있다. 실무진은 이에 따라 포상 범위 등 법률적 검토 작업에 들어갔으나 계획은 흐지부지하게 없던 일이 돼버렸다. 그 이유는 훈장을 줄 수 있는 법률적 근거가 없었기 때문이다.

방탄소년단이 최근 K-pop의 명성을 전 세계에 알린 공로를 인정받아 정부로부터 화관문화훈장을 받아 화제가 되기도 했다. 이처럼 대중문화예술인이 정부로부터 훈장을 받는 사례는 적지 않다. 이 모든 것이 대중문화예술진흥법에 근거한 것이다.

올해로 게임산업이 이순을 맞이했다. 국내 게임 역사만 놓고 보더라도 거의 반세기에 가깝다. 그런 게임산업이 이 같은 법률에 제외돼 있는 등 제도권으로부터 인정받지 못하고 있는 것이다. 한마디로 어불성설이다.

어찌 보면 이에 대한 책임이 게임계뿐 아니라 국회에도 없지 않다 할 수 있을 것이다. 그 같은 국회가 게임계를 불러들여 콩 놔라 팥 놔라 하는 건 상당히 이율배반적인 태도가 아닐 수 없다. 더욱이 대한민국 온라인 게임 역사를 기록해 온 인사들에게 상은 주지 못할망정, 그들을 마치 죄인 다루듯 증언대에 서라며 윽박지르는 것은 아무리 에둘러 보아도 아니라는 생각이다.

이 시점에서 국회에 당부하고 싶은 말이 있다. 제발 입법기관으로서 할 일은 하면서 국회 활동을 했으면 하는 바람이다. 혼을 내려면 당근도 함께 줘야 한다. 게임계 인사들을 국회로 불러들이려고 한다면 게임을 먼저 제도권으로 흡수하도록 하는 법 제도 정비를 서둘러 줬으면 하는 것이다. 그것이 업계의 상징적 인물들을 국회로 초치하는 최소한의 예의이자 기본이라고 생각한다.

2018-11-05

넥슨은 국민의 기업이다

넥슨이 선보인 '바람의 나라'가 발표된 것은 1996년 4월께였다. 유명 만화 작가인 김진의 동명 작품인 이 게임은 머드 중심의 게임 판도를 그래픽으로 바꾸는 등 게임업계에 일대 혁명을 일으켰다. 잘 알려져 있듯이 이 작품의 중심에는 송재경이란 걸출한 개발자가 숨어 있다.

카이스트 출신의 그는 같은 대학원 출신인 김정주와 넥슨을 창업하면서 인연을 맺게 된다. 당시 그는 이미 주변에서 빼어난 프로그래머로 정평이 나 있었다. 창업에 나선 김정주가 그의 그런 점을 놓칠 리가 없었다. 그는 송재경에게 새로운 장르의 게임 개발이란 과제를 던졌고, 송재경은 기꺼이 이를 수락했다. 그렇게 해서 만들어진 작품이 '바람의 나라'였다.

송재경은 상당히 이상향적인 인물로 알려져 있다. 예술적 집념 또한 고집스러울 정도였다는 게 그를 아는 주변 사람들의 평이다. 그런 그의 작품을 조율한 것은 다름 아닌 CEO 김정주였다.

여기서 논란의 불씨가 튀어나온다. 그 하나는 송재경의 의지대로 '바람의 나라'가 만들어져 서비스됐다면 과연 어찌 되었을까 하는 점이다. 아마도 오래가지 않아 종료됐을 것이란 시각과 그렇지 않고 더욱더 예술적 작품으로 진화했을 것이란 견해가 그것이다. 어찌 됐든 현실적 상황을 견뎌내지 못한 송재경은 넥슨을 나오게 된다. 그리고 그들은 더 이상 연을 맺지 않게 된다. 김정주는 넥슨을 한국을 대표하는 게임 기업으로 만드는 데 정열을 쏟았고, 송재경은 예술성 있는 게임 개발에 힘을 기울이게 된다.

재미있는 점은 넥슨이 국민 기업이라고 한 데 대해 여러 의견이 쏟아져 나온 것이다. 그 가운데 오로지 돈벌이에 급급한 넥슨에 대해 '돈슨'이 아닌 미국 유명 배급사인 월트 디즈니에 비교해 언급하는 것이 과연 적절하느냐는 지적도 많았다. 더군다나 월트 디즈니는 어린아이들에게 꿈과 이상을 심어준 기업인데 반해 넥슨은 전혀 그렇지 않다는 것이다. 결론적으로 말하면 틀린 말이라고 할 수는 없지만 그렇다고 아주 맞다고도 볼 수 없다.

솔직히, 일각에서 평가하는 것처럼 월트 디즈니의 색깔이 오로지 하얗다고만 할 수 없다. 그렇다고 노랗다거나 검은색이라고 할 순 없지만, 전적으로 그렇다고 단정 짓기에는 어려움이 있다. 굳이, 여기서 넥슨 편을 들고자 하는 말은 아니다. 하지만 그들이 없었다면 그래픽 베이스의 온라인게임은 탄생하지 않았을 것이다. 또 이 같은 게임 개발의 경험은 상용 온라인게임의 원조인 '리니지' 개발로 연결돼 대한민국 온라인게임 시대를 여는 기폭제가 됐음을 부인키 어렵다.

넥슨이 '돈슨'으로 불리게 된 결정적인 계기가 된 '메이플스토리'는 횡스크롤 장르의 게임이다. 이 작품은 전 세계적으로 1억 8천만 명 이상이 즐기고 있고, 지금도 청소년층에선 가장 인기 있는 게임으로 꼽히고 있다. 캐릭터 역시 큰 사랑을 받고 있다. 결정적인 흠은 이른바 '노가다'로 불리는 게임 내 업데이트 사역이 의외로 많다는 것인데, 유저들이 문제점으로 지적하는 것이 바로 이 부문이다.

그렇지만 전체 이용가 게임 가운데 게임 팬들로부터 이처럼 사랑을 받아온 작품은 지금까지 없었다는 평가는 지나침이 없다 할 것이다. 또 '메이플 스토리'를 퍼블리싱한 넥슨이 그처럼 게임에 대해 연구하지 않았다면 게임 내 캐릭터의 '원 소스 멀티 유즈'란 개념 도입은 아주 한참 뒤에 공론화되거나 실현됐을 게 확실하다.

넥슨의 시험적인 시도를 통해 게임계의 궤도 수정을 이끈 작품은 또 있다. '퀴즈퀴즈'란 게임이다. 이 작품은 제목 그대로 퀴즈를 풀어가는 과정을 그린 게임이다. 그런 게임 구조 때문인지 시장에선 큰 재미를 보지 못했다. 그러나 이를 통해 게임의 부분 유료화라는 새로운 수익 구조를 만들어냈다. 특히 이 부분 유료화는 정액제로 고착화된 게임 결제 방식에 획기적인 변화를 안겨줬으며, 당시, 채산성 확보에 어려움을 겪어온 게임업계에 단비 같은 역할을 하기도 했다.

국내 게임계의 역사는 짧게는 20여 년, 길게는 60여 년으로 보고 있다. 가깝게 보는 이들은 온라인게임의 역사를 기점으로 하는 것이고, 멀리 보는 이들은 아케이드 게임의 연보까지를 얘기하는 것이다. 1백 년 하고 반세기를 더할 즈음의 역사를 갖고 있는 영화의 그것과는 빗댈 수가 없다. 하지만 김정주와 같은 CEO 형과 송재경과 같은 개발자 형이 서로 머리를 맞대고 싸우며 이룬 결과가 대한민국 게임의 역사다.

한쪽에선 게임의 예술을 논하고자 하지만, 그것은 현실과 어울리지 않을 수 있다. 또 한편에선 '금궤'를 추구하고자 할 수 있지만 그것으론 유저들을 불러 모을 순 없다. 절충의 미학이다. 김정주 형과 송재경 형은 따로 있는 게 아니라 우리 게임인들의 자화상이자 현재 진행형의 모습이다. 한쪽으로 쏠렸다고 해서 그건 아니라고 할 수 없다는 것이다. 이 모두가 부인할 수 없는 게임계의 산물이고 역사다. 받아들여야 한다는 것이다.

가족물 중심의 영화를 제작해, 고전을 면치 못해 온 월트 디즈니가 돈이 되는 액션 활극을 만들기 위해 고육지책으로 내놓은 방책이 할리우드 픽처스와 터치스톤이라는 영화 제작사를 계열화하는 것이었다. 이들은 월트 디즈니에서 감히 하지 못한 장르의 영화를 맘껏 찍고 찍어 흥행시장에 가세했다. 이들이 만든 작품 가운데는 폭력성으로 논란을 빚은 작품도 적지 않다. 그럼에도 월트 디즈니와 비교하는 게 대단한 결례라고 한다면 더 이상 할 말이 없다.

그럼에도 넥슨의 손을 잡고 당신들은 국민의 기업이라며 감히 동의를 구하고자 하는 것은 김정주와 같은 CEO 형과 송재경 같은 개발자 형이 상호 보완적 관계을 맺으며, 대한민국 게임 산업을 주도해 왔고, 그런 그들이 만든 무대를 통해 때론 환호의 즐거움과 때론 한탄과 애증의 감정을 동시에 표출하게 했다는 점 때문이다. 게임인이 걸어온 그 길을 보면 영화의 그것과 꼭 닮아 있다. 이젠 게임 차례다.

영화가 그랬듯이 노블레스 오블리주(사회적 책임)의 길을 하나하나씩 실현하는 것이다. 넥슨이 먼저 그 절차를 밟고 있고, 엔씨소프트와 넷마블이 그 바통을 이어갈 것이 분명하다. 왜냐하면 게임은 태생적으로 국민의 기업이란 또다른 운명에서 벗어날 수 없다는 점에서 그렇다.

2019-02-11

사라져 버린 e스포츠 산업 10년 역사

대한민국 건국일을 놓고 진영 간 논란이 치열하다. 한편에선 1948년 8월 15일을 건국일로 보자고 하지만, 다른 한편에선 임시정부의 법통을 언급하고 있는 헌법을 기초로 1919년 4월 11일을 건국일로 봐야 한다고 주장한다. 필자가 공부하던 초·중·고교 시절, 8월 15일은 정부 수립일로 불렸다. 그러다가 한 세대가 흐르니까 슬그머니 정부 수립이 아니라 건국일로 바뀌었고, 이후 또 한 세대가 등장하니까 이를 놓고 갑론을박 수준이 아니라 투쟁하듯 싸움을 벌이고 있다.

30년의 길고 짧음을 놓고 벌이는 역사가들의 공방이라면 그나마 봐줄 만 하겠지만, 그것이 진영 간, 계층 간 논쟁으로 이어지고, 결국엔 국민을 분열시키는 요인으로 작용하고 있다는 점은 씻을 수 없는 과오의 역사를 지니고 있는 우리 민족에게는 큰 아픔이자 불행이라고 아니할 수 없다. 매듭을 짓고 가야 할 때 그 매듭을 제대로 추스르지 못하고 질질 끌고 다녔기 때문이다. 그런 측면에서 식민, 친일 역사를 청산하지 못해 끝내는 건국일까지도 혼선을 불러오고 있다는 일부 진영의 주장은 설득력이 없지 않다.

나랏일도 그렇지만 산업 역사와 기업 소사 역시 그것만큼이나 긴요하다. 그것이 종국엔 나라의 역사의 일부로 편입되고, 역사의 한 줄기로서 자리매김할 것이기 때문이다.

산업 역사가 상대적으로 창대하지 못한 게임산업은 겨우 60여 년의 성상을 쌓아 왔다. 윌리엄 하긴보섬의 '테니스 포 투' 게임을 시초로 본다면 이제 환갑을 갓 넘은 셈이다. 우리나라의 게임 역사는 1970년대 만들어진 아케이드 게임과 대기업들이 일본서 들여 오기 시작한 컴퓨터 게임기 도입 시기를 산업 태동 시기로 보고 있다. 그러나 본격적으로 산업화를 꾀한 시기는 1980년대 후반으로 보는 게 일반적이다.

이 같은 산업 토양을 발판으로 만들어진 것이 온라인게임이다. 서울대 공대, 카이스트 등에서 인터넷을 접하며 성장한 이들 대학 출신들이 온라인게임을 개발, 상업화에 나서면서 게임산업의 역사가 시작된 것이다. 여기서 주목할 점은 온라인 게임의 역사가 시작된 시점을 어디에다 두고 볼 것인가 하는 것이다.

여기에는 1996년 발표된 '바람의 나라'와 1998년 선보인 '리니지'가 있다. 한 작품은 대단한 반향을 일으키며 시장에서 폭발적인 인기를 얻었으나, 다른 한 작품은 그 정도는 되지 못했다. 또 한 작품은 오늘날의 온라인게임의 전형을 보여주었지만, 다른 한 작품은 그런 수준에까지는 미치지 못했다. 그런데 이 두 작품의 개발자가 공교롭게도 송재경이란 걸출한 인물이었다는 것이다.

온라인게임 태동 시기를 1996년 '바람의 나라'가 발표된 때로 볼 것인가, 아니면 1998년 '리니지' 출시 시기로 볼 것인가. 안타깝게도 이에 대한 결론은 여전히 미뤄지고 있다. 왜냐하면 단순히 게임 형식만 놓고 보면 이들 작품보다 앞서 발표된 온라인 게임이 존재하기 때문이다. 따라서 이를 정의할 학계의 진지한 논의가 이뤄져야 함은 두말할 나위 없다.

최근 한국 e스포츠협회가 《e스포츠 20년사》란 책자를 발간해 화제가 되고 있다. 관련 사진과 e스포츠 경기 결과를 상세히 기록하는 등 e스포츠 20년에 대한 의미와 전망을 가득 담아 놓았다.

그런데 정작 책의 내용을 들여다보니 'e스포츠 20년사'가 아니라 'e스포츠 10년사'였다. 10년의 역사가 사라져 버린 것이다. 특히 e스포츠의 본산이라고 자부하는 대한민국 e스포츠협회에서 만든 역사서에서 e스포츠의 태동 배경과 e스포츠에 대한 용어의 탄생 등이 쏙 빠진 채 두루뭉술 언급되고 있을 뿐 아니라 e스포츠협회의 전신인 프로게임협회의 족적들은 하나같이 지워져 있었다.

e스포츠산업은 미국, 일본, 중국 등이 호시탐탐 노리는 새로운 전략 요충지다. 그 때문인지 이웃한 일본, 중국 등 후발 경쟁국들은 가져다 쓸 게 있으면 놓치지 않고 서술하고 있다. 그런데, 정작 e스포츠 종주국이라고 불리는 우리나라 산하단체란 곳에서는 침소봉대는커녕 되레 존재하는 역사를 외면한 채 축소해 버렸다.

이 같은 일련의 사례들은 성장 위주의 게임시장과 게임기업만 바라보는 미시적인 관점에서만 게임 산업을 평가한 데 따른 것이다. 문화·사회적 관점에서 바라본 학계 연구는 상당히 찾기 힘들다. 그렇다 보니 기술 개발 트렌드와 작품 평론을 모은 연구서가 전부다 할 정도다. 게임을 산업적 관점에서 거시적 안목으로 고찰하고 연구한 논문은 거의 찾기 힘들다. 가깝게는 20여 년의 역사에서 좀 더 큰 시선으로 보면 40여 년의 역사를 자랑하는 한국 게임 산업에 대한 학계의 연구가 절실한 상황이다. 이 같은 역사적 평가가 제대로 이뤄지지 않는다면 한국 게임산업은 정통성 논란 등 혼돈의 늪에서 헤어나지 못할 게 분명하다.

최근 몇 년 사이, 외신을 보면 온라인게임이란 장르가 슬그머니 사라졌다. 대신 PC게임이란 장르가 등장했다. 온라인게임이란 장르를 PC게임에 합쳐 놓은 것이다. 그 배경에 대해 정확히 알려진 바는 없다.

하지만 일각에선 온라인게임이란 용어가 대한한국에서 만들어졌다 할 만큼 독보적이기 때문에 이를 못마땅하게 여긴 미국, 일본 등 선진 게임업체들이 PC게임으로 이를 퉁쳐 버렸다는 것이다. 이에 대한 사실 여부를 확인할 길은 없으나 온라인게임 장르가 게임 장르 구분에서 사라진 건 확실하다. 문제는 이 같은 배경조차 모른 채 그들의 방식 그대로 PC게임이란 명칭을 내려받아 쓰는 일부 게임기자들의 행태다. 역사를 잊고 사는 민족에게는 미래가 없다. 일련의 대한민국 건국일 논란도 그 연장선상에서 이

해하고 싶다.

매듭을 확실히 짓고 넘어가야 한다. 나라와 민족의 문제뿐 아니라 산업의 역사도 마찬가지다. 늦었다 생각될 때가 가장 빠른 때다. 게임 산업의 역사를 제대로 평가하고 기록을 남겼으면 한다.

더불어 사족을 붙이면, e스포츠의 역사는 그것이 일천하기 때문에 아직까지 주변에 산증인들이 많다는 점이다. 다시 말하면 정확한 역사의 팩트를 기록할 수 있다는 뜻이다. 그런데 'e스포츠 20년사'의 내용을 들여다보면 경기 기록 결과만을 집대성해 놓은 격이다. 그 안에서 시스템을 만들고 토양을 만든 사람들은 찾아볼 수 없다. 무성의한 것인지, 아니면 역사 의식이 없는 것인지. 도대체 그게 뭔가. 정말 창피할 따름이다.

2019-10-07

은혜를 배반으로… 시진핑의 중국

중국에선 풍요를 기원하는 서원(묘)들을 심심찮게 발견하게 된다. 우리로 치면 '성황당'과 같은 곳인데, 이런 서원들이 시골 한적한 곳에 있는 것이 아니라 도심 한가운데 있는 경우가 허다하다. 특히 그 가운데 두드러진 곳은 '삼국지연의'에 등장하는 관우의 상을 모시는 '관제묘(關帝廟)'였다.

그 까닭을 알아보니까, 관우는 중국인들로부터 '비즈니스 신(神)'이라고 떠받들어지고 있었다. 이 같은 풍습이 언제부터 시작됐는지 그 기원에 대해 정확히 알려지지는 않고 있으나, 전문가들은 중국 상술이 크게 발달했던 송(宋)나라 때부터 그렇게 되지 않았나 하는 추측만 있을 뿐이다.

그런데 현자보다는 용장에 가까운 관우가 중국인들로부터 비즈니스 신으로 받들어지는 배경이 재밌다. 적장인 조조에게 붙잡힌 관우가 자신의 주군인 유비를 배반하지 않고 끝까지 의리를 지켰기 때문이라는 것이다. 언뜻 의리와 비즈니스가 무슨 상관관계가 있길래 그처럼 관우를 떠받들까 싶지만, 곰곰이 생각해 보니 상거래에서 배신은 치명적인 독이 되기 때문인 듯하다.

중국은 배신의 역사로 점철된 나라 가운데 하나다. 굳이 춘추시대까지 거슬러 올라가지 않아도 될 만큼 근현대사에도 배신의 역사는 수두룩하다. 청나라 말기 한족 출신이면서 만주족 왕조인 청나라 고위관료를 역임해 '한간'으로 불린 증국번(曾國藩)과 이홍장(李鴻章) 같은 이들이 대표적인 인물이다. 물론 중국 근대화 과정에서 이들에 대한 역사적 평가를 달리하는 부분도 없지 않으나, 배신자의 울타리에서 벗어나지 못하고 있는 것은 사실이다.

딱 예외는 있다. 남송시대의 진회다. 그는 한족을 배반하고 여진족의 금과 내통했다는 미움을 사긴 했지만, 결과적으로 남송을 지키는 데 큰 역할을 한 것이 뒤늦게 알려졌기 때문이다. 그만큼 2,500년 중국 역사에서 충절의 기록은 거의 찾아볼 수 없다 할 만큼 배신의 역사는 일상사가 됐다.

중국이 세계무역기구(이하 WTO)에 가입하지 않고 미적거리고 있을 때, 끝까지 중국을 믿고 이끌어준 나라는 미국이다. 중국은 가입 조건의 아킬레스건으로 떠오른 국제 저작권 협약 준수 문제가 가장 큰 쟁점이 됐다. 당시 중국은 저작권 보호에 관한 한 해방구였다고 불릴 만큼 불법 저작물이 난무한 나라였다. 그럼에도 그들을 감싸주고 다독거려준 나라는 미국 등 주변 선진국들이었다. 하지만 중국은 이를 두고 끝까지 망설였다. 그리곤 2001년, 가입 국가 중 가장 꼴찌로 WTO에 가입 협정서를 제출했다.

그렇게 WTO에 가입한 중국이 지금은 미국과의 무역 전쟁을 치르고 있다. 상대가 럭비공 스타일인 트럼프 대통령이란 점과 중국 역시 시진핑이라는 매우 고압적이고 자신의 일방적인 목소리만 내는 인물이라는 점을 고려하더라도 다소 의외라는 느낌을 지울 수 없다. 미국 측 입장에선 백 번 천 번 배은망덕한 일인 것이다.

사드 사태로 간극이 벌어진 한중 간의 무역 갈등 역시 한때 봉합의 기미를 보이더니, 지금은 이도 저도 아닌 듯하다. 소비 및 관광 부문을 제외하고는 여전히 중국 측의 몽니 정책이 계속되고 있다. 이렇게 되자, 롯데, 삼성 등 일부 대기업들과 중견기업들은 아예 중국 시장에서 탈출하려는 엑소더스 방침을 세우거나 준비 중이다. 언제는 무조건 들어오라고 하더니, 이제 좀 먹고살 만하니까 뱃살을 드러내며 거드름을 피우는 것이다. 상대가 그렇게 나오니 우리 기업들 반응 역시 좋을리가 있겠는가. 더 미련도 없다는 것이다.

몽니 정책 수준에서 아예 말살 움직임을 보이는 곳은 엔터테인먼트 분야다. 한국인이 포함된 미국의 한 대학 교향악단의 공연도 트집을 잡으며 제동을 걸었고, 2년여 전 추진된 소프라노 조수미의 중국 공연도, 방탄소년단(BTS)의 현지 공연도 지금까지 아무 이유 없이 미뤄지고 있다. 더욱이 한국 게임에 대해서는 무려 2년 8개월여 동안 현지에서 서비스할 수 있는 권한(IP)을 내주지 않고 있다.

이 정도면 서비스 허용 여부를 검토하는 수준의 약한 수입규제 조치가 아니라 수입을 원천적으로 금지하는 최상위의 금수 조치라고 봐야 옳다. 더욱이 한국은 오늘날의 중국 게임계를 있게 한 은혜의 나라다. 일본이 중국에 일방적으로 게임을 내다 팔았다면, 한국은 가르치고 알려주고 협력의 길을 걸어왔다. 중국이 그처럼 자랑해 온 텐센트에 한국 게임이 없었다면 채팅 사이트만을 서비스하는, 그저 그렇고 그런 기업이었을 게 분명하다. 그런 은혜의 나라의 게임을 이제 와선 우쭐거리며 자신들의 입맛에 맞지 않는다며 땅바닥에 던져놓고 마구 짓밟고 있는 것이다.

속 터지는 일은 이런 처지에도 불구하고, 중국산 게임을 버젓이 서비스할 수 있도록 허용하고 있는 우리 정부 당국의 알 수 없는 대국적 태도다. 국내 모바일 게임시장은 이들 중국 게임들로 초토화되고 있으며, 중소기업 및 스타트업들은 중국 게임업체들의 이슬 쓸어 모으기 전략으로 벼랑 끝으로 밀려나고 있는 실정이다. 이럼에도 한가하게 WTO 제소 목소리만 내고 있다.

한 나라의 기질은 말처럼 쉽게 바뀌는 것이 아니다. 그들은 안 바뀔 게 확실하다. 너무 줘서 탈이 되고 문제가 되고 있는 것이다.

그렇다면 지금이라도 우리의 마음가짐부터 고쳐 먹어야 한다. 정부 정책 역시 바뀌어야 한다. 극단적이라면 중국 시장을 포기할 각오까지 해야 한다.

배신을 밥 먹듯이 하는 이들에게 바른 정도의 전략은 백전백패다. 그러고 보니까, 그들이 그처럼 관우의 의를 강조하는 데 대해 역설적인 관점에서 보면 결정적일 때마다 의를 파기하고, 수시로 배신의 실체를 드러내는 자신들의 행실을 감추기 위한 위장술이 아니었을까 하는 생각이 들기까지 했다.

언필칭, 중국과의 무역 정책 기조를 전면적으로 조율할 시점에 서 있다고 본다. 일방적인 시장 개방 및 허용은 곤란하다는 것이다.

2019-11-04

결국, 콘텐츠의 힘도 국력에서 비롯

1950~1980년대 중반까지 대중음악은 팝의 전성시대였다. 젊은이들이 흥얼거리며 함께 따라 부른 노래는 요즘 대세처럼 자리하고 있는 트롯 가요가 아니다. 팝이 대중을 이끌었고, 팝이 젊은 세대들의 주류 장르였다. 그러나 값비싼 정품 앨범 구입하기가 쉽지 않았다. 당시 가격으로 치면 커피 10잔 값은 넉넉히 됐기 때문이다.

그러다 보니 싸구려 복각 음반이 주종을 이루게 됐다. 정상적인 라이선스 계약을 맺고 음반을 제작하는 게 아니라 그냥 찍어낸 음반을 가리켜 복각 음반이라 하는데, 이 음반들이 팝 음반시장을 주도하다시피 했다. 예컨대 이들 음반을 해적판이라고 했고, 리어카상에서 주로 판매한다 하여 리어카 음반이라 불렸는데, 그 시장 규모가 장난이 아니었다. 당시로서는 상상을 초월할 만큼 짭짤했다. 더군다나 로열티까지 없으니까 고정비가 들지 않았기 때문에 명색이 이름이 있다는 국내 음반사들까지도 이들 음반을 발매하기도 했다.

이렇게 되자 강력 반발에 나선 곳은 워너뮤직, EMI, 소니뮤직 등 이른바 정상적인 팝 음반을 제작·발매하는 외국 음반 메이저사들이었다. 이들은 정상적인 유통이 이뤄져야 한다는 자신들의 목소리가 한국 정부에 먹혀들지 않자, 국제음반협회(이하 IFPI)를 통해 미국 상무부를 앞세웠다. 그렇잖아도 한국에 대한 무역적자 폭이 확대되면서 고민에 빠져 있던 미 상무부는 IFPI의 의견을 받아들여 한국 정부에 복각 음반 문제를 자체적으로 해결치 않으면 컬러 TV, 냉장고 등 주요 가전제품의 수입관세를 대폭적으로 인상하는 등 한국 제품에 대한 규제를 강화하겠다고 으름장을 놨다. 결국 정부와 민간단체에서 부랴부랴 합동 단속반을 꾸려 복각 음반 및 해적 음반에 대한 대대적인 단속에 나섬으로써 정품 아닌 음반들은 시중에서 자취를 감추게 됐다. 이 같은 파동을 겪은 이후, 우연인지 아니면 팝 팬들의 등 돌림이 있어선지에 대해서는 정확히 알 수 없으나, 내수시장에 대한 팝 앨범 비중은 대폭적으로 떨어진 반면, 국내가요 앨범은 급상승하기 시작했다.

우리가 여기서 주목해야 할 점은 정부가 의지를 갖고 실행에 옮기게 되면 그 파급력이 적지 않다는 것이다. 특히 수출시장은 조심스러운 측면이 없지 않으나, 형평성에 어긋나거나 상대국 시장이 국제 규범을 지키지 않는다고 할 경우, 외교 채널을 통해 강력한 항의를 하고 나서는 것은 어찌 보면 자국 기업을 보호한다는 측면에서 당연하고도 마땅한 조치라고 할 수 있다.

그러나 그러한 절차와 과정은 매우 신중해야 한다는 것이다. 국내에서 팝시장이 축소된 데 대해 미국 상무부의 강력한 어필이 한국 국민의 정서를 건드렸기 때문이라는 분석도 없지 않으나, 문화적 관점에서 보면 그건 아주 다른 얘기다. 하지만 분명한 것은 국경을 두고 이해관계가 충돌하고 있다면 조심스럽게 접근하는 게 맞다 할 것이다.

최근 콘텐츠 수출시장의 최대의 관심사는 중국의 게임 판호의 향배다. 중국 당국은 무려 2년이 넘게 이 문제를 외면하고 있다. 몇 달 전 2~3개 판호를 내줬다는 외신이 나오긴 했으나, 정확히 확인된 바는 없다. 이로 인해 가장 큰 피해를 보고 있는 곳은 한국 게임기업이다. 그도 그럴 것이 전체 게임수출의 60~70%를 차지하는 중국 게임시장을 떼놓고 판을 짜기란 말처럼 그리 쉬운 일은 아니기 때문이다. 사방 백방을 알아봐도 뾰족한 답을 얻기가 어려워지자 우리 정부에 대책을 요구하기에 이르렀으나 정부 역시 이렇다 할 답을 내놓지 못하고 있다. 이에 따라 게임학회 등 일부 단체에서는 외교부를 상대로 판호 불허 등 중국과의 외교 현안 문제에 대해 무성의로 일관하고 있다며 비판의 수위를 높이고 있다.

냉철하게 이 문제를 들여다보려면 과거 10여 년 전의 중국과 현재의 중국의 국력을 비교해 볼 필요가 있다 할 것이다. 중국은 지금 글로벌시장에서 G2로 불릴 만큼 위세를 떨치고 있다. 이미 사드의 교훈을 통해 알 수 있듯, 주변 국가와의 지엽적 문제는 자신들이 이니셔티브를 쥐고 해결하겠다는 게 시진핑 국가 주석의 생각이다. 그는 지금도 사드 문제로 야기된 중국 당국의 앙금을 그대로 우리 정부에 표출하고 있다.

우리 정부도 예전 미국 상무부에서 취했던 방식대로, 중국 당국을 향해 양국 기업의 형평성을 언급하며 불합리한 판호 발급 문제를 조속히 해결해 달라고 요청할 수 있겠으나 그들이 시장을 틀어막고 있는 것이 아니라 국내 문제로 수급을 조율하고 있을 뿐이라고 말한다면 더 이상 할 말이 없게 되는 것이다. 표면적으로는 중국 당국이 그렇게 얘기하고 있다. 또 미국처럼 초강대국이라고 한다면 힘으로 강하게 밀어붙일 수 있겠으나, 현실적으로 그건 어려운 문제다. 따라서 이 문제는 외교적으로 풀 성질의 것이 아니라 통상 차원의 문제로 처리하는 게 맞는 방향이라고 본다.

현재 산자부는 한중 자유무역협정(FTA) 체결에 따른 후속 조치의 일환으로 서비스 투자 분야에 대한 협상을 진행 중인데, 지난 11월 말 6차 회의를 마무리한 것으로 알려지고 있다. 또 판호 발급 문제에 대해서도 양측이 내년 3월 재론키로 하는 등 긍정적인 답변을 얻은 것으로 필자는 알고 있다.

결국, 콘텐츠의 위대한 힘이란 것도 국력을 바탕으로 하지 않고선 무용지물이 될 수밖에 없다는 점을 다시 한 번 우리에게 알려주는 것만 같아 씁쓸하기 그지없다. 그런 측면에서 최근 모 단체에서 외교부의 무사안일을 두고 지적한 성명서는 마치 우리에게 매를 들고 우리를 내친 자해 행위와 같은 것처럼 느껴졌다. 콘텐츠의 힘은 국력이다.

2019-12-16

게임과 포스트 코로나 시대

코로나19 팬데믹(대유행)으로 우리나라를 비롯한 세계 각국이 몸살을 앓고 있다. 일각에선 이 같은 현상이 연말까지 갈 수 있다며 큰 우려를 나타내고 있는 가운데, 일각의 기초 과학 연구자들은 그나마 다행스럽게도 운이 좋으면 올해 안으로 코로나 백신을 접하게 될 수도 있지 않겠느냐는 조심스러운 전망을 내놓고 있다.

한마디로 지구촌이 갈피를 못 잡고 있는 것이다. 이에 따라 구글, 마이크로소프트, 페이스북, 트위터 등 세계 초일류 기업들은 현장 근무가 아닌 재택 근무를 아예 근무제 방식 가운데 하나로 시스템화하겠다는 입장이다. 또 각국 정부에서도 기다렸다는 듯이 이를 정책적으로 반영하겠다는 방침을 밝히는 등 코로나 후폭풍에 적극 대응하는 모습이다.

비대면(언택트)에 의한 경제 · 사회 · 문화 환경이 새롭게 주목받고 있다. 또 그러면서 자연스럽게 게임이 스포트라이트를 받고 있다. 갑자기 불어난 시간을 소비하기 위한 킬링 타임이 절실해졌고, 그 무엇보다도 바이러스 민폐를 끼치지 않으면서 즐길 수 있는 것이 게임 외는 찾아볼 수 없기 때문이다. 게임의 태생적인 특성을 들여다보면 킬링 타임 문화 환경에서 왜 게임이어야만 하느냐는 점을 쉽게 알 수 있게 해준다.

인류에 첫선을 보인 게임은 1958년에 선보인 '테니스 퍼 투'라는 아주 단순한 '똑딱 게임'이다. 견학을 온 학생들을 위해 킬링 타임용으로 급조된 것이다. 그런데 그것이 게임의 시초가 됐다. 이후 만들어진 비디오 콘솔게임들은 호프집이나 간이 음식점에서 대표적인 킬링 타임용으로 각광을 받았다.

비대면으로 시작한 게임이 역설적으로 비대면의 익명성을 극복하기 위해 만들어진 것이 '랜파티'(Lan-Party)다. 이는 오늘날의 e스포츠의 모태가 됐다. FPS 게임인 '퀘이크', '레드얼럿'을 즐기는 동호인들이 매일같이 컴퓨터에서만 즐길 것이 아니라, 직접 만나서 얼굴도 보고 파티도 열어 보자며 모여들기 시작한 것이 랜파티의 시초였다. 이는 곧바로 게임 속의 익명성을 단숨에 뛰어넘는 계기가 됐다.

이렇게 비대면으로 시작해 다시 오프라인으로, 그리고 다시 비대면으로 들어가는 랜파티는 이후 온·오프라인을 넘나들면서 e스포츠로 급속히 재편됐다. 특히 비대면에 익숙한 한국 청소년 사이에서는 최고의 인기 스포츠로 사랑받기 시작했다. 각종 대회가 TV 중계 되고 프로게이머들이 등장하면서 상종가를 쳤고, 프로게임단이 출범하면서 억대 연봉을 받는 프로게이머들이 러시를 이뤘다. 지금은 고전적인 인물이 되다시피 한 테란의 황제 임요환은 TV 광고에도 출연하는 등 청소년 사이에서 우상처럼 떠받들어지기도 했다.

'똑딱 게임'에서 비디오 콘솔게임로 이어진 비대면 문화의 꽃 '게임'이 PC 온라인과 모바일 게임 시대를 연 데 이어 앞으로 어떤 장르를 또 새롭게 열어갈지 알 수 없다. 그러나 비대면 문화가 확산되면 될수록 게임은 더욱 심화·발전할 게 분명하고, 그 시장은 더욱 더 맹렬히 확장될 것이다.

컴퓨터 모니터 또는 모바일에만 머무는 것이 아니라 플레이어인 나 자신이 직접 게임 속으로 들어가 플레이를 전개하게 될지 그것은 아무도 모를 일이다. 증강(AR)게임과 가상현실(VR)게임 장르가 최근 들어 새롭게 평가되고 있는 것도 디바이스의 발전과 함께 비대면 환경이 급격히 개선되고 있는 것과 무관치 않다는 것이다. 정부가 이를 놓치지 않고 게임산업 육성을 위한 중장기 발전 방안을 내놓은 것은 그런 측면에서 매우 시의적절한 조치라고 생각한다.

조금 더 바란다면 이런 것에 대해 좀 더 각고의 노력과 고심을 했으면 한다. 이를테면 제도개선이 무엇보다 긴요하지만 산업은 자금(돈)이 있어야 돌아간다. 그런데 안타깝게도 게임산업계엔 이 같은 윤활유가 태부족하다. 과거 IMF 금융 위기 극복 때에는 이 같은 자금이 풍부했다. 벤처들이 속속 모여든 이유다. 정부가 엔젤 자금 조성을 위해 팔을 걷어붙여야 한다. 과거 박지원 문화부 장관이 기획재정부에 가서 떼를 쓰다시피 해 정부자금을 유치한 것처럼 할 수 있다면 그렇게 해야 한다.

또 한 가지는, 5,000억 원 이상의 매출을 올리는 게임기업이나 코스닥 상장 게임기업에 대해서는 매년 일정 비율의 게임개발 출연금을 의무적으로 내도록 하는 것이다. 필요하다면 민간기관을 만들어서 이를 관리토록 하는 것도 나쁘지 않다. 또 출연한 기업에 대해서는 매년 배당을 하고, 개발사들에는 이 자금을 저리로 빌려가 활용토록 하자는 것이다.

이 같은 일들은 그렇게 어려운 것이 아니다. 정부의 확고한 의지와 게임 메이저들의 뜻과 의지만 있으면 충분히 가능한 일이다. 비대면의 문화 확산은 게임계에는 또다른 기회라고 할 수 있다. 이를 간과하거나 놓칠 경우, 정말 누군가는 크게 땅을 치며 울어야 할지도 모른다. 포스트 코로나 시대를 대비해야 한다.

2020-05-18

그 아날로그적인 정책

코로나19 사태로 경제가 크게 휘청이고 있다. 수출은 물론이고 내수시장은 더 형편없다. 한국은행은 최근 또다시 올해 성장률을 종전 0.2%에서 마이너스 1.9%로 하향 조정했다. 그러나 경제 전문가들은 이보다 더 암울할 것이란 전망을 내놓고 있다. 다행스러운 것은 비대면(언텍트)의 수요가 꾸준히 증가하고 있다는 점이다. 특히 게임은 그 중심에 서 있다 할 만큼 비대면의 혜택을 톡톡히 누리고 있다.

이 같은 추세가 계속 이어지면 게임시장은 오랜만에 기지개를 켤 것이란 기대도 있다. 그러나 그 수혜기업의 쏠림 현상으로 인해 산업은 더욱 척박해질 것이란 전망도 없지 않다. 따라서 이 같은 병리적인 현상에서 탈피하기 위해서는 수요 창출의 노력도 그것이지만 규제를 철폐하는 등 시장 환경을 대폭적으로 개선해야 한다는 목소리가 우세하다.

하지만 시장 규제 철폐를 실현하겠다고 약속하고, 이를 제대로 실천한 역대 정권은 하나도 없다. 군사정권은 말할 것도 없고, 보수진영을 표방한 정권이나 진보를 대표한다는 정권이나 모두 규제 완화책엔 실패했다. 여기에는 문재인 정권 역시 예외는 아니어서 손을 대는 것마다 꼬투리를 잡히는 등 규제 완화 기조 마련에 어려움 겪고 있다. 도리어 부동산의 경우 쓸데없이 임대차 보호법에 손을 댐으로써 시장 흐름에 역행하고 있다는 보수진영의 반발을 사고 있는 실정이다.

진흥책과 규제책은 말 그대로 백지장 차이다. 진흥책으로 말미암아 규제책이 되기도 하고, 반대로 규제책이 결국엔 시장을 보호하는 결과를 만들기도 하기 때문이다. 예컨대 산업 가운데 문화 진영에서는 이 같은 현상이 뚜렷하다. 문화와 문화산업이 동시에 번성하기엔 쉽지 않다. 편린이란 것이 뚜렷하고 이로 인한 병리현상이 어김없이 나타난다. 그래서 조율이란 것이 필요한데 그 조율이란 것이 때아니게 규제의 대못으로 작용하기도 한다.

그러나 이보다 더 큰 문제는 정책을 입안하고 추진하는 과정이 너무 '아날로그'적이라는 데 그 심각성이 있다. '아날로그'적이라고 함은 정책 입안자들이 한마디로 이해관계가 복잡한 밀레니엄 시대의 문제 풀이를 너무나 획일적이고도 포괄적으로만 바라보고 접근한다는 뜻이다. 그렇다 보니 산업적으로는 제도권에서 벗어나 있는 변방의 아이템이, 사회적으로는 양지에서 벗어나 있는 이들과 소수자들이 큰 피해를 보게 된다.

게임계가 몸살을 앓고 있는 이유도 바로 여기에 있다. '아날로그'적이다 보니까 몇몇 가정의 수만 빼놓고 나머지는 모두 허용해 주는 네거티브 방식으로 정책이 이뤄지지 않고 있는 것이다. 게임계 가운데 아케이드 게임업계가 그 대표적인 희생양으로 꼽힌다.

정부의 규제 위임기관인 게임물관리위원회의 심의 방식이 저런 방식이다. 그러다 보니 게임업체들이 장단을 맞출 수가 없다. 또 그 심의방식 또한 내 맘 내키는 식이니까 그 심의 잣대라는 게 무한대에 이른다고 봐야 할 것이다. 아케이드 게임 산업이 이를 감당치 못하고 주저앉을 수밖에 없었던 이유다.

코로나19 사태로 인해 가장 힘겨운 나날을 보내고 있는 PC방 업계는 정부의 이 같은 '아날로그'적 발상으로 확장된 코로나 규제책으로 직격탄을 맞고 있다. 방역당국이 2.5 단계 사회적 거리두기를 시행하면서 최근 PC방 업종에 대해 고위험군으로 지정했기 때문이다. PC방 업종은 종전 중위험군에 속해 있었다. 그러나 방역당국이 위험 강도가 높다고 판단, 이번에 고위험군에 포함시킨 것이다. 고위험군에 속한 업종은 영업장을 열 수 없기 때문에 PC방엔 치명타가 되고 있다.

이렇게 되자 PC방 업계가 강력 반발하고 있다. 무엇보다 정부 방역지침을 충실히 따라왔는데 일반 유흥주점, 헌팅포차, 노래연습장 등과 같은 다중 집합 시설과 PC방을 동류항으로 묶어 버렸다는 것이다. PC방 업계는 이들 업종과는 업태의 그것이 크게 다르다며 방역당국의 시정 조치를 요구하고 있으나 받아들여지지 않고 있다. 청소년들이 많이 출입하는 곳인 데다 식음료 등을 제공한다는 측면에서 방역 당국에서도 쉽사리 결정 번복을 하지 못하고 있다.

그러나 이 같은 점이 바로 대표적인 '아날로그'적 판단이자 시각이다. 즉, 청소년들이 많이 출입하는 곳이면 출입 금지를 요구하고, 식음료가 문제가 된다면 제공하지 못하도록 하는 방안을 제시하는 등 고위험군 지정에 따른 파장을 놓고 고민했어야 했다. 하지만 다중 이용시설이라는 점만을 강조하며 무 자르듯 갈라놓은 것이다. QR코드 실명인증 및 소독 등 기본적인 방역 지침 수행은 물론이고, 옆 사람과의 대화를 쉽지 않도록 하기 위해 칸막이를 설치했다는 PC방 업계의 얘기는 아주 궁색한 변명으로 들려올 뿐이다.

거리두기 3단계 진입 여부를 놓고 고민하는 정부와 방역 당국의 어려움을 모르는 바는 아니다. 그렇다면 적어도 더 입체적이고도 다양한 방식의 대면 억제 방법을 고민했어야 하지 않았을까. 그렇지 못하니까 '아날로그'적 사고에서 잉태된 전시행정이란 꼬리표를 달게 되는 것이다. 정책 수행을 투명하고 선명하게 하는 것은 옳은 일이다. 문제는 여전히 나열식 '아날로그'적 방식의 정책이 옳다고 믿고 있는 것이다. 고질병이다.

첨단 디지털 시대에 살고 있는 이 사회에서 무 자르는 듯한 정책은 비정상적인 정책이다. 큰 그림을 그려 놓고 그곳에 크고 작은 여러 그림이 그려지도록 하는 게 바른 정책이다. 그런데 여전히 쓸모없는 기준과 규격만 내세우고 있다. 그러니까 규제의 못이 제도권에 유효하게 작용하고 있는 것이다. '아날로그'적 사고의 전단은 이제 던져 버릴 때가 됐다. 그래야 경제가 그나마 꿈틀거리지 않겠는가.

2020-08-31

비대면이라 어렵지 않다고?

코로나19 사태가 장기화되면서 세계경제뿐 아니라 한국경제에도 짙은 먹구름을 드리우고 있다. 일각에선 이 같은 경기침체가 지속될 경우 경제 회복 시기는 예상보다 훨씬 더 더뎌질 것으로 우려하고 있다. 이미 시장은 대면과 비대면으로 나눠지고 있으며, 대면의 수요는 점차 줄어들고 있는 반면, 비대면의 그것은 갈수록 확장하고 있다.

과거, 인터넷이 발달하면서 전통의 굴뚝산업 수요가 크게 감소한 것과 비슷한 흐름이다. 그러나 당시엔 공간적 여유가 있음으로 해서 수요 전이 단계를 준비할 수 있었다. 하지만 지금은 그렇지가 못한 형편이다. 이전 그 어느 때도 경험해 보지 못한 시공의 제약으로 경제가 흔들리고 있는 것이다. 또 이로 인한 시장의 명암은 더욱 짙어지고 있다.

한때 잘나간다고 손꼽히던 산업 가운데 미래를 기약할 수 있는 아이템은 거의 없다 할 정도다. 그러나 그렇다 하더라도 굴뚝 아이템으로 분류되는 산업들이 모두 사라질 것이라고는 아무도 예측하지 않는다. 시대 변화에 따라 위축되고 가치 변화를 일으키겠지만, 파생되고 확장되는 움직임은 결코 멈추지 않을 것이란 건 분명하다.

물류산업은 그 대표적인 아이템이다. 밀레니엄 시대 이전만 하더라도 사양산업으로 분류돼 온 물류산업이 인터넷 시대에 진입하면서 몸값을 제대로 올려놓았다. 지금은 새로 시장에 진입하는 것조차 힘들게 됐다.

재미를 보아온 항공산업이 곤두박질치기 시작한 것은 불과 얼마 되지 않았다. 지금은 그냥 가져가라고 해도 쳐다보지 않는다. 나라에서 돈을 쳐주겠다고 해도 손을 놔버리는 지경이 됐다. 그러나 이 또한 알 수 없는 노릇이다. 코로나19 사태가 종식되면 판이 언제 어떻게 바뀔지 아무도 장담할 수 없는 것이다.

경제가 혼란스러우면 투자시장이 가장 빠르게 반응한다. 기업인수합병(M&A) 등이 대표적인 사례이다. 정상적인 거래도 있지만, 자칫 잘못하다가는 기업 사냥꾼에게 걸려드는 경우도 있다. 자체 계열 정리의 성격도 있지만, 상당수는 자금난이 주원인이다. 이런 경우 종종 백기사 역할을 하는 기업들이 등장하는데, 의외로 그런 선한 기업들이 적지 않다.

기업은 이익 창출을 목적으로 한다. 그러나 기업과 기업 간 관계를 제대로 형성하지 못하면 내일을 장담할 수 없다. 특히 신의까지 잃게 될 경우 기업의 존립 가치까지 훼손받게 될 소지가 크다. 요즘엔 많이 희석됐다는 평을 받고 있는 중국 기업들이 관시(關係)를 비즈니스를 위한 제1의 가치로 여기는 것도 다 이 때문이다. 어떻게 보면 이 같은 백기사의 역할은 위험에 처한 공주를 구할 뿐 아니라 자신의 미래 가치까지 높이는 일거양득의 성과로 이어지기도 한다.

게임업계가 비대면의 수요 증가로 쾌속 질주하고 있다. 경제가 불황일 때 호황을 맞는 몇 안 되는 아이템 가운데 하나가 게임이 됐다. 더욱이 영화, 음악, 공연 등 유사업종들이 코로나19 바이러스 특성으로 고전을 면치 못하고 있는데, 게임은 수직 상승곡선을 타고 있는 것이다.

이 같은 추세가 계속 이어지면 지난해 사상 최대의 성과를 올린 게임 메이저들의 올해 실적은 이전보다 훨씬 나은 수치를 기록할 것으로 전망된다. 그러나 모든 게임업계의 종사자들이 이처럼 수혜를 받으며 즐거워하고 있는 것은 아니다.

상당수 스타트업 게임업체들이 경영난에 허덕이고 있으며, 게임 산업 인프라를 형성하고 있는 기업들도 전통 산업과 마찬가지로 큰 어려움을 겪고 있다. 특히 PC방 사업주들은 코로나19로 인해 거의 아사직전에 놓여 있다. 그나마 최근 정부가 PC방 업종에 대해 고위험군 시설 지정을 제외하고, 식음료 및 간단한 음식을 제공할 수 있게 해 숨통이 트이긴 했지만, 여전히 생사고락의 길에서 몸부림치고 있다.

이러한 마당에 오로지 자신들의 실적에 취해 샴페인을 터뜨리며 거둬들인 열매를 나누겠다는 것은 한마디로 올바른 분배와 나눔이 아니라는 것이다. 그것은 기업의 목표인 이익 추구와 함께 동시에 맞춰 놓아야 하는 주변인, 즉 기업 간의 관계를 전혀 고려하지 않는 아주 괴팍하고 부도덕한 짓이라고 생각한다. 결국 그것은 기업과 산업에 대한 신의를 잃게 만드는 요인으로 작용할 게 뻔하다.

그나마 다행스럽게도 몇몇 기업들이 주변에 어려운 기업들을 쳐다보기 시작했다. 나만 잘 먹고 잘살면 될 것이란 아주 천박하고 이기적인 발상을 던져버린 것이다. 일단 가장 어려움을 호소하고 있는 PC방 업주들을 위한 대책을 세우고 있는 것 같다. 맞는 순서다. 그러나 거기에서 머물러선 곤란하다. PC방 다음엔 스타트업, 중소 게임기업, 그리고 게임산업을 둘러싸고 있는 기업들을 위한 구제책에 대한 고민이 있어야 한다.

그렇게 해야 산업이 제 궤도에 진입하는 것이며, 나름의 풍토를 조성할 수 있는 길이라고 생각한다. 비록 모래알 같은 업종이지만 백기사만큼은 적지 않은 곳이란 소리가 얼마나 듣기 좋은가. 이제 몇몇 기업에서 시작하고는 있지만, 그 수가 더 많아져서 함께 창대해졌으면 한다. 코로나19 사태 이후의 세계경제 역시 그 길밖에는 살길이 없다.

2020-10-05

국감과 게임 기업인

올해 국정감사가 금주 말이면 사실상 마무리될 전망이다. 코로나19 사태로 인해 올해 국감 장소는 국회로 최소화하는 등 예전과 다른 모습이었다. 이에 따라 예년과 달리 긴장감이 떨어지는 것 아니냐는 지적도 있었으나, 여야의 뜨거운 정쟁 메뉴가 상존해 있는 탓에 일부 상임위 국감 분위기는 자못 인사 청문회장을 방불케 할 정도로 여야 공방이 뜨거웠다.

그나마 다소 조용히 넘어간 상임위는 문화체육관광위였다. 특별한 현안거리가 없었던 데다 일부 소관 업무를 교육위로 이관했기 때문이다. 그럼에도 여야를 불문하고 논란을 지핀 분야는 게임이다. 게임은 이미 대중문화의 중심 줄기가 됐다고 해도 과언이 아니다. 특히 코로나19 사태로 인해 영화, 음악, 공연 분야가 크게 위축되면서 게임 장르가 때아니게 의원들의 표적이 되기도 했다.

특히 웹보드 게임에 대한 의원들의 질의가 상대적으로 많았으며, 스포츠 게임에 대한 음성적 사행 거래를 우려하며 정부의 대책을 촉구하는 이도 있었다. 다만 국회의 게임에 대한 사시적인 시각은 상당히 완화됐다는 게 정부와 업계 안팎의 공통된 평가다. 이미 이 문제는 시대를 역행하는 고루한 메뉴가 된 때문이기도 하지만, 업계의 자율 규제 및 사회적 구제 활동이 나름 주효했기 때문으로 보인다.

하지만, 아주 기계적으로 해오던 기업인, 특히 게임 기업인들에 대한 초치 움직임은 올해에도 다른 상임위의 그것과 다를 바 없었다. 이에 대해 국회는 기업인들을 돕기 위한 것이라며 그럴듯한 대외 명분을 걸고 나섰지만, 막상 뚜껑을 열고 보면 피고인 다루듯 명령투의 호통과 모욕만이 난무했을 뿐이다. 지난해에 이어 올해에도 게임 기업인들에 대한 참고인 조치는 없었던 일로 돌려놓아 그나마 다행이었다.

솔직히 국감에 필요한 인사라면 그 누구일지라도 국회로 불러 답을 들어야 마땅하다. 더욱이 국익에 부합하다고 한다면 반드시 그래야 한다. 그런데, 불러야 될 이유도 불분명하고, 불러 놓고서는 마치 만고의 죄인 다루듯 한다면 과연 어느 누가 참고인으로 국감장에 나서겠다고 하겠는가. 당연히 국회가, 국감장이 기업인 기피대상 1호가 되고 있는 것이다.

엔씨소프트는 2018년에 이어 올해에도 또다시 국감 참고인 자격으로 피격(?)됐다. 2018년에는 김택진 사장이, 올해에는 정진수 부사장이 됐다. 하지만 상임위에서 두 사람에 대한 참고인 출석 요구를 철회했다. 결국 성사되진 않았지만, 철회 배경은 밝히지 않고 있다. 예컨대 갑자기 왜 그같은 결정을 철회했는지, 그리고 왜 엔씨소프트 관계자여야 하는지에 대해 설명이 있어야 옳다는 것이다.

잘나가는 기업이기 때문이라고 뭉뚱그려 말하면 할 말이 없다. 그러나 타당한 이유가 없는데도 불러낼 이유 역시 없는 것이다. 뒤늦게 알려진 바로는 구글 스토어의 수수료 과다 문제와 인앱결제 문제 등을 알아보기 위한 것이었다는 후문이다. 그런 것이라면 참고인 주소를 잘못 찾은 것이다. 구글 관계자와 애플 관계자들을 참고인으로 불러들였어야 했다. 업계의 어려움을 듣기 위한 것이라고 설명하면서 엉뚱하게 갑이 아닌 을의 위치에 있는 기업인을 참고인으로 부르려 했다는 게 말이 되는가.

국회가 이처럼 시도 때도 없이 엉뚱한 짓을 해대니까, 각 기업 대관 업무를 전담하는 조직들이 비대해 있는 것이라고 한다면 과한 비약일까. 이들 주요 업무는 대정부 및 대국회 관련 업무를 수행하는 것이라고는 하지만 대부분의 일들이 국회의 그것처럼 엉뚱하거나 이해할 수 없는 일들이 빚어짐을 사전에 방지하기 위한 것들이 대부분이다. 그렇다 보니 홍보 부서의 한 조직으로 운용돼 온 대관 팀들이 홍보부서를 넘어설 정도로 확대되는 등 본말이 전도되는 사례가 적지 않다.

때아닌 일들을 사전에 방지하기 위해 가동되는 대관 업무 조직의 비대해짐이 나쁘다고 하는 말이 아니다. 기업에 결정적인 일이 있을 때마다 역할을 하는 곳이 대관 업무 채널을 담당하는 이들이기도 하다. 하지만 너무 앞서가려다 기업에 적지 않은 타격을 주는 사례 역시 간과할 수 없다는 것이다. 아주 위험한 선에서 활동하고 있기 때문에 재벌 그룹 등 대기업에서는 대관업무 조직을 홍보 조직과는 무관하게 별도로 운용하는 방식을 취한다. 게임 기업들의 경우 들쭉날쭉한 편이다. 어느 것이 옳다 그르다 할 수 없지만, 업무 성격이 다르다면 선을 그어야 함이 맞다.

국회가 바로 서야 한다는 말은 비단 어제오늘만의 얘기가 아니다. 그렇게 돼야 사법부와 행정부의 역할이 제대로 맞물려 돌아가기 때문이다. 21대 국회가 새롭게 문을 연 지 얼마 되지 않았다. 하지만 그들이 하는 행태는 과거의 그 모습 그것과 별반 달라 보이지 않는다. 오로지 정쟁만을 일삼으며, 자기 당 보호에만 혈안이 돼 있다. 오죽하면 3선 이상을 하지 못하도록 하자는 법안이 논의될까도 싶다. 자신들이 그렇다 하니까 괜한 기업인들까지 그 원치 않는 길로 끌어들이지 않았으면 한다. 당신들이 장난 삼아 던진 돌에 개구리는 맞아 죽을 수도 있다는 점을 기억해야 한다.

2020-10-19

정치와 게임

게임의 본질은 놀이다.

네덜란드의 역사학자이자 민속학자인 요한 호이징가(Johan Huizinga)는 그의 저서 《호모 루덴스》(*Homo Ludens*)를 통해 인간의 특성을 나타내기 위해 도입된 용어인 직립형 인간 '호모 에렉투스'(Homo Erectus)와 사유형 인간 호모 사피엔스(Homo Sapiens)에서 영감을 얻어 인간은 본질적으로 유희를 추구하는 동물이며, 그것(놀이)이 인간문명의 원동력이 됐다고 주장했다. 즉, 정치, 사회, 문화, 철학의 기원이 모두 놀이에서 시작됐다는 것이다. 그러면서 그는 인간을 호모 루덴스(Homo Ludens), 즉 유희적 인간이라고 정의하기도 했다.

인류와 문명은 여기서 더 나아가 놀이와 문화를 크게 구분해 놓았다. 하지만 본질적인 것을 들여다보면 그것들은 서로 떼려야 뗄 수 없는 관계를 맺고 있는 것이다. 엔터테인먼트는 놀이문화이자 대중문화의 중심이다. 게임, 영화, 음악, 무용, 출판 등이 그 주류다. 이 중 게임은 법적인 장치의 미흡에도 불구하고 대중문화의 한 지류로 인정받고 있으며, 그 가운데에서도 가장 핫한 장르로 꼽히고 있다.

특히 다른 여타 장르가 제도권의 주도 아래 만들어지고 꽃을 피워 왔다면, 게임은 올곧이 게임인들에 의해 만들어지고 일궈져 왔다는 점에서 타 장르의 그것과는 조금 남다르다 해야 할 것이다. 그렇기 때문에 다소 배타적이며 보수적 성향의 모습으로 비치기도 한다. 새로운 길을 열고 스스로 산업을 만들어 왔다는 자긍심이 크게 작용한 때문이다.

그러나 게임에 대한 경제·사회적 가치와 비중이 확대되면서 게임계의 역할과 순환구조 또한 달라져야 한다는 요구를 받고 있다. 예컨대 게임계만 쾌재를 부르고, 게임인끼리만 자족하는 구조라면 곤란하다는 것이다. 더욱이 온라인 게임을 통해 게임 산업화를 꾀한 지 20여 년의 성상을 쌓은 시점이다. 그렇다면 게임계의 체질 또한 바꿀 때도 됐다고 생각한다. 제도권 속으로 더 깊숙히 스며들어가야 한다.

하지만 제도권의 반응은 한마디로 부정적이다. 최근 들어선 시민단체보다 정치권에서 더 야단이다. 시민단체에선 예전과 다르게 게임계에 대해 많이 달라졌다는 평가를 내놓고 있는 반면, 정치권의 시선은 여전히 싸늘하고 냉랭한 편이다. 그나마 다행스러운 것은 게임계 인물 평가가 게임의 그것과는 다소 다르게 나타나고 있다는 것이다. 그 같은 반응 때문인지 정치권에선 여야 구분 없이 게임인들에 대한 러브콜이 이어지고 있다.

김종인 국민의힘 비상대책위원장이 지난주 엔씨소프트를 전격적으로 방문, 김택진 사장을 만났다. 여야를 불문하고 당 대표가 게임업체를 방문한 것은 이번이 처음으로, 매우 이례적인 것으로 받아들여졌다. 그러나 국민의힘에서는 단순히 산업체 격려 차원이라며 방문 의미를 축소해 발표했다. 이날 김 위원장은 엔씨소프트 방문 후 가진 간담회에서 엔씨소프트 재방문 가능성에 대해 그럴 이유가 없다고 잘라 말했다. 아마도 김택진 사장의 입당 제의가 기대와는 다르게 틀어진 게 아니냐는 게 정가 안팎의 관측이다.

김 사장에 대한 정치권의 러브콜은 비단 어제오늘만의 일은 아니다. 지난 4월 총선을 앞두고 더불어민주당에서도 적극적인 영입 제의가 있었다. 하지만 김 사장은 기업경영에만 전념하겠다며 일언지하 거절했다.

20대 총선 때엔 게임계 인사들의 몸값이 최고조에 달하기도 했다. 실제로 상당수 관계자들이 각 당으로부터 영입 제의를 받았으며, 이 중 김병관 웹젠 이사회 의장, 문용식 전 아프리카 대표, 김기만 전 게임물등급위원장 등이 민주당에 입당하기도 했다.

김택진 사장 외에도 최근 여야 정치권으로부터 관심을 끄는 인물은 김영만 한국 e스포츠협회장 겸 전 한빛소프트 회장, 장병규 크래프톤 이사회 의장, 카카오게임즈의 남궁훈 대표, 펄어비스의 정경인 대표, 이재성 전 엔씨소프트 전무 등이 대표적인 인사다. 그러나 이들 대부분은 정치에 뜻이 없다거나 관심이 없다는 반응을 보이고 있다. 하지만 내일의 일은 아무도 장담할 수 없다.

이 같은 게임계에 대한 정치권의 관심은 무엇보다 한 번도 겪어보지 못한 비대면 시장에서도 승승장구하는 산업적 가치뿐 아니라 미래 시장을 내다보는 안목이 상대적으로 오프라인 인사들보다 더 빼어나다는 평가 때문이다. 그러나 결론부터 말하면 그렇게 하기 위해서는 그들의 지혜만 빌리려 해선 절대 성공할 수 없다는 것이다.

실제로 정치권에 의해 만들어진 첨단 미래 법안 가운데 변변하게 현업에서 역할을 한 법안은 거의 없다시피 할 정도다. 되레 엉뚱한 처방전이 나와 골머리를 썩기도 했다. 최근 구글 수수료 인하를 위한 국회의 법제화 논란은 대표적인 사례다. 또 게임계 인사가 여의도에 진출했다손 쳐도 선수(選數)를 일정 부문 쌓지 못하면 그 역할 또한 아주 제한적이라는 것이다. 결국 일회성에 그칠 것이라는데, 그렇다면 누가 정치권에 입문하겠는가.

산업은 산업인이, 정치는 정치꾼이 맡아 하는 게 딱 맞는 것 같다. 문제는 기웃거리거나 훈수를 둬보겠다며 나서는 일이다. 이 같은 일들이 잦아지면 산업과 시장은 제대로 굴러가지 못한 채 갈지 자로 휘어지거나 망가지게 돼 있다. 특히 게임계는 태생적인 한계로 인해 그 현상이 아주 두드러 진다.

게임은 게임일 뿐이라는 말이 자주 회자된다. 그 뜻은 그 모습 그대로 그냥 그렇게봐 달라는 뜻일 게다. 여러 가지 놀이를 각각 계량화해 나름의 규칙을 만들어 낸 것이 게임이다. 거기에는 개입이 있어서도 안 되고, 힘의 역학 구도에 의해 흔들려서도 곤란하다. 길이 있다면 그것은 딱 한 가지가 있다. 그냥 내버려두는 것이다. 인류문화는 그렇게 해서 발전하고 발달해 왔다. 같은 놀이에서 비롯됐지만 정치와 게임은 아주 어울리지 않는 키워드라 할 수 있다.

2020-11-02

무서운 중국의 시진핑 경제

중국의 한 모바일 게임업체가 한복 유례 논란으로 게임 서비스를 중지한 채 한국에서 철수했다. 이 회사는 게임을 통해 한국의 전통 의상이라며 한복을 소개했는데, 중국의 일부 유저들이 한복의 유례를 들먹이며 그렇지 않다고 주장한 것이 발단이 된 것이다. 즉, 중국의 민족을 형성하고 있는 조선족의 의상이 한복이기 때문에 그 한복은 다름 아닌 중국 의상이라는 주장이었다. 중국 현지에서 이 같은 논란이 일자 이 회사는 무엇이 두려웠는지 슬그머니 게임 서비스를 중단하고 한국 시장을 떠났다.

중국은 지금 때아니게 이처럼 내셔널리즘 광풍에 휩싸여 있다. 시진핑 체제 이후 이 같은 거스를 수 없는 현상은 더욱 짙어지고 있다. 이전 후진타오 주석 때와 비교할 수 없을 정도로 당의 목소리, 시진핑 기조를 크게 강조하고 있다. 이 같은 이면에는 미국과의 통상 마찰 등 트럼프와의 힘의 대결이란 각을 세우고 있는 시진핑 체제의 불가피성을 무시할 순 없지만, 그보다는 자신의 위상을 공고히 하려는 시진핑의 정치적 야심이 적잖게 작용하고 있다고 봐야 한다. 따라서 자신의 목소리와 조금만이라도 빗겨가게 되면 이를 간과하지 않고 가차 없는 징벌을 가하고 있는 것이다.

중국의 최고 입법기관인 전국인민대표회의(전인대)가 얼마 전 홍콩 의회인 입법회의 범민주 대표의원 4인에 대해 의원직 박탈을 논의 중에 있다는 소식이 외신을 통해 알려지면서 논란이 빚어졌다. 전인대의 이 같은 움직임은 이들이 의회 지연전략 가운데 하나인 필리버스터(무제한 반대토론)를 무모하게 전개함으로써, 의회 질서를 혼탁하게 만들었다는 것이다. 하지만 실질적인 배경은 이들이 홍콩 인권 민주주의 법 제정 촉구 등 반시진핑 지지자들에게 힘을 실어줬다는 것이다.

현지 분위기는 이들이 입법회에서 쫓겨날 게 확실하다는 반응이다. 야당의 강력한 반발에도 불구, 친중국계 의원들이 밀어붙이기식으로 이들의 제명을 관철할 것으로 보이기 때문이다. 특히 중국 정가의 시계에서 시진핑에게 가시가 되는 일은 그 어떤 경우에도 발생해선 안 된다는 당의 엄명이 내려져 있는 상황이기 때문에 이들의 입법회 퇴출은 불가피할 것으로 예상된다. 시진핑과 당을 의식한 중국 당국의 강력한 조치는 조야는 물론, 경제 문화계까지 미치지 않는 곳이 없다고 할 만큼 광범위하게 이뤄지고 있다.

중국 경제를 대표하는 인물 가운데 한 사람인 알리바바의 마윈이 중국 금융 당국의 잇따른 규제책에 대해 맘먹고 쏟아낸 발언이 괘씸죄가 되어 돌아온 최근의 사건은 대표적이다. 그는 몇 주 전 한 공식 석상에서 중국 당국의 지나친 보수적 경제 기조를 낱낱이 지적했다가 곧이어 상장될 앤트 그룹에 치명적인 경제적 손실을 끼얹고 말았다. 앤트 그룹에 대한 상장 추진은커녕, 상장 자체가 없었던 일이 돼버렸기 때문이다. 현지에서는 마윈의 이 같은 시진핑 정책 비판으로 자신뿐 아니라 앤트 그룹의 미래까지도 어둡게 했다는 반응을 보이고 있다.

마윈과 달리 아예 칩거 상태에 있는 인물은 텐센트의 마화텅 회장이다. 그는 시진핑 체제가 들어선 이후 거의 움직임이 알려지지 않고 있다. 현지 중국 게임계에선 마화텅이 가장 몸조심하는 인물 가운데 한 사람일 것이라고 입을 모으고 있다. 당국의 조치에 특별한 이의를 달지 않고 있을 뿐 아니라 칩거 등으로 아예 선제적 방어 조치를 취해 나가고 있다는 것이다. 그 대표적인 사례가 중국 당국의 한류 게임의 압박조치에도 별다른 이의를 달지 않은 것이다.

하지만 한국 게임으로 가장 재미를 본 중국 기업이 다름 아닌 텐센트다. 겨우 채팅사이트에 불과했던 텐센트가 세계 3대 기업으로 부상할 수 있었던 것도 모두 한국 게임 덕분이었다. 그가 중국으로 가져다가 성공하지 않은 게임은 별로 없다. 한국에선 실패했지만 중국에선 대성공을 거둔 '크로스파이어'를 비롯해 지금도 중국에선 최고의 인기게임으로 자리매김하고 있는 '던전앤파이터' 등은 텐센트의 대표 한류 게임이다.

그런 그가 마윈과 다르게 자세를 크게 낮추고 입을 다물고 있는 것이다. 올해 텐센트를 통해 중국에 소개될 한국 모바일게임은 줄잡아 10여 타이틀에 가깝다. 그것도 대부분 대작이다. '리니지' 시리즈를 비롯해 '배틀그라운드', '던전앤파이터 모바일'이 대표적이다. 하지만 한 작품도 중국 출시를 위한 '판호'를 얻어내지 못했다. 이 정도라면 한마디할 법도 한데, 그는 일체의 언급이 없다. 게임계에서는 이들 작품이 중국 현지에서 소개되지 못해 잃은 손실에 대해 대략 3~5조 원에 이를 것으로 추산하고 있다. 텐센트의 마화텅에겐 아무것도 아닐 수 있겠지만, 한국 게임업체엔 치명적이자 안타까움의 연속이라고밖에 할 수 없는 것이다.

현재 판호 허가 문제에 대해 중국 당국은 대한민국 국회와 정부에서 뭐라 해도 아무런 반응이 없다. 중국 게임업체와 당국의 시선은 오로지 당의 주석인 시진핑의 동향과 지시에만 꽂혀 있다. 따라서 그가 입을 열기 이전엔 아무것도 얻을 수 없을 게 분명하다. 시진핑은 기회가 주어질 때마다 다자무역의 필요성을 강조해 왔다. 무역 장벽을 허물라는 것이다. 그런 그가 자신의 아랫 사람들에겐 일체의 융통성을 부여치 않고 원칙만 고수하고 있다. 자신에게 고개 숙인 자에게만 시혜를 베풀겠다는 식이다.

그런 그의 엉뚱한 원칙이 시대에 아주 어긋난 민족주의를 낳고, 다자무역의 장점을 허물고 있는 것이다. '판호' 허용 여부도 그런 측면에서 시진핑이 방한해 은전과 같은 시혜를 베풀기 전엔 이뤄지지 않을 게 거의 확실하다 하겠다. 이를 놓고 우리 외교부와 문화부에 대해 뭐라 하는데, 중국 당국조차도 아무런 조치를 취하지 못하는 마당에 뭘 어찌할 수 있겠나. 게임은 지금 뒤에서 멀리 떨어져 지켜보고 있는 그 한 사람 때문에 모든 게 멈춰 서 있는 듯한 느낌이다. 침체의 터널이자 지옥이다.

2020-11-16

게임계와 문화훈장

권혁빈 스마일게이트 희망 스튜디오 재단 이사장이 최근 정부로부터 보관 문화훈장을 받았다. 그는 스마일게이트 창업자이자 게임계에선 온라인 1세대에 가깝다. 업계에서는 베일에 가려진 인물 가운데 한 사람이라고 불릴 정도다. 워낙 자신을 드러내는 것을 꺼려하는 성격 탓도 있지만, 본인 스스로 게임계에선 주류가 아니라고 생각하고 있기 때문이란 게 그를 아는 사람들의 평이다.

이에 따라 그의 주변에 대해 알려져 있는 것이 별로 없다. 중국에서 빅히트를 기록한 FPS(1인칭 슈팅게임)게임 '크로스파이어'와 이 게임을 만들어 서비스하고 있는 기업이 스마일게이트란 정도는 알고 있지만, 그 게임을 완성한 인물이 권혁빈이라는 사실을 아는 이들은 그렇게 많지 않다.

자그마한 게임회사를 만들어서 시장에 도전해 보았지만, 흥행결과는 형편없는 참패였다. 그리고 몇 번의 도전 끝에 만들어낸 작품이 '크로스파이어'였다. 하지만 이 작품 역시 국내에선 먹혀들지 않았다. 당시 시장에선 비슷한 장르인 드래곤플라이의 '스페셜포스'와 게임하이의 '서든어택'이 시소를 벌이며 시장을 양분하고 있었기 때문이다.

그런 그가 중국으로 시선을 돌린 건 새로운 선택지를 찾기 위한 것이 아니라 그렇게 하지 않으면 안 되는 절박함에서 나온 결정이었다. 이름도 알려지지 않았던 중국 채팅 기업 텐센트와 조우했고, 거기서 '미소년'과 같은 마화텅 사장을 만났다. 그렇게 몇 달이 흘렀을까. 이 두 사람의 합작에 의해 재탄생한 '크로스파이어'는 당시로서는 상상할 수 없는 대박을 터트리게 된다. 일일 동접이 무려 450만에 달했고, 한 달 수입은 수천억 원대에 달했다. 스마일게이트와 권 사장은 물론, 현지에선 거의 무명에 가까웠던 텐센트와 마화텅 사장은 일약 스타덤에 올랐다.

'크로스파이어'의 전설은 지금도 계속되고 있다. 전 세계적으로 하루 일일 접속자 수가 8백만에 달하고, 이 게임을 받아 서비스하는 국가는 약 80여 개국에 이른다. 최근의 누적 접속자 수는 약 10억 명에 이른다 한다. 비유하자면 슈퍼 스타 BTS급이다.

하지만 권 이사장에 대해서는 더 이상 알려진 게 없다. 전북 전주 출신에 서강대 전자공학과를 나왔다는 게 그의 이력 전부다. 그런 그에게 정부에서 게임산업계에선 최초의 보관 문화훈장을 수여한 것이다.

재미있는 사실은 그의 문화훈장 서훈 소식에 깜짝 놀란 곳이 다른 곳도 아닌 권 이사장의 터전인 게임계였다는 점이다. 솔직히 게임계에선 권 이사장의 문화훈장 서훈에 대해 당연하다는 반응이다. 그만큼의 수출 공훈을 세웠다면 진즉에 훈장을 줬어야 했다는 것이다. 하지만 정부는 서훈 내용만 보며 훈장을 만지작거렸다. 필자가 기억하기로는 몇 년째 그러했다. 그런데 올 연말을 앞두고 갑작스럽게 권 이사장에게 서훈을 수여한 것이다.

업계가 놀란 것이 바로 이 점이다. 정부는 그간 게임계에 대해 훈장을 줄 수 없다고 했다. 그 이유로 관계 법령의 미흡함을 꼽았다. 예컨대 법적 근거가 있어야 하는데 그렇지가 못하다는 것이다. 정부가 말하는 대표적인 법적 근거는 '대중문화 예술진흥법'이다. 그런데, 이 법률에 게임을 언급해 놓지 않고 있다는 것이다. 따라서 훈장을 주고 싶어도 줄 수 없다는 입장을 줄곧 견지해 왔다. 이에 따라 게임계에서 가장 큰 상으로 여기는 '대한민국 게임 대상'에도 문화훈장 서훈 수상 순서 따위는 없다. 게임 경연의 어워드라는 점에서 그럴 수도 있겠다 하겠지만, 그 어워드에는 산업계의 공로상 등 특별상을 수여하는 순서만 따로 마련돼 있다.

최근 필자는 '대한민국 게임대상 ver 2.0'이라는 칼럼을 통해 이 같은 아쉬움을 지적했다. 이번에 권 이사장이 보관 문화훈장을 수상한 '대한민국 콘텐츠 대상'은 방송영상, 만화, 캐릭터 중심의 어워드다. 물론 게임 장르도 포함돼 있다. 하지만 게임계 입장에서 보면 다소 거리감을 주는 어워드다. 그 때문인지 업계 관심도 역시 크게 떨어진다. 그저 수출을 잘한 기업에 수출탑을 전달하는 자리 정도로만 인식돼 온 까닭이다.

권 이사장이 어떻게 정부로부터 문화훈장을 받게 됐는지 그 과정에 대해 소상히 알고 싶지 않다. 나라에 큰 공훈을 세웠다면 법적인 게 문제될 게 있겠는가. 막말로 그 정도로 외화를 벌어들였다면 그보다 더한 훈장을 받아도 부족함이 없다 할 것이다.

그럼에도 아쉬움을 감출 수 없는 것은 산업계 최초로 받게 되는 문화훈장 서훈 수상식을 굳이 게임업계의 관심도가 떨어지는 '대한민국 콘텐츠 대상'에서 할 필요가 있었느냐 하는 점이다. 게임계의 경사를 게임계 모두가 공유할 수 있도록 수여식 일정에 대해 더 고민했다면 더 나은 자리가 되지 않았겠나 하는 것이다. 이를테면 '대한민국 게임대상' 시상식에서 이 같은 자리가 마련됐다면 권 이사장은 물론 게임계의 감회가 남다르지 않았을까.

유감스러운 일은 또 있다. 정부가 권 이사장에게 훈장을 수여한 것을 놓고 보면 법률적인 것은 둘째 치고 공훈만으로도 훈장을 줄 수 있다는 뜻이 아닌가. 그렇다면 그간 게임 산업계를 위해 봉사하고 헌신해 온 인사들에 대한 공적을 심사해 권 이사장과 함께 서훈을 줬으면 어떠했겠나 싶은 것이다.

훈장 서훈 논의에 대해 다소 이르지 않느냐는 시각도 있을 수 있다. 하지만 국내 게임 산업계의 역사는 이미 한 지점을 통과했다고 본다. 그렇다면 그 지점에서 산업의 역사와 인물에 대한 평가가 이뤄져야 한다고 본다. 필자는 지금도 늦었다고 생각한다.

산업에 대한 품격과 사회적 인식은 이 같은 세심한 절차와 과정의 흐름 속에 이뤄지고 만들어진다고 믿어 의심치 않는다. 또 기업과 인물에 대한 냉정한 평가와 그들의 공과 등을 통해 산업이 숨 쉬고 굴러간다고 생각한다. 권 이사장의 서훈 수상 소식은 그런 측면에서 산업계 여러 면을 살펴보게 하는 빅뉴스였음엔 틀림없다. 권 이사장의 서훈 수상을 뒤늦게나마 축하한다.

2020-12-14

김기만의 인간탐구

역사의 입을 지닌 게임인이 돼야…

게임 전문주간지 '더게임스(The games)'의 모인 대표는 20년 이상 문화콘텐츠 취재를 일관해온 이 방면의 전문기자로, 업계는 물론 언론계에서도 널리 인정받는 베테랑이다.

게임계에 중요한 이슈가 생길 때마다 그는 합리적이고 균형감각을 갖췄으면서도 정곡을 찌르는 촌평을 내놓고 진지한 대책을 제시하는 '형님 역할'을 꾸준히 해왔다. 게임계가 전반적으로 전환기를 맞고, 안팎의 도전과 과제도 적지 않은 상황에서 한국 게임산업의 역정을 꿰뚫고 있는 그를 만나 게임계 전반에 관한 얘기를 격의 없이 나눠보고 싶었다.

김기만 위원장 대표님은 명실공히 국내 제1세대 콘텐츠 담당기자, 이 방면의 파이어니어라고 할 수 있습니다. 게임계에 대한 감회도 적지 않을 것이라는 생각이 듭니다. 대학 시절엔 대학신문 기자뿐만 아니라 한때 연극을 했던 것으로 알고 있습니다. 다재다능한 문화예술인의 이력을 보여주는데요. 이처럼 다방면의 활동경험이 있으신데 지금처럼 게임 전문 언론인의 길을 걷게 된 동기 또한 궁금합니다.

모인 대표 대학에선 국문학을 전공했어요. 그런데 저는 전공보다는 음악이나 연극과 같은 다른 활동들에 더 관심이 많았죠. 그러자 어느덧 직업을 선택할 시기가 왔고, 과연 어떤 직업의 길을 가야 할지 고민했습니다. 막연하게나마 글을 통해 내가 사는 사회에 도움이 되는 일을 하고 싶다는 생각이 들었습니다. 반골 기질도 좀 있었는데, 천관우 전 동아일보 주필께서 하신 '기자는 사관(史官)이다'라는 말씀이 쏙 들어오더라고요. 그래서 기자라는 직업을 선택하게 되었어요.

이후 전자신문 기자가 되었고, 줄곧 게임과 같은 디지털 콘텐츠와 관련된 취재를 통해 지식과 경험을 쌓게 되었습니다. 그러던 중 전자신문에서 게임 전문 주간지인 '더게임스'를 창간했고 제가 편집국장을 맡게 되면서 '더게임스'와의 인연이 시작되었습니다.

김기만 위원장 전자신문에서부터 '더게임스'에 이르기까지 오랜 기간 기자 생활을 해온 대표님이야말로 우리나라 게임계를 가장 깊이 있게, 폭넓게 볼 수 있는 분이라고 생각합니다.

그런 의미에서 먼저 우리나라 게임계와 관련된 가장 어렵고 진지한 주제의 질문을 드리고자 합니다. 현재 한국 게임산업의 개황을 보면 대외적인 모습과 대내적인 불균형이 심각하다는 생각이 듭니다. 해외수출 부문에서는 그런대로 승승장구하며 우리나라 수출 효자 산업의 역할을 웬만큼 해내고 있는 반면 국내 게임시장 성장세는 답보상태에 머무르고 있습니다. 아케이드의 퇴조는 심각한 상태고요. 우리나라 게임산업의 전체 상황을 어떻게 보십니까?

모인 대표 말씀하신 대로 그동안의 지속적인 성장세에 내재되어 있던 문제점들이 한꺼번에 분출되면서 많은 과제들이 등장하고 있습니다. 국내 게임시장의 성장세가 답보하게 된 가장 큰 이유는 무엇보다 그동안 우리 게임업체들이 너무 '따라 하기', '베끼기' 게임개발에만 매달린 결과에 따른 부작용이 아닌가 생각합니다. 최근 몇 년간 우리 게임업체들은 새로운 장르, 새로운 소재를 발굴하고 창조해 내기보다는 FPS(1인칭 슈팅게임)나 MMORPG(다중접속 역할수행 게임)처럼 기존에 성공을 거둔 대작들과 유사한 아류작들의 개발에만 너무 집중했다는 생각입니다. 빼어난 창의력과 뛰어난 기획력을 결합한 전혀 새로운 '킬러 콘텐츠'의 개발을 거의 못해왔다는 거죠. 그러다 보니 보다 새롭고 매력적인 게임을 요구하는 게임 이용자들의 기회와 요구수준을 제대로 따라가지 못한다는 문제점이 생긴 것입니다.

김기만 위원장 최근 정부에서는 문화콘텐츠와 관련된 여러 가지 법적 제도들을 정비하는 작업을 진행 중에 있습니다. 게임 산업진흥법도 얼마 전 새로운 개정(안)을 선보였지요. 이 와중에 '셧다운제(일정시간이 지나면 게임이 작동되지 않도록 해 이용자의 과몰입을 방지하려는 제도)를 도입해야 한다는 일부의 목소리도 있었고, 기관 통폐합 차원에서의 콘텐츠진흥기관 통합 문제도 이슈화되고 있습니다. 게임 콘텐츠와 관련된 최근의 이러한 법제도 정비나 통합 관련 움직임을 어떻게 보고 계신가요?

모인 대표 기본적으로 문화콘텐츠와 관련된 국가의 역할에 대해서는 작은 규제, 작은 법률이 최선이라는 생각을 갖고 있습니다. 이미 문화콘텐츠를 향유하는 우리나라 대중의 수준은 다른 선진국들의 대중과 동일하거나 그 이상이라고 봅니다. 다시 말해서 대중의 문화콘텐츠 향유에 대해 국가가 하나하나 규제하고 감독할 필요는 없다고 생각해요. 무엇보다 우리나라 문화콘텐츠 진흥정책의 '기본철학은 포지티브 정책 우선'이어야 한다고 생각합니다. 즉 '하지 마라' 정책이 아니라 '해봐라' 정책이 되어야 한다는 거죠. 물론 안전장치는 당연히 있어야 합니다. 산업적 측면을 충분히 고려한 방향, 다시 말해 가능한 한 규제를 줄이고 업계의 활력을 진작하는 방향으로 가야 합니다. 그런 점에서 셧다운제는 거꾸로 가는 정책으로 우스운 발상이죠.

김기만 위원장 최근 검토되고 있는 문화콘텐츠 진흥 관련 기관들의 통폐합 문제에 대해 '이는 선택과 집중의 문제'라는 글을 썼던 것으로 기억합니다만.

모인 대표 우리나라 문화콘텐츠 산업의 놀라운 성장속도를 바라보면서 저는 가끔 이른바 '낚시론'을 떠올립니다. 물고기가 많을 것으로 여겨지는 저수지 여기저기에 많은 낚싯대를 드리워 놓는 것입니다. 그러다 보면 어떤 낚싯대에는 많은 물고기가 걸려들고 또 어떤 낚싯대에는 적은 물고기가 걸려들 것입니다. 이를 관찰하면서 자연스럽게 많은 물고기가 걸려드는 낚싯대를 선택하고 집중할 수 있겠죠. 그래야만 더 많은 물고기를 낚을 수 있습니다. 우리나라 문화콘텐츠 산업 분야의 진흥책도 마찬가지입니다. 각 콘텐츠 분야별로 지원해 주어야 할 부분을 정확하게 파악하고 산업계가 필요로 하

는 부분을 제대로 충족시켜 문화콘텐츠 산업 전체의 규모와 경쟁력을 키울 필요가 있다고 봅니다. 지금 당장의 통폐합은 좀 시기상조라는 생각이 듭니다.

김기만 위원장 다소 중복되는 부분은 조정하더라도 각각의 문화콘텐츠별로 특화된 진흥기관이 필요하다는 의견이시군요.

모인 대표 1990년대 후반 정보통신부의 기능과 역할이 좋은 예가 될 것 같군요. 당시 새롭게 만들어진 정보통신부의 기능과 역할은 기존의 통상산업부나 과학기술부 등과 중복되는 부분이 있었죠. 그렇다면 굳이 정보통신부를 따로 만든 이유는 무엇이었을까요? 잘 알다시피 장기적이고 글로벌한 프로젝트 위주의 목표를 달성하는 방식으로 결국 큰 성과를 이룩했습니다.

20세기 말 가장 시급하고 중요한 산업분야가 정보화였다면 이제 21세기를 맞아 가장 중시해야 할 분야의 하나는 바로 문화콘텐츠 산업의 육성이라고 저는 확신합니다. 특히 문화콘텐츠 중에서도 가장 핵심의 위치에 있는 게임산업 육성에 집중적인 노력을 기울여야 하고 이를 위한 기관은 반드시 필요합니다. 게임산업은 '아이돌 산업'입니다. 상대적으로 작은 조직에서 개성과 독창성을 더 잘 발휘할 수도 있지요.

김기만 위원장 주제를 바꿔 우리나라 e스포츠에 대해 얘기해보고자 합니다. 최근 우리나라 주도로 '국제e스포츠연맹'창립이 준비되고, 예정대로라면 세계 9개국 정도가 서울에서 오는 11월에 모여 국제연맹을 정식으로 출범시킨다고 합니다.

저 또한 작년 말 어느 게임 관련 시상식 자리에서 '국제 e스포츠연맹' 설립과 이를 우리나라가 주도해야 할 필요성을 강조한 적이 있었는데요. 그런 아이디어가 시행단계에 접어들고 곧 우리나라 주도로 발족이 이루어진다고 하니 뿌듯하고 기분이 좋습니다. 대표께서도 우리나라 e스포츠 초창기부터 계속해서 관심을 갖고 이에 대한 다양한 칼럼과 기사를 써오신 것으로 알고 있습니다.

모인 대표 그렇습니다 'e스포츠'라는 조어에도 제가 관여했고, 여기에 많은 관심을 기울여 왔습니다. 그러나 이와 관련해 분명히 해야 할 것이 하나 있습니다. e스포츠가 단순한 게임 대결이 아닌 하나의 정식 스포츠로 한발 더 발전하기 위해서는 이용되는 게임종목에 대한 깊은 고민이 반드시 필요하다고 생각합니다. 예를 들어 FPD 장르의 게임이 과연 e스포츠 공식종목에 적절한 게임인지 게임인들은 진지하게 고민할 필요가 있습니다. 하나의 게임으로는 가능합니다. 하지만 하나의 스포츠로서 폭력성과 가학성이 가미된 게임의 선택은 보다 더 신중할 필요가 있다고 생각합니다. 모두가 건전하게 즐길 수 있는 게임들 위주로 e스포츠를 육성해나가야 하지 않겠습니까? 또 대한민국의 정체성이 담긴 게임을 e스포츠에 접목하는 것도 중요한 과제입니다.

김기만 위원장 최근 e스포츠 게임단 운영을 포기한 한빛소프트의 한빛스타즈 팀의 인수문제가 이슈화되기도 했는데요.

모인 대표 저는 기본적으로 우리나라 게임인들이 역사의식을 가져 주었으면 하는 바람을 갖고 있습니다. 우리나라 e스포츠 분야에서 한빛스타즈가 그동안 차지해왔던 큰 비중과 중요성을 고려한다면, 그런 팀을 인수할 때 당장의 투자 대비 수익과 광고효과만을 고려한다는 것은 근시안적인 태도이지요. 우리나라 주요 게임업체들이 우리나라 게임산업의 역사를 한 자 한 자 적어 나간다는 시각을 갖고, 이 문제에 관심을 갖는다면 원만하게 해결될 수 있을 것입니다.

김기만 위원장 좋은 말씀입니다. 게임산업과 항상 비교대상이 되는 우리나라 영화산업계만 해도 대표님의 말씀대로 단순한 비즈니스 차원의 시각이 아니라 영화인으로서, 우리나라 영화산업 전체를 아울러 걱정하고 고민하는, 사명감 있는 감독들과 제작자들이 많이 있죠.

스크린 쿼터가 줄어든다고 하니까 거의 모든 영화인들이 하나로 똘똘 뭉쳐 삭발, 단식농성을 이어가면서 강력한 목소리를 내 결국 대규모 영화진흥기금을 끌어내기도 했죠. 우리나라 게임인들도 좀 더 동료의식과 동지애를 갖고 하나로 단결했으면 좋겠다는 생각을 자주 합니다.

모인 대표 위원장님 말씀처럼 게임산업 종사들도 영화인들과 같이 동일한 역사의식을 갖고 좀 더 똘똘 뭉쳐 행동했으면 좋겠어요. 그렇지 않으면 게임산업은 단지 하나의 업태에만 머무를 뿐, 산업으로 대우받지 못합니다. 종합예술이라고 하면 너무 거창하게 들릴지 모르겠지만 게임은 음악, 캐릭터, 영화, 만화, 그래픽 등 다른 콘텐츠들을 함께 이끌어가는 주도적인 위치를 갖고 있습니다. 이제는 산업도 관련 종사자들의 단결된 노력으로 그 핵심적인 위치에 보다 확고히 자리 잡아야 할 때입니다.

김기만 위원장 그런 의미에서 최근 'PD 수첩' 등 각종 언론에서 NHN의 한게임을 비롯한 온라인 웹보드 게임들의 사행성 문제에 대한 보도가 집중되고, 사회적 이유가 됐던 문제에 대해 이야기를 나눠 보고자 합니다. '더게임스'에서도 이 문제에 대해 여러 차례 우려를 나타낸 적이 있었죠. 그러한 우려가 최근 사회적인 공론화 과정에 접어든 것 같습니다.

모인 대표 안타까운 일입니다. 이런 경우 우리 게임업계 스스로의 자정능력 발휘가 너무 아쉽습니다. 언론이나 정부기관 등 외부에 의해 문제가 제기되기 이전에 자정노력을 기울였어야 하죠. 선도적인 업체들이고, 웹보드 게임으로 그동안 많은 이익을 올린 것이 사실이지만 사회적으로 문제가 될 수 있겠다는 인식이 들 때, 먼저 자제하고 개선하려는 노력이 필요했다고 봅니다. 제3자의 자극에 의해 움직이는 것은 바람직한 모습이 아니죠.

김기만 위원장 비슷한 문제이면서 훨씬 그 심각성이 더한 문제가 바로 우리나라 아케이드 게임업계의 문제입니다. 심의 신청된 아케이드 게임의 약 80%가 등급 거부를 받았습니다. 우연성, 자동진행, 사행화 우려 등 문제점이 내재되어 있기 때문입니다. 또 합법적인 게임으로 등급을 신청해 진지한 검토 끝에 등급을 부여한 게임 중에서도 출시와 동시에 게임

기기의 개조나 변조를 통해 불법영업이 이루어져, 업계에서 벌어지고 있는 모습을 보고 있노라면 아직 멀었다는 생각이 드는 것도 솔직한 심정입니다. 업계를 살릴 자정 노력과 창의력을 기반으로 대대적인 혁신 노력이 필요하다고 보는데, 대표님은 이 문제에 대해 어떻게 생각하십니까?

모인 대표 아케이드 게임을 개발하면서 무조건 사행성 게임으로 연결시키려는 풍토가 아직도 강하게 남아 있는데 무엇보다 이런 풍토를 먼저 바꿔야 합니다. 예전에 그래왔던 것처럼 기발한 아이디어로 창의적인 게임을 만들어 히트시킬 수 있는 능력을 최대한 발휘해야 합니다. 우리 아케이드 업계는 그런 능력을 어느 정도 갖추고 있다고 봅니다. 타성에서 벗어나야 합니다. 이 문제가 해결되지 않는 한, 우리 아케이드 게임 산업의 발전은 요원할 수도 있습니다.

김기만 위원장 게임에 대한 부정적인 인식을 줄이고 건건한 게임문화를 정착해 가기 위해서는 업계 스스로의 자성, 노력과 함께 업계의 사기와 의욕을 북돋아 주고 추켜세워주는 격려와 칭찬 또한 반드시 필요하다고 생각합니다. 그런 의미에서 '더게임스'가 주도해 지난해 만들어진 '대한민국 게임인 대상'이나 올해부터 시작한 '게임평론상' 시상은 큰 의미가 있다고 봅니다. 이러한 포상은 어떤 계기와 취지로 만들어진 건가요?

모인 대표 게임과 관련된 여러 가지 상을 만드는 것이 전 참 좋습니다. 전자신문에 있을 때 '대한민국 게임대상'과 '이달의 우수게임상'을 만들었죠. 이번에 '대한민국 게임인 대상'과 '게임평론상'을 만들었습니다. 의도는 명백합니다. 게임업계 종사자들에게 그들의 노력에 대한 보상을 주고 그들의 자긍심을 높여주었으면 하는 바람입니다. 올해 처음 시상한 게임평론상은 또 다른 목적을 갖고 있습니다. 새로운 게임이 만들어지면 그에 대한 이용자들의 엄청난 평가의 댓글들이 쏟아져 나옵니다. 이러한 평가들이 단지 인터넷상의 댓글에 머무르지 않고 좀 건설적이고 생산적인 형식이 되어야 한다는 생각이 들었습니다. 영화나 음악 모두 관련 분야의 평론상이 있는데 이전까지 게임은 제대로 된 평론상 하나 없었잖아요. 이제 우리 게임도 학문적 깊이와 논리를 갖춘 우수한 평론들이 필요합니다.

김기만 위원장 아낌없는 격려와 박수, 그리고 논리적이면서 따끔한 비판, 이처럼 당근과 채찍이 병행되는 것이 바람직하다는 말씀이지요?

모인 대표 맞습니다. 이 또한 우리나라 게임의 역사를 한 자 한 자 적어나가는 작업입니다. 제가 '더게임스'에서 5년 이상 매주 끊임없이 칼럼을 쓰는 이유도 그것입니다. 제 글 한 자 한 자가 우리나라 게임의 역사를 적어나가는 것이라는 생각을 하고 있습니다. 우리나라 게임산업이 10년 혹은 20년의 짧은 역사로 끝날 산업은 아니지 않습니까? 지금 우리가 하는 일, 쓰는 글, 하는 말 하나하나가 우리나라 게임산업의 역사입니다.

김기만 위원장 많은 우려와 안타까움을 표현하셨지만, 근본적으로는 우리나라 게임산업의 미래에 대해 낙관적이시죠?

모인 대표 그럼요. 그건 확신이 있습니다. 게임은 영화, 음반, 비디오, 애니메이션, 캐릭터, 공연들의 모든 콘텐츠를 선도하고 연결하는 종합예술로 이른바 '창문이론' 그대로의 역할을 다해 나갈 것입니다. 게임에 관한 한 우리나라는 과제와 도전도 많지만, 정보화의 정도나 IT 수준과 업계의 열정 등으로 볼 때 세계에서 1등 할 수 있는 여건도 잘 갖추고 있습니다. 잘 극복해 나가면서 게임 강국의 꿈을 실현시킬 것이라고 믿습니다.

김기만 위원장 긴 시간 솔직하고 격조 있는 말씀 감사했습니다.

김기만 전 게임물등급위원장, 전 청와대 춘추관장

칼럼니스트 모인, 그는 누구인가

대한민국 최초의 문화산업 전문기자다. 1958년 서울에서 태어났다. 중·고교 시절 문학과 음악을 좋아해서 음대를 가려했으나 뜻을 접었다. 운명의 장난처럼 대학 두 곳을 다녔다. 거기서 국문학을 전공했다. 하지만 글을 잘 쓰는 친구들이 너무 많다는 생각에 작가의 꿈은 접었다. 대신 신문 방송 쪽으로 방향을 틀었다. 방송국과는 연이 닿지 않았다. 걸핏하면 최종 면접에서 고배를 마시곤 했다. 그래서 자신의 뜻대로 신문사로 선회했다.

전자신문에 입사한 이후 줄곧 SW 및 콘텐츠를 담당했다. 산업자원부(현 산업통상자원부) 5년 출입을 제외하곤 줄곧 문화체육관광부를 담당했다. 그는 문화부를 출입하면서 줄기차게 문화의 산업화를 주창했다. 그러면서 과학기술정보통신부 산하의 ETRI(전자통신연구원)와 같은 유사 조직을 문화부 산하에 두고 문화산업 정책을 이끌도록 해야 한다고 정부에 건의했다.

다행스럽게도 국민의 정부는 이를 받아들였다. 한국문화콘텐츠진흥원 등 문화산업 유관기관들이 잇달아 출범했고, 한국게임산업진흥원은 이때 만들어졌다. 이들 기관은 이후 한국콘텐츠진흥원으로 통합 출범하게 된다. 그는 게임을 전략화해 키워야 한다며 게임산업 육성론을 줄기차게 펼쳐 왔다. 지식산업의 보고에다 청정 아이템이고, 무엇보다 고부가가치가 뛰어나다는 점을 그는 그 이유로 꼽았다.

김범수 NHN 대표(현 카카오 의장)와 게임산업협회 설립을 추진했고, 케이블 방송 e채널에서 '모인의 게임의 법칙'이란 토크쇼를 진행, 주목을 끌기도 했다. 특히 이 프로그램은 당시 베일에 가려져 온 게임계의 인사들을 제도권에 소개함으로써 게임산업 비전과 가능성을 엿보게 했다는 평을 받았다. 대한민국 게임 대상, 대한민국 게임 평론, 대한민국 게임인 대상 등을 제정하는 데 기여했고, 국내 최초로 e스포츠란 용어를 만들어 신문 지상에서 쓰기 시작했다.

사실, 그를 처음 만난 건 2000년, 그가 전자신문 문화부장이던 시절이었다. 당시 그는 '글, 그 자체'에 천착하는 기자였다. 글이란 소설이든, 기사든, 콘텐츠로서 독자의 마음에 들어가 앉아야 의미가 있다는 것이다.

언론에서 한 분야만 30년 넘게 취재하기란 쉽지 않다. 모두가 문화를 담론 할 때 그는 문화산업·문화콘텐츠에 매달렸다. 세상의 모든 인사이트는 천착과 침잠, 그리고 축적된 시간에서 나오는 것이 아닐까. 그의 30여 년은 무엇을 말하고 싶었을까. 문화의 힘을 한 번쯤 고민해 본 모든 이에게 그의 30년 천착을 엿보길 권한다. 1999년 문화체육관광부 장관상에 이어, 2023년 정부가 수여하는 대한민국 게임대상 산업진흥부문상을 수상했다.

성호철 조선일보 주일특파원